矮塔斜拉桥应用技术研究

AITA XIELAQIAO YINGYONG JISHU YANJIU

谢学钦 刘文浩 卿 迟 李凌伟 主编

華中科技大學出版社
http://press.hust.edu.cn
中国·武汉

内 容 简 介

本书以广州增城石滩大桥施工全过程技术方案为背景支撑，结合当前国内外矮塔斜拉桥设计及施工理论与该桥施工过程中的技术重难点、实践经验，对矮塔斜拉桥的工程设计和施工实践进行了充分探讨，适合相关技术人员与研究者参考。

图书在版编目(CIP)数据

矮塔斜拉桥应用技术研究/谢学钦等主编. —武汉：华中科技大学出版社，2023. 12
ISBN 978-7-5772-0184-9

Ⅰ. ①矮… Ⅱ. ①谢… Ⅲ. ①斜拉桥-研究 Ⅳ. ①U448. 27

中国国家版本馆 CIP 数据核字(2023)第 253530 号

矮塔斜拉桥应用技术研究
Aita Xielaqiao Yingyong Jishu Yanjiu

谢学钦 刘文浩 卿 迟 李凌伟 主编

策划编辑：周永华
责任编辑：王炳伦 陈 骏
封面设计：杨小勤
责任监印：朱 玢
出版发行：华中科技大学出版社(中国·武汉) 电话：(027)81321913
武汉市东湖新技术开发区华工科技园 邮编：430223
录 排：华中科技大学惠友文印中心
印 刷：武汉科源印刷设计有限公司
开 本：710mm×1000mm 1/16
印 张：21. 25
字 数：382 千字
版 次：2023 年 12 月第 1 版第 1 次印刷
定 价：98. 00 元

编 委 会

前　言

桥梁是交通基础设施的重要组成部分，对发展国民经济、促进社会进步和巩固国防等具有重大作用。桥梁的建设和发展，代表着国家经济的繁荣和文化艺术的发达。矮塔斜拉桥具有塔矮、梁刚、索集中的特点。矮塔斜拉桥在外观上类似传统斜拉桥，而在受力特点和施工工艺方面更接近连续刚构（连续梁）桥。矮塔斜拉桥建造经济、造型美观、施工方便，具有很大的发展潜力。

矮塔斜拉桥在国内只有几十年的发展历史，至今没有相应设计规范，在工程建设中只能以斜拉桥为参考进行设计，没有形成标准的控制体系。因此，对矮塔斜拉桥的应用进行研究具有较大的实际意义。

石滩大桥跨越增江，桥宽 52.5 m，全长 1167 m，主桥桥跨布置为 83 m＋148 m＋83 m 的双塔三跨矮塔斜拉桥，主桥长 314 m，宽 2×26.25 m，主梁为单箱双室箱梁，结构为墩塔梁固结的刚构体系，为全预应力混凝土结构。

引桥分两类布置：一类为跨增江大堤大跨变截面现浇连续梁，小桩号侧连续梁截面为（34＋46＋39.5＋39.5） m，大桩号侧连续梁截面为（55＋55＋39） m；另一类为等截面现浇连续箱梁，桥梁分左右两幅，单幅宽 21.07 m，单箱三室结构。梁高均为 1.8 m。桥墩为双柱式，基础均采用钻孔灌注桩基础。

在项目实施过程中遇到较多实际性的技术困难，例如主墩承台结构尺寸大（49.25 m×12 m×3.5 m），埋深大（埋入河床面 4 m 以下，部分进入岩层），属于大型深水基坑施工，采用锁扣钢管桩围堰，钢管桩需采用旋挖机引孔，其施工难度大。同时主桥索塔及挂篮精度要求高。索塔为景观塔，外观质量要求高，对施工精度要求高，斜拉索安装工艺复杂；主桥箱梁宽 2×26.25 m，为双向八车道，单个节段最大质量达 343 t，需采用宽幅大型挂篮悬臂浇筑施工，施工安全风险高。

此外，本项目建设单位和施工承包单位高度重视贯彻执行《交通运输部办公厅关于推进公路水运工程 BIM 技术应用的指导意见》（交办公路〔2017〕205 号），石滩大桥工程通过运用 BIM 技术，提升了工程施工管理水平，减少了返工浪费，缩短了工期，提高了工程质量和投资效益。

本书以广州增城石滩大桥施工全过程技术方案为背景支撑，通过该桥施工过程中的技术重难点及实践经验，结合当前国内外矮塔斜拉桥设计理论及施工经验，对矮塔斜拉桥的工程设计和施工实践进行了充分探讨。

在本书编写过程中，参考了许多学者的著作和资料，在此对他们表示衷心的感谢。

由于经验不足、水平有限，加上时间仓促，书中疏漏错误之处在所难免，恳请读者批评指正。

目　　录

第1章 概　　论

1.1 矮塔斜拉桥介绍

1.1.1 矮塔斜拉桥的起源与命名

1. 矮塔斜拉桥的起源

学术界普遍承认，由 Christian Menn 负责设计并建于 1980 年的甘特(Ganter)大桥是矮塔斜拉桥的雏形，同时也是斜拉-连续(刚构)体桥的鼻祖(见图 1.1)。该桥混凝土箱梁可以视为由预应力混凝土斜拉板“悬挂”于低矮的塔上，而这种预应力混凝土斜拉板类似于刚性的斜拉索，其构造上的巧妙之处在于把矮塔、斜拉桥以及刚性索三者汇聚于一身。甘特大桥是世界上享誉盛名的桥梁美学杰作，与群山环抱的自然环境相得益彰。该桥的出现开创了斜拉桥另一种分支——板拉桥，也为在它之后出现的矮塔斜拉桥创造了十分有利的参考。虽然这种桥型有很多优点，然而它的弊端也比较明显，例如过大的自重使其抗震性能不佳，以及被混凝土包裹的预应力筋无法替换。由于这些缺点的存在，其竞争优势大大降低，因而在实际工程中，这种类型的桥梁已较少采用。

1988 年法国工程师 Jacgues Mathivat 在对 Arret Darre 高架桥替代方案进行设计时，提出了一种新颖的桥型方案，它具有以下几个方面的特征：斜拉索穿越设置于桥塔的索鞍与主梁进行锚固，并对主梁产生偏心力；桥塔较低矮；桥塔和 100 m 跨径的等截面预应力混凝土(prestressed concrete，PC)箱梁为固结形式。Mathivat 提出的这个方案受到了悬臂拼接法施工的启发，并且他首次将这种桥型命名为“extradosed PC bridge”，即超配量体外索 PC 桥。采用这种设计构思的桥梁，虽然在外形上同斜拉桥有诸多相似之处，但是在受力特性上却更接近于具有大偏心体外索的连续梁桥，这种大偏心可理解为将索的预应力从梁的有效高度转移至梁的有效范围以外。在这种桥型中，斜拉索在结构中的作用主

图 1.1　甘特大桥

要有两个:一方面它的竖向分力承担少部分的梁体重量;另一方面是它的水平分力给梁体施加较大的预应力。由于斜拉索不再承担全部荷载,因而应力幅较斜拉桥小。得益于应力幅的降低,斜拉索不易受到疲劳作用的影响,使得斜拉索容许应力得到较大的提高,且容许应力与内置预应力筋相当,从而极大地增强了斜拉索的材料利用率。该方案在提出时并没有得到采纳和实行,尽管如此,其设计思想对桥梁设计理论的发展仍有着不容忽视的影响。

2.“矮塔斜拉桥”名字的由来

矮塔斜拉桥,亦被称作部分斜拉桥。对于这种新型桥梁,Mathivat 最初将其命名为“extradosed PC bridge”,日本也沿用了这一名称。国内学术界对这种新桥型有许多名称,但未能达成协调一致。若把这种桥型直接翻译为“超配量体外索 PC 桥”,并不能将其特点很好地表达出来,且容易引发歧义。在现有的文献中,最受欢迎的名称有“部分斜拉桥”和“矮塔斜拉桥”两种。其中,“部分斜拉桥”最早由国内知名学者严国敏提出,得名于这种桥的受力特性介于常规斜拉桥和梁桥之间,以及这种桥在结构性能上斜拉索仅承担部分荷载作用的特点。从外在形态和结构特点来看,这种桥因其塔矮,故称作“矮塔斜拉桥”。矮塔斜拉桥的名称既能形象地描述这种桥型在外观上塔矮的特征,又便于与常规斜拉桥相区分,因而比较贴切合理,逐渐成为主流称呼。

1.1.2　矮塔斜拉桥的特点

为了满足桥梁的使用功能、景观功能、力学性能及经济性能等要求，学者们开始对传统的梁桥、拱桥、悬索桥和斜拉桥进行组合、变化、发展和创新。矮塔斜拉桥属于连续梁桥和斜拉桥之间组合的桥型体系，属于索辅梁桥。矮塔斜拉桥具有许多独特的性能：相比连续梁桥其主梁高度可减少1/3左右，相比连续梁桥由于主梁高度过大而带来的桥梁上、下部结构不协调的问题，矮塔斜拉桥则具有纤细、柔美的美学效果。由于多塔矮塔斜拉桥各跨之间受刚度影响较大，为保证能够发挥多跨连续梁的优点，因此，可将矮塔斜拉桥设置成单塔双跨、双塔三跨和多塔多跨等不同的结构形式。所以，矮塔斜拉桥在设计单孔孔径和主桥总长度时有更多抉择。矮塔斜拉桥可采用悬浇法施工，与连续梁桥施工方法基本相同。矮塔斜拉桥比普通斜拉桥的桥塔要矮，桥塔施工更加简便。就造价而言，经国内外实际工程分析对比，矮塔斜拉桥的造价与连续梁桥造价相当，且低于斜拉桥造价，具有良好的经济效益。

1.1.3　矮塔斜拉桥的界定和分类

1. 矮塔斜拉桥的界定

矮塔斜拉桥的界定方法一直存在很大的争议，世界各地的桥梁专家们做了大量研究并提出了几种较为合理的方法。

有日本学者认为矮塔斜拉桥的斜拉索更像是体外预应力筋，应力幅显著降低，通过对大量已建桥梁的拉索应力幅对比研究发现，矮塔斜拉桥最大应力幅值一般小于50 MPa，是常规斜拉桥的1/3～1/2。山崎淳、山縣敬二等采用γ和β来描述矮塔斜拉桥的特征。

γ为斜拉索竖向刚度与主梁刚度的比值，见式(1.1)。

$$\gamma=\sum_i(1/\delta_{si})/(1/\delta_{\mathrm{G\,max}}) \tag{1.1}$$

式中，δ_{si}为i号斜拉索单位张拉伸长量的竖向分量；$\delta_{\mathrm{G\,max}}$为该斜拉索处主梁在单位竖向作用时的竖向位移。

β为竖直荷载分担比，见式(1.2)。

$$\beta=\frac{\text{斜拉索分担的竖直荷载}}{\text{全部竖直荷载}}\times 100\% \tag{1.2}$$

日本学者对特征参数 γ 未做讨论，山崎淳、山縣敬二则认为当 $\beta \leqslant 30\%$ 时为矮塔斜拉桥，当 $\beta > 30\%$ 时为常规斜拉桥。由于恒载斜拉索应力受到人为影响因素较大，故 β 值也不能准确界定矮塔斜拉桥。

我国学者刘凤奎、蔺鹏臻等提出矮塔斜拉桥特征参数 λ，见式(1.3)。

$$\lambda = \frac{\sum_{i} E_{ci} A_{ci} \sin^2 \alpha_i / L_{ci}}{E_G I_G / L_G^3} \tag{1.3}$$

式中：E_{ci}、A_{ci}、α_i、L_{ci} 为第 i 根斜拉索的弹性模量、截面积、角度、长度；E_G、I_G、L_G 为主梁的弹性模量、截面惯性矩、中孔计算跨度，双塔斜拉桥时，$L_G = 0.707L_0$，单塔斜拉桥时，$L_G = L_0$，L_0 为主跨内同一索塔上的斜拉索对主梁的影响范围。

当 $\lambda \leqslant 50$ 时，为矮塔斜拉桥；当 $\lambda > 50$ 时，为常规斜拉桥。但是公式中却没有完全体现矮塔斜拉桥的结构体系特征，缺少了支座和主塔的特征分析。

陈从春、肖汝诚等提出索梁荷载比 η 的概念，定义见式(1.4)。

$$\eta = \frac{\text{斜拉索分担的竖直荷载}}{\text{主梁分担的竖直荷载}} \tag{1.4}$$

索梁荷载比和斜拉索应力幅都由结构参数决定，两者具有一致性，因此可以通过直接计算索梁荷载比对矮塔斜拉桥进行界定。经过大量资料的对比分析，得出 $\eta = 0.5$ 为分界点，即当 $\eta \leqslant 0.5$ 时为矮塔斜拉桥，当 $\eta > 0.5$ 时为常规斜拉桥。

2. 矮塔斜拉桥的分类

矮塔斜拉桥通常从主梁刚度强弱、跨度布置、支承体系三方面进行分类。

(1)按主梁刚度强弱分类，可分为刚梁柔塔和柔梁刚塔两种。国内矮塔斜拉桥大多属于“刚梁柔塔”这一类。

(2)按跨度布置分类，可分为单塔、双塔、多塔三种。单塔矮塔斜拉桥中也有采用单面索设计的，在小跨度的景观桥中运用较多；运用最广泛的是双塔矮塔斜拉桥，在增大了跨度的同时也保证了桥梁整体刚度；多塔矮塔斜拉桥克服了多跨主梁在活载下的变形问题，具有一定的优势，国内外建造的多塔矮塔斜拉桥也越来越多。

(3)按支承体系分类，可分为塔墩固结体系、塔梁固结体系、塔墩梁固结体系三种。不同的连接形式下矮塔斜拉桥整体受力和各个部件受力情况也不一样。

矮塔斜拉桥的分类和特点如图 1.2 所示。

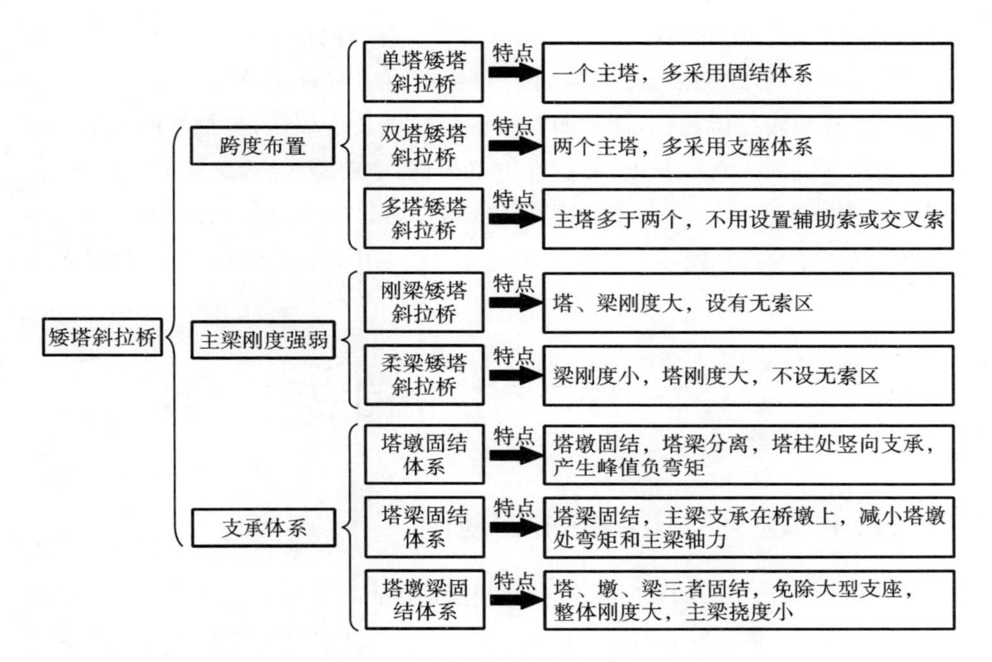

图 1.2　矮塔斜拉桥的分类和特点

1.1.4　矮塔斜拉桥结构力学特征

矮塔斜拉桥是介于连续梁(刚构)桥与斜拉桥之间的新桥型，其受力特点与这两种桥型既有联系又有区别。连续梁桥以主梁的受弯、受剪来承担荷载；普通斜拉桥通过斜拉索为主梁提供弹性支承，以斜拉索受拉，主梁受压为主；矮塔斜拉桥则是以主梁受弯、受压、受剪和斜拉索受拉共同来承担荷载。一方面，斜拉索对梁起加劲、调整受力的作用，其整体刚度主要由梁体提供，斜拉索更像体外预应力筋，通过水平方向的分力形成偏心弯矩来帮助梁体受力；另一方面，通过竖直方向的分力抵抗梁体的重力，起到斜拉桥索的作用。其结构的具体受力特征如下。

(1)与普通斜拉桥相比，矮塔斜拉桥的斜拉索除个别斜拉索在桥塔上锚固外，大多通过桥塔上的索鞍转向，然后与主梁锚固。跨越能力较梁桥大，通过斜拉索的大偏心布置，水平分力给主梁施加了预应力，提高了主梁承载能力，从而减小了主梁截面高度，使得矮塔斜拉桥跨径能力是相同梁高连续梁(刚构)桥的 2 倍左右。

(2)矮塔斜拉桥的桥塔较矮，桥塔和主梁刚度较大，上部结构轻型化，稳定性和抗震性能较好。主梁的抗弯刚度大,承担大部分竖向荷载,斜拉索只承担一部分荷载。其受力形式更接近连续梁(刚构)桥,可采用梁桥的施工方法。

(3)与普通斜拉桥相比,矮塔斜拉桥的斜拉索长度较短,斜拉索的水平倾角较大,存在一定的无索区长度,布置在主梁根部、中跨跨中、边跨端部等位置,充分发挥了主梁的承载能力。矮塔斜拉桥的斜拉索垂度小,振动引起的次应力变幅小,具有更好的抗风振能力。斜拉索的应力变幅小,达到容许应力时仍不存在疲劳问题。

1.2 矮塔斜拉桥的应用

1.2.1 国外矮塔斜拉桥的应用

在1980年由Christian Menn设计的甘特大桥,被业界认为是最早的矮塔斜拉桥,这座桥有7塔8跨,主跨174 m,全长678 m,其混凝土箱梁由预应力混凝土斜拉板"悬挂"在矮塔上,由此而得名板拉桥——斜拉桥的其中一个分支体系。板拉桥的结构造型优美,非常适合自然环境优美区域的桥梁建设,虽然板拉桥由反拱形梁发展而来,但是结构受力性能已经发生了本质的变化。

随后,1988年法国工程师Jacgues Mathivat在设计位于法国西南的Arret Darre高架桥的替代方案时,首次明确地提出了矮塔斜拉桥的概念,且称之为超配量体外索PC桥。在该桥梁体系中,等截面预应力混凝土主梁通过斜拉索挂在矮主塔上,矮主塔与主梁固结。在上塔柱设置索鞍,斜拉索通过索鞍锚固在主梁上,而不是直接锚固在塔上。从外形上来看该方案与斜拉桥相似,而从受力特性方面来看,斜拉索则与预应力混凝土体外索相似,索鞍相当于体外索的转向块,并且这些斜拉索的拉应力变幅与一般的斜拉索相比大大减少,因而可以不考虑拉索的疲劳而提高容许拉应力值。同时斜拉索的竖向分力可以平衡梁体的自重引起的竖向荷载,可以达到减小主梁高度的目的,水平分力的作用与一般斜拉桥斜拉索水平分力作用一样,可以更好地抵消主梁靠索塔附近梁段负弯矩引起的拉力。虽然Mathivat的方案最终并未实施,但其核心设计思想在随后得到了迅速地发展与应用。

在日本,矮塔斜拉桥得到了极大重视,日本的工程师们认为此种桥型在美观、经济及技术等方面的众多优势值得推广。早在1994年,日本便完成了小田原港桥的建设，见图1.3、图1.4，该桥的建成意味着学术领域内的世界第一座矮塔斜拉桥的建立。小田原港桥全桥长270 m，桥面宽13 m，其主桥跨径为74 m+122 m+74 m，主塔塔高为10.7 m，塔跨比为1/11，桥梁结构为双塔双索面，塔墩梁固结体系，斜拉索锚固在主梁和塔顶的鞍座后。随后，日本积极推广矮塔斜拉桥，使矮塔斜拉桥技术迅速发展，达到世界先进水平，相继修建完成屋代南桥、屋代北桥、冲原桥、蟹泽大桥、西唐柜新桥等。

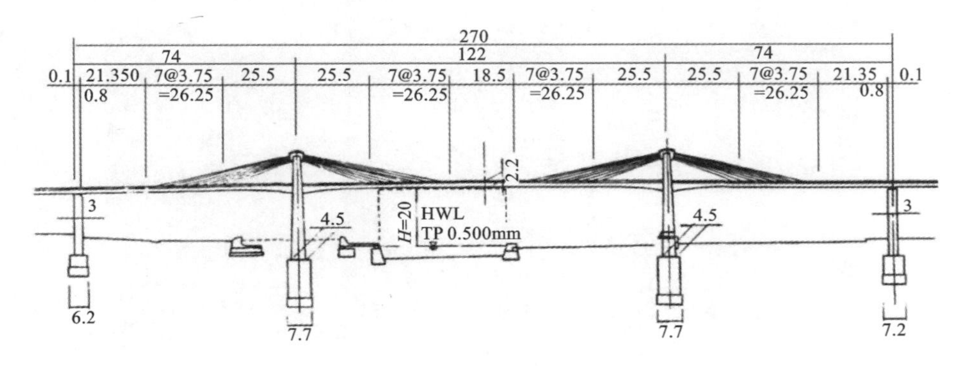

图1.3　小田原港桥总体布置图(单位:m)

图1.4　日本小田原港桥

随着日本矮塔斜拉桥技术的进一步提升，2001年日本修建完成木曾川桥和揖斐川桥，且首次采用多塔单索面、钢筋混凝土梁结构。木曾川桥采用5跨连续混合梁和4塔单索面部分斜拉桥的桥梁形式，跨径为160 m+3×275 m+160 m，见图1.5。揖斐川桥采用多塔单索面，混凝土箱梁和钢筋梁的混合结构体系，其跨径布置为154 m＋4×271.5 m＋127 m。木曾川桥全桥长1145 m，最大跨径为275 m，梁高4～7 m。矮塔斜拉桥采用混合梁的结构形式，进一步加大了桥梁跨径。

图1.5　日本木曾川桥

日本2000年建成的士狩大桥首次采用反力分散型叠合橡胶支座，消除了支座变形，全桥长610 m，其主桥跨径为94 m＋3×140 m＋94 m，桥梁结构为大偏心体外索式五跨连续预应力箱梁桥，塔梁固结，且将体外预应力索和波形钢腹板梁结合，见图1.6。

图1.6　士狩大桥

日本日见梦桥采用波形钢腹板主梁和体外预应力索，这样既减轻了结构重量，也能更好地发挥材料性能，并具有良好的经济性能。此外，该桥型结构施工

容易，维修简单，见图 1.7。

图 1.7　日见梦桥

日本已建的这些矮塔斜拉桥中，采用较多的是单塔两跨桥、双塔三跨桥，单塔两跨桥的跨径大多在 50～150 m，如三谷川二桥、都田川桥；双塔三跨桥的跨径大多在 100～200 m，如蟹泽大桥、三户望乡大桥；主梁宽度大多为 13～33 m，并且大多是预应力混凝土梁，还有混凝土箱梁与钢箱梁的混合梁、波形钢腹板箱梁等多种类型。

随着矮塔斜拉桥的应用在日本愈加广泛，其他国家也开始对这种桥梁结构进行研究，并大量修建。

1998 年，瑞士建成桑尼伯格大桥(Sunniberg Bridge)，见图 1.8，这座桥跟常规的矮塔斜拉桥有所不同。桥梁位于瑞士克洛斯特斯(Klosters)地区的高速公路上，桥梁跨径为 59 m＋128 m＋140 m＋134 m＋65 m，五跨四塔连续双索面，处于平曲线上，由于原地形地貌的复杂，设计师们选用了较高的桥墩与低矮的桥塔相结合的方案。桑尼伯格大桥高跨比为 1/175，远小于日本矮塔斜拉桥的高跨比(一般为 1/55～1/70)，且上部构造选用曲线形式的预应力边主梁，桥面系选用轻薄桥面。从力学角度上看，桥梁选用塔墩梁固结体系，使上下结构得以重新分配弯矩，这座桥梁已经成为当地的地标性建筑，被人们广泛称赞。这座桥梁不仅结构优美，而且它的出现丰富了桥梁结构体系，形成了以刚塔柔梁为特征的另一种结构体系。

2002 年在韩国南部丽水(Yeosu)修建 Pyung-Yeo 2 Gyo Bridge，全桥长 250 m，其主桥跨径为 65 m＋120 m＋65 m，宽 23.5 m。在 2006 年建成的 Kack-Hwa First Bridge，见图 1.9，主跨 110 m。于 2008 年修建完成 Gum-Ga Grand Bridge，桥梁总长为 795.6 m，其主桥跨径布置为 85.35 m＋5×125 m＋85.25 m，桥面宽25.0 m，索塔高 8.5 m。Hag-Na-Rae Bridge 于 2012 年修建完成，全桥长 740.0 m，主桥跨径为 100 m＋3×180 m＋100 m，多塔矮塔斜拉桥，桥塔为倒 A 形，高 26 m。

图 1.8　瑞士桑尼伯格大桥

图 1.9　Kack-Hwa First Bridge

菲律宾于 1999 年建成第二曼达维-麦克坦大桥，采用 H 型索塔，双平行索面，总长 410 m，主跨 185 m。老挝在 2000 年建成巴色桥，桥梁总长达到 1380 m，主跨 143 m。2003 年西班牙建成德巴河大桥。2004 年，克罗地亚也建了一座矮塔斜拉桥，主跨布置为 72 m＋120 m＋72 m，采用双塔双索面，索距为 6 m。加拿大于 2009 年建成 North Arm Bridge，主跨为 180 m。同年，金穗大桥(Golden Ears Bridge)修建完成，主跨为 242 m，见图 1.10。2010 年玻利维亚修建完成 The Triplets Bridge，主跨为 113 m。2012 年美国建成的矮塔斜拉桥——新珍珠港纪念大桥，主桥全长 308.7 m，主跨 157 m。2013 年拉脱维亚修建多塔矮塔斜拉桥——Southern Bridge，桥梁全长 803 m，主跨径为 49.5 m＋77 m＋5×110 m＋77 m＋49.5 m，桥面宽 34.23 m，6 车道。波兰于 2013 年修建 Mszanie Bridge，该桥全长 808.5 m，主跨 204 m，是目前世界上桥面最宽的矮塔斜拉桥。巴基斯坦在 2014 年修建完成 Earthquake Memorial Bridge，桥梁全

图1.10　加拿大金穗大桥

长474 m。

在近几十年间，矮塔斜拉桥在世界各地得到了空前的发展。从矮塔斜拉桥的提出及其蓬勃发展的过程可以看出，矮塔斜拉桥诞生于法国，后来在日本得到了迅猛发展，又在欧洲得到了二次发展，最后遍布世界各个地区。

表1.1为目前国外已建成的具有代表性的矮塔斜拉桥的基本资料。

表1.1　国外已建代表性矮塔斜拉桥

桥梁名称	时间	地点	塔高/m	索塔/斜拉索布置	跨径布置/m
小田原港桥	1994	日本	10.7	双柱式/扇形	74＋122＋74
屋代南桥	1995	日本	12.0	H式/扇形	64＋105＋105＋64
屋代北桥	1995	日本	10.0	门式/扇形	54＋90＋54
Pont de Saint-Rémy-de-Maurienne Bridge	1997	法国	5.9	双柱式/竖琴形	48.5＋52.5
冲原桥	1997	日本	16.0	双柱式/扇形	65＋180＋76
蟹泽大桥	1998	日本	22.1	双柱式/扇形	99＋180＋99
西唐柜新桥	1998	日本	11.5	门式/扇形	74＋140＋69
桑尼伯格大桥	1998	瑞士	15.0	双柱式/平行	59＋128＋140＋134＋65
第二曼达维-麦克坦大桥	1999	菲律宾	18.15	双柱式/扇形	111＋185＋111

续表

桥梁名称	时间	地点	塔高/m	索塔/斜拉索布置	跨径布置/m
士狩大桥	2000	日本	10.0	独柱式/平行	94+3×140+94
巴色桥	2000	老挝	15.0	H式/扇形	70+102×9+123+143+91.5+34.5
都田川桥	2001	日本	20.0	三塔柱/扇形	133+133
木曾川桥	2001	日本	30.0	独柱/扇形	160+3×275+160
Korror-Babeldaop Bridge	2002	帕劳	27.0	H式/扇形	82+247+82
Deba River Bridge	2003	西班牙	/	双柱式/竖琴形	42+66+42
Korong Extradosed Bridge	2004	匈牙利	9.45	双柱式/扇形	52+62
Rio Branco Third Bridge	2006	巴西	12.0	双柱式/扇形	54+90+54
Kack-Hwa First Bridge	2006	韩国	/	双柱式/扇形	55+110+100
韦维卡南达二桥	2007	印度	14.0	独柱式/竖琴形	55+7×110+55
Viaduc de la vavine des Trois-Bassins	2008	法国	19.0	独柱式/扇形	43+75+105+126
金穗大桥	2009	加拿大	40.0	双柱式/扇形	121+3×242+121
新珍珠港纪念大桥	2012	美国	22.6	三柱式/竖琴形	76+157+76
生野大桥	2018	日本	28.0	独柱式/扇形	96+188+103+2×39+71+66

1.2.2 国内矮塔斜拉桥的应用

小田原港桥建成不久,我国桥梁专家就对该种桥型展开了研究。矮塔斜拉桥最初的英文名是“extradosed prestressed concrete bridge”,日本则是直译为日语,直译成中文就是“超预应力量混凝土桥”。正是由于对小田原港桥的研究,所以我国最早将矮塔斜拉桥翻译成“外加预应力量的PC桥”。

我国著名桥梁专家严国敏在1996年全国第十二届桥梁学术会议上将矮塔斜拉桥称作“部分斜拉桥”,以体现该桥型的斜拉索只承担部分荷载,而另一部分

的荷载是由混凝土箱梁的受弯及受剪部位来承担的受力特点。如今国内更流行的称呼是“矮塔斜拉桥”(low-pylon cable-stayed bridge)，因为该名称既能表明该桥型的造型特点，便于常人理解，又能体现出其与斜拉桥的差异，方便专业人员判断它的受力特点。

我国矮塔斜拉桥研究起步于20世纪90年代中期，虽起步较晚，但随着设计理念、施工技术的不断进步以及新型土木工程材料的不断涌现，矮塔斜拉桥的发展也十分迅猛。国内首座矮塔斜拉桥是在2000年建成的芜湖长江大桥，见图1.11，它是一座公路、铁路两用桥梁。跨径为180 m+312 m+180 m，采用H形混凝土结构，双索面漂浮体系，钢桁架主梁，是世界上第一座以钢桁架作主梁的矮塔斜拉桥。相较其他矮塔斜拉桥优势之处在于：主梁采用结合梁的结构，混凝土桥面板与主桁架共同作用，增大了主梁刚度，降低了梁高，减小主桁架的上弦杆的横截面积，具有很高的经济性；斜拉索直接锚固在索塔上，而没有设置鞍座，便于斜拉索在后期运营过程中的更换与维护。

图1.11　芜湖长江大桥

同时，我国在公路领域的第一座矮塔斜拉桥则是2001年建设完成的漳州战备大桥，见图1.12，该桥梁结构为三跨连续的预应力混凝土矮塔斜拉桥型式，主梁采用箱形结构，该桥梁跨越福建漳州的九龙江，采用城市桥梁标准设计，结构的跨径组合为80.8 m+132 m+80.8 m，该桥梁结构采用了塔梁固结的支撑体系，是该类桥梁应用最多的结构形式与支撑体系。

随着矮塔斜拉桥在我国的实践与应用，这种桥梁型式的优越性也越来越受到设计人员的青睐。此后相继建设完成的甘肃省兰州市小西湖黄河大桥、福建省厦门市同安银湖大桥以及江苏省常澄高速常州运河桥，都是采用矮塔斜拉桥的结构形式。凭借这些工程项目的积累，我国逐渐掌握了矮塔斜拉桥的设计与施工方法，这些为矮塔斜拉桥的进一步应用和实践提供了很好的理论基础。近

图 1.12　漳州战备大桥

20 年来，我国已修建了近百余座矮塔斜拉桥，分布在全国各地，跨度上不断更新提高，斜拉索布置形式也越来越多样化，异形的桥墩和主塔也极大增加了桥梁的美观性，其独特的力学特点在桥梁建设中发挥重要作用，并且得到了快速的发展。

广东省江门至珠海高速公路上的荷麻溪特大桥，见图 1.13，于 2005 年修建完成，其跨径布置为 125 m＋230 m＋125 m，索塔为双塔单索面，布置于主梁中央分隔带上，索塔截面为哑铃形，中跨跨度为 230 m，主梁截面为单箱三室，预应力混凝土结构，采用墩梁固结体系。山东省惠民县和高青县交界处的黄河干流上的惠青黄河大桥，全桥长 486 m，采用塔墩梁固结体系，其主桥跨径布置为 133 m＋220 m＋133 m，索塔为双塔单索面。

图 1.13　荷麻溪特大桥

峪道河大桥于 2008 年修建完成，见图 1.14，位于国道 111 改建工程 K6＋347 m 处，全桥长 606.8 m，其主桥跨径为 30 m＋60 m＋120 m＋60 m＋30 m，

桥面宽12.5 m,采用墩塔梁固结体系,辅助墩采用四氟滑板式支座。主梁采用预应力混凝土梁。主塔高15.3 m,扇形侧面宽度为4.04～6.5 m,直线放射外张形式立面。主墩为双柱矩形断面,采用C60混凝土浇筑。辅助墩为扇形宽板式,采用C40混凝土浇筑。墩下基础皆用直径D=1.5 m钻孔摩擦桩。

图1.14　峪道河大桥

重庆因其独特的喀斯特地貌,在城市建设中修建了大量的桥梁,被誉为"桥都"。重庆嘉悦大桥于2010年修建完成,为跨江特大桥,全桥长786.5 m,为组合结构桥梁,其主桥跨径为66 m+75 m+75 m+145 m+250 m+145 m,见图1.15。这是重庆修建的首座矮塔斜拉桥,塔梁、塔墩固结,墩梁分离,桥塔采用上塔柱向外倾斜的流线Y形结构,塔高32.53 m。2011年,修建了与嘉悦大桥外形相似的合川嘉陵江南屏大桥,跨径为102 m+190 m+90 m,桥塔采用Y形的钢-混组合结构,上塔柱高27.4 m。

广州市沙湾大桥于2010年修建完成,全桥长523 m,其主桥跨径为137.5 m+248 m+137.5 m,主梁为预应力混凝土梁,桥面宽34 m。

大连市长山大桥于2014年修建完成,是三跨连续刚构矮塔斜拉桥。全桥长1790 m,其主桥跨径为140 m+260 m+140 m,采用双塔双索面预应力混凝土。桥面宽23.0 m,最大纵坡坡度为2.6%,其中主桥位于半径R=10000 m的凸形曲线上,桥梁结构采用塔墩梁固结体系。主墩为双薄壁墩,过渡墩为纵向活动支座。

我国台湾地区在借鉴国外矮塔斜拉桥经验后,积极推广矮塔斜拉桥的桥型,

图 1.15 重庆嘉悦大桥

在台湾省云林县与嘉义县之间于 2008 年修建完成的北港妈祖大桥，主跨为 2×125 m 单塔矮塔斜拉桥，塔身形似妈祖，是一座具有工程理念、景观设计、地方文化特色的矮塔斜拉桥，见图 1.16。随后在台湾省的花莲县、南投县、彰化县等地分别建造了新丰平大桥、小半天桥、后港溪脊背桥等矮塔斜拉桥。金门大桥于 2016 年建成，连接大小金门，其主桥为五塔连续矮塔斜拉桥，主桥跨径 140 m+5×280 m+140 m。在目前已修建完成的预应力混凝土矮塔斜拉桥中，金门大桥的跨度属于世界前列，见图 1.17。

图 1.16 北港妈祖大桥

图 1.17 台湾金门大桥

这些矮塔斜拉桥的建设成果，展示出了我国在建设矮塔斜拉桥方面的强大实力。并且通过这些实践项目积累了许多的设计、施工、管理等方面的经验，为我国未来矮塔斜拉桥事业发展奠定了扎实的理论基础。

1.2.3 矮塔斜拉桥研究现状

日本山崎淳等人在研究矮塔斜拉桥时，提出用索梁竖向刚度比和竖向荷载分担比来界定矮塔斜拉桥，从竖向荷载分担比和应力幅两个指标出发，认为竖向荷载分担比在0.3时为矮塔斜拉桥和普通斜拉桥的分界点。该研究成果主要以建成的多座公路矮塔斜拉桥为研究对象得出。

刘凤奎等人对银湖矮塔斜拉桥无索区长度进行了分析，认为塔根部无索区长度对结构的影响，较边支座无索区明显，塔根处无索区宜控制在$(0.2\sim0.4)L$，而边支座处应控制在$(0.3\sim0.4)L$区间(L为跨径)。该研究成果以公路矮塔斜拉桥为研究对象得出。

蔺鹏臻等人对矮塔斜拉桥的参数进行了分析，提出了矮塔斜拉桥斜拉索荷载效应影响度概念，并对多座矮塔斜拉桥进行了分析，对矮塔斜拉桥采用影响度概念进行了重新界定，同时对单索面矮塔斜拉桥进行了地震荷载的动力特性分析，认为矮塔斜拉桥的基本自振周期较短，不属于柔性结构，斜拉索对结构的自振频率影响较小。该研究成果以兰州小西湖黄河大桥为研究对象得出。

李小珍等人基于列车-线路-桥梁耦合振动理论和动力学模型，对不同列车速度下矮塔斜拉桥斜拉索振动与桥梁整体振动之间的相关性进行了研究，认为列车荷载作用下斜拉索的振动相关性问题实质上是一个能量传递过程，当斜拉索端点位移激励频率与自振频率接近时，能量易于在索梁之间传递，当列车荷载的激励频率与斜拉索自振频率接近时，斜拉索会产生共振，但振幅并不大。该成果以铁路矮塔斜拉桥为研究对象得出。

孙向东对四塔单索面矮塔斜拉桥进行了相关研究，对其动力特性进行了分析，认为矮塔斜拉桥动力特性接近于连续梁，振型主要由主梁刚度来控制，主塔的刚度只对主塔的振动有影响，而抗风、抗震对结构设计制约较小。该研究成果以公路矮塔斜拉桥为研究对象得出。

陈从春等人从索梁活载比的方面对矮塔斜拉桥进行了界定，认为在活载作用下，斜拉索与主梁分担的荷载的比值在 0.5 以下则可认为是矮塔斜拉桥，而大于 0.5 则认为是普通斜拉桥。该成果以公路矮塔斜拉桥为研究对象得出，并经过了多座公路矮塔斜拉桥的检验，同时从理论推导过程看该成果对铁路矮塔斜拉桥是适用的，但由于铁路矮塔斜拉桥相对公路斜拉桥荷载更大，设计刚度更大，因此是否能适用 0.5 为分界点未给出明确结论。

陈念、朱强等人基于有限元模型从矮塔斜拉桥的塔高出发，对其进行了自振等动力特性的分析。该成果是在对公路矮塔斜拉桥分析的基础上得出。

魏春明等人从矮塔斜拉桥的敏感性参数出发，对不同参数下的矮塔斜拉桥进行了内力分析。该研究尽管对铁路矮塔斜拉桥进行了分析，但这些分析仅在静力状态下进行。

彭彬、曹发源等人对无索区长度对矮塔斜拉桥结构行为的影响进行了研究，认为无索区设置方式对矮塔斜拉桥静力性能影响较大，需要通过调整无索区长度来改善结构整体性能。该成果是在对公路矮塔斜拉桥分析的基础上得出。

黎曙文采用车桥耦合振动分析方法，对铁路曲线矮塔斜拉桥的曲率半径进行了分析，认为车桥系统位移响应均随曲率半径的减小而增大，当曲率半径大于 2000 m 时，列车位移响应可以忽略不计。该成果是在对铁路矮塔斜拉桥分析的基础上得出，但是该研究依然是车-桥耦合的常规分析，即对桥梁位移、加速度响应的分析，并未对车辆通过时的桥梁内力过程进行分析。

左家强对高速铁路矮塔斜拉桥铺设无碴轨道板进行了研究，认为矮塔斜拉桥可以满足无碴轨道的不平顺要求，保证行车安全性和舒适性的同时，还能有效释放梁体的收缩徐变及温度变形，更加容易满足轨道不平顺要求。

宋涛在陈从春均布荷载作用下的索梁活载比基础上，推导了车道荷载作用下的索梁活载比的计算公式，并由此提出了基于索梁权矩阵的矮塔斜拉桥索力优化算法，推导了双塔塔梁固结矮塔斜拉桥的竖弯振动频率和刚构体系的纵飘频率计算公式，并从经济和力学性能角度讨论了矮塔斜拉桥的主跨极限跨径。

第 2 章　矮塔斜拉桥设计研究

矮塔斜拉桥是以常规斜拉桥为基础发展起来的，通常又被称为部分斜拉桥。与传统斜拉桥相比，矮塔斜拉桥桥塔较矮、主梁较刚、斜拉索相对集中。其受力偏向于连续梁桥，主梁内的预应力承担大部分荷载，斜拉索可看作是体外预应力筋，仅起辅助作用，就结构特性而言，矮塔斜拉桥介于梁桥和传统斜拉桥之间，并兼具了两者的优点，近年来在国内外已经得到了迅速发展。

2.1　矮塔斜拉桥构造设计

2.1.1　主梁的构造形式

主梁和桥面系是矮塔斜拉桥的主要承重构件，它直接承受车辆荷载和其他使用荷载。由于受到斜拉索的支承作用，其受力不仅取决于自身的结构体系，同时与塔的刚度、索的刚度、塔梁连接方法和索的形状密切相关。所以主梁的设计应考虑结构的力学特征、抗风稳定性、施工特点等要素。

1. 按材料分类

矮塔斜拉桥的主梁按材料分类可分为：预应力混凝土梁、钢梁、钢-混凝土混合梁、波形钢腹板结合梁、钢桁梁。国内已建成的矮塔斜拉桥大部分采用的是预应力混凝土梁，例如，惠青黄河大桥为单箱三室变高度箱梁、开封黄河二桥主桥为单箱三室变高度箱梁和重庆嘉悦大桥为单箱单室等高度箱梁。在国外，矮塔斜拉桥主梁除采用预应力混凝土梁外，钢-混凝土结合梁及钢-混凝土混合梁已经得到成功的应用。日本的日见梦桥和近江大鸟桥均为波形钢腹板箱梁，即主梁腹板和横隔板为钢材，桥面板和底板为混凝土材料。波形钢腹板结合梁的特点是可以显著减小结构的自重。

2. 按截面类型分类

主梁沿顺桥向可以采用等高度和变高度梁两种构造方式，主梁截面形状的

选择要首先考虑道路的等级，其次考虑结构形式为单索面还是双索面，最后考虑影响主梁高度的因素。同时，在选择主梁截面的时候，桥梁美学也是一个必不可少的因素。

矮塔斜拉桥的主梁截面形状大致分为两类，一类是箱梁，另一类是肋板式梁。对于连续梁桥来说，一般采用封闭截面的单箱单室箱梁或单箱多室箱梁。而对普通斜拉桥的主梁，其截面主要采用板式截面和箱形截面，采用较多的板式截面梁一般为刚度较小的柔性梁，或采用边梁加劲的形式。理论上讲，因为矮塔斜拉桥主梁的受力是介于连续梁与普通斜拉桥之间的一种桥型，理想的矮塔斜拉桥的主梁截面应当是箱形截面与板式截面形式之间的一种过渡截面。但是，板式截面梁与箱形截面梁在受力上有着明显的不同。矮塔斜拉桥以主梁的受弯、受剪部位来承受竖向荷载，同时还有斜拉索拉力的水平分力带来的水平轴力，因此矮塔斜拉桥的主梁截面选择时要综合考虑抗弯、抗剪能力，使得整体的截面刚度足够大，同时在构造上还要考虑斜拉索的布置和斜拉索在主梁上的锚固等问题。主梁的截面形式还要方便施工过程中斜拉索的张拉和锚固，还应留足够的空间布设预应力钢筋。主梁截面采用板式截面时，在板的纵向一般要设置边梁加劲，斜拉索也可以锚固在边梁上。主梁截面采用箱形截面时，根据设计宽度不同可采用单箱单室、单箱多室和双箱双室等形式，箱梁腹板可设置为直立、倾斜和曲线等形式。斜拉索在箱梁上的锚固位置由索塔和斜拉索的布置形式确定，箱梁内外皆可布置。

普通斜拉桥的主梁作为受斜拉索弹性支撑的梁，如果具备最低限度所需的刚性，那么主梁质量越轻越有利。而矮塔斜拉桥可以看作考虑了体外预应力的梁桥，其抵抗外力的结构还是主梁，因此矮塔斜拉桥的主梁与一般的梁桥一样，需要适应跨度的梁高。鉴于矮塔斜拉桥的梁刚性较大，所以可以按照与通常梁桥相同的悬臂拼接法进行施工。

总之，采用箱形截面梁的矮塔斜拉桥的主梁受力状态较普通斜拉桥更接近于连续梁桥或连续刚构桥，因此矮塔斜拉桥的主梁构造设计时，除斜拉索在主梁上的张拉与锚固位置外，其构造大体与连续梁桥或连续刚构桥相同，只是梁高大为减少；主梁其他构造部分设计（包括主梁横隔板、预应力钢筋布设位置等）与连续梁有很多相似之处。

3. 梁高与边中跨比分析

因为矮塔斜拉桥的主梁与连续梁桥和连续刚构桥比较类似，所以矮塔斜拉桥的主跨与梁高、主梁的边中跨的比例关系和梁桥类似，具有一定的规律。

在斜拉桥设计中，双塔三跨矮塔斜拉桥和多塔多跨矮塔斜拉桥在主梁设计和跨径设计上有比较多的相似点，但是单塔两跨矮塔斜拉桥设计在这两种设计上与上述两种桥型相差比较大，所以将目前国内外部分矮塔斜拉桥分为两大类：①双塔三跨矮塔斜拉桥及多塔多跨矮塔斜拉桥，②单塔两跨矮塔斜拉桥。

把单塔两跨矮塔斜拉桥主梁的梁高及梁宽、边中跨比的设计参数绘制成散点图，对散点图的分析可以概括为以下几点。

(1)目前单塔两跨矮塔斜拉桥的塔根梁高范围为 2～11 m，主要集中在 3.5～8 m，跨中梁高范围为 1.35～4.5 m，主要集中在 1.8～4 m。

(2)目前单塔两跨矮塔斜拉桥的主跨跨径范围为 52.5～170 m，边中跨比范围为 0.621～1.0，主要集中在 0.8～1.0，如图 2.1 所示。

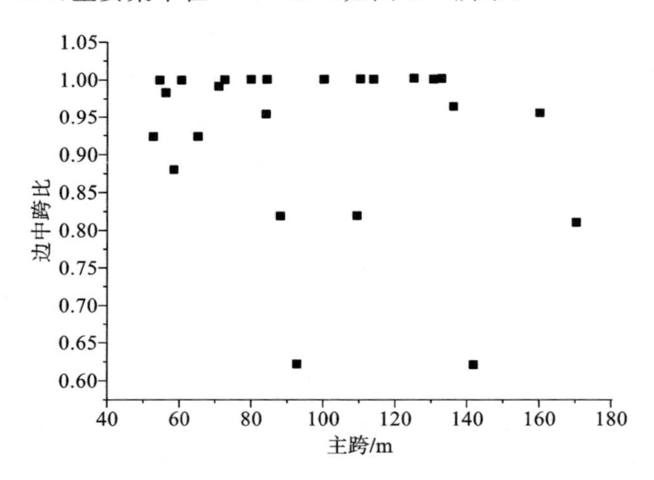

图 2.1　单塔两跨矮塔斜拉桥的边中跨比与主跨的关系

(3)单塔两跨矮塔斜拉桥的梁高与主跨之间存在线性比例趋势，跨中梁高与主跨之间的趋势线方程为 $y=0.0241x+0.5963$；塔根梁高与主跨之间的趋势线方程为 $y=0.0551x-0.2387$，如图 2.2 所示。

(4)单塔两跨矮塔斜拉桥的跨中高跨比的范围为 0.024～0.045，比值主要集中在 0.025～0.035，如图 2.3 所示；塔根高跨比的范围为 0.025～0.081，比值主要集中在 0.04～0.06。

(5)单塔两跨矮塔斜拉桥的梁宽主要集中在 12～28 m，如图 2.4 所示，一般主梁宽度范围为 9.2～33 m。

(6)单塔两跨矮塔斜拉桥的主梁宽度与主跨之间存在线性比例趋势，梁宽与

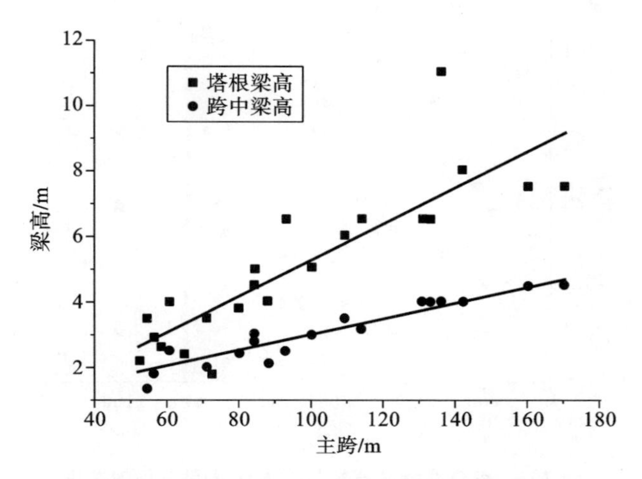

图 2.2　单塔两跨矮塔斜拉桥的梁高与主跨的关系

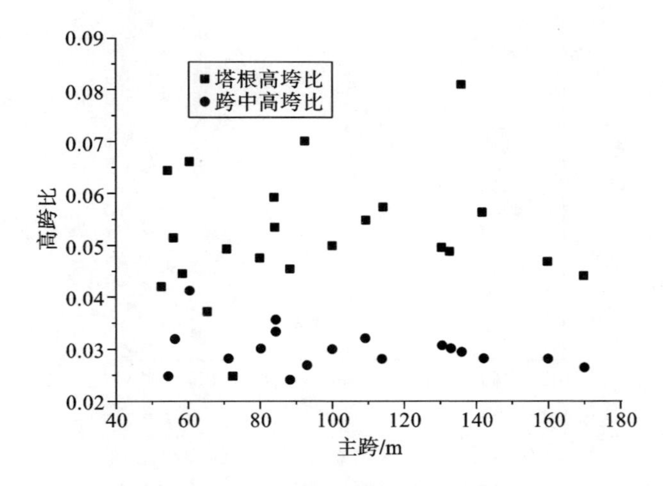

图 2.3　单塔两跨矮塔斜拉桥的高跨比

主跨之间的趋势线方程为 $y=-0.0025x+0.4774$，如图 2.5 所示。

(7)单塔两跨矮塔斜拉桥的宽跨比的范围为 0.086～0.497，比值主要集中在 0.1～0.35。

把双塔三跨及多塔多跨矮塔斜拉桥主梁的梁高及梁宽、边中跨比的设计参数绘制成散点图，对散点图的分析可以概括为以下几点。

(1)双塔三跨及多塔多跨矮塔斜拉桥的塔根梁高范围为 2～15.5 m(除了瑞士桑尼伯格大桥和北京峪道河大桥)，主要集中在 3～8 m；跨中梁高范围为 1～5

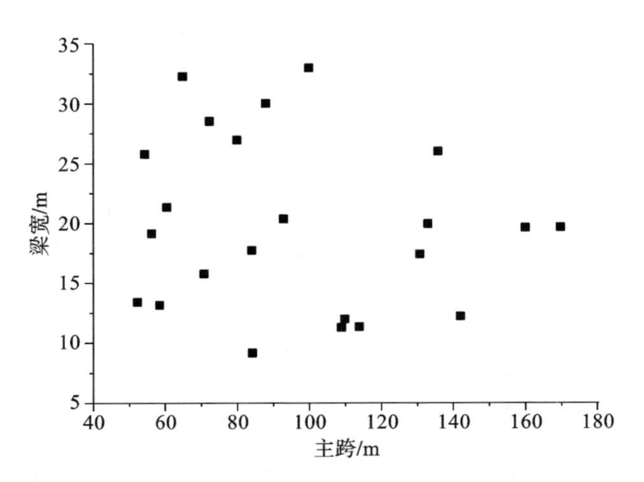

图 2.4　单塔两跨矮塔斜拉桥的梁宽与主跨的关系

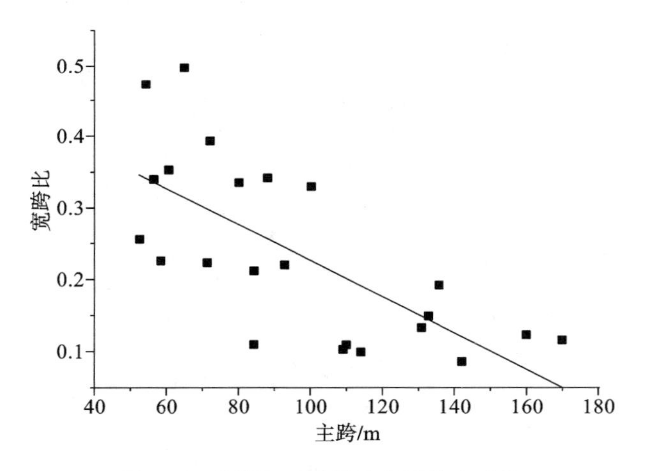

图 2.5　单塔两跨矮塔斜拉桥的宽跨比

m(其中芜湖长江大桥的钢桁梁高 13.5 m 除外)，主要集中在 2～4 m，如图 2.6 所示。

(2)双塔三跨及多塔多跨矮塔斜拉桥的梁高与主跨之间存在线性比例趋势，塔根梁高与主跨之间的趋势线方程为 $y=0.0309x+0.2355$；跨中梁高与主跨之间的趋势线方程为 $y=0.0162x+0.7105$，如图 2.6 所示。

(3)双塔三跨及多塔多跨矮塔斜拉桥的主跨跨径范围为 43～312 m，边中跨比范围为 0.257～0.914，主要集中在 0.45～0.8，如图 2.7 所示。

(4)双塔三跨及多塔多跨矮塔斜拉桥的塔根高跨比的范围为 0.019～0.056(其中瑞士桑尼伯格大桥的高跨比 0.006 和北京峪道河大桥梁高跨比 0.015 除

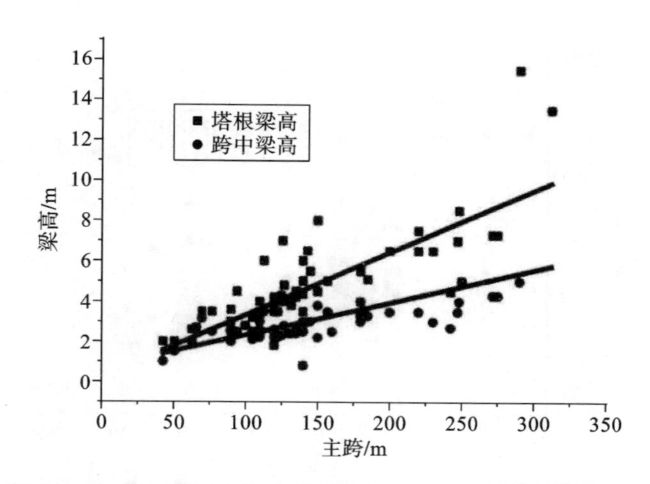

图 2.6　双塔三跨及多塔多跨矮塔斜拉桥的梁高与主跨的关系

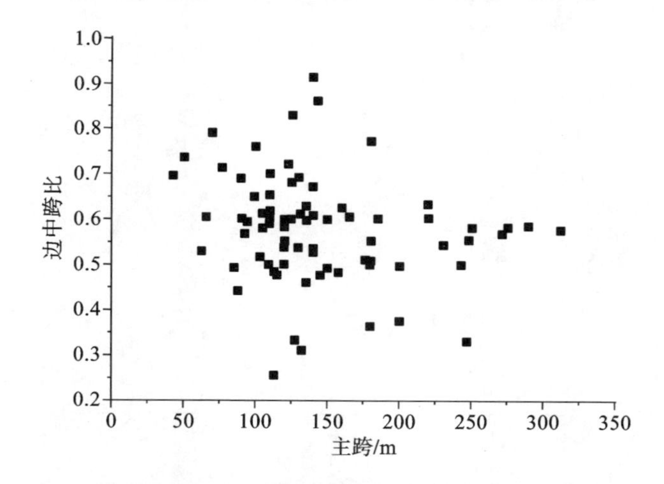

图 2.7　双塔三跨及多塔多跨矮塔斜拉桥的边中跨比

外)，比值主要集中在 0.025～0.045；跨中高跨比的范围为 0.011～0.045(其中瑞士桑尼伯格大桥的高跨比 0.006 除外)，比值主要集中在 0.015～0.032，如图 2.8 所示。

(5)双塔三跨及多塔多跨矮塔斜拉桥的主梁宽度范围为 8～41 m(其中夕原人行道桥主梁宽 5.4 m 除外)，主要集中在 10～35 m，如图 2.9 所示。

(6)双塔三跨及多塔多跨矮塔斜拉桥的宽跨比的范围为 0.037～0.341(其中福岛桥的宽跨比 0.484 除外)，比值主要集中在 0.05～0.3；双塔三跨及多塔多跨矮塔斜拉桥的宽跨比与主跨之间存在线性比例趋势，宽跨比与主跨之间的

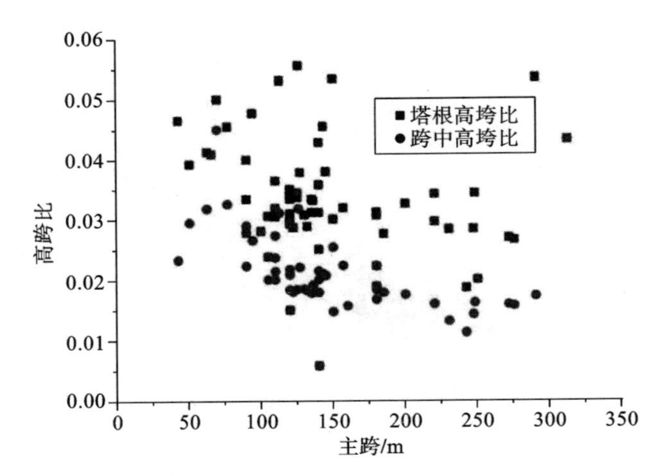

图 2.8 双塔三跨及多塔多跨矮塔斜拉桥的高跨比

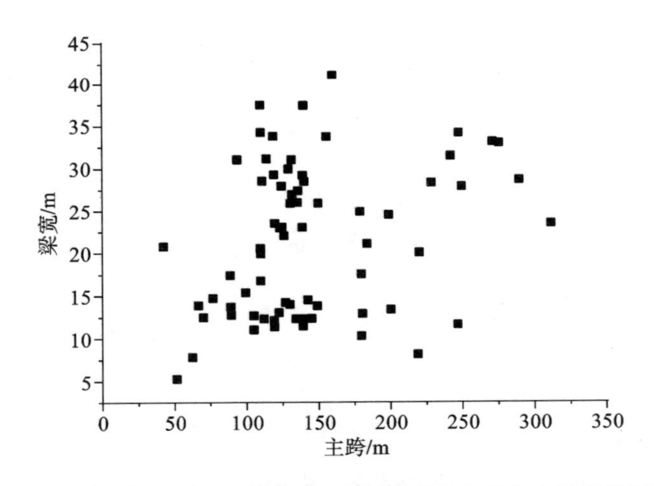

图 2.9 双塔三跨及多塔多跨矮塔斜拉桥的梁宽与主跨的关系

趋势线方程为 $y=-0.0007x+0.2569$,如图 2.10 所示。

对比两种桥型,单塔两跨矮塔斜拉桥和双塔三跨及多塔多跨矮塔斜拉桥,在主梁结构设计参数方面的相同和不同点,得到以下结论。

(1)单塔两跨矮塔斜拉桥的边中跨比范围主要集中在 0.8～1.0,而双塔三跨及多塔多跨矮塔斜拉桥的边中跨比范围主要集中在 0.45～0.8;单塔两跨矮塔斜拉桥的边中跨比范围较双塔三跨及多塔多跨矮塔斜拉桥的边中跨比范围更集中,趋向于边中跨比为 1 的等跨径布置,且单塔两跨矮塔斜拉桥的边中跨比一般较双塔三跨及多塔多跨矮塔斜拉桥的边中跨比更大。

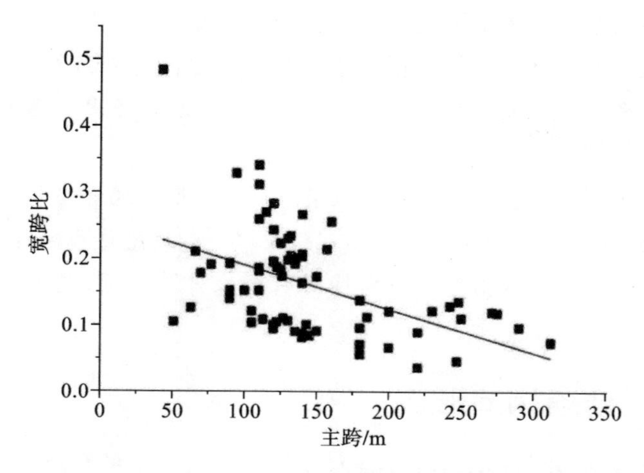

图 2.10　双塔三跨及多塔多跨矮塔斜拉桥的宽跨比

(2)单塔两跨矮塔斜拉桥的塔根梁高范围主要集中在 3.5～8 m，其跨中梁高范围主要集中在 1.8～4 m，而双塔三跨及多塔多跨矮塔斜拉桥的塔根梁高范围主要集中在 3～8 m，其跨中梁高范围主要集中在 2～4 m；单塔两跨矮塔斜拉桥的梁高分布相对双塔三跨及多塔多跨矮塔斜拉桥则要分散得多，而双塔三跨及多塔多跨矮塔斜拉桥梁高范围则显得更集中。

(3)双塔三跨及多塔多跨矮塔斜拉桥和单塔两跨矮塔斜拉桥的梁高在塔根处和跨中处与主跨之间存在线性比例趋势；单塔两跨矮塔斜拉桥在塔根处的线性斜率为 0.0551，跨中处为 0.0241，而双塔三跨及多塔多跨矮塔斜拉桥在塔根处线性斜率为 0.0309，跨中处为 0.0162；双塔三跨及多塔多跨矮塔斜拉桥的梁高与主跨之间的线性斜率明显较单塔两跨矮塔斜拉桥的小。

(4)双塔三跨及多塔多跨矮塔斜拉桥的塔根高跨比的范围主要集中在 0.025～0.045，跨中高跨比的范围主要集中在 0.015～0.032；而单塔两跨矮塔斜拉桥的塔根高跨比的范围主要集中在 0.04～0.06，跨中高跨比的范围主要集中在 0.025～0.035；双塔三跨及多塔多跨矮塔斜拉桥的高跨比(塔根、跨中)较单塔两跨矮塔斜拉桥的更集中，而单塔两跨矮塔斜拉桥的高跨比分布则要分散得多。

(5)单塔两跨矮塔斜拉桥的梁宽范围主要集中在 12～28 m，双塔三跨及多塔多跨矮塔斜拉桥的梁宽范围主要集中在 10～35 m。

(6)单塔两跨矮塔斜拉桥宽跨比的范围主要集中在 0.1～0.35，双塔三跨及多塔多跨矮塔斜拉桥宽跨比的范围主要集中在 0.05～0.3，双塔三跨及多塔多跨矮塔斜拉桥的宽跨比较单塔两跨矮塔斜拉桥的更集中；单塔两跨矮塔斜拉桥和双塔三跨及多塔多跨矮塔斜拉桥的梁宽与主跨之间存在线性比例趋势，单塔两跨矮塔斜拉桥的线性斜率为－0.0025，双塔三跨及多塔多跨矮塔斜拉桥的线性斜率为－0.0007。

由以上分析可知，在相同主跨下，双塔三跨及多塔多跨矮塔斜拉桥的高跨比较单塔两跨矮塔斜拉桥的小，如果按照三跨及以上的桥把最大跨径作为主跨，两跨的桥把主跨径扩大1.8倍后的三跨换算跨径来计算的话，两者的高跨比的范围基本一致。

2.1.2 桥塔构造形式

桥塔的设计要点主要包括以下两点。

(1)塔的形式和断面：必须对主梁的宽度、地基基础、斜拉索以及索鞍的锚固空间、美观等诸多的因素进行综合判断后，选定可施工性和经济性都好的塔的形式和断面。

(2)塔的高度：与斜拉索的配置有密切关系，必须考虑到斜拉索悬吊的效率或景观后再确定塔的高度。

1. 桥塔的形式

对普通斜拉桥来说，其桥塔的结构形式主要有单柱式、双柱式、门架式、A字形和倒Y形几种。在理论上矮塔斜拉桥都可采用以上这些形式，但由于矮塔斜拉桥不同于普通斜拉桥的特殊性，矮塔斜拉桥索塔在横桥向的常用形式为单柱形、双柱形、三柱形、门形等。单柱形索塔适用于单索面矮塔斜拉桥，这类矮塔斜拉桥可采用塔梁固结和刚构体系。塔梁固结、塔墩分离时，作用在主梁和索塔上的荷载通过设置在塔梁连接处的支座传递给下部结构。单柱形索塔的矮塔斜拉桥抗扭性能由主梁来保证，主梁常为抗扭刚度较大的箱形截面梁。单柱形索塔一般设置在桥面中央分隔带上。

双柱形、H形、门形索塔适用于双索面矮塔斜拉桥。双柱形索塔的两个塔柱间无连接构件，仅在双柱形塔柱之间设置横梁，即形成H形、门形索塔。双柱形、H形、门形索塔既可采用直塔柱、斜塔柱，也可采用折线形塔柱。双柱形、H形、门形索塔的矮塔斜拉桥可采用塔梁固结体系、支承体系和刚构体系。

对于以上提到的常用的桥塔形式在国内外著名的矮塔斜拉桥中都有用到，例如，我国漳州战备大桥、小西湖黄河大桥及日本的木曾川桥、士狩大桥等均采

用单柱形索塔。日本的蟹泽大桥、屋代南桥、屋代北桥、小田原港桥、近江大鸟桥、冲原桥等均采用双柱形索塔。

2. 桥塔的断面形式

根据矮塔斜拉桥结构的强度、刚度、稳定计算以及建筑造型的要求，可以把矮塔斜拉桥的主塔截面设计成等截面或变截面形式，截面又可以设计为实心或空心形式。从目前掌握的资料来看，国内矮塔斜拉桥的主塔截面多采用实心矩形截面形式。

3. 塔高规律分析

由上面可知矮塔斜拉桥的主塔高度和斜拉索的配置、主梁的主跨长度存在一定的关系，设计时应综合考虑这些因素之后再做决定。

单塔两跨矮塔斜拉桥的塔高统计结果如图 2.11 和图 2.12 所示，分析该图中已建或在建的单塔两跨矮塔斜拉桥的主跨与塔高的散点图分布，得出以下规律。

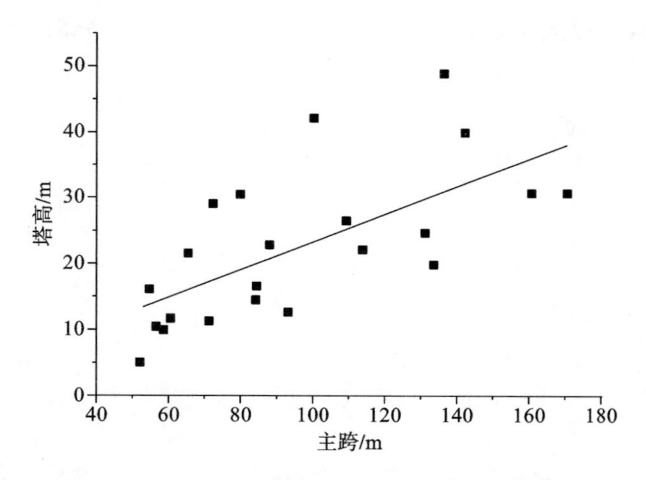

图 2.11　单塔两跨矮塔斜拉桥的塔高与主跨的关系

(1)单塔两跨矮塔斜拉桥的塔高范围为 5～49 m，主要集中在 10～30 m；其主跨跨径范围为 52～170 m，主要集中在 55～140 m。

(2)单塔两跨矮塔斜拉桥的塔高与主跨之间存在线性比例趋势，塔高与主跨之间的趋势线方程为 $y=0.2093x+2.473$，如图 2.11 所示。

(3)单塔两跨矮塔斜拉桥的塔高和主跨比范围为 0.095～0.420，比值主要

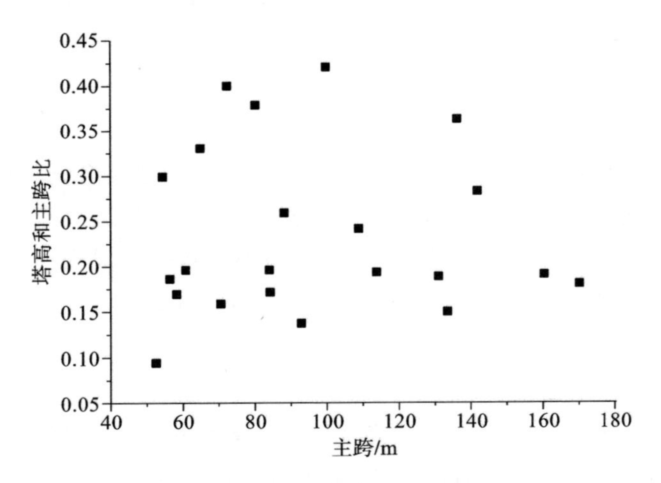

图 2.12　单塔两跨矮塔斜拉桥的塔高和主跨比

集中在 0.15～0.3，如图 2.12 所示。

双塔三跨及多塔多跨矮塔斜拉桥的塔高统计结果如图 2.13 和图 2.14 所示，分析该图中已建或在建的双塔三跨及多塔多跨矮塔斜拉桥的主跨与塔高的数据散点图分布，得出以下规律。

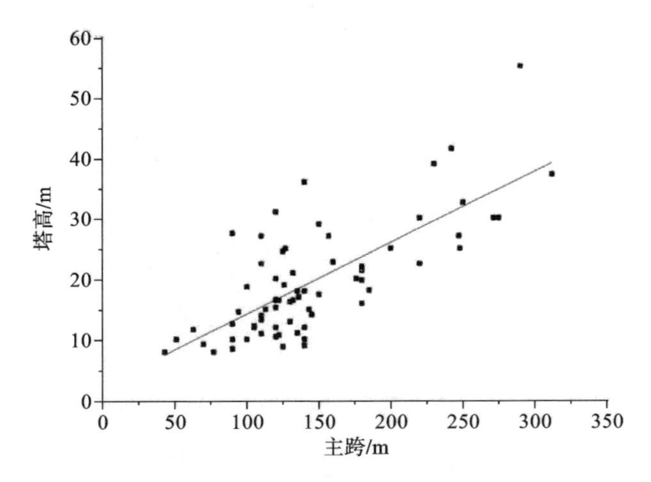

图 2.13　双塔三跨及多塔多跨矮塔斜拉桥的塔高与主跨的关系

(1)双塔三跨及多塔多跨矮塔斜拉桥的塔高范围为 8～55 m，主要集中在 8～35 m；双塔三跨及多塔多跨矮塔斜拉桥的主跨跨径范围为 43～312 m，主要集中在 70～250 m。

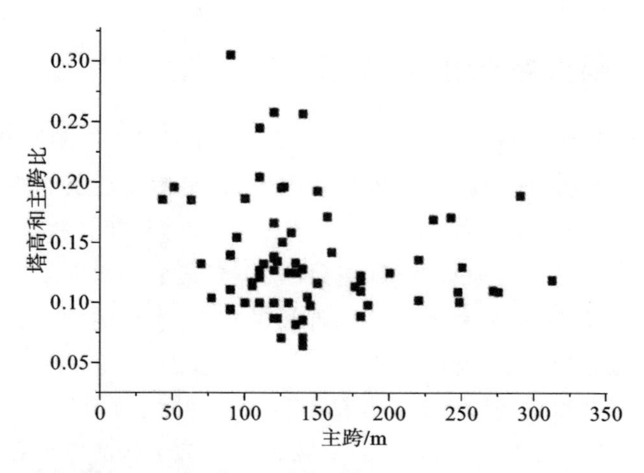

图 2.14　双塔三跨及多塔多跨矮塔斜拉桥的塔高和主跨比

(2)双塔三跨及多塔多跨矮塔斜拉桥的塔高与主跨之间存在线性比例趋势，塔高与主跨之间的趋势线方程为 $y=0.1175x+2.4942$,如图 2.13 所示。

(3)双塔三跨及多塔多跨矮塔斜拉桥的塔高和主跨比范围为 0.064～0.306,主要集中在 0.07～0.2,如图 2.14 所示。

对比双塔三跨及多塔多跨矮塔斜拉桥和单塔两跨矮塔斜拉桥在主跨和塔高方面的异同,得出以下结论。

(1)相比单塔两跨矮塔斜拉桥的两跨布置为相差不大的跨径,甚至于等跨径布置,双塔三跨及多塔多跨矮塔斜拉桥的主跨跨径范围变化较大,变化范围为 43～312 m,大部分将中间跨设置为最大跨径。

(2)双塔三跨及多塔多跨矮塔斜拉桥的塔高范围较单塔两跨矮塔斜拉桥更集中,主要集中在 8～35 m,而单塔两跨矮塔斜拉桥的塔高分布则要分散得多。

(3)单塔两跨矮塔斜拉桥和双塔三跨及多塔多跨矮塔斜拉桥的塔高与主跨之间存在线性比例趋势,单塔两跨矮塔斜拉桥的线性斜率为 0.2093,双塔三跨及多塔多跨矮塔斜拉桥的线性斜率为 0.1175,双塔三跨及多塔多跨矮塔斜拉桥的塔高与主跨之间的线性斜率明显较单塔两跨矮塔斜拉桥的小。

(4)双塔三跨及多塔多跨矮塔斜拉桥的塔高与主跨的比值范围主要集中在 0.07～0.2,而单塔两跨矮塔斜拉桥的塔高与主跨的比值范围为主要集中在 0.15～0.3,可见,在相同主跨下,双塔三跨及多塔多跨矮塔斜拉桥的塔高与主跨比值较单塔两跨矮塔斜拉桥的小。如果按照三跨及以上的桥把最大跨度作为主跨,两跨的桥把主跨长度扩大 1.8 倍后的三跨换算跨径来计算,那么两者的塔高与换算主跨的范围基本一致。

2.1.3 斜拉索布置形式与锚固构造

斜拉索是矮塔斜拉桥的主要承重构件之一，对结构整体刚度和经济合理性起着重要作用。一方面，斜拉索起体外预应力筋、平衡支点负弯矩、降低刚构桥或连续梁桥梁高的作用，即加固主梁的作用；另一方面，部分斜拉索也对主梁起弹性支承作用。相比于普通斜拉桥的斜拉索作为其主要构件来使用，而矮塔斜拉桥因为主塔高度较低，斜拉索的竖向伸长量较小，主梁的刚度又较大，斜拉索承担的外部荷载相对较少，所以斜拉索的应力变化较小。

参照日本规范得出的矮塔斜拉桥的斜拉索设计要点如下。

(1)配置主梁及桥塔上的斜拉索，必须根据上部结构的宽度和断面形状、跨度、塔的高度或形式等情况确定，必须充分认识这些因素之间的功能性关系。

(2)选定斜拉索时，须考虑到斜拉索设计所需的强度特性和耐久性，以及斜拉索架设条件、可施工性、经济性、维修养护方法等因素。主梁与塔间斜拉索的配置，必须能够充分传递斜拉索的张力。

1. 斜拉索的布置形式

斜拉索的布置，根据侧面形状可分为辐射形、扇形和竖琴形。矮塔斜拉桥一般使用扇形或竖琴形，斜拉索配置形状的特点如表 2.1 所示，斜拉索配置形状示意如图 2.15 所示。

表 2.1 斜拉索配置形状的特点

侧面形状	特点	配置形状
辐射形	斜拉索从塔顶呈放射状张拉的形状，见图 2.15(a)	①塔顶部斜拉索的锚固结构复杂； ②塔施工后，再进行主梁的施工； ③塔的截面内力变大
扇形	沿着塔长，斜拉索呈扇状张拉的形状，见图 2.15(b)	①斜拉索悬吊的效率好，斜拉索重量轻； ②介于辐射形与竖琴形之间； ③考虑了塔的斜拉索锚固构造以及主梁的轴力，适用于长大型桥梁

续表

侧面形状	特点	配置形状
竖琴形	斜拉索呈一定倾斜角度张拉的形状,见图 2.15(c)	①索塔锚固部位的间隔宽,易于施工; ②塔可以与主梁同时施工; ③地震时桥轴不易水平方向摇动; ④收缩、徐变导致斜拉索的张力变动大; ⑤斜拉索悬吊的效率低,斜拉索用量增大

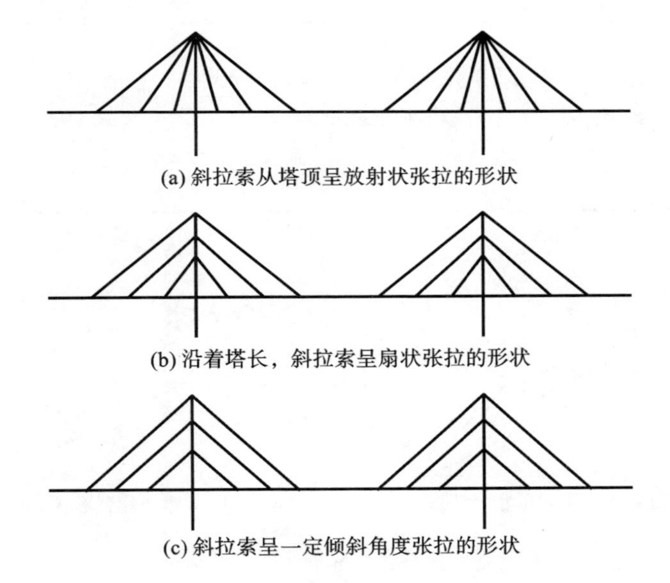

(a) 斜拉索从塔顶呈放射状张拉的形状

(b) 沿着塔长,斜拉索呈扇状张拉的形状

(c) 斜拉索呈一定倾斜角度张拉的形状

图 2.15　斜拉索配置形状示意

体外索支承面分为单索面和双索面两种形式,见表 2.2 和图 2.16。单索面又分为单排索和双排索,大部分的矮塔斜拉桥采用的是双排索形式。从桥面宽度的利用率来看,由于单索面斜拉索下端锚固在主梁中心线上,除保证锚固所需要的构造要求外,还要保证斜拉索免受车辆意外碰撞,所以较窄的双车道桥梁不宜采用单索面布置。另外,斜拉索布置成单索面时,对抗扭不起作用,所以单索面矮塔斜拉桥要求主梁采用抗扭刚度较大的箱形截面。单索面布置在中央分隔带内简洁、美观。双索面布置在桥宽方向,可以把斜拉索下端锚固点放在人行道部分,也可以锚固在桥面两侧的外缘。双索面布置时,由于双索面的斜拉索锚固在主梁上,两个索面能加强结构的抗扭刚度,因此,在曲线斜拉桥的设计中应优先考虑采用双索面布置形式。

表 2.2 单索面和双索面的特点

配置形状	特点
单索面,见图 2.16(a)	①桥墩横向的宽度可以变小; ②从侧面看时,看不见斜拉索交叉; ③从桥的使用者角度看,空间得到了释放; ④若需更大抗扭性能,需要考虑将梁的断面变为箱形截面等
双索面,见图 2.16(b)	①斜拉索使主梁的抗扭性能增强; ②桥墩的横向宽度大; ③从侧面看,可以看到斜拉索交叉

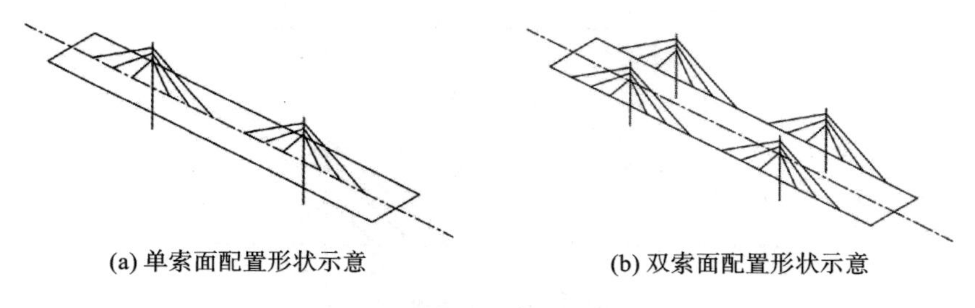

(a) 单索面配置形状示意　　(b) 双索面配置形状示意

图 2.16 单索面与双索面配置形状示意

以上提到的斜拉索的布置形式在国内外也得到了充分的利用,例如日本的三谷川二桥、新川高架桥及我国的福建漳州战备大桥都采用了单索面布置形式。双索面矮塔斜拉桥在日本修建较多,例如小田原港桥等,目前国内的芜湖长江大桥、广西柳州的三门江大桥等均采用双索面形式。

2. 斜拉索的锚固构造

斜拉索在主塔上的锚固分为分离式和贯通式两种方法,贯通式又分为可替换和不可替换两种方式。使用不可替换的方式时要使用抗损伤能力强和耐久性强的材料,并且要经常维护管理,因此使用可替换方式的斜拉索较为普遍。具体如表 2.3 和图 2.17 所示。

表 2.3　索塔锚固构造

固定方式	名称	侧面图及截面图	结构特点
贯通式	鞍座锚固	见图 2.17(a)	①实心截面，贯通锚固； ②固定斜拉索在塔的左右出口处的张力差使斜拉索锚固间距变小； ③塔的宽度受斜拉索最小弯曲半径的制约
	交叉锚固	见图 2.17(b)	①实心截面，交叉锚固； ②实际施工的实例多； ③需要考虑扭转效应
分离式	分离锚固	见图 2.17(c)	①空心截面，非交叉锚固； ②用 PC 钢材或钢箱加强抵抗斜拉索的锚固张力使斜拉索锚固间距变小； ③斜拉索锚固部位易于检修
	连接锚固	见图 2.17(d)	①空心截面，非交叉锚固； ②通过钢结构抵抗斜拉索的锚固张力，主塔截面变大； ③斜拉索锚固部位易于检修

分离式和贯通式是矮塔斜拉桥常用的两种锚固方式，两者在使用的过程中各有如下优缺点。

(1)贯通式的鞍座相当于体外索的转向块，由于桥塔较矮，斜拉索都通过塔顶来尽可能提高偏心距和斜拉索倾角，鞍座锚固构造可设置成双套管结构和分丝管结构，这样便于将来能对斜拉索整体进行更换，索塔两侧设置抗滑锚头，用于抵抗斜拉索产生的不均衡力，防止斜拉索滑动。

(2)分离式借鉴了斜拉桥索塔的锚固方式，一般适用于实心矩形截面塔柱。当采用可替换斜拉索方式时，为了保证锚固区域、再张拉、替换斜拉索等施工的空间，一般需要加高主塔高度或加宽宽度，但如果使用不可替换方式且在主梁处进行张拉施工，不需要太大的施工空间，可以布置成与贯通式同样的形式。

目前，贯通式的索鞍有双套管式和分丝管式两种，两种索鞍的特点如表 2.4 所示。

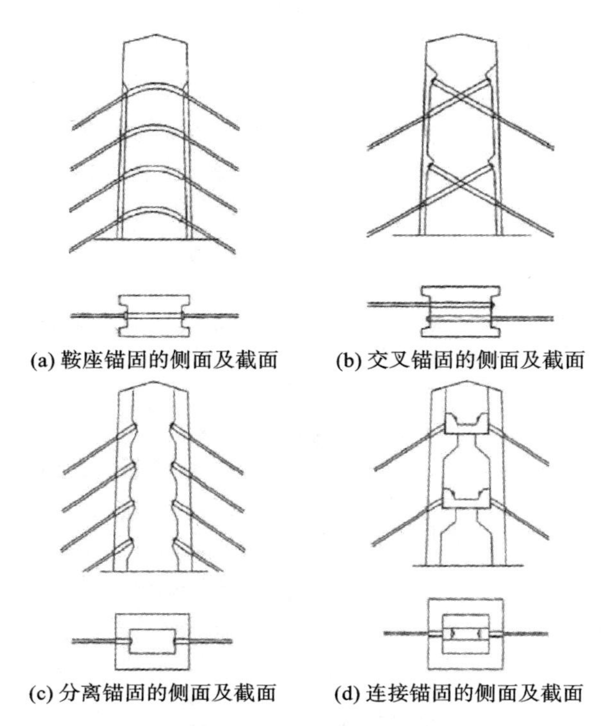

(a) 鞍座锚固的侧面及截面　(b) 交叉锚固的侧面及截面

(c) 分离锚固的侧面及截面　(d) 连接锚固的侧面及截面

图 2.17　索塔锚固构造的侧面及截面

表 2.4　两种索鞍的特点

索鞍	特点
双套管式索鞍	①索通过内管时容易打绞，施工存在一定的难度； ②内管下层钢绞线在张拉完成后，会受到上面和侧面钢绞线的挤压，各钢绞线受力不均，同时各钢绞线之间相互摩擦产生应力腐蚀，可能会导致钢绞线过早疲劳失效； ③由于内管灌浆后的情况无法检查，钢绞线的防腐质量难以保证； ④内外管接触面狭小导致管下应力集中，有可能使混凝土开裂； ⑤换索复杂
分丝管式索鞍	①由于索鞍内设置有可分丝的小钢管，容易穿索，施工非常便利； ②一根无黏结钢绞线只通过一个小钢管，不存在相互挤压的问题，受力情况得到明显改善； ③小钢管内的聚乙烯(polyethylene，PE)无黏结钢绞线斜拉索在索鞍里的防腐效果较好；

续表

索鞍	特点
分丝管式索鞍	④索鞍起到分散、均匀传递荷载作用，转向索鞍下部混凝土的应力分布比较均匀，无应力集中现象； ⑤换索及单根调索比较便利

3. 索间距与无索区长度规律分析

统计国内外目前所建的单塔矮塔斜拉桥的斜拉索布置形式和参数，对其斜拉索在梁上的布置间距、斜拉索在塔上的布置间距、塔根无索区长度、边跨无索区的长度进行统计，得出以下结论。

(1)单塔两跨矮塔斜拉桥梁上斜拉索的布置间距范围为 3～8 m，主要集中在 4 m 附近，梁上斜拉索的布置间距和主跨之间的线性方程为 $y=0.0037x+4.424$，如图 2.18 所示。

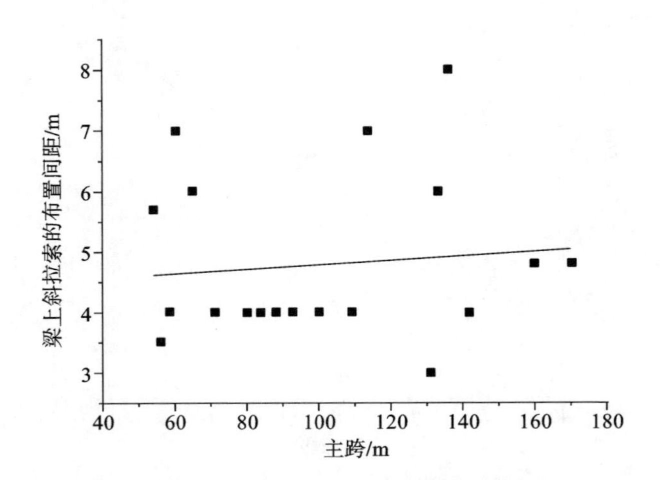

图 2.18　单塔两跨矮塔斜拉桥梁上斜拉索的布置间距分布

(2)单塔两跨矮塔斜拉桥塔上斜拉索的布置间距范围为 0.18～1.2 m，主要集中在 0.5 m 附近，塔上斜拉索的布置间距和主跨之间的线性方程为 $y=0.0003x+0.5911$，如图 2.19 所示。

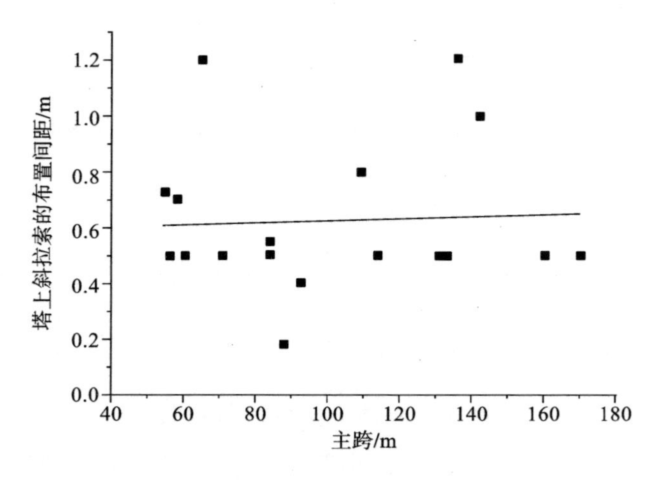

图 2.19　单塔两跨矮塔斜拉桥塔上斜拉索的布置间距分布

(3)单塔两跨矮塔斜拉桥塔根无索区长度范围为 15～37.8 m,塔根无索区长度与主跨之间的线性方程为 $y=0.1967x+6.9229$,如图 2.20 所示。

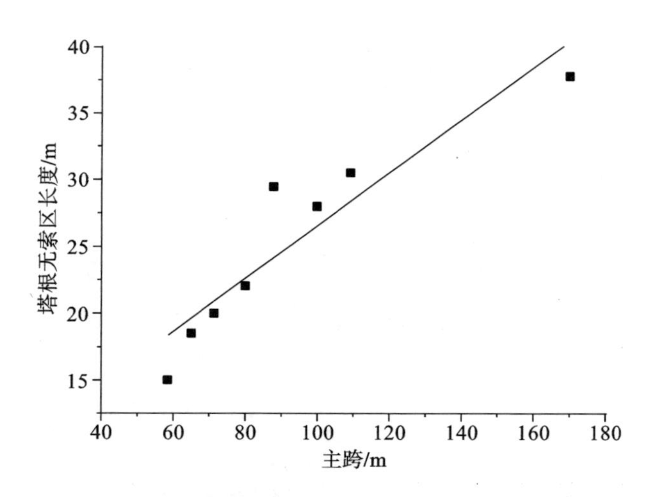

图 2.20　单塔两跨矮塔斜拉桥塔根无索区长度分布

(4)单塔两跨矮塔斜拉桥边跨无索区长度范围为 4～37.4 m,边跨无索区长度与主跨之间的线性方程为 $y=0.1592x+4.536$,如图 2.21 所示。

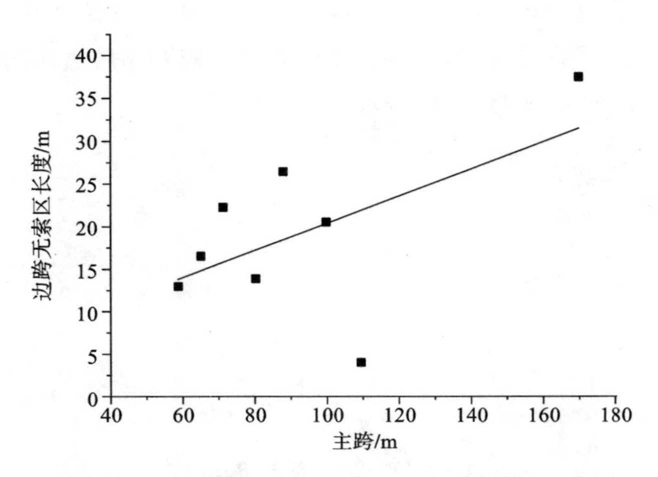

图 2.21　单塔两跨矮塔斜拉桥边跨无索区长度分布

统计国内外目前所建的双塔三跨及多塔多跨矮塔斜拉桥斜拉索的布置形式和参数，对其斜拉索在梁上的布置间距、斜拉索在塔上的布置间距、塔根无索区长度、边跨无索区的长度进行统计，得出以下结论。

(1)双塔三跨及多塔多跨矮塔斜拉桥梁上斜拉索的布置间距范围为 3.5～12.75 m，主要集中在 3.5～5 m，梁上斜拉索布置间距与主跨之间的线性方程为 $y=0.0037x+4.4254$，如图 2.22 所示。

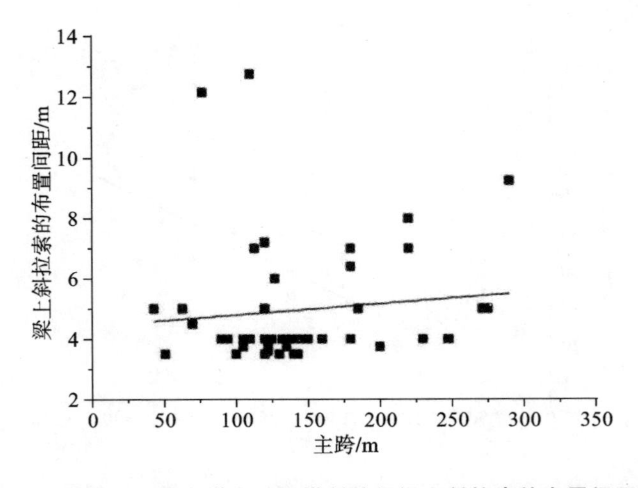

图 2.22　双塔三跨及多塔多跨矮塔斜拉桥梁上斜拉索的布置间距分布

(2)双塔三跨及多塔多跨矮塔斜拉桥塔上斜拉索的布置间距范围为0.3～2 m,主要集中在0.3～1 m,塔上斜拉索的布置间距和主跨之间的线性方程为$y=0.0023x+0.2909$,如图2.23所示。

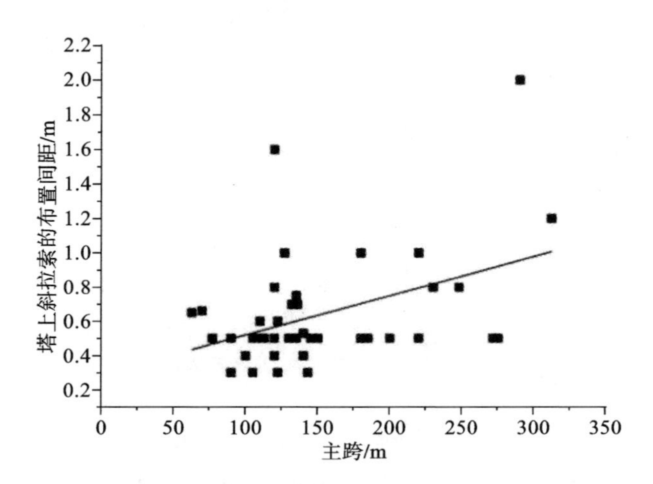

图2.23　双塔三跨及多塔多跨矮塔斜拉桥塔上斜拉索的布置间距分布

(3)双塔三跨及多塔多跨矮塔斜拉桥塔根无索区长度范围为16～54 m,塔根无索区长度与主跨之间的线性方程为$y=0.0952x+12.562$,如图2.24所示;塔根无索区长度与主跨的比值范围为0.101～0.371,主要集中在0.15～0.20,如图2.25所示。

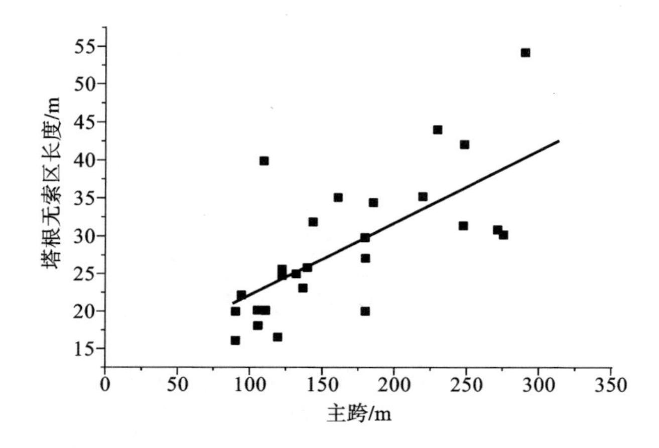

图2.24　双塔三跨及多塔多跨矮塔斜拉桥塔根无索区长度分布

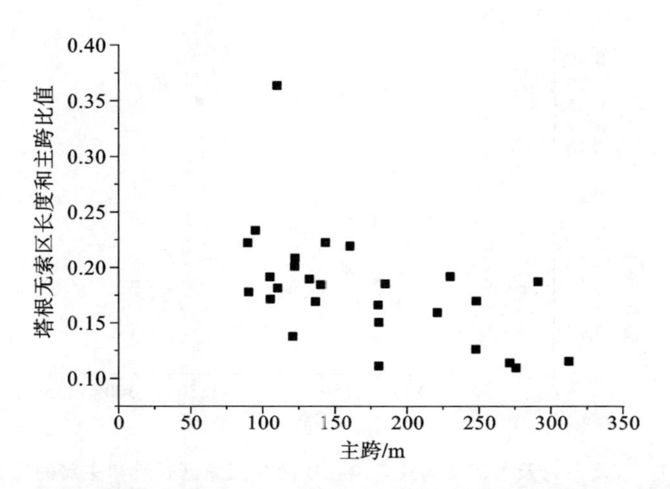

图 2.25　双塔三跨及多塔多跨矮塔斜拉桥塔根无索区长度和主跨的比值分布

(4)双塔三跨及多塔多跨矮塔斜拉桥的跨中无索区长度的范围为 9～105 m，跨中无索区长度与主跨之间的线性方程为 $y=0.3147x-21.125$，如图 2.26 所示；跨中无索区长度与主跨的比值范围为 0.076～0.382，主要集中在 0.1～0.2，如图 2.27 所示。

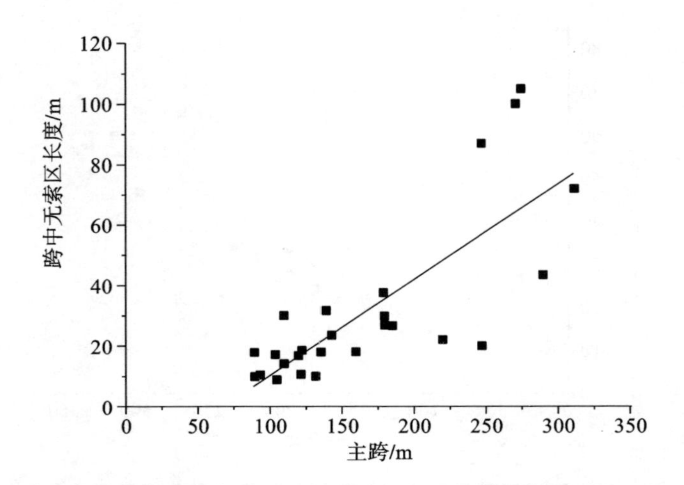

图 2.26　双塔三跨及多塔多跨矮塔斜拉桥跨中无索区长度分布

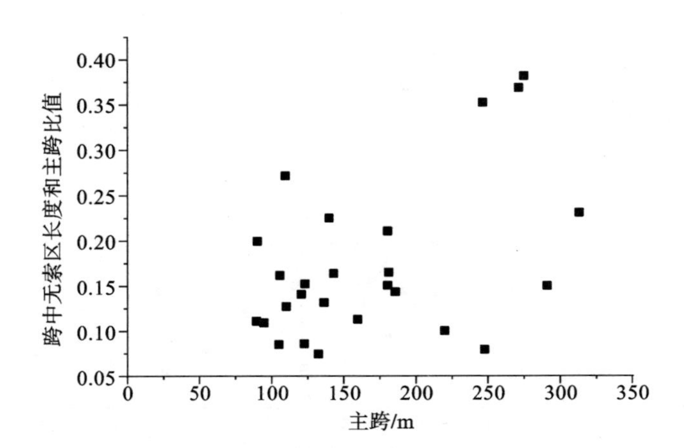

图 2.27　双塔三跨及多塔多跨矮塔斜拉桥跨中无索区长度和主跨的比值分布

(5)双塔三跨及多塔多跨矮塔斜拉桥的边跨无索区长度范围为 6.8～77.5 m,边跨无索区长度与主跨之间的线性方程为 $y=0.3761x-8.0817$,如图 2.28 所示;边跨无索区长度与主跨的比值范围为 0.083～0.484,主要集中在 0.20～0.35,如图 2.29 所示。

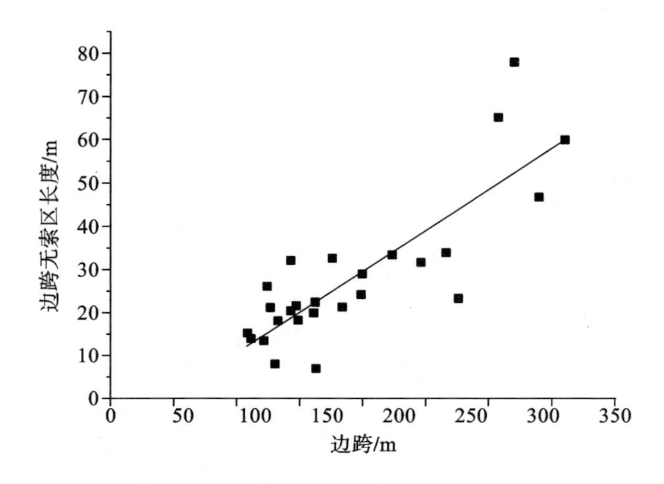

图 2.28　双塔三跨及多塔多跨矮塔斜拉桥边跨无索区长度分布

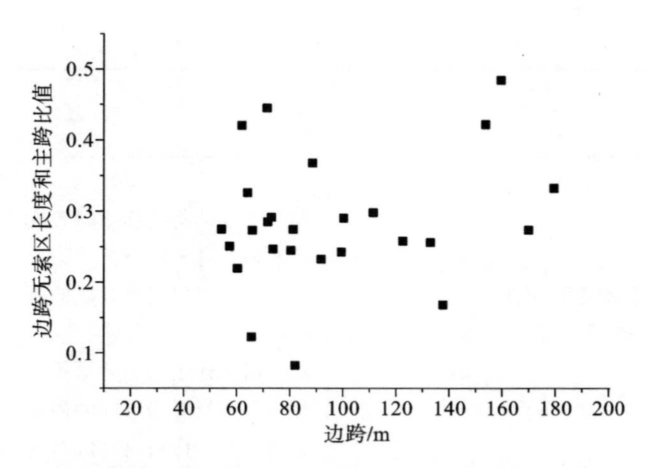

图 2.29　双塔三跨及多塔多跨矮塔斜拉桥边跨无索区长度和主跨的比值分布

2.1.4　桥墩、桥塔和主梁之间的连接方式

矮塔斜拉桥是由塔、梁、墩和索四种基本构件组成的组合体系，不同的结合方式产生不同的结构体系。根据矮塔斜拉桥自身的特点和塔、梁、墩、索的不同结合方式，可将矮塔斜拉桥划分为三种基本形式：塔、墩、梁互为固结的刚构体系；塔梁固结、塔墩分离的塔梁固结体系；塔墩固结、塔梁分离的支承体系。如表 2.5 和图 2.30 所示。

表 2.5　主梁的支撑形式和塔、墩、梁结合方法的比较

主梁的支撑形式	塔、墩、梁的结合方法	概要图	特点
刚构式	塔、梁、墩均采用刚性连接	见图 2.30(a)	①不需要支座，适合悬臂架设； ②三跨以上时，受温度荷载、徐变、收缩的影响大； ③地震时的移动量最小，但是墩顶部位附近的主梁截面力变大
连续梁式	塔与梁是刚性连接，塔与梁用支座承载	见图 2.30(b)	①容易向各桥墩分散反力； ②塔与梁的刚性连接部位的截面面积变大； ③支座支撑塔与梁，故支座吨位较大； ④悬臂架设时，需要临时固定； ⑤地震时上部结构的截面力小； ⑥地震时一次的振动快，固有周期变短

续表

主梁的支撑形式	塔、墩、梁的结合方法	概要图	特点
连续梁式	塔与墩是刚性连接，梁用支座承载	见图 2.30(c)	①对下部结构的作用位置变低； ②能够向各桥墩分散反力； ③由于支座仅仅支撑梁的一部分，所以支座的吨位小； ④适用于连续的主梁结构； ⑤悬臂架设时需要临时固定； ⑥地震时的桥塔、桥墩的作用截面力变大
漂浮式	塔与墩是刚性连接，梁不用支座承载	见图 2.30(d)	①虽然固有周期变长，地震力减轻了，但是梁的移动量变大了； ②不需要竖向支座，需要横向固定支座； ③悬臂架设时需要临时固定； ④仅限于多索面的斜拉桥； ⑤地震时的桥塔、桥墩的截面力变大

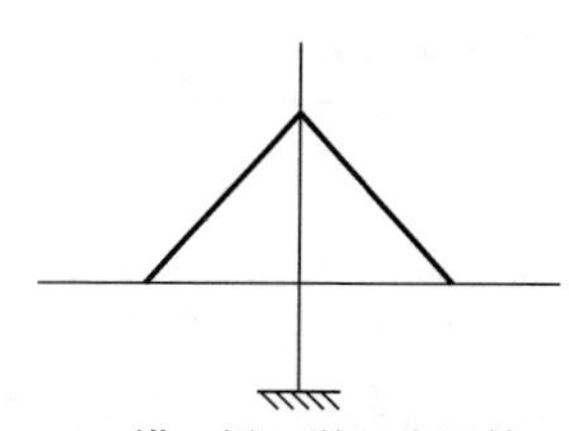

(a) 塔、梁、墩互为固结

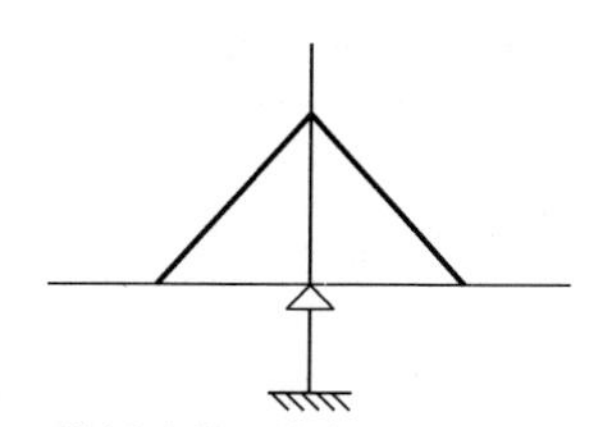

(b) 塔梁连接，塔与梁用支座承载

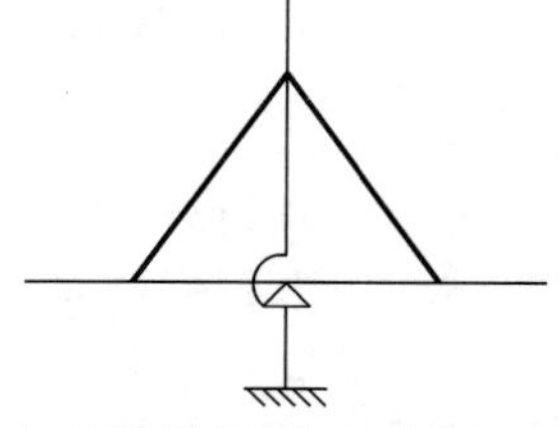

(c) 塔墩连接，梁用支座承载

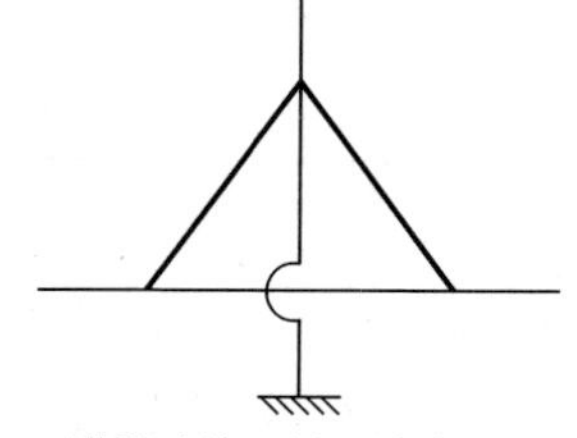

(d) 塔墩连接，梁不用支座承载

图 2.30　塔、墩、梁常用的连接方式

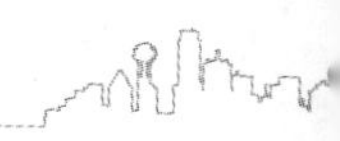

一般来讲，如果考虑经济性和可施工性，由于超静定次数高以及不需要支座等原因，刚构式的体系比较好，但如果桥墩高度以及桥跨数量等条件有限制，采用连续梁式和漂浮式比较好。

半漂浮体系的特点是塔墩固结，主梁在塔墩上设置竖向支承。一般的支座按照连续梁的形式布置，因为目前没有柔性主梁的矮塔斜拉桥，故支座的布置方式与一般斜拉桥有区别。这种结构体系一般适用于双索面矮塔斜拉桥。

刚构体系的特点是塔、梁、墩相互固结，形成跨度内具有多点弹性支承的刚构。这种结构的优点是既免除了大型支座，又能满足悬臂施工的稳定要求，结构的整体刚度也比较好。缺点是主梁固结处负弯矩过大，使固结处附近截面需要加大；而且，为消除温度应力，在应用于双塔斜拉桥中时墩身要具有一定的柔性，因而常用于高墩的场合，以避免出现过大的附加内力。另外，这种体系也比较适合单塔斜拉桥。根据目前掌握的资料，预应力混凝土矮塔斜拉桥主要采用墩、塔、梁固结和塔梁固结、梁底设支座的形式，采用漂浮或半漂浮体系的很少，原因是矮塔斜拉桥不是密索体系，索的竖向拉力不足以给主梁提供足够的竖向支撑，且主梁的重量较大。

连续梁式体系在塔梁固结处弯矩较小，主梁受力也较均匀，同时由于矮塔斜拉桥主梁刚度较大，主塔较矮，所以也可以克服塔梁固结体系跨中位移和塔顶水平位移较大的缺点。

2.1.5　矮塔斜拉桥达到合理成桥状态的设计过程及控制内容

1. 设计过程

为了实现受力合理，达到安全的目的，具体设计步骤如下。

(1)初步拟定结构尺寸。包括桥型布置，混凝土强度等级，钢材等级，主要构件的尺寸，斜拉索参数的初步设置及斜拉索张拉力，合龙前边跨、中跨配重，结构二期恒载大小，活荷载，温度荷载以及需配置的前期预应力等所有基本的参数。

(2)用最小弯曲能量法初定成桥状态。首先可利用此法得到一个成桥 A 状态，在 A 状态下，主梁、主塔弯矩大体较小，索力的分布情况相对均匀，这是由于该方法的局限所致，A 状态中有可能会有部分斜拉索的索力出现突变，不能满足需要的情况。虽然梁、塔的弯矩普遍较小，但局部可能出现弯矩值较大，需要加大混凝土截面的情况，这与斜拉桥等截面主梁设计宗旨相冲突。因此，还需继续寻找最优成桥状态。

(3)用最小二乘法调匀索力。在维持梁、塔内弯矩大小基本不变的前提下，对上一步中得到的成桥状态 A 中的索力继续优化，其目的是为了得到更为合理的成桥状态 B。主要方法是以全部斜拉索的张拉延伸量为变量，同时以成桥状态下斜拉索的索力为优化目标，将梁、塔控制截面的弯矩值作为一种必要条件来约束，在 A 状态基础上进一步优化索力。其中 A 状态中索力需要调整的目标值就是新的索力目标，所得到的弯矩为新的弯矩结果。这样可以得到更为合理的索力状态。

(4)计算活载作用下的主梁应力包络图。接上步，在成桥状态 B 中充分考虑车辆荷载、收缩徐变和人群荷载、温度因素等影响，计算活载作用下的应力包络图。此时，最优结果并不一定是成桥状态 B，因施工过程中收缩、徐变的影响未计入。

(5)对预应力总体的设计。依据 A 状态下求得的主梁在恒载作用下的轴力，考虑 B 状态下求出的活载作用下的应力包络图，可计算出主梁合理的预应力取值，继而使设计、布置主梁内预应力筋的工作顺利完成。

(6)计算成桥恒载作用下主梁的弯矩可行域。在 A 状态下，加入步骤(5)中的预应力值，可得到成桥状态 C。据此轴力及步骤(4)中的主梁活载应力包络图，即可求得主梁成桥状态下的弯矩可行域。

(7)合理成桥状态调整。在成桥状态 C 中，索力调节成为一种手段，使得主梁的弯矩均可在可行域范围内，且居中或处于科学的位置。主塔受力有一定要求，因此在计算中必须同时计入，且成桥索力也必须兼顾，这样可以得到成桥状态 D。

(8)检验成桥状态。检查主梁结构是否满足规范要求，弯矩是否合理。同时验算主塔内力、斜拉索索力及各种墩柱的支座反力。若满足，则结构受力合理；若不满足，须继续调整不满足要求的部分，转步骤(7)。若基本规格、参数变动，转步骤(2)。

2. 控制内容

成桥后的桥梁内力情况是矮塔斜拉桥合理成桥状态需要控制的主要内容之一。成桥后的内力状况主要包括主塔、主梁的弯矩情况、轴力情况、应力情况及斜拉索的索力分配情况。这些构件的受力是否合理，关系着矮塔斜拉桥的设计是否合理。总的来说应该遵循“塔直、梁平、索力分配均匀”的原则。

(1)“塔直”。作为承受压应力的构件,在成桥状态的恒载作用下,应该使主塔主要承受压应力,尽量不要因为索塔两侧索力不均,使主塔产生弯矩变形。这就是“塔直”。但主塔不可能只承受压力,因为矮塔斜拉桥的边跨通常小于1/2主跨,所以1/2中跨侧的活载常常大于边跨侧,进而使桥塔在使用阶段向跨中产生变形。考虑到这一点,在设计时应该使成桥阶段的主塔向边跨侧变形,以平衡使用阶段的活载所产生的弯矩。

(2)“梁平”。作为矮塔斜拉桥重要的承力构件,主梁的内力也是合理成桥状态的重点控制对象。主梁是一种压弯构件,应该保证主梁的受压能力验算和抗弯能力验算都符合规范要求。同时,还应该保证主梁的弯矩分布均匀,变化规律符合多点支撑的连续梁桥的弯矩变化规律。以桥梁结构中心线为对称轴,桥梁两侧的弯矩分布应该大致相同。这就是所谓的“梁平”。

(3)“索力分配均匀”。成桥阶段,矮塔斜拉桥的索力需要符合索力整体分配均匀,可以有一定的差异但不应过大的原则。同时,还应该保证长索索力较大,短索索力较小。

2.1.6　矮塔斜拉桥的经济跨径及适用地形条件

1. 矮塔斜拉桥的经济跨径

作为普通斜拉桥体系和连续梁桥体系的组合,矮塔斜拉桥的跨越能力是对两者缺陷的弥补。连续梁桥跨越能力不够,而采用斜拉桥又造价高昂,矮塔斜拉桥可以填补这个空缺,展现出其经济跨径的优点。矮塔斜拉桥结构特点,使其经济跨径一般在100～300 m之间。从主梁材料上来定义,100～200 m是预应力混凝土梁的适用区间,200～300 m则是钢桁架梁的适用区间,若采用二者的结合,经济跨径能达到400 m。

2. 矮塔斜拉桥的适用地形条件

从矮塔斜拉桥的构造特点和受力特点来看,其适用的地形条件一般如下。

(1)需要跨越的河流对桥下净空要求较高时。相比于连续梁桥,矮塔斜拉桥梁高较低,跨越能力更强。较低的梁高使得桥下通航能力更强,因此在船只经过的主要河段,矮塔斜拉桥可作为优先选择的桥型。

(2)桥上空间受到限制时。一般在机场附近,为了飞机的飞行安全,都不宜建造拥有很高主塔的斜拉桥和悬索桥。这时矮塔斜拉桥就体现出了自身的优势，其主塔较矮，保证了桥上的净空，跨越能力较强且经济、美观，适合在人流量较大的机场附近建设。

(3)对主梁刚度、挠度有很高要求的铁路桥。矮塔斜拉桥整体刚度大，可以满足标准高、荷载大的铁路桥梁的建设需求。较大的整体刚度可以满足行车的舒适性。又因为铁路桥大多需要跨越较大的山谷，而矮塔斜拉桥的多塔多跨形式具有强大的跨越能力，所以铁路桥的建设可以优先选择矮塔斜拉桥。

(4)需要采用曲线形桥梁的特殊地形。矮塔斜拉桥因其多塔多跨的布置形式，有较强的跨越能力和地形适应能力。在需要采用曲线形桥梁时，矮塔斜拉桥多塔多跨的形式完全可以满足这个要求。

2.2 索力优化原理及方法

在设计矮塔斜拉桥时，索力优化是必不可少的环节。索力优化的具体内容可以概括为成桥索力优化和施工索力优化。

矮塔斜拉桥的索力优化是结构优化分析的关键，设计阶段确定的合理成桥状态需要通过施工控制来实现。施工过程是结构本身、边界条件和外加荷载的动态变化过程，特别是各施工阶段索力的确定，不仅与最终成桥状态直接相关，而且还影响着结构在施工全过程中的安全性。

2.2.1 索力研究的现状

矮塔斜拉桥既具备连续梁桥主梁的“刚性”，又具备常规斜拉桥的“柔性”。其凭借优异的结构特点和优越的力学性能，在世界各地被广泛使用。伴随着结构理论的创新、高强度材料的研发以及先进建造技术的出现，学者们逐渐完善了一系列与斜拉桥和梁桥不同的独特理论。影响矮塔斜拉桥力学性能的主要因素仍然是斜拉索的拉力，在整个施工过程中使得主梁内力变化最大的因素就是对索力的控制，所以对于索力的研究是设计矮塔斜拉桥的关键。

1.成桥索力研究现状

矮塔斜拉桥成桥状态内力分布情况是否合理决定着整个结构质量的优劣，确定合理的成桥状态是设计过程中的首要问题。第一步完成合理成桥状态设计后，第二步通过施工控制来达到该目标状态，这时合理施工状态研究应运而生。

对此，国内众多专家学者进行了大量研究。

冯大鹏控制主梁和桥塔的弯矩、位移以及索力，列出的方程数多于斜拉索数，这样就组成了矛盾方程组，然后结合最小二乘法进行多次迭代求出达到全目标的优化索力。郑一峰的思路是把刚性支承连续梁的弯矩状态作为目标，来确定主梁控制截面的弯矩，并结合 MATLAB 程序对某主跨 360 m 的双塔斜拉桥进行成桥索力优化。辛克贵充分考虑了几何非线性效应，借助弯曲能量最小法确定了重庆大佛寺长江大桥的合理成桥状态。陆楸将目标函数确定为索力×索长，约束条件设定为主梁和桥塔的内力以及索力的均匀性，继而建立线性规划模型，通过编制计算程序来优化某斜拉桥的合理成桥状态。乔建东以主梁和桥塔的弯曲拉压能量为目标函数，通过控制结构位移和弯矩，运用梯度投影法，优化了某主跨 128 m 的斜拉桥成桥索力。周绪红重点关注主梁和桥塔成桥线形与期望值的偏差平方和，根据主梁应力和结构位移建立模型，借助外点罚函数法来转化成无约束优化问题，然后依靠共轭梯度法进行求解，对比了不同目标函数下优化结果的差异，实现了红岛航道桥成桥索力优化计算。汪劲丰的目标是研究主梁和桥塔的最大应力，结合了有效约束集法和拟牛顿法，推导出金华江大桥的最优恒载索力。陶海借助强次可行序列 SQP(sequential quadratic programming)算法，以结构应力和索力为约束条件，以主梁和桥塔的弯曲能量为目标函数，建立起非线性规划模型，从而确定了斜拉桥的合理成桥索力。朱行风综合考虑了 3 种几何非线性效应，基于影响矩阵法的思想，编制了斜拉桥恒载内力分析程序。朱朝银首先采用最小能量法初定成桥状态，然后以成桥状态下主塔和主梁内力以及索力为控制目标，建立起索力优化模型，调用 MATLAB 工具箱来求解，借此优化了赤石特大桥的成桥恒载索力。

2. 施工索力研究现状

在影响矮塔斜拉桥结构内力分布的因素中，斜拉索索力排在前列。合理施工状态下的索力研究是为了确保满足每个施工步骤的斜拉索索力，继而保证受力要求和线形要求。近年来，许多专家和学者深入研究此课题，硕果累累。

梁志广首先考虑了几何非线性效应和收缩徐变效应，然后采用正装迭代法获得合理的施工张力。郑志均在正装迭代法的基础上将最小二乘法和影响矩阵法相结合，用以优化斜拉索的施工张力。颜东煌首先假定了一组初始控制拉力，然后仅进行正装计算以获得桥梁合理状态，最后根据最小二乘法原理迭代修正了控制斜拉索力，以使施工后的实际成桥状态与目标状态之间的差异最小化，借此可以在每个施工阶段获得合理索力。贾丽君根据现有算法推导了影响矩阵法的公式来确定施工张力。张大伟为了对索力进行优化求解，使用了 MATLAB 工具箱编程，结合倒拆-正装迭代法，以茜草长江大桥为依托，进行合理施工状态分析，计算出斜拉索初张力。谢小辉基于 ANSYS 二次开发功能，通过 ADPL 程序语言，对嘉绍大桥进行合理施工状态初拉力的求解。

总的来说，确定矮塔斜拉桥合理成桥索力和合理施工索力的方法浩如烟海，但任何方法都不是完美的，均有其优点和局限性。那么，对于不同类型的矮塔斜拉桥，应该根据具体的结构特征，考虑各优化方法的适用性，选择适合实际工程的优化方法，以得到比较合理的优化结果。

2.2.2 索力优化的概念和原则

18 世纪 50 年代就已经开始逐渐形成了结构最优化的基本原理。但是，结构最优化分析发展缓慢，且难度更大。因此，直到 20 世纪 50 年代初，结构最优化的基本原理才逐渐应用于实际项目。随后得益于计算机的广泛应用，有限元法和数学规划思想快速被引入结构优化中，复杂的结构优化与分析方法日益完善。近些年来，出现了很多出色的算法，把工程设计人员从繁重的结构计算工作中解放出来。

索力优化即在斜拉桥的结构体系被确定之后，寻找一组斜拉索力，使结构在确定荷载作用下，某种反映受力性能的目标达到最优。

索梁组合一次超静定结构如图 2.31 所示。梁的弯矩 M 的计算见式(2.1)。

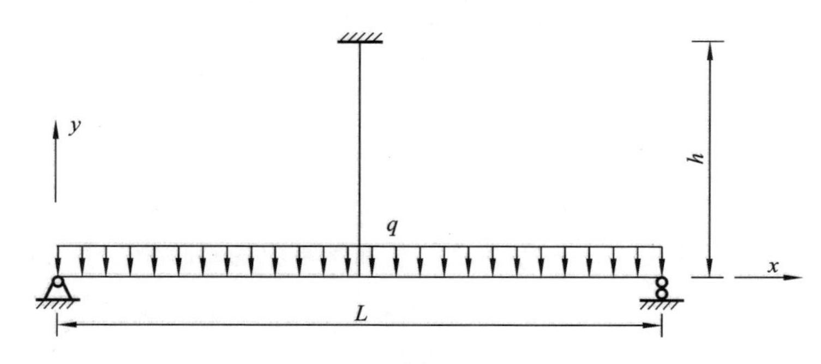

图 2.31 索梁组合一次超静定结构

$$M=\frac{1}{2}q(lx-x^2)-\frac{N}{2}x \quad \left(0<x<\frac{1}{2}\right) \tag{2.1}$$

式中，q 为主梁自重集度；l 为跨径；N 为赘余力。

若按变形协调条件计算赘余力 N,可得式(2.2)。

$$N = \frac{5ql^4/384EI}{l^3/48EI + h/EA} \tag{2.2}$$

式中,EI 为抗弯刚度;h 为索塔高;EA 为抗拉刚度。

为方便计算,令 $\frac{EI}{l^3} = 1$, $\frac{EA}{h} = 192$,式(2.2)变为式(2.3)。

$$N = \frac{ql}{2} \tag{2.3}$$

对应的弯矩图如图 2.32(a)所示。这一状态对应于斜拉桥一次落架时的恒载内力状态。为了优化梁的受力,可以根据需要拟定一个目标函数 f,现设目标函数 f 为梁上弯矩平方和,见式(2.4)。

$$f = 2\int_0^{\frac{l}{2}} M^2(x)\,\mathrm{d}x \tag{2.4}$$

将 M 代入目标函数,使目标函数 f 最小的赘余力 N 为式(2.5)。

$$N = \frac{5ql}{8} \tag{2.5}$$

对应的弯矩图如图 2.32(b)所示,这一状态相当于优化后的斜拉桥恒载状态。这时的内力状态通过索的张拉来实现。相应的索力不能使结构满足变形协调要求,正是这一张拉力,改善了梁的受力状况。

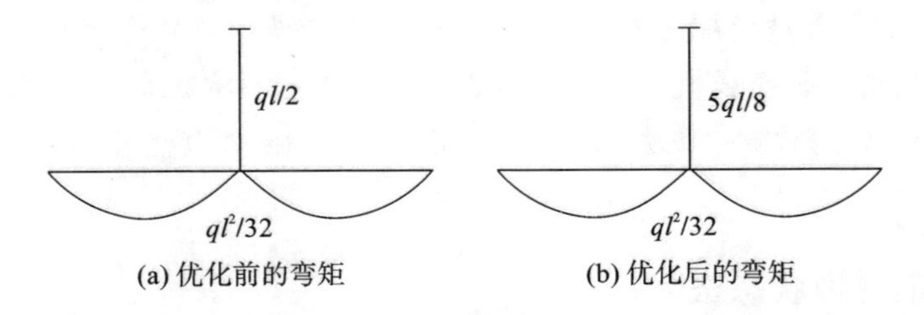

(a) 优化前的弯矩　　(b) 优化后的弯矩

图 2.32　斜拉桥计算的索梁组合处优化前后的弯矩

从优化前后主梁弯矩图的比较可以看出,调整索力后,优化了主梁的弯矩,改善了主梁的受力状况,使结构受力更加均匀,更有利于矮塔斜拉桥大跨度的实现。在多次超静定体系中,将索力值设置为可变量,通过连续调整索力值,控制主梁控制点的位移和弯矩,来实现预定的成桥目标。这就是索力调整的基本思想。在桥梁设计中,首先要拟定基本参数,然后进行结构计算和分析以获得成桥状态,之后经过反复调整,确定合理的成桥状态,然后根据合理成桥状态考虑施工过程、施工荷载等因素,进而反过来确定合理施工状态。

索力优化有如下原则。

(1)索力分布。索力分布要均匀,不能存在突变,也不能过大或过小。通常,短索的索力较小,而长索的索力较大,索力随着斜拉索长度的增加而变大。但是,这种规定不是必需的,在某些情况下允许索力减小。这样做的目的是提高长索的刚度并减小其下挠和振幅。尾索索力的取值一般较大,它要起到锚固的作用,对承受活载有利。

(2)主梁弯矩。在矮塔斜拉桥的设计中,主梁弯矩是重要控制对象。在合理成桥状态下,应将主梁的恒载弯矩控制在“可行域”范围内。

(3)主塔弯矩。在恒载作用下,主塔的弯矩不应过大,以使主塔充分发挥其承压构件的特点。另外,还应适当考虑活荷载的影响。

(4)边墩和辅助墩支座反力。在恒载作用下,边墩和辅助墩的支座反力必须具有足够的安全储备,最好不要在活荷载作用下产生负反力。可以采取一些措施,例如配重或设置拉力支座来实现。

2.2.3 合理成桥索力的优化方法

矮塔斜拉桥结构布置体系确定后,包含的总能量随即确定,索力的优化和调整不影响总能量。基于此,矮塔斜拉桥成桥索力优化的总体思路为,由索力产生的能量尽可能地合理分配在各个构件中,以达到合理成桥状态。根据不同优化策略,目前矮塔斜拉桥成桥索力的优化方法分为指定结构状态法、弯曲能量最小法、数学优化法、影响矩阵法、分步优化法等。成桥索力优化流程如图 2.33 所示。

1. 指定结构状态法

指定结构状态法是将结构的内力和位移作为优化目标,其目标通常是指定值或指定范围(称为可行域或合理域),然后根据索力和内力以及结构位移之间的函数关系来优化索力。

1)刚性支承连续梁法

刚性支承连续梁法由 Leonhardt 教授提出,并首次应用于美国的帕斯科肯纳威克桥(Pasco Kennewick Bridge,P-K 桥)分析中。该方法被称为斜拉桥索力优化方法的起源。其基本原理是通过优化索力,以达到矮塔斜拉桥主梁的恒载内力接近于刚性支撑连续梁状态的目的。进行优化计算时可以单独取出矮塔斜

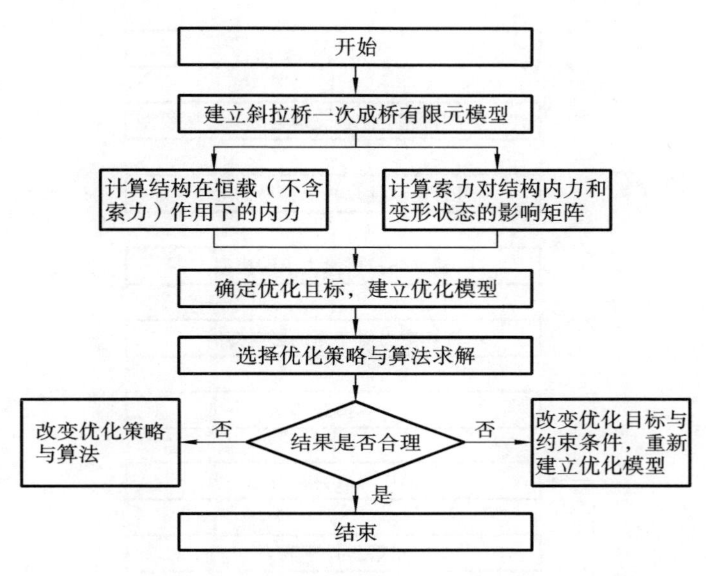

图 2.33　成桥索力优化流程

拉桥的主梁,用刚性支承来代替索梁间锚点,用多跨刚性支承连续梁代替主梁进行分析,得到恒载作用下主梁的弯矩,然后算出最优索力,即成桥恒载索力的垂直分力等于刚性支撑的支座反力。采用该方法后,主梁的弯矩较小且分布均匀。刚性支承连续梁法计算流程如图 2.34 所示。

2)零位移法

成桥状态下主梁和斜拉索交点处没有位移是零位移法的目标。具体实施时,首先不给斜拉索赋予任何索力,直接进行一次落架计算,这样结构在自重和二期铺装作用下出现位移,得到斜拉索的索力。然后再根据这个索力反推,将产生的索力作为一次成桥的张拉力代入模型进行计算,即可使斜拉索缩短,使主梁回归零位移状态,继而获得合理的恒载索力。

如果某矮塔斜拉桥属于密索体系,则通过这种方法经过一次计算得出的索力通常不合理,并且主梁也并非完全没有位移。此时,可以运用迭代思想进行修正。具体操作是,第 1 次迭代时假设斜拉索索力为 0,后续迭代时均以前一次的斜拉索索力作为下一次迭代的一次成桥张拉力。那么迭代成功的标准就是当两次相邻迭代之间的主梁位移或索力之差在收敛范围内时,此时矮塔斜拉桥被认为处于合理状态,获得的斜拉索索力就是合理恒载索力。

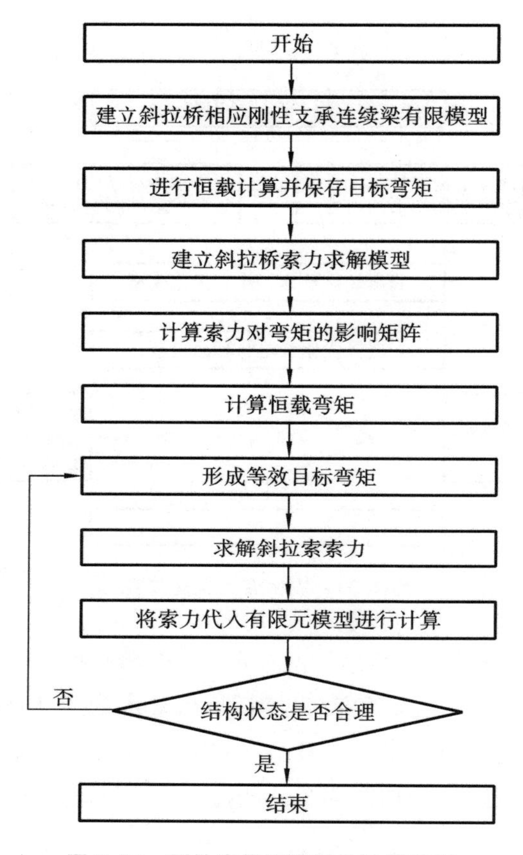

图 2.34　刚性支承连续梁法计算流程

3)内力平衡法和应力平衡法

内力平衡法和应力平衡法的理论基础是力的平衡概念。宁平华在设计广州鹤洞大桥时,提出了内力平衡法。此方法的目标是在恒载和活载共同作用下,截面的上缘最大应力与材料容许应力之比等于截面的下缘最大应力与材料容许应力之比,控制截面的弯矩与结构在恒载、活载、混凝土收缩徐变以及温度等作用下产生的内力保持平衡。内力平衡法的计算过程与刚性支撑连续梁法相似,但在确定目标恒载弯矩的原则上有所不同。

颜东煌在确定洞庭湖大桥的合理成桥状态时,提出了应力平衡法这一新思路,并借助实际工程证明了它的有效性和适用性。该方法的前提是考虑恒载与活载的共同作用,然后根据主梁截面上下缘正应力确定预应力的合理域,接下来

根据实际配置的预应力确定主梁恒载弯矩可行域，最终通过优化成桥索力来达到确定主梁恒载弯矩可行域的目标。应力平衡法计算流程见图 2.35。

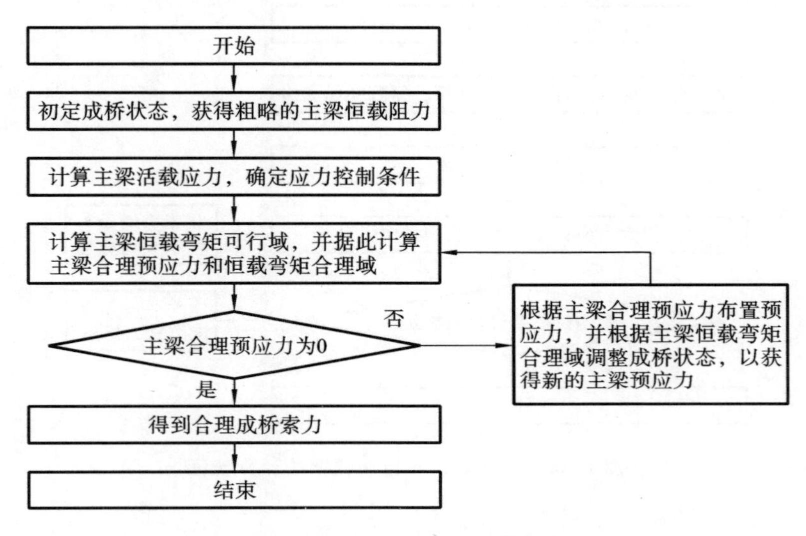

图 2.35　应力平衡法计算流程

上述 2 种方法均考虑了恒载、活载、温度和混凝土收缩徐变等因素，充分挖掘了材料的承载潜力。在实际工程的应用中，内力平衡法适合求解钢主梁，因为钢主梁有着相同的上下缘容许应力。应力平衡法适合预应力混凝土矮塔斜拉桥的求解。这 2 种方法避免了零位移法和刚性支承连续梁法中主梁弯矩局部不合理的现象，但它们未兼顾桥塔的弯矩和位移。

4)刚性索法和自动调索法

刚性索法是将斜拉索的刚度调整为非常大的数量级，然后计算恒载索力。自动调索法考虑了塔梁和斜拉索的变形，也考虑了混凝土收缩徐变的影响，通过调整索力，结构的内力与刚性支撑连续梁相似，并控制结构位移为 0。具体操作如下。首先，假设一组索力进行恒载作用下的计算，得出主梁和主塔的位移向量。其次，计算出结构位移和索力的影响矩阵，建立主梁与主塔零位移状态平衡方程。再次，求解索力增量，将斜拉索索力的增量再叠加到原先假定的索力，获得新的索力。最后，用新的索力进行恒载计算，得到新的塔梁位移，周而复始，循环往复。当迭代到目标线形时即可停止，此时的索力就是合理解。需要注意的是，迭代过程中要避免主梁位移出现向量奇异。刚性索法和自动调索法计算流程见图 2.36。

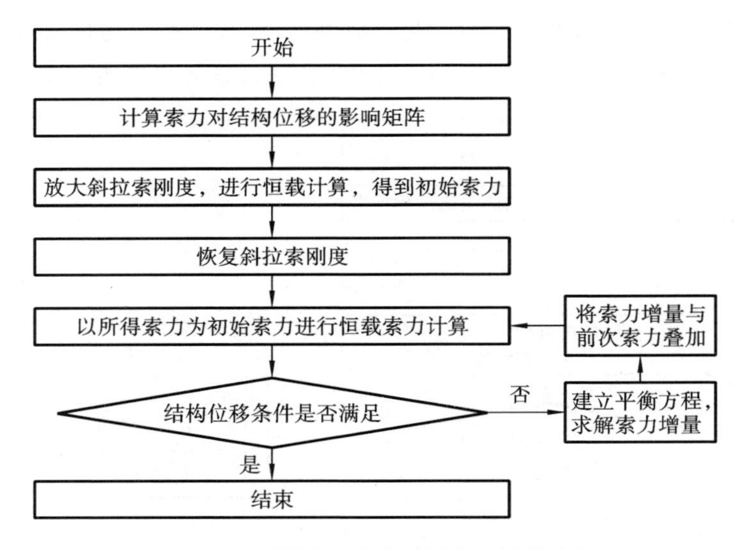

图 2.36　刚性索法和自动调索法计算流程

5)零支反力法

彭志苗在研究大亚湾中央矮塔斜拉桥的过程中提出了一种针对刚性支承连续梁的改进法，即零支反力法。彭志苗认为索力和支座反力可以互相转换，因此采用了多次逼近目标的方法来求解索力，使主梁内力和线形逼近刚性支撑连续梁状态。具体操作如下。首先，在索梁锚固点添加刚性支承，注意不能改变结构计算模式。其次，假定斜拉索初始索力为 0 进行计算，可以获得在恒载作用下主梁各支撑点的支座反力。再次，根据计算出的支座反力和角度之间的关系，通过相应转换来计算索力增量。最后，将索力增量添加到先前的索力中，以形成新的索力，进入下一轮计算，获得每个支点的支座反力。重复以上过程，直到每个支点的支座反力都为 0，此时索力即为所求。零支反力法计算流程见图 2.37。

该方法的特点是可同时考虑斜拉索和桥塔的受力，而不需将主梁单独分析。总的来说，此法有着清晰的力学概念，快捷的求解速度，良好的收敛性，广阔的适用范围，方便的使用模式。

6)恒载平衡法和简支梁法

恒载平衡法和简支梁法的理论基础是荷载平衡。恒载平衡法不考虑主梁和主塔的抗弯刚度，仅考虑竖向荷载的平衡条件，然后根据各假定的主梁质量求得斜拉索的索力。简支梁法根据索梁锚固点将主梁划分成数个简支梁段，并假定每根斜拉索仅承担相邻梁段的自重。

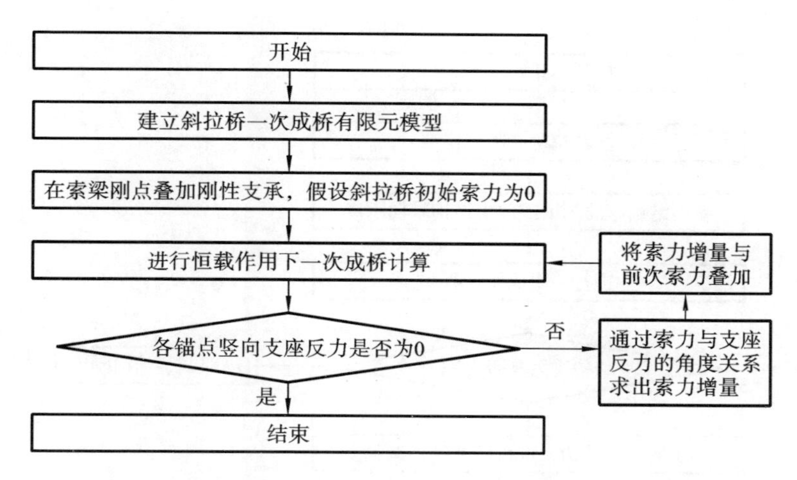

图 2.37　零支反力法计算流程

如果某矮塔斜拉桥是稀索体系，那么这 2 种方法可以初步得到一组较为准确的成桥索力，而且索力均为正值，显示了该法对主梁质量和刚度分布不均匀情形的良好包容性。如果某矮塔斜拉桥是密索体系，那么这 2 种方法仅可初步估算恒载索力，后续还要使用其他方法进一步优化。

2. 弯曲能量最小法

弯曲能量最小法的原理是求出斜拉桥的主梁、墩和索塔的总的弯曲应变能，并使其取得最小值，以此来得到恒载作用下的一组合理成桥索力值。当应用在实际的工程中时，塔和梁的弯曲刚度保持不变，使塔索梁的轴向刚度取到最大值，将全部荷载都施加到结构上，该内力状态下的索力即为所求的合理成桥索力。由于该方法将主梁、索塔、墩的受力状态都考虑了，可以使斜拉桥的内力尽可能均匀地分布，所以求出的索力比较均匀，弯矩也会较小。缺点是部分边索索力过小，此外，最小弯曲能量法只考虑了恒载状态下的内力，并没有将预应力和活载的影响考虑在内。弯矩平方和最小法与弯曲能量最小法原理相同，它的目标函数为主梁、索塔、墩的弯矩平方和。弯曲能量最小法计算流程见图 2.38。

3. 数学优化方法

基于数学优化方法的成桥索力优化思路，通常是用数学优化模型来代替力学问题，也就是把结构的某种性能作为目标，借助影响矩阵或者解析算式表达为索力的函数，然后添加相关约束以构建线性、二次或高阶规划模型，然后结合适当的数学优化方法进行求解。每种数学优化方法的过程大致相同，见图 2.39。

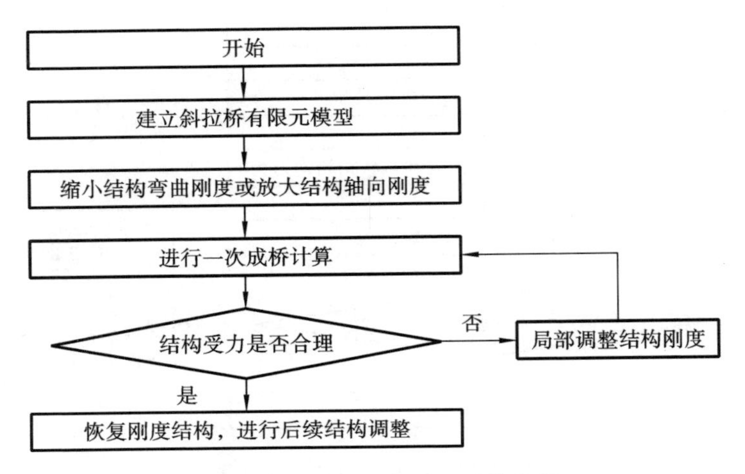

图 2.38　弯曲能量最小法计算流程

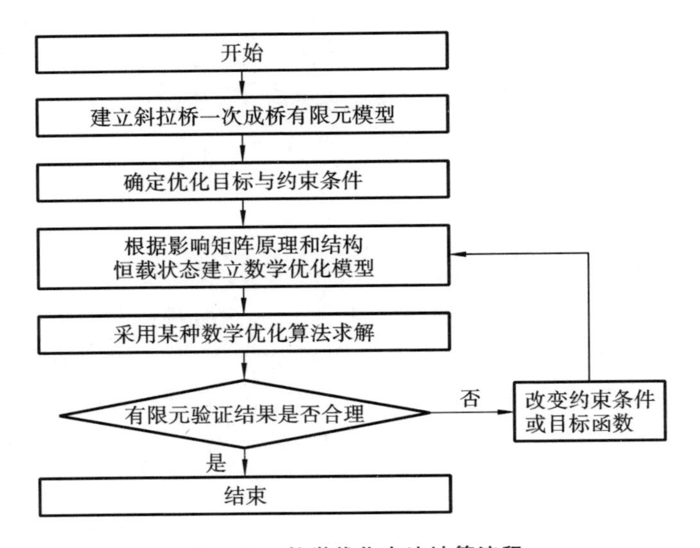

图 2.39　数学优化方法计算流程

1)线性规划法

该方法基于影响矩阵的原理，将斜拉索数量、预应力筋数量以及结构的内力、位移等状态构建为索力的线性函数，添加诸如位移或支座反力等约束条件，以获得线性规划模型。后续求解过程可以通过自编程的单纯形法、对偶单纯形法或复合形法来进行求解。

此法的特点是借助简单直观的模型，通过最小化结构内力、位移等来优化索力。缺点是该法不能兼顾全桥各个构件的状态。

2)可行方向法

这是直接求解范畴的一种方法,其中梯度投影法最具代表性,适用于用显式表达目标函数以及约束对设计变量梯度优化的模型。基本思路是自可行点出发,沿目标函数的可行方向搜索求解,在可行域内迭代起始点时可沿梯度负方向进行搜索。

3)惩罚函数法

该法隶属于间接求解法。先把惩罚函数添加到含有各个约束项的目标中,再将有约束优化模型转化成无约束优化模型,然后通过最速下降法、牛顿法、共轭梯度法、Rosenbrock 法和 Powell 法等进行求解。根据不同的惩罚函数类型,可将其分为外点罚函数法、内点罚函数法(也称为障碍罚函数法)和乘子法 3 种。

4)有效约束集法

该方法归属于二次规划算法,同时也是一种间接求解法。首先将有效约束集引入,把起点设置在已知可行点,把该处的有效约束调成等式约束,然后利用拉格朗日乘数法直接求解。

4. 影响矩阵法

影响矩阵是当影响矢量的所有元素发生单位改变时,将被调用向量产生的变化依次排列形成的矩阵。对于矮塔斜拉桥,即为在满足线性叠加原理的基础上,对斜拉索施加单位初张力时,结构位移、内力、应力、支座反力和索力等发生变化所形成的矩阵。通过影响矩阵可以建立设计变量(斜拉索索力)与优化目标之间的函数关系,从而优化矮塔斜拉桥的索力。它不是一种独立的方法,而是一种建立工具性方法,着眼于建立索力和优化目标之间的函数关系。

5. 分步优化法

分步优化法是采用上述两种或两种以上方法,通过分步计算得出矮塔斜拉桥的合理成桥状态。该方法用途更广泛,可应用于各种类型矮塔斜拉桥的合理成桥状态。该方法发挥了各种方法的优点,弥补了各种方法的不足。分步优化法计算流程如图 2.40 所示。

根据不同类型矮塔斜拉桥结构的受力特点和变形要求,分步优化法可以将指定结构状态法、弯曲能量最小法和数学优化方法相结合,非常适用于索力优化。

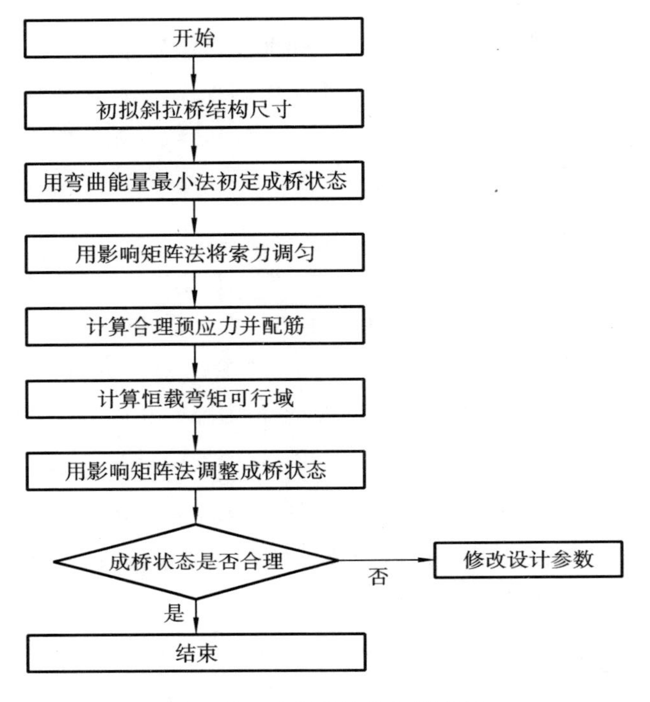

图 2.40　分步优化法计算流程

2.2.4　合理施工索力的优化方法

斜拉索必须进行张拉才能发挥作用,使矮塔斜拉桥成为高阶超静定结构,并且具有类似预应力的作用。这使结构设计复杂化,但也极大扩展了设计空间。

在施工过程中多次张拉斜拉索后,可以确定成桥内力。矮塔斜拉桥的成桥内力与施工过程密切相关。为了实现桥梁的最终成桥内力,必须进行一系列的施工步骤。桥梁的最终成桥状态在施工过程中产生,由于混凝土的收缩徐变,成桥后的内力也会发生变化。理想的施工状态是在设计中找到合适的初始拉力,使在施工过程中仅张拉一次或尽可能少地张拉斜拉索,就能满足施工后的理想成桥状态。这样的一组初始张力就是合理施工索力。

在实际施工过程中,会有许多因素影响矮塔斜拉桥的成桥最终状态,这使得矮塔斜拉桥的最终状态与合理状态有所不同。因此,为了使最终的斜拉桥成桥状态更加理想,有必要优化施工索力。主要的施工索力优化方法如下。

1. 倒拆迭代法

倒拆迭代法也称倒退分析方法，其参考的是合理成桥状态下的内力情况和几何线形。根据施工步骤的相反顺序对结构进行假设性拆除，并进行逐步分析，计算在逐渐拆除过程中剩余结构的内力变化，就能得到每根斜拉索的初始拉力和梁的安装预拱度。需要引起注意的是，倒拆分析得出的施工阶段张拉力和最终结果与先前计算的最佳理想状态索力有所偏离，或者说无法闭合。如果相差较大，则应在结构合龙后进行二次调索。

从理论上来讲，通过上述方法计算出来的结构一定是闭合的。但是，由于斜拉桥在实际施工中非常复杂，因此经常会导致最终成桥状态与合理成桥状态之间的差异很大。倒拆分析和实际施工过程中有很多不闭合因素，主要包括以下 5 点。

(1)计算状态的不闭合(即未闭合配合力因素)。显然，在按照实际的施工过程进行合龙段施工之前，合龙段两端主梁节点均无荷载。当安装了合龙段之后，这两个节点将各承受重力荷载的一半。当根据倒拆方法计算同一段时，一般成桥状态在合龙截面处都有一定的弯矩，拆除合龙段必然在其两端节点上施加反向弯矩。因此，根据倒拆分析的结果，在正装过程中对每根斜拉索进行一次张拉后，无法达到预期的合理成桥状态。经常调整施工方法可以达到改变这种不闭合现象的目的。例如，在施工过程中将预应力弯矩添加到合龙段上，或者反复张拉斜拉索，而要重复张拉斜索力时，调整的数量应尽可能少。

(2)结构的徐变和收缩会导致倒拆分析时内力和实际施工内力不闭合。倒拆分析是逆序的，因此无法计算与加载历史相关的因素引起的内力。如果再考虑由混凝土收缩徐变引起的内力和位移，则必须根据正装分析获得这些值。

(3)斜拉索的几何非线性效应是倒拆分析和实际施工期间内力不闭合的原因，其中包括垂度效应和结构大位移效应等。

(4)材料非线性效应对结构的影响在计算中无法被考虑。

(5)在倒拆过程中，斜拉桥结构体系会发生转变，但在倒拆计算中，无法将这个因素考虑进来。

2. 正装迭代法

正装迭代法的计算原理是根据斜拉桥的实际施工顺序来计算结构在每个施工阶段的内力和位移，即根据前一阶段结构的内力和变形计算下一阶段的内力

和变形，最终达到斜拉桥的合理成桥状态。但是仅使用一次正装迭代法计算很难获得满足精度要求的结果，需要进行循环迭代。正装迭代法计算流程如图2.41所示。

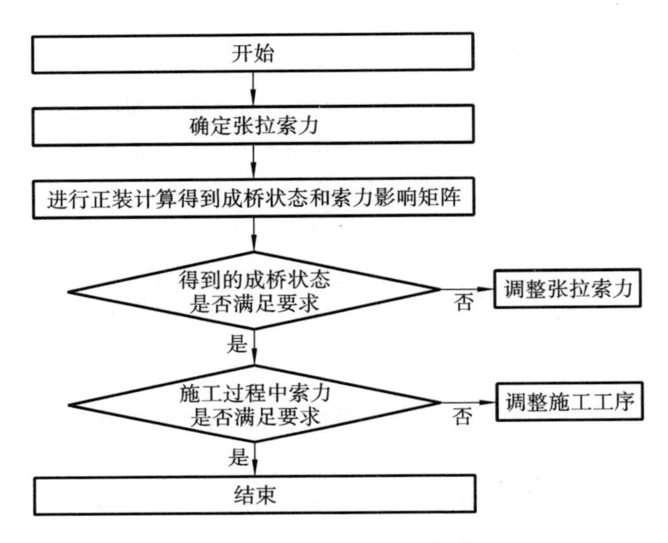

图 2.41 正装迭代法计算流程

3. 倒拆-正装迭代法

倒拆-正装迭代法是一种将倒拆迭代法和正装迭代法相结合的新的计算方法。它具有正装迭代法和倒拆迭代法的优点。基本思路如下：首先，进行第一轮倒拆分析，在此分析中，不考虑混凝土的收缩徐变和非线性效应。其次，根据斜拉桥的施工顺序和倒拆后获得的初始拉力进行正装施工，在各个施工过程中将混凝土收缩徐变及材料非线性的影响计算出来。最后，对斜拉桥的影响数据进行第二轮倒拆，再将第二轮倒拆得到的初张拉力返回上述工作，直至最终计算出来的斜拉桥索力与合理成桥状态下索力的差值在合理范围内。

从理论上讲，上述方法结合了倒拆法和正装法的优点应为可行，但在实际施工中发现用这种方法依然会出现不闭合的现象，可能原因如下。

(1)混凝土收缩徐变和非线性效应对斜拉桥施工的影响计算不够准确。

(2)在实际施工过程中，斜拉桥结构体系的改变十分复杂，但在计算中不能完全将其分析出来。因此，该方法不能完全适用于实际施工过程。

4. 无应力状态控制法

无应力状态控制法的计算原理是忽略斜拉桥的非线性状态和混凝土收缩徐变的影响，将斜拉桥在线性状态下进行分解。只要单元长度和曲率保持不变，那么无论采用什么方法，最终成桥状态都能与其合理成桥状态一致。使用该原理，可以在斜拉桥的施工阶段与成桥状态之间建立联系，以确定斜拉索的初始张拉力。为了解决结构的非线性影响，必须要按照如下步骤进行。

(1)计算成桥状态下斜拉索无应力状态的长度 s_0 和主梁无应力状态下的预拱度 y_0。将成桥状态的桥面线形 y 扣除斜拉索拉力、自重、预应力钢束张力及混凝土收缩、徐变等产生的变位即可求得 y_0。

(2)在安装过程中控制 s_0 进行正装计算。根据具体需要，斜拉索可以进行一次或多次张拉。张拉到最后时，将斜拉索由当前的长度调整到预定的 s_0。主梁各个节点初始标高按预拱度 y_0 进行设置。

(3)为了确保合龙时弹性曲线连续，需要在合龙前进行调索。

(4)在施工过程中，由于结构的非线性以及混凝土收缩徐变的影响，主梁的线形会发生变化，因此通过上述操作计算出的桥梁成桥状态将不同于预定理想状态。重新调整主梁的预拱度和无应力索长，并继续进行下一轮迭代。

5. 差值迭代法

先按照斜拉索一次张拉的工序在有限元软件中计算得到成桥状态索力作为目标索力 F，再按照实际施工中多次张拉斜拉索的工序，每一次张拉都作为一个独立的施工阶段在软件中进行模拟。假定一组施工索力 T_0(一般以目标索力作为初始迭代的施工索力)代入软件中计算得到对应的成桥索力 F_0，此时，成桥索力和目标索力之间存在一个差值 ΔF_0，见式(2.6)。

$$\Delta F_0 = F_0 - F \tag{2.6}$$

为了消除这一差值，取另外一组施工索力 T_1，见式(2.7)。

$$T_1 = T_0 - \Delta F_0 \tag{2.7}$$

代入计算得到其对应的成桥索力 F_1，F_1 与成桥状态目标索力 F 之间的差值见式(2.8)和式(2.9)。

$$\Delta F_1 = F_1 - F \tag{2.8}$$

$$\Delta F_i = F_i - F \tag{2.9}$$

重复上述的步骤直至成桥索力 F_i 与目标索力 F 之间的差值满足精度要求。

2.3 矮塔斜拉桥的抗震分析和设计

2.3.1 矮塔斜拉桥抗震分析研究现状

赵俊伟等人选择了国内首个桥宽达到41 m的广西三门江大桥为研究对象建立数值模型,对这样一座大宽幅部分斜拉桥的动力特性和地震响应特征展开了一系列探究,根据桥梁总体设计,选定了7个不同参数在动力特性领域讨论了这些参数变化带来的影响,研究结论表明:主梁动力特性对于桥塔、斜拉索参数改变造成的差异很小,而桥梁动力特性的变化在边界条件、边中跨比、主梁高跨比和索塔高跨比等参数的改变上表现得较明显。针对主梁高跨比、索塔高跨比和边中跨比等参数分别进行地震反应计算,结论显示在实际地震波的作用下结构的动力反应表现出空间耦合性,与索和塔有关的参数取值对双索面矮塔斜拉桥地震响应的影响较为显著。在某些情况下,索、塔能放大或减小地震反应。这些参数对双索面宽幅部分斜拉桥动力响应的影响表现出不同的规律,为抗震设计研究及对矮塔斜拉桥动力性状的探索提供参考。

刘孟云以津沪铁路特大桥为研究对象建立数值模型,在公路桥的基础上对铁路矮塔斜拉桥的动力响应做了相关研究,对全桥模型在E1和E2地震下的反应谱和弹性、弹塑性时程进行了计算,对比计算结果并选择抗震不利部位的截面进行抗震验算。此外,还运用了三种不同的墩、柱抗剪经验公式,检验了桥墩和索塔的抗剪能力,检验结论显示:桥梁的抗震设计满足《铁路工程抗震设计规范(2009年版)》(GB 50111—2006)要求,从偏心的角度看,纵桥向、横桥向均能满足规范中“小震不坏”的设防要求,同时墩底不利截面也满足延性要求。结论对铁路部分斜拉桥的抗震设计有一定的参考价值。

周茂定在此基础上对铁路部分斜拉桥的减隔震设计做了进一步研究,建议采用基于位移限值方法设计的铅芯橡胶支座、黏弹性消能器两个减隔震措施,通过有限元法分别模拟出采用两个减震支座与未采取减隔震措施的计算结果,对比分析发现地震时桥墩的内力和位移明显减小。

何安宁在对矮塔斜拉桥的抗震分析中考虑了碰撞的情况,建立了用于分析桥梁碰撞的有限元模型,在非线性时程分析的基础上考虑了桥梁碰撞的影响因素,得到如下结论:支座非线性刚度、碰撞弹簧刚度和伸缩缝间隙都能影响桥梁

碰撞，并给出了缓解桥梁碰撞的具体方法，例如保持合适的伸缩缝间隙、设置耗能装置等。

祝培林根据实际工程，通过改变塔、墩、梁的连接形式，建立了相应的墩梁分离与塔墩梁固结两种形式的模型，分别进行了纵桥向、横桥向、竖桥向的反应谱分析和时程分析。最后还进行了基于武田恢复力模型的结构弹塑性地震反应分析，研究在三向罕遇地震作用下桥墩和索塔的弹塑性地震反应，得到了一些有价值的结论。

王冰在分析矮塔斜拉桥地震响应时，模拟了桩-土-结构的相互影响和行波效应，采用人工合成的地震波对模型进行时程分析，得到了桩土作用对结构的影响规律。

陈征在对部分斜拉桥做非线性时程分析时考虑了橡胶减震挡块的作用，又进一步研究活动支座的摩擦力耗能、滑动摩擦系数、单向活动支座的布置位置等因素对结构内力和位移的影响。

在不同学者对矮塔斜拉桥展开的研究中，结构的体系特征、受力特性、斜拉索疲劳以及施工控制等方面得到的有价值的结论，为矮塔斜拉桥的设计、施工提供了宝贵的理论和实践储备。

2.3.2　常用的抗震分析方法介绍

地震发生时，地震动是一个随机发生的过程，不可能通过数学公式进行预判。这种随机性，使结构的振动难以把握，给分析带来了巨大困难。近代以来，经过学者的不断努力，抗震分析取得了巨大成果。学者制定了地震分析的确定性分析方法和概率性分析方法。前者包括静力法、反应谱法和时程分析法等；后者包括随机振动法和虚拟激励法等。在实际应用中，确定性分析方法应用较多，故在分析时，着重介绍确定性分析方法。

1. 静力法理论

将地震力等效为静力施加于结构之上，这一理论由日本学者大房森吉率先提出并应用。该理论认为地震作用时，结构各部位与地面具有相同的振动，故在计算时只需给结构作用一惯性力即可，该惯性力等于地表不规律振动时的加速度乘以其质量，其施加方法类似于给结构施加一静力荷载，继而计算结构在线弹性状态下的动力响应情况，静力法因此得名，如图 2.42 所示。地震力 F 按式(2.10)计算。

$$F = \ddot{u}_g M = \ddot{u}_g \frac{W}{g} = KW \tag{2.10}$$

式中，$\ddot{u}_g$ 为地面动加速度；M 为结构物的实际质量；W 为结构总重量；g 为重力加速度；K 为地震系数，$K = \frac{\ddot{u}_g}{g}$ 。

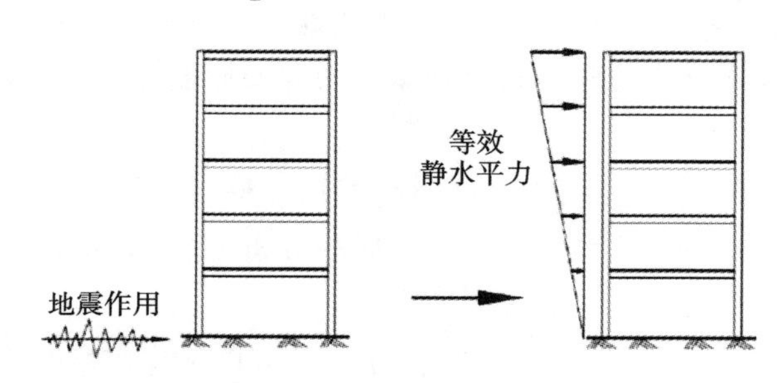

图 2.42　等效静力法示意

随后，日本科研工作者佐野利器对大房森吉所提出的静力法进行了深入研究，并提出了改进方法，他将结构总质量的十分之一作用于结构的水平位置上，等效为结构所受到的水平地震激励作用，改进的等效静力法被称为震度法。该法在日本早期的铁路抗震计算中被广为使用，直至今日，该概念依然具有十分大的借鉴意义。

但是，该方法的局限性也较为明显，从动力分析这一角度考虑，静力法在计算时并没有考虑结构的动力特性。而且，要实现结构与地面具有相同的振动位移，只有当结构的刚度无限大时才有可能实现，然而这并不符合实际。在抗震设计初期，该理论曾被很多国家所接受并使用，直至今日依然有个别国家仍在使用。

2. 反应谱法理论

1943 年美国学者 M. A. Biot 发表了以海伦娜地震为背景的若干条地震动加速度曲线，使地震动加速度的研究前进了一大步；随后，1948 年，G. W. Housner 提出了基于加速度反应曲线的反应谱法，使用该法的第一次尝试是在 1956 年的 Latin America 建筑大厦的设计中。该大厦建造完毕后不久，墨西哥便发生了 8.0 级大地震。地震后，Latin America 大厦附近的建筑几乎全数尽毁，只有该大厦完好如初，证明了该理论的先进性与完备性。第一次世界地震工程会议结束以后，很多国家都将反应谱法纳入了本国的抗震规范中，一直沿用至今。

在有阻尼结构中，地面的往复振动会使单自由度体系在弹性范围内产生动力反应，该动力反应在阻尼的作用下逐渐减弱，其最大绝对值和自振周期之间存在的关系，称为反应谱法。反应谱法突破了静力法的局限性，考虑了结构的动力特性对地震作用力下的结构响应影响，使抗震设计更加趋于实际。而且，反应谱法计算量小，效率高，它仅仅只考虑结构的最大地震反应，计算时的主要工作在于振型的分解以及其反应的组合上。在实际地震响应计算中，地震力只会导致结构以较低的频率发生振动，因此反应谱法在计算时只需取用较低的几阶振型便可得到近乎准确的结果。在现代建筑的抗震设计中，反应谱法依然广为使用。

但是，在抗震计算方面，反应谱法也不是万能的，它至今为止依然存在如下局限。一是反应谱法的计算公式仅仅适用于线性计算，对于非线性计算，其结果的可靠性无法保证。二是反应谱法所求的结果仅仅是响应的最大值，无法计算地震发生过程中的响应情况，这对于需要考虑震中情况的结果来说，也无法满足要求。而且，反应谱法的结果需要用各种方法进行组合，选择的方法不同，造成的误差也不同，对于需要精确计算的结果，反应谱法难以令人信服。

3. 时程分析法理论

随着桥梁跨度的不断加大，设计和施工工作须克服反应谱法的局限，以一种新的方法来分析大跨度复杂桥梁的地震响应情况，经过诸多学者的不断努力，时程分析法应运而生。随着电子计算机的不断发展，20 世纪中后期，时程分析法得以大量运用，现在部分规范明确规定了对于中、大跨度的重要桥梁结构，必须要进行地震反应时程分析。

时程分析法的计算概念归根结底为求解式(2.11)的过程。

$$\boldsymbol{M}\ddot{\boldsymbol{u}} + \boldsymbol{C}\dot{\boldsymbol{u}} + \boldsymbol{K}\boldsymbol{u} = \boldsymbol{0} \tag{2.11}$$

式中，$\boldsymbol{M}$、$\boldsymbol{C}$、$\boldsymbol{K}$ 分别为结构的质量矩阵、阻尼矩阵和刚度矩阵；$\ddot{\boldsymbol{u}}$ 为加速度列矩阵；$\dot{\boldsymbol{u}}$ 为速度列矩阵；$\boldsymbol{u}$ 为广义坐标列矩阵。

其分析的基本步骤如下。

(1)将地震的作用时间分割为若干相等或不等的很小的时间间隔 Δt ；

(2)假设在所划分的时间间隔 Δt 内，所需计算的结构动力响应根据某种规律产生作用，并可用多种方式统计这种规律，如中心差分法和 Newmark-β 法等；

(3)根据 t 时刻的地震响应结果，求解出 $t+\Delta t$ 时刻的地震响应结果，求解出的结果可以增量形式表示；

(4)对所划分的时间间隔逐步进行计算，直至计算结束。

时程分析法突破了反应谱法的局限，它在计算中可以考虑多种因素共同作用的结果（如桩-土-结构效应、地震动多点输入等情况），运用逐步积分法进行计算，可以考虑每时每刻地震作用下的各部位响应情况，而不再是只考虑结构的最大响应。在结构突破线性临界点进入弹塑性状态时，时程分析法可以分析构建从开始出现裂缝直至完全破坏的整个过程。它可以通过多种方法进行计算，常见的有中心差分法、Houbolt 法和 Wilson-θ 法等。

尽管时程分析法计算结果可靠，过程明确，但它依然有自身的局限性。一是采用逐步积分法进行计算时，若划分的 Δt 过小，会使计算时间过长，效率过低，需要在效率与精确度之间加以权衡，且其结果文件数据量大，后期处理困难；二是地震波、行波效应考虑与否都会对计算结果产生巨大影响。

4. 随机振动法理论

反应谱法和时程分析法都是根据加速度曲线或者地震波进行计算，结构的振动规律也可以用时间的确定性函数来描述。随机振动分析本身不能用时间的确定性函数来进行描述，但是又具有一定的统计规律，即非确定而又具有统计规律。该方法根据地面振动的统计结果，将作用有规律地施加在结构之上，计算结构的响应情况。在这种情况下，用来计算的地震波可以看作随机输入的过程，其较全面地统计地震作用的全过程，被广大学者评定为一种合理的计算方法。但是，若要在地震分析中运用随机振动法理论，其说服性还有待商榷，其中最无法令人信服的就是随机地震动场的确定和对地震反应结果的数据处理。在强震下，结构的关键部位不可避免地要进入塑性状态，此时若无法选择合适的数据处理办法，而采用类似于反应谱法的方式，强行以线性处理方式处理非线性数据，结果必然会产生差错。目前的随机振动理论亟须解决该问题。

2.3.3 矮塔斜拉桥抗震概念设计

矮塔斜拉桥是一种较新型的桥梁结构，也被称为部分斜拉桥。它的力学特征介于梁桥、斜拉桥之间。矮塔斜拉桥的基本构件是塔、梁、墩和索，这几种构件通过不同的连接约束方式而形成不同的桥梁受力体系。目前对于斜拉桥与矮塔斜拉桥之间的区别，各国学者还没有形成一个公认的数理指标来统一划定，目前只是单纯地通过索力承担作用的比例来进行简单划分。

因为矮塔斜拉桥的特殊性，所以矮塔斜拉桥的抗震性能与梁桥或斜拉桥并不完全相同，同时规范对该特殊桥型的抗震设计没有规律性的总结，因此亟须对

矮塔斜拉桥的抗震性能进行深入的研究。

《城市桥梁抗震设计规范》(CJJ 166—2011)给出了桥梁抗震体系的设计和概念设计的相关要求,在对体系的选择上,有下面的相关规定:“拥有可以将地震传递到地基的可靠和稳定的途径;对位移具有有效的约束性,可以对地震位移进行可靠的控制,防止出现落梁破坏的情况;拥有对地震力进行可靠有效的耗散的部位;避免出现因某一构件出现损坏而导致整体结构失去抗震和承压能力。”

另外规范还指出刚度和质量平衡是桥梁抗震理念中重要的一点,为保证设计桥梁的质量以及刚度的平衡性,在桥梁设计时需要对其跨径、墩高以及桥面宽度等进行考虑。

对于矮塔斜拉桥,现行抗震规范对抗震概念设计、体系选择上仅给出原则性的建议及边界条件,但是在具体到不同桥梁体系在地震作用下的适用性、位移约束的合理方式、能量耗散部位的合理选择等问题上时,并没有可操作性的明确规定,这些反而是抗震设计中“概念”的重要体现。

抗震规范提出了概念设计理论,以及整体上的原则性建议。在进行抗震体系选择时,对于哪种约束有效可控、各种约束的抗震性能如何,抗震规范并没有给出较为具体的指导性的设计要求或方法。这就要求在进行抗震设计时,不仅需要有丰富的设计经验,还需进行大量的试算分析。长期以来,设计者通过震害实践认识到,计算再精确,如果选择了不恰当的结构体系或不适当的构造措施,设计出来的结构也未必能达到所需的抗震能力。因而,在进行概念设计时选择一个合理的结构体系显得尤为重要。

2.3.4　抗震设计的原则和方法

1. 抗震设计原则

抗震方案是否合理,关键在于刚度、延性、强度等结构指标的结合程度,只有有效结合,才能从真正意义上做到抗震设防。要达成这一目的难度较大,需要工程师思想不能够僵化,能熟练掌握地震作用与桥梁抗震之间的关系,敢于在设计上创新。与此同时,还要遵循以下原则。

1)选择适当的场地

在建设桥梁时,首先要进行场地选择,应选取硬度大的地方作为场地,选择稳固的地基,以保证桥梁的抗震性能,有效抵抗地震作用,因此,坡地不能作桥梁建设地址，松软的土地无法进行桥梁建设，如果某地区容易遭受周边地区的影响，也不能作桥梁建设地址。针对潜在危险，任何程度的冒险均应避免。

2)注意结构上的对称

从结构刚度来看，对称性桥梁比不等跨桥梁的抗震性能更优越，也能更有效地抵抗地震灾害，例如：若各个桥梁墩之间存在较大的高度差，则相对较低的桥墩受到的地震水平力较大；如果桥梁的孔跨度较大，会降低桥墩抵抗地震的能力。所以，在设计桥梁防震方案时，桥梁跨度不宜过大，应重点考虑对称性的桥体结构。

3)注重桥梁的整体性

在桥梁设计中，应重点考虑桥梁的整体性，整体性较差的桥梁，无法充分发挥其结构本身的空间作用，其结构构件以及非结构构件在发生地震时，极易出现震碎脱落现象。因此，应该最大程度上保持桥梁上部结构的连续性，另外，在连接方式的选择上，也尽量考虑到桥梁的整体性，每个连接点都应设置减震措施，增强桥梁的稳定性。另外，为防范突发事件，尺寸、刚度、质量等结构因素应该对称且均匀地分布。

4)设置多道抗震防线

为了尽可能地降低地震的损失，应在桥梁设计中设置多道防线，如果地震格外强烈，桥梁能从多个角度抵抗地震带来的侧向力，若第一道防线被地震攻克，则第二道防线还能抵抗，若仍被攻克，尚存第三道、第四道防线。设计桥梁时，应尽可能地保障桥梁的稳固性、安全性，避免出现桥梁倒塌事故。

2. 抗震设计方法

1)基于性能的抗震设计

在桥梁的抗震设计中，应秉承着其结构性能在各种概率的地震下，均能实现某预设目标的思想。也就是说，可以将强震之下的财产损失以及人身伤亡损失控制在预设范围之内，在发生地震后，桥梁结构必须仍然能够发挥其功能作用。

进行抗震设计时不能只考虑某一目标，要综合考虑多重目标。应遵循多层次、多目标的原则进行抗震设计，应打破传统的维护群众人身财产安全为主的目标，新设计的抗震方案，必须具备各种等级地震之下依然能符合各类性能的能力，以最大限度地保障人民财产安全。

2)基于位移的设计

在桥梁抗震设计中,基于位移的设计很早就进入学者视野,不过直到现在才被重视,取得了初步发展。这一设计方法适用于结构强度不足的情况。在建筑的抗震设计中,受到经济等因素的影响,某些结构出现可塑性变形,这是可以接受的。因此,就必须推翻结构性能原有的衡量指标,进而应用了部分禁止出现非弹性干扰的构件以及某些脆性结构不强的构件。在此设计中,应以构件的强度以及结构的变形为参数进行考虑。

3)多阶段设计

为最大程度上保障人民群众的人身财产安全,减少经济损失,就必须在抗震设防水准方面持续创新变革。其中所要考虑到的因素有很多,比如地震发生原理、地震独特性能以及各种结构的抗震性能、动力性能等。因此,将单一设防水准升级成双水准设防或者三水准设防时,应认真归纳经验教训,把一阶段设计变成两阶段、三阶段以至更多阶段设计。

4)延性设计

在抗震设计中,其衡量标准不能只设置强度这单一指标。受到强地震时,桥梁自身变形可消耗能量,进而达到减震、抗震的目标。比如地震作用导致桥墩底部混凝土遭受塑性破坏,但未坍塌,这时桥墩内部的抗剪钢筋可以增强桥梁的地震抵抗力,另外,还会在桥墩底部生成塑性铰,通过转动消耗地震能量。采用有效控制延性系数以及曲率系数的方式来控制结构的延性变形,反映了延性设计思想。

只有控制了地震的破坏性,才能降低地震对人民群众的生命以及财产的伤害,将地震的破坏控制在预设范围内,因此,延性设计思想在桥梁的抗震设计中非常重要,桥梁内部应配置合理强度的钢筋,才能保障桥梁的稳固性,减少地震损失。另外,在设计配筋时,应结合使用的部位,选取恰当的塑性铰,如果桥墩位置较高,通常将塑性铰设置在桥墩顶部或者底部。如此一来,桥梁的结构延性以及抗震性能即可大幅提升。

第3章　矮塔斜拉桥施工研究

3.1　索塔施工技术

矮塔斜拉桥的索塔承担部分主梁通过索传递的力，通过索对主梁起到弹性支承的作用。通常，矮塔斜拉桥的主塔较矮，斜拉索较短，为了尽可能地提高斜拉索的倾角和偏心距，往往在索塔内设置索鞍，让斜拉索连续通过索塔，可将索塔视为斜拉索的转向点。

索塔设计应满足强度、刚度和稳定性的要求。索塔的结构形式、截面尺寸、索鞍构造及索塔配筋应根据索塔自身的强度、刚度、稳定性、斜拉索布置、桥面宽度、主梁截面形式、下部结构及桥位处的地质和地形等因素综合考虑确定，同时还要考虑施工简便、造型美观等要求。矮塔斜拉桥的索塔较矮，尺寸较小，结构抗风和稳定性问题不突出，更适于进行造型处理，设计时注意赋予其象征性意义，并且注意与周边生态环境的一致性。

矮塔斜拉桥的主塔与桥墩的施工方法一般可采用支架法、滑模法、爬模法。

3.1.1　索塔施工设备和布置

索塔施工属于高空作业，工作面狭小，其施工工期影响着全桥总工期，在指定索塔施工方案时，索塔施工设备的选择与布置是索塔施工的关键。混凝土索塔施工主要使用的设备有起重设备、混凝土浇筑设备、工人运输设备和混凝土养护设备等，目前大多数索塔施工起重设备均采用塔吊辅助人货两用电梯。

1. 塔吊

起重设备的选择视索塔的结构形式、规模及桥位处地形等条件而定。起重设备必须满足索塔施工的垂直运输起吊荷载、吊装高度、起吊范围的要求，且操作安装简单、安全可靠，并综合经济效益等因素。

目前一般采用塔吊作为塔柱的起重设备，多数采用附着式自升塔吊，起重力

矩为 600～9000 kN· m,吊装高度在 200 m 以上。索塔附着式自升塔吊结构如图 3.1 所示。索塔铅直时,可采用爬升式起重机,在规模不大的直塔结构中,也可采用万能杆件或贝雷架等通用杆件配备卷扬机、电动葫芦装配的提升吊机,或采用满堂支架配备卷扬机、摇头扒杆等。

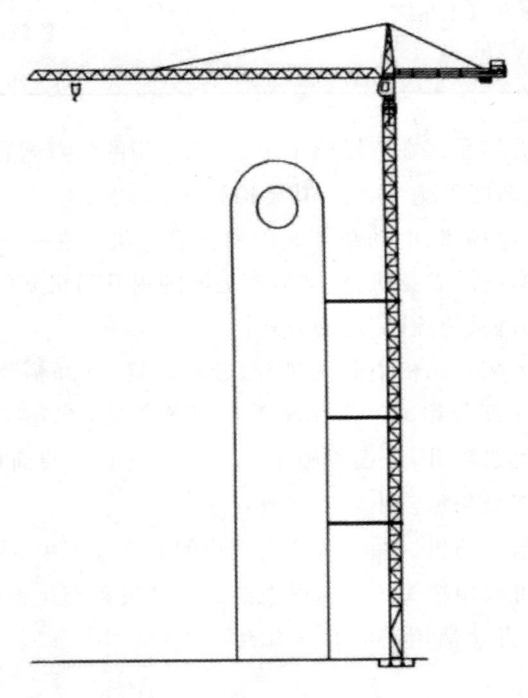

图 3.1　索塔附着式自升塔吊

为方便施工,所需材料、设备、模板等的起重控制吨位宜在 100 kN 以下。如果关键构件不能缩小质量,则应考虑增加塔吊等起重设备的起重能力。

塔吊布置方案及其优缺点见表 3.1。

表 3.1　塔吊布置方案及其优缺点

方案编号	简介	优点	缺点
1	在索塔正面且靠近索塔处安装一台塔吊	一次安装即可完成全部起吊作业	桥面需预留孔以便塔身穿过,需考虑拆除时的特殊要求

续表

方案编号	简介	优点	缺点
2	先在索塔正面架设一台塔吊，待主梁0#块完成后，利用此塔吊在0#块上安装另一台塔吊	可利用一台较小塔吊与一台较大塔吊	一个索塔需要两台塔吊，转换会影响工期，拆除较困难

(1)附着式自升塔吊。在索塔施工中，一般采用的附着式自升塔吊的起重力可达100 kN，起重高度可达200 m，其结构如图3.1所示。

(2)通用杆件、卷扬机、电动葫芦装配的提升吊机。在一些中小规模直塔的施工中可采用通用杆件、卷扬机、电动葫芦装配的提升吊机来解决构件的垂直运输问题，这是一种方便、快捷、节约的方式。

(3)爬升吊机。爬升吊机由起重扒杆、旋转装置、升降幅装置、卷扬机、爬升架、爬升起吊天梁6部分组成。采用爬升吊机施工时，首先应在塔柱上安装护轨，起重机沿护轨逐段爬升，再逐段施工。该方法具有安装简便、经济实用的特点，但要求起重机本身质量较小且塔柱垂直。

(4)摇头扒杆与卷扬机。在一些规模较小的索塔施工中，为了节约设备使用费或受场地限制，可以用摇头扒杆辅以卷扬机来解决垂直运输问题，但吊重一般宜在10 kN以下。此法适用于单塔结构的斜拉桥。

2. 电梯

施工电梯(见图3.2)兼作人员及货物的运输设施，由轨道架、轿厢、驱动机构、安全装置、电控系统、提升接高系统等部分组成，具有构造简单、适用性广、安装可靠等特点，极大地方便了施工人员的上下及小型机具材料的运输。施工中需根据索塔的高度与形状选用施工电梯。施工电梯分为普通施工电梯和变频施工电梯。变频施工电梯在电梯启动以及停止时，超重或失重的感觉较轻微，舒适性较好。

由于索塔的形状变化，施工电梯的附着设施不能按一般高层建筑来设置，必须利用脚手架作为辅助附着架的平面外支座的作用，来保证其自重及附着倾斜引起的垂直力的传递和平面稳定。附着杆采用标准附着杆加辅助附着杆，它与塔柱之间的连接可采用螺栓连接或焊接。

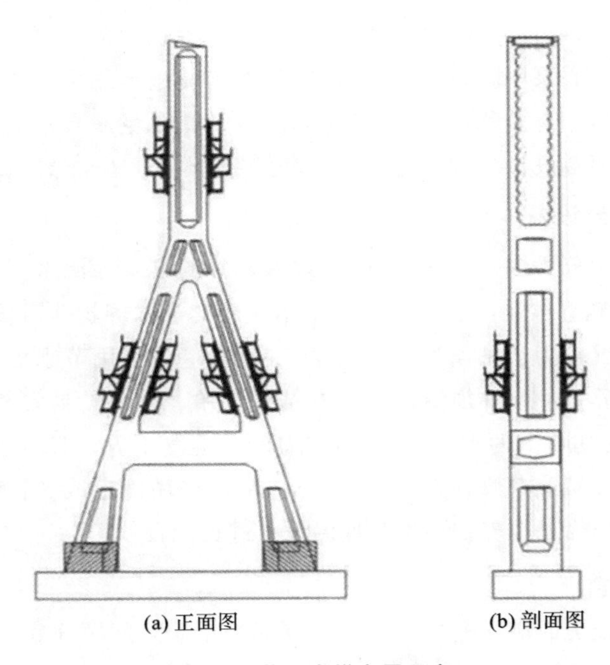

图 3.2 施工电梯布置示意

3. 混凝土浇筑设备

矮塔斜位桥的塔柱截面小,但高度高,从而对混凝土浇筑设施要求较高。由于其截面小,一般不需要混凝土布料设备。混凝土垂直输送设备是索塔施工的必需设备,混凝土垂直输送设备目前广泛采用的是混凝土拖泵。其选型应根据工程部位的高度以及水平输送距离、浇筑速度所需的最大输出量、混凝土的基本性能状态等参数确定。

4. 供水设备及混凝土养护设备

混凝土塔柱作为高空混凝土结构,为了减少或避免混凝土开裂,确保其寿命,混凝土的养护非常关键。塔柱养护的重要性必须纳入管理者的重点管理范围。然而由于塔柱很高且处于野外甚至海上,混凝土养护非常困难。要达到养护的目的,就必须配备合理的养护设备。塔柱的养护设备主要分为供水设备、喷淋加湿设备、保温设备等。

1)供水设备

供水设备是混凝土养护的挂件。为满足高度的需要,必须采用高扬程多级离心泵，必要时需要在塔柱中部(如中横梁上)设置接力多级离心泵。多级离心泵相当于多个离心泵串联在一起，多级叶轮对水流进行逐级加压。使压力能量增大的离心泵型号有多种，应按照供水高度以及供水量来合理选择。上水管可以沿电梯附墙架敷设，或沿混凝土泵送管道架敷设。

2)喷淋加湿设备

塔柱的养护分为多种，比较常用且效果较好的方式为洒水养护。但是因为塔柱养护属于临空作业，工作面狭窄，采用一般的洒水养护非常困难，也就造成塔柱的失养情况较为常见。为了解决这一问题，应该采用节水效果明显的喷淋加湿设备进行养护。喷淋加湿设备具有结构简单、易制作、易安装、拆移灵活等结构特点，因为其喷出的水呈雾状，所以有利于混凝土养护且节水效果非常好。该系统设置在爬架或者修补架上，设置方式可以采用固定或者移动的方式。喷淋系统还可以作为保温养护设施与保温设备进行配合使用。

3)保温设备

寒冷地区施工的塔柱模板要在模板背面型钢肋之间填充膨胀珍珠岩粉(或具有防火性能的泡沫材料)，在外表面利用抽芯铆钉锚固彩钢板封装，这样即可确保模板的保温性能。

保温设备主要应用在较寒冷地区，主要有加温设备、保温材料等。各地可以根据具体气温情况选择采用。在冬季，塔柱的防风作用很重要，寒冷的风很容易造成塔柱混凝土的开裂。一般保温设施布设方法是在爬架的外围设置油布进行防风或者直接在塔柱混凝土外围包裹塑料薄膜及土工布等材料进行保温保湿。塔柱内外也可以配置高效加热设备。对养护水进行加热后，喷淋养护系统也可以作为保温设备使用。

加热设备在陆地上一般可以使用锅炉或者电加热设备。电加热设备分为电阻丝加热、灯光加热、机电蒸汽加热。因为塔柱的特殊性，出现火灾后逃生很困难，故在选择加热设备时，应尽可能避免明火加热方式，以消除火灾隐患。

3.1.2 索塔施工工艺

矮塔斜拉桥主塔一般由下塔柱、上塔柱及横梁组成。斜拉桥主塔柱施工标准节段一般划分为4.5 m和6 m两种。针对以上两种不同的分节高度，施工单位应分别从主体施工进度、质量控制、设备影响、临时受力结构施工影响以及工人短期的施工功效等方面进行利弊分析，确定塔身节段，进而确定各塔柱施工

次数。

塔柱施工一般在 0＃块施工完成后才开始，具体施工根据 0＃块长度、施工机具占用面积、挂篮拼装、场地布设等因素综合考虑，合理组织塔柱施工。

塔柱施工工艺包括施工测量、钢筋加工与安装、模板加工与安装、斜拉索锚固区塔段施工、混凝土浇筑。

1. 施工测量

矮塔斜拉桥塔柱造型及断面形式各有不同，施工难度较大，对施工测量精度要求高。施工过程中塔柱受日照、温度、振动、大气等因素的影响，塔柱的轴线往往会产生偏移，而这种偏移往往大于塔柱施工允许误差，所以塔柱的施工测量控制是塔柱施工质量控制的关键之一。施工时除保证各部位的倾斜度、铅直度、几何尺寸及索鞍的精准定位外，还要控制局部的测量并与全桥测量控制网闭合。

塔柱的施工测量工作主要包括塔柱各节段的轴线放样、模板的定位和检查、上塔柱索鞍的定位和检查、竣工测量等。塔柱每一节段的施工测量过程：劲性骨架的定位→塔柱主筋框架边线放样→塔柱截面轴线点、角点放样→塔柱模板定位及检查→塔柱预埋件安装定位。

根据主桥施工的阶段性，在主梁 0＃块施工完成后，需要将位于承台上的测量控制基准传递至 0＃块箱梁顶面，作为上塔柱和主梁施工阶段放样的依据。塔柱施工测量过程如下。

(1)劲性骨架定位。塔柱劲性骨架由角钢、槽钢等加工制作而成，用于定位钢筋、支撑模板。其定位精度要求不高，在无较大风力影响的情况下，可采用重锤球法定位劲性骨架，定位高度大于该节段劲性骨架长度的 2/3，以靠尺法定位劲性骨架作校核。如果受风力影响，锤球摆动幅度较大，则采用全站仪三维坐标法定位劲性骨架，除首节劲性骨架要控制底面与顶面角点外，其余节段劲性骨架均控制其顶面四角点的三维坐标，从而防止劲性骨架横纵向倾斜及扭转。

(2)塔柱主筋框架边线放样。塔柱主筋框架边线放样即放样竖向钢筋内边框线，确保混凝土保护层厚度，其放样精度要求较高。采用全站仪三维坐标法放样塔柱同高程截面竖向主筋内边框架线及塔柱截面轴线，测量点尽可能标示于劲性骨架，便于塔柱竖向主筋分中支立。

(3)塔柱截面轴线、角点放样。首先采用全站仪三角高程测量方式，测量出劲性骨架外缘临时焊接的水平角钢高程，然后按塔柱倾斜率等要素计算相应高程处塔柱设计截面轴线、角点三维坐标，最后于劲性骨架外缘临时焊的水平角钢上放样塔柱截面轴线点及角点，单塔柱同高程截面至少放样三个角点，便于控制塔柱外形，也便于塔柱模板的定位。

(4)塔柱模板检查定位。根据实测塔柱模板角点及轴线点高程，计算相应高程处塔柱角点及轴线点的三维坐标，若实测塔柱角点及轴线点三维坐标与计算三维坐标不符，则应重新就位模板，调整至设计位置。对于不能直接测定的塔柱模板角点及轴线，可根据已测定的点与不能直接测定点的相对几何关系，用边长交会法检查定位。

(5)塔柱预埋件安装定位。根据塔柱预埋件安装定位的精度要求，分别采用全站仪三维坐标法与轴线法放样定位。全站仪三维坐标法定位精度要求较高的预埋件；轴线法定位精度要求相对低的预埋件。

(6)塔柱预偏。为保证预应力钢束张拉完成后两塔柱在不同高程处的间距符合设计要求，塔柱施工放样时要有一向外侧的预偏量(横桥向)，并按设计、监理及测量监控部门要求进行调整。

(7)索鞍的定位测量。矮塔斜拉桥一般在其上塔柱施工阶段要预埋索鞍。索鞍的平面定位测量方法采用全站仪三维坐标法，高程测量采用水准仪加悬挂钢尺联合法定位，并用全站仪精密三角高程测量进行检核(见图 3.3)。

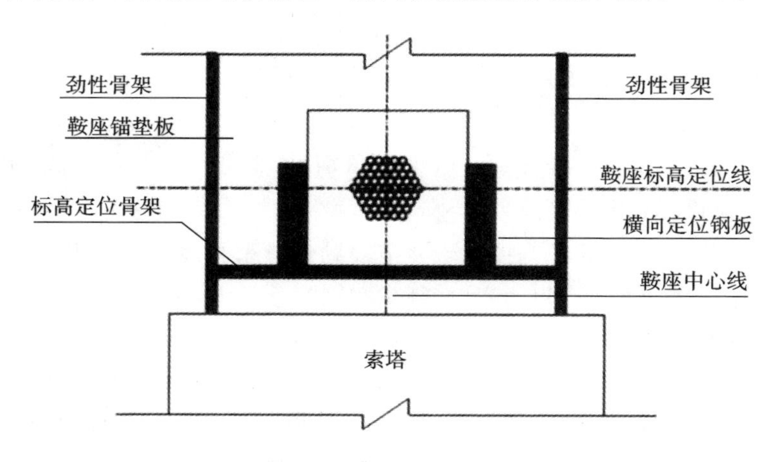

图 3.3　索鞍控制点布设

(8)主塔竣工测量。竣工测量作为施工测量工作的一项重要内容，不仅能准确反映混凝土浇筑后各结构部位定位点的变形情况，还可以为下一步施工提供参考依据，同时也是编写竣工资料的依据。

竣工测量的方法采用全站仪三维坐标法(特殊部位竣工测量采用检定钢尺间接测量)。塔座竣工测量主要工作内容：塔座轴线偏差及断面尺寸测量；塔座

轴线点及特征角点坐标测量；塔座底、顶面高程测量。主塔竣工测量数据务必确保各结构部位均满足设计及规范要求。

2. 钢筋加工与安装

矮塔斜拉桥塔柱造型独特，结构复杂，钢筋的布设密集，要求较高，索塔钢筋的表面应洁净、无损伤，使用前应注意除锈，将表面的油渍、漆皮、鳞锈等清除干净，带有颗粒状或片状老锈的钢筋不得使用。当除锈后钢筋表面有严重的麻坑、斑点、已伤蚀截面时，应降级或剔除使用。

塔柱钢筋安装通过劲性骨架来实现，劲性骨架是具有一定刚度、强度的钢质架立结构，作为测量放样、主筋安装、模板安装、斜拉索管道安装就位依托的受力构件，其功效在塔柱施工中不可或缺，是必不可少的重要构件。劲性骨架一般在工厂分节加工成型后预拼装，再运输至施工现场利用塔吊分节整体吊装就位，安装时通过测量精确定位其空间位置，确保钢筋、模板等其他构件的安装质量。

劲性骨架安装的具体做法：劲性骨架第一节段在 0＃块混凝土施工前预埋到位，将加工好的劲性骨架块件按照预拼装的顺序和标记，分别焊接在预埋件上，并将劲性骨架块件连接成整体。劲性骨架位于塔柱竖向主钢筋内侧，并稍高于每节段塔柱的主筋。劲性骨架一般采用∠100×100×10 角钢以及∠75×75×7 角钢（具体尺寸根据节段分类及刚度要求）制作。劲性骨架的节段高度一般根据塔吊的起重能力、主筋的长度、塔柱节段高度等进行划分。

1）钢筋加工

钢筋应平直、无局部弯折，成盘的钢筋和弯曲的钢筋均应调直。采用冷拉方法调直钢筋时，HPB235 级钢筋的冷拉率宜不大于 2％；HRB335 级、HRB400 级钢筋的冷拉率宜不大于 1％。

钢筋的形状、尺寸应按照设计的规定进行加工，加工后的钢筋表面应没有削弱钢筋截面的伤痕。钢筋加工允许的偏差应符合表 3.2 中的规定。

表 3.2　钢筋加工允许的偏差

项目	允许偏差/mm
受力钢筋顺长度方向加工后全长	±10
弯起钢筋各部分尺寸	±20
箍筋、螺旋筋各部分尺寸	±5

2)钢筋的连接

塔柱主筋接头主要采用焊接接头、机械连接接头等形式。绑扎接头仅在钢筋构造复杂、施工困难时方可采用,绑扎接头的钢筋直径不宜大于 28 mm,对轴心受压和偏心受压构件中的受压钢筋可不大于 32 mm;轴心受拉和小偏心受拉构件不应采用绑扎接头。

(1)钢筋焊接接头。

钢筋的焊接接头宜采用闪光对焊或电弧焊、电渣压力焊或气压焊,但电渣压力焊仅可用于竖向钢筋的连接,不得用于水平和斜筋的连接。钢筋焊接的接头形式、焊接方法和焊接材料应符合行业标准《钢筋焊接及验收规程》(JGJ 18—2012)的相关规定。

钢筋焊接接头宜采用双面焊缝。双面焊缝困难时,可采用单面焊缝。采用搭接电弧焊时,两钢筋搭接端部应预先折向一侧,使两接合钢筋轴线一致;采用帮条电弧焊时,帮条应采用与主筋相同等级的钢筋,其总截面面积应不小于被焊接钢筋的截面面积。电弧焊接头的焊缝的长度,双面焊缝应不小于 $5d$,单面焊缝应不小于 $10d$(d 为钢筋直径)。电弧焊接与钢筋弯曲处距离应不小于 $10d$,且不宜位于构件的最大弯矩处。

(2)钢筋机械连接接头。

钢筋的机械连接宜采用镦粗直螺纹、滚轧直螺纹或套筒挤压连接接头。镦粗直螺纹和滚轧直螺纹连接接头适用于直径不大于 25 mm 的 HRB335、HRB400 级热轧带肋钢筋;套筒挤压连接接头适用于直径为 16~40 mm 的热轧带肋钢筋。各类接头的性能均应符合行业标准《钢筋机械连接技术规程》(JGJ 107—2016)的规定,并符合下列规定。

①钢筋机械连接接头的等级应选用Ⅰ级或Ⅱ级,接头的性能指标应符合设计及规范要求。

②钢筋机械连接接头的材料、制作、安装施工及质量检验和验收,应符合《钢筋机械连接技术规程》(JGJ 107—2016)等的规定。

(3)钢筋绑扎接头。

绑扎接头的末端钢筋弯折处的距离,应不小于钢筋直径的 10 倍,接头不宜位于构件的最大弯矩处。

受拉钢筋绑扎接头的搭接长度应符合表 3.3 的规定;受压钢筋绑扎接头的搭接长度应取受拉钢筋绑扎接头搭接长度的 0.7 倍。

表 3.3　受拉钢筋绑扎接头的搭接长度

钢筋类型	混凝土强度等级		
	C20	C25	>C25
HRB335	45d	40d	35d
HRB400	—	50d	45d

注：(1)当带肋钢筋直径 d 小于或等于 25 mm 时，其受拉钢筋的搭接长度应按表中值减少 5d 采用；当带肋钢筋直径 d 大于 25 mm 时，其受拉钢筋的搭接长度应按表中值增加 5d 采用；

(2)当混凝土在凝固过程中受力钢筋易受扰动时，其搭接长度宜适当增加；

(3)在任何情况下，纵向受拉钢筋的搭接长度应不小于 300 mm；受压钢筋的搭接长度应不小于 200 mm；

(4)环氧树脂土层钢筋的绑扎接头搭接长度，受拉钢筋按表中值的 1.5 倍采用；

(5)两根不同直径的钢筋的搭接长度，以较细的钢筋直径计算。

受拉区内 HPB235 钢筋绑扎接头的末端应做弯钩，HRB335、HRB400、RRB400 钢筋的绑扎接头末端可不做弯钩。直径不大于 12 mm 的受压 HPB235 钢筋的末端可不做弯钩，但搭接长度应不小于钢筋直径的 30 倍。钢筋搭接处，应在中心和两端用铁丝扎牢。

(4)连接注意事项。

①主筋焊接接头处理时，电弧焊宜采用双面焊缝。

②主筋机械连接接头加工时，根据塔柱施工节段长度，确定塔柱主筋下料长度，在钢筋加工场地进行机械接头加工(见图 3.4)。不能有马蹄形或弯曲，不得采用气割下料。

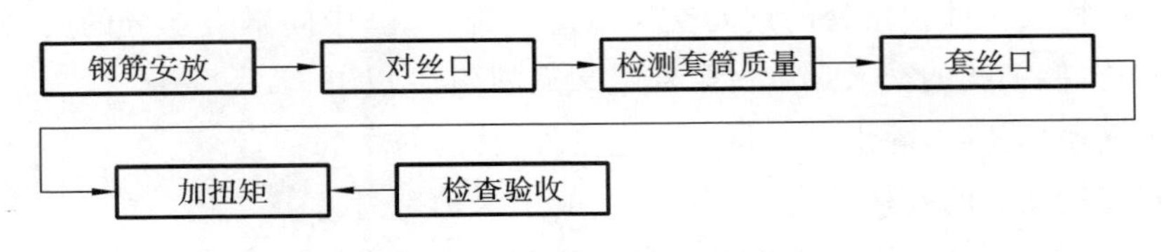

图 3.4　直螺纹接头施工流程图

加工丝头时，应采用水溶性切削滑液。已加工完成并检验合格的丝头要加以保护，钢筋一端丝头戴上保护帽，另一端拧上连接套，并按规格分类堆放整齐待用。钢筋连接时，钢筋的规格和连接套的规格应保持一致，并确保丝头和连接套的丝扣干净、无损。对滚轧直螺纹连接接头，标准型接头连接套筒外应外露有效螺纹。标准型接头的丝头有效螺纹长度应不小于 1/2 连接套筒长度。每一节主筋下料前，应仔细核对设计图纸，准确下料，保证其尺寸。

③钢筋加工应在钢筋加工场地进行，根据设计图纸下料并考虑接头错开，在同一截面接头数量不超过钢筋数量的50%，不同层钢筋接头也要按规范要求错开，错开间距不小于35d。每一节段钢筋下料前，应提前检查钢筋下料单，对照图纸核实钢筋数量、规格和尺寸(如主筋数量、起始点和结束点标高、箍筋间距和弯曲角度、拉筋数量和位置尺寸等)，确定无误后，方可开始下料。下料完成的钢筋半成品应分类堆放，覆盖保护待用。

3)钢筋绑扎与安装

(1)塔柱钢筋安装顺序：主筋→箍筋→拉筋→防裂网钢筋。

(2)横梁钢筋安装顺序：底板底层钢筋→底板顶层钢筋→底板拉筋→腹板钢筋→顶板底层钢筋→顶板顶层钢筋→拉筋。安装底层钢筋前要测量出横梁的纵横轴线，然后用红油漆在模板上标出底层钢筋的位置，按画线依次绑扎，以确保钢筋顺直，位置、间距合理。

(3)主筋定位：主筋依靠劲性骨架上的定位框精密定位(劲性骨架安装完毕后，及时测量放样，根据点位确定主筋位置)，逐根就位后进行直螺纹接头连接，箍筋和拉筋利用主筋定位绑扎。要确保钢筋位置、线形满足设计要求，保护层厚度满足设计要求。

(4)钢筋绑扎应符合下列规定。

①钢筋交叉点宜采用0.7～2.0 mm的铁丝扎牢，必要时可采用点焊焊牢。绑扎宜采取逐点改变绕丝方向的8字形方式交错扎结，对直径25 mm以上的钢筋，宜采用双对角线的十字形方式扎结；

②结构或构件拐角处的钢筋交叉点应全部绑扎；中间平直部分的交叉点可交错绑扎，但绑扎的交叉点宜占全部交叉点的40%以上；

③钢筋绑扎时，除设计有特殊规定者外，箍筋与主筋垂直；

④绑扎钢筋的扎丝丝头不应进入混凝土保护层内。

(5)钢筋绑扎时，应预先用卷尺量出爬模或支架或楼梯等的较大的预埋件位置，此处可少绑或不绑扎丝以便有冲突时调整钢筋位置，预埋件安装完毕后及时恢复，再绑扎固定。

(6)钢筋绑扎完毕后及时检查其质量，例如钢筋的数量、型号、尺寸、位置、保护层大小、垫块数量、除锈情况等，发现不合格处要求整改。

(7)钢筋安装时应符合下列规定。

①钢筋的级别、直径、根数、间距等应符合设计的规定；

②对多层多排钢筋，宜根据安装需要在其间隔处设立一定数量的架立钢筋

或短钢筋，但架立钢筋或短钢筋的端头不得伸入混凝土保护层内；

③当钢筋过密影响到混凝土浇筑质量时，应及时与设计人员协商解决。钢筋安装质量标准应符合表 3.4 的规定。

表 3.4　钢筋安装质量标准

<table>
<tr><th colspan="3">项目</th><th>允许偏差/mm</th></tr>
<tr><td rowspan="3">受力钢筋间距</td><td colspan="2">两排以上排距</td><td>±5</td></tr>
<tr><td rowspan="2">同排</td><td>梁、板、拱肋</td><td>±10</td></tr>
<tr><td>基础、墩台、柱</td><td>±20</td></tr>
<tr><td colspan="3">箍筋、横向水平钢筋、螺旋筋间距</td><td>±10</td></tr>
<tr><td colspan="2" rowspan="2">钢筋骨架尺寸</td><td>长</td><td>±10</td></tr>
<tr><td>宽、高或直径</td><td>±5</td></tr>
<tr><td colspan="2" rowspan="2">绑扎钢筋网尺寸</td><td>长、宽</td><td>±10</td></tr>
<tr><td>网眼尺寸</td><td>±20</td></tr>
<tr><td colspan="3">弯起钢筋位置</td><td>±20</td></tr>
<tr><td colspan="2" rowspan="2">保护层厚度</td><td>柱、梁、拱肋</td><td>±5</td></tr>
<tr><td>基础、墩台</td><td>±10</td></tr>
</table>

(8)应在钢筋与模板间设置垫块，垫块应与钢筋扎紧，并互相错开。非焊接钢筋骨架的多层钢筋之间，应用短钢筋支垫，保证位置准确。钢筋混凝土保护层厚度应符合设计要求。

3. 模板加工与安装

矮塔斜拉桥塔施工与高桥墩的施工要求基本相同，塔柱模板的加工材料一般采用钢板、胶合板或其他适宜的材料加工制作，模板应具有足够的强度、刚度和稳定性，在施工中不变形、不错位、不漏浆，能承受施工过程中所产生的各种荷载，且构造应简单合理，结构受力明确，便于制作、安装、拆除。

由于索塔有多种形式，因此应根据不同的索塔形式确定相应的施工方法。混凝土、钢筋混凝土和预应力混凝土索塔常采用整体塔架分节立模浇筑法、翻模法、爬模法等施工方法。

1)整体塔架分节立模浇筑法

采用该法时，宜先设置支架，一般可采用万能杆件、装配式钢桁架片或组合

型钢安装。

2)翻模法(交替提升多节模板)

这种模板系统依靠混凝土对模板的黏着力自成体系,且制造简单,构件种类少,模板大小可以根据施工能力灵活选用,施工简单,能保证复杂断面的几何尺寸,混凝土接缝较易处理,外观整洁,施工速度快。一般分为液压式翻模和悬挂式脚手架翻模等。

(1)液压式翻模。

它的优点在于集模板支架、施工脚手架平台、物料提升系统为一体,将已完成的主体混凝土结构作为承重依托,通过液压系统的提升作用,随结构物的升高而升高,具有快捷、轻巧、操作简单的特点。

液压式翻模主要由爬升架、滑道、提升桁架、大块模板、自制塔头、液压系统等部分组成,液压式翻模结构如图 3.5 所示,液压式翻模工艺流程如图 3.6 所示。

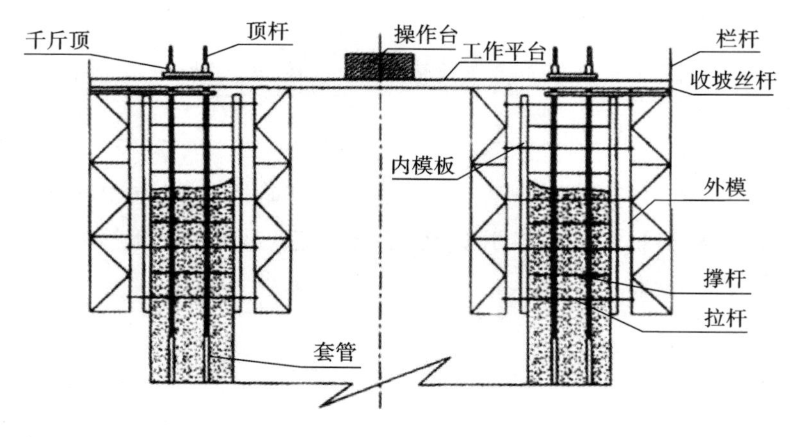

图 3.5 液压式翻模结构

(2)悬挂式脚手架翻模。

把模板和脚手架有机地结合为一个整体,使模板和脚手架在施工中成为自承式施工体系,利用已浇筑的下层混凝土与模板的摩擦力支撑上部模板体系,将挂架作为施工操作台。

将塔柱分成等高的节段,分段浇筑。根据分段高度,将外侧模板设计成与分段等高的 2 或 3 节,配合 1 节内侧模板。浇筑完成顶节混凝土后,拆除底节模板,将其接于顶节模板之上,继续进行混凝土施工,如此循环,直到墩身完成。但

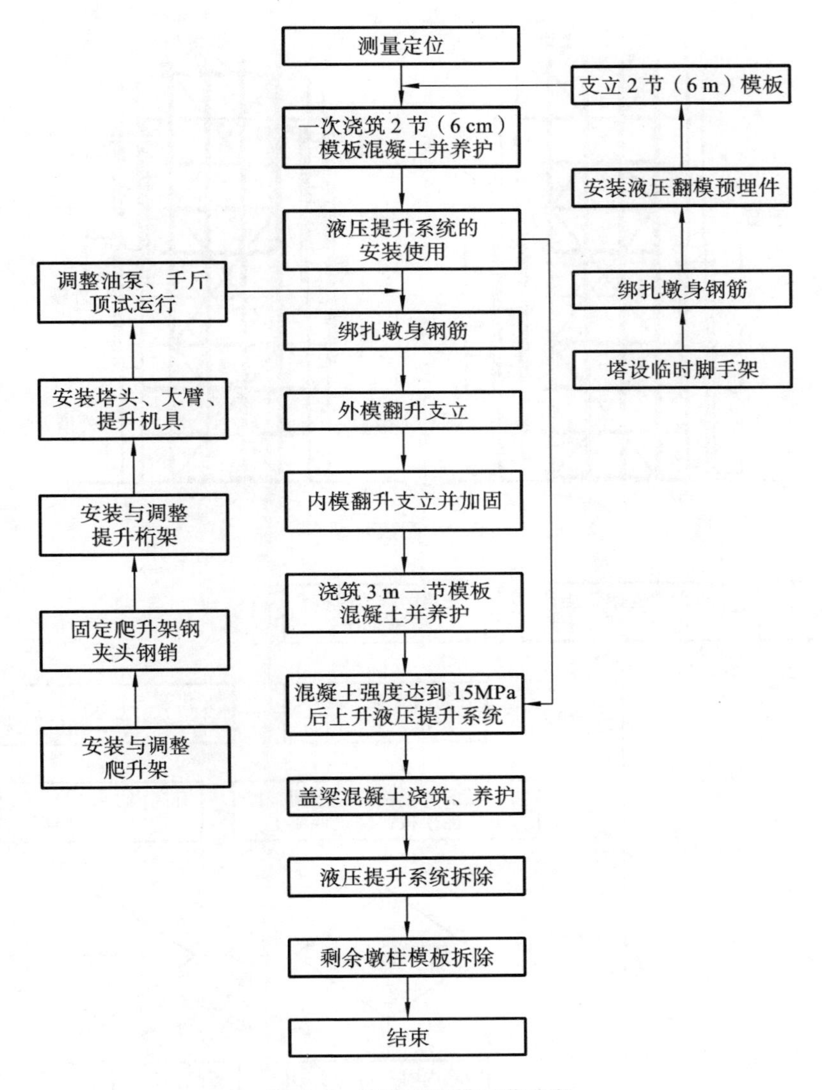

图3.6　液压式翻模工艺流程

模板本身不能爬升，需用塔吊提升物料和模板，用混凝土泵泵送混凝土。

翻模示意见图3.7，翻模施工工艺流程见图3.8。

3)爬模法

爬模是爬升模板的简称，国外也叫跳模。它由模板、爬架和爬升设备三部分组成，根据提升方式不同又可分为倒链手动爬模、电动爬架拆翻模、液压自爬模等形式。

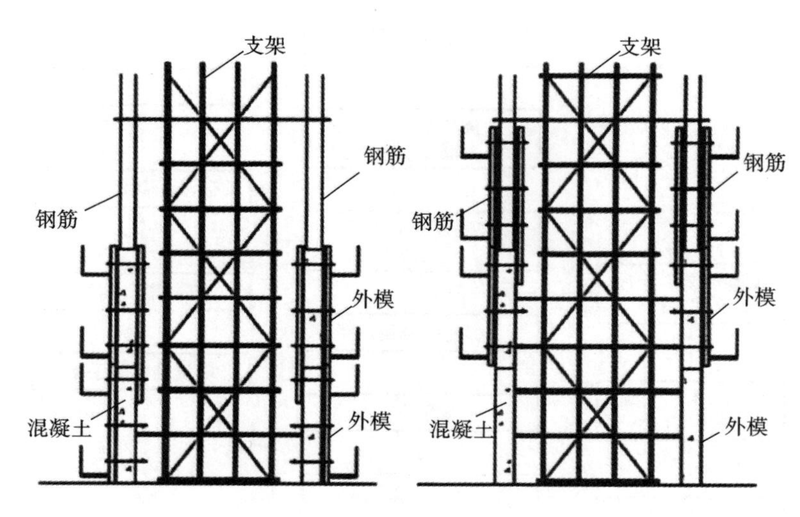

图 3.7　翻模示意

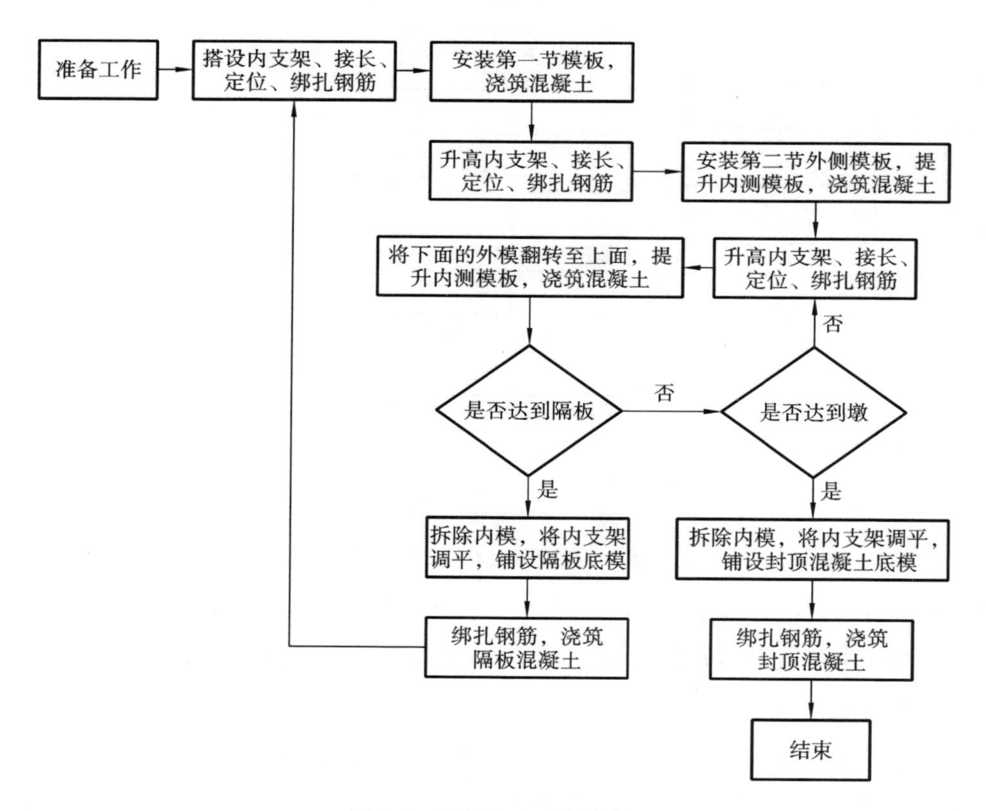

图 3.8　翻模施工工艺流程

（1）倒链手动爬模。

此种装置一般由钢模、提升桁架及脚手架三部分组成，其中模板由背模、前模及左、右侧模组成。

主要施工要点：利用提升架上的起重设备，拆除下一节钢模，将其安装到上一节钢模上，浇筑上节钢模内的混凝土并养护；同时绑扎待浇筑节段的钢筋，待混凝土达到规定强度后，用倒链将提升架沿背模轨向上提升，再拆除最下节钢模。如此循环操作，全部施工设备随塔柱的升高而升高。

（2）电动爬架拆翻模。

此种装置由模架、模板、电动提升系统和支承系统四部分组成。其施工步骤为模架上升、模板拆除、钢筋安装和混凝土施工。

（3）液压自爬模。

液压自爬模是现浇竖向钢筋混凝土结构中一项较为先进的施工工艺，兼具翻模和滑模的优势，适用于矮塔斜拉桥的一般塔柱的施工，施工安全，质量可靠，修补方便，国内外应用广泛。

液压自爬模是在建筑物或构筑物的基础上，按照平面图沿结构周边一次装设一段模板，随着模板内不断浇筑混凝土和绑扎钢筋，不断提升模板来完成整个建（构）筑物的浇筑和成型。它的主要特点如下：整个结构仅用一个液压滑动模板，一次组装；爬升过程中不用再支模、拆模、搭设脚手和运输等工作；混凝土保持连续浇筑，施工速度快，可避免施工缝；同时具有节省大量模板、脚手材料和劳力，减轻劳动强度，降低施工成本，施工安全等优点。

整个液压爬模由模板结构系统和液压提升设备系统两大部分组成。模板结构系统主要由模板、围护栏、内平台、外爬架、支撑杆件等组成；液压提升设备系统由液压缸和控制台组成。

液压自爬模可分为四大部分：模板部分、埋件部分、爬模主构架部分及液压系统部分。

①模板部分。根据工程的实际情况，模板周转次数多，还要尽可能减轻模板的重量，采用轻型钢模板。

②埋件部分。由埋件板、高强螺杆、爬锥及受力螺栓组成，其中埋件板和高强螺杆为一次性消耗件，爬锥及受力螺栓可周转使用。

③爬模主构架部分。由附墙座、附墙挂座、导轨、悬臂支架、后移装置、模板主背楞、悬吊平台组成。

④液压系统部分。由主控制台、顶升油缸、胶管和油阀组成。

爬升循环的工艺流程:浇筑墙体混凝土→后移模板→安装导轨支座→提升导轨→提升支架平台→预埋件固定在模板上→绑扎墙体钢筋→合模板→浇筑塔柱混凝土。

4.混凝土施工

混凝土施工包括混凝土配合比设计、混凝土的拌制与运输、混凝土的浇筑、混凝土的养护及施工缝处理等工序。

1)混凝土配合比设计

(1)混凝土的配合比应以质量比计算,并应通过设计和试配选定。试配时应使用施工实际采用的材料,配制的混凝土拌和物应满足和易性、凝结速度等施工技术条件,制成的混凝土应符合强度、耐久性(抗冻、抗渗、抗侵蚀)等质量要求。

(2)配制混凝土时,应根据结构情况和施工条件确定混凝土拌和物的坍落度,当工程需要获得较大的坍落度时,可在不改变混凝土的水灰比、不影响混凝土的质量的情况下,适当掺加外加剂。

(3)混凝土外加剂的品种应根据设计和施工要求选择,应采用减水率高、坍落度损失小、能明显改善混凝土性能的质量稳定的产品。工程使用的外加剂与水泥、矿物掺合料之间应有良好的相容性。所采用的外加剂,应对人员、环境无毒害作用,其质量应符合现行《混凝土外加剂》(GB 8076—2008)的规定。钢筋混凝土结构的混凝土外加剂还应满足以下要求。

①在钢筋混凝土和预应力混凝土结构中,均不得掺用氯化钙、氯化钠等氯盐。当各种组成材料的氯离子含量(折合氯盐含量)大于表3.5规定的限值时,宜在混凝土中采取掺加阻锈剂、增加保护层厚度、提高密实度等防腐蚀措施。

表3.5 混凝土的质量要求

环境类别	环境条件	最大水胶比	最小水泥用量/(kg/m³)	最低混凝土强度等级	最大氯离子含量/(%)	最大碱含量/(kg/m³)
Ⅰ	温暖或寒冷地区的大气环境、与无侵蚀的水或土接触的环境	0.55	275	C25	0.30	3.0

续表

环境类别	环境条件	最大水胶比	最小水泥用量/(kg/m³)	最低混凝土强度等级	最大氯离子含量/(%)	最大碱含量/(kg/m³)
Ⅱ	严寒地区的大气环境、除冰盐环境、滨海环境	0.50	300	C30	0.15	3.0
Ⅲ	海水环境	0.45	300	C35	0.10	3.0
Ⅳ	受侵蚀性物质影响的环境	0.40	325	C35	0.10	3.0

注：(1)水胶比、氯离子含量指其与胶凝材料用量的百分比；

(2)最小水泥用量，包括掺合料。当掺用外加剂且能有效地改善混凝土的和易性，水泥用量可减少25 kg/m³；

(3)严寒地区指最冷月份平均气温低于或等于−10 ℃，且日平均温度低于或等于5 ℃的天数在15 d以上的地区；

(4)预应力混凝土构件中的最大氯离子含量为0.06%，最小水泥用量为350 kg/m³；

(5)封底、垫底及其他临时工程的混凝土，可不受本表的限制。

②掺引气剂或引气减水剂混凝土的含气量宜为3.5%～5.5%。

③宜用卧式、行星式或逆流式搅拌机搅拌，搅拌时间宜控制在3～5 min。

④凝结时间应适应混凝土的运输和浇筑需要。

⑤外加剂应存放在专用仓库或固定的场所妥善保管，不同品种外加剂应有标记，分别储存。粉状外加剂在运输和储存过程中应注意防水防潮。严禁使用已结硬、结团的外加剂。

(4)通过设计和试配确定配合比后，应填写试配报告单，提交施工监理工程师或有关方面批准。混凝土配合比使用过程中，应根据混凝土质量的动态信息，及时进行调整、报批。通过设计和试配确定的配合比，应经批准后方可使用，且应在混凝土拌制前将理论配合比换算为施工配合比。

2)混凝土的拌制与运输

(1)拌制混凝土配料时，各种衡器应保持准确。对骨料的含水率应经常进行检测，雨天施工应增加测定次数，以调整骨料和水的用量。放入搅拌机内的第一盘混凝土材料应含有适量的水泥、砂和水，以覆盖搅拌筒的内壁而不降低拌和物所需的含浆量。每一工作班正式称量前，应对计量设备进行重点校核。计量器具应定期检定，经大修、中修或迁移至新的地点后，也应重新进行检定。

(2)对于在施工现场集中搅拌的混凝土,应检查混凝土拌和物的均匀性。

①混凝土拌和物应拌和均匀,颜色一致,不得有离析和泌水现象。

②混凝土拌和物均匀性的检测方法应按现行国家标准《建筑施工机械与设备 混凝土搅拌机》(GB/T 9142—2021)的规定进行。

③检查混凝土拌和物均匀性时,应在搅拌机的卸料过程中,从卸料流的1/4～3/4部位采取试样,进行试验。其检测结果应符合下列规定:混凝土中砂浆密度两次测值的相对误差应不大于0.8%;单位体积混凝土中粗料含量两次测值的相对误差应不大于5%。

(3)混凝土搅拌完毕后,应按下列要求检测混凝土拌和物的各项性能。

①混凝土拌和物的坍落度,应在搅拌地点和浇筑地点分别取样检测,每一工作班或每一单元结构物应检测不少于2次。评定时应以浇筑地点的测值为准,如混凝土拌和物从搅拌机出料起至浇筑入模的时间不超过15 min,其坍落度可仅在搅拌地点取样检测。在检测坍落度时,还应观察混凝土拌和物的黏聚性和保水性。

②根据需要还应检测混凝土拌和物的其他质量指标,并应符合《公路桥涵施工技术规范》(JTG/T 3650—2020)的有关规定。

(4)混凝土的运输能力应适应混凝土凝结速度和浇筑速度的需要,浇筑工作应不间断进行,并使混凝土运至浇筑地点时仍保持均匀性和规定的坍落度。

(5)采用泵送混凝土应符合下列规定。

①泵送混凝土应选用硅酸盐水泥、普通硅酸盐水泥,不宜使用火山灰质硅酸盐水泥。

②粗集料宜采用连续级配,其针片状颗粒不宜大于10%;细集料宜采用中砂且含有较多通过0.3 mm筛孔的颗粒。

③泵送混凝土中应掺入泵送剂或减水剂,并宜掺入质量符合国家现行有关标准的粉煤灰或其他活性矿物掺合料。

④泵送混凝土试配时要求的坍落度值为入泵时的坍落度值加从拌和站至入泵前的预计经时损失值。

⑤用水量与胶凝材料总量(水泥+矿物掺合料)之比宜不大于0.6;最小水泥用量宜为280～300 kg/m^3(输送管径为100～150 mm)。

⑥泵送混凝土的含砂率宜为35%～45%;当掺用外加剂时,其混凝土含气量宜不大于4%。

⑦当掺合料较多时,除应满足强度要求外,还应进行钢筋锈蚀及混凝土碳化

实验。

(6)使用搅拌运输车运输已拌成的混凝土时,途中应以 2～4 r/min 的慢速进行搅动,混凝土的装载量约为搅拌筒几何容量的 2/3。

(7)混凝土运至浇筑地点后发生离析、严重泌水或坍落度不符合要求时,应进行第二次搅拌。二次搅拌时不得任意加水,确有必要时,可同时加水和相应的胶凝材料和外加剂,并保持其原水胶比不变;二次搅拌仍不符合要求时,混凝土不得使用。

3)混凝土的浇筑

(1)浇筑混凝土前,应对支架、模板、钢筋和预埋件进行检查,并做好记录,符合设计要求后方可进行浇筑。模板内的杂物、积水和钢筋上的污垢应清理干净。模板如有缝隙,应填塞严密,模板内面应涂刷隔离剂。浇筑混凝土前,应检查混凝土的均匀性和坍落度。

(2)自高处向模板内倾卸混凝土时,为防止混凝土离析,应符合下列规定。

①从高处直接倾卸时,其自由倾落高度宜不超过 2 m,以不发生离析为度。

②当倾落高度超过 2 m 时,应通过串筒、溜管或振动溜管等设施下落;倾落高度超过 10 m 时,应设置减速装置。

③在串筒出料口下面,混凝土堆积高度宜不超过 1 m,严禁用振动棒分摊混凝土。

(3)混凝土应按一定厚度、顺序和方向分层浇筑,应在下层混凝土初凝或能重塑前浇筑完上层混凝土。上下层同时浇筑时,上层与下层前后浇筑距离应保持 1.5 m 以上。在倾斜面上浇筑混凝土时,应从低处开始逐层扩展升高,保持水平分层。混凝土分层浇筑厚度不宜超过表 3.6 的规定。

表 3.6　混凝土分层浇筑厚度

捣实方法		浇筑厚度/mm
插入式振动器		300
附着式振动器		300
表面振动器	无筋或配筋稀疏时	250
	配筋较密时	150
人工捣实	无筋或配筋稀疏时	200
	配筋较密时	150

注:表中规定可根据结构物和振动器型号等情况适当调整。

(4)浇筑混凝土时，除少量塑性混凝土可用人工捣实外，宜采用振动器振实。用振动器振捣时，应符合下列规定。

①使用插入式振动器时，移动间距应不超过振动器作用半径的 1.5 倍，与侧模应保持 50～100 mm 的距离，插入下层混凝土 50～100 mm，每一处振动完毕后应边振动边徐徐提出振动棒，应避免振动棒碰撞模板、钢筋及其他预埋件。

②表面振动器的移位间距，应以使振动器平板能覆盖已振实部分 100 mm 左右为宜。

③附着式振动器的布置距离，应根据构造物形状及振动器性能等情况并通过试验确定。

④每一个振动部位必须振动密实，密实的标志是混凝土停止下沉，不再冒出气泡，表面平坦、泛浆。

(5)混凝土的浇筑应连续进行，如因故必须间断，其间断时间应小于前层混凝土的初凝时间或能重塑的时间。混凝土的运输、浇筑及间歇的允许时间不得超过表 3.7 的规定。

表 3.7　混凝土的运输、浇筑及间歇的允许时间　　(单位：min)

混凝土强度等级	气温不高于 25 ℃	气温高于 25 ℃
≤C30	210	180
>C30	180	150

注：当混凝土中掺有促凝或缓凝剂时，其允许时间应根据试验结果确定。

(6)在浇筑过程中或浇筑完成时，如混凝土表面泌水较多，须在不扰动已浇筑混凝土的条件下，采取措施将水排除。继续浇筑混凝土时，应查明泌水原因，采取相应措施减少泌水。

(7)结构混凝土浇筑完成后，对混凝土裸露面应及时进行修整、抹平，待定浆后再进行第二遍抹平并压光或拉毛。当裸露面积较大或气候不良时，应加盖防护，但在开始养护前，覆盖物不得接触混凝土面。

(8)浇筑混凝土期间，应设专人检查支架、模板、钢筋和预埋件等的稳固情况，如发现有松动、变形、移位，应及时处理。

(9)浇筑混凝土时，应填写混凝土施工记录。

(10)采用滑升模板浇筑墩台混凝土时，应符合下列规定。

①宜采用低流动度或半干硬性混凝土。

②浇筑应分层分段进行，各段应浇筑到距模板上口不小于 10 mm 的位置为

止。若为排柱式墩台,各立柱应保持进度一致。

③应采用插入式振动器振捣。

④为加速模板提升,可掺入一定数量的早强剂。

⑤在滑升中须防止千斤顶或油管接头在混凝土或钢筋处漏油。

⑥每一整体结构的浇筑应连续进行,若因故中途停工,应按施工缝处理。

⑦混凝土脱模时的强度宜为 0.2～0.5 MPa,脱模后如表面有缺陷,应及时予以修补。

4)混凝土的养护及施工缝处理

(1)混凝土的养护。

①对于在施工现场集中养护的混凝土,应根据施工对象、环境、水泥品种、外加剂以及对混凝土性能的要求,提出具体的养护方案,并应严格执行规定的养护制度。

②一般应在混凝土浇筑完成、混凝土收浆后尽快予以覆盖和洒水养护。对干硬性混凝土、炎热天气浇筑的混凝土以及桥面等大面积裸露的混凝土,有条件的可在浇筑完成后立即加设棚罩,待收浆后再予以覆盖和洒水养护。覆盖时不得损伤或污染混凝土的表面。混凝土表面有模板覆盖时,应在养护期间经常使模板保持湿润。

③当气温低于 5 ℃时,应覆盖保温,不得向混凝土表面洒水。

④混凝土养护用水的条件与拌和用水相同。

⑤混凝土的洒水养护时间一般为 7 d,可根据空气的湿度、温度和水泥品种及掺用的外加剂等情况酌情延长或缩短。每天洒水次数以能保持混凝土表面经常处于湿润状态为度。使用加压成型、真空吸水等方法施工的混凝土,其养护时间可酌情缩短。采用塑料薄膜或喷化学浆液等养护层时,可不洒水养护。

⑥当结构物混凝土与流动性的地表水或地下水接触时,应采取防水措施,保证混凝土在浇筑后 7 d 以内不受水的冲刷侵袭。当环境水具有侵蚀作用时,应保证混凝土在 10 d 内、强度达到设计强度的 70%前不再受水的侵袭。与氯盐、海水等具有严重侵蚀作用的环境水接触的混凝土,养护龄期不宜少于 4 周。在有冻融循环作用的环境中施工时,宜在结冰期到来前 4 周完工。

⑦对大体积混凝土的养护,应根据气候条件采取控温措施,并按需要测定浇筑后的混凝土表面和内部温度,将温差控制在设计要求的范围内;当设计无要求时,温差不宜超过 25 ℃。

⑧混凝土强度达到 2.5 MPa 前,不得使其承受行人、运输工具、模板、支架

及脚手架等荷载。

⑨使用蒸汽养护混凝土时，按《公路桥涵施工技术规范》(JTG/T 3650—2020)有关规定执行。

(2)施工缝处理。

施工缝的位置应在混凝土浇筑之前确定，宜留置在结构受剪力和弯矩较小且便于施工的部位。施工缝宜设置成水平面或垂直面，并应按下列要求进行处理。

①应凿毛处理层混凝土表面的水泥砂浆和松弱层，但凿毛时，处理层混凝土须达到下列强度：用水冲洗凿毛时，须达到 0.5 MPa；用人工凿毛时，须达到 2.5 MPa；用风动机凿毛时，须达到 10 MPa。

②经凿毛处理的混凝土表面，应用水冲洗干净，在浇筑次层混凝土前，对垂直施工缝宜刷一层水泥净浆，对水平施工缝宜铺一层厚为 10～20 mm 的 1∶2 的水泥砂浆。

③重要部位及有防震要求的混凝土结构或钢筋稀疏的钢筋混凝土结构，应在施工缝处补插锚固钢筋或石棒；有抗渗要求的施工缝宜做成凹形、凸形或设置止水带。

④施工缝为斜面时应浇筑或凿成台阶状。

⑤施工缝处理后，须待处理层混凝土达到一定抗压强度后才能继续浇筑混凝土，抗压强度一般最低为 1.2 MPa，当结构物为钢筋混凝土时，抗压强度不得低于 2.5 MPa。混凝土达到上述抗压强度的时间宜通过试验确定，如无试验资料，可参见《公路桥涵施工技术规范》(JTG/T 3650—2020)附录的有关规定。

5. 斜拉索锚固区塔段施工

斜拉索锚固区塔段施工应根据斜拉索在塔上的不同锚固形式合理地选择塔段方案。国内已建成的矮塔斜拉桥索塔多为混凝土塔，斜拉索在塔柱上部的锚固方式主要有三种：交叉锚固、钢锚箱锚固及鞍座锚固。

1) 交叉锚固

实体塔上的交叉锚固应在塔柱中埋设钢管，并设置锚垫板。为了保证锚固区张拉、调索、换索的施工空间，一般需要加高主塔高度、加宽主塔宽度或搭设工作支架等。

2) 钢锚箱锚固

矮塔斜拉桥锚箱由锚垫板、承压板、锚腹板、套筒以及若干加劲肋构成，钢锚

箱间应采用焊接连接，并用栓钉使之与混凝土塔身连接。

钢锚箱采用的构件可预制，成型精度高，施工方便且锚固安全可靠，但由于设计制作复杂，耗费的钢材多，因此造价偏高。

钢锚箱按构造形式分为两种：内置式钢锚箱和外露式钢锚箱。内置式钢锚箱的剪力钉主要传递索塔和钢锚箱之间沿索塔高度方向的剪力，与钢锚箱相连的混凝土索塔内壁直接承受钢锚箱传来的斜拉索部分水平分力。外露式钢锚箱的剪力钉既要传递索塔和钢锚箱之间沿索塔高度方向的剪力，又要传递索塔和钢锚箱之间顺桥方向的剪力，而且为了保证结构性能，采用外露式钢锚箱时通常需要在混凝土索塔塔壁施加较大的预应力。

3）鞍座锚固

目前，矮塔斜拉桥普遍采用的是贯通式索鞍锚固方式，斜拉索在索塔处通过，不必在索塔上直接锚固。鞍座区在设计上要设置抗滑装置，不允许斜拉索在使用中产生任何滑移，同时也要构造简单，能够方便地进行斜拉索的更换。常用的鞍座结构有双套管式结构和分丝管式结构两种。

双套管式结构是早期广泛采用鞍座形式，漳州战备大桥采用的便是这种形式的鞍座。其构造为：外钢管埋设于混凝土塔身内，内钢管置于外套内，内钢管外壁与外钢管内壁紧贴，斜拉索从内钢管中穿出，见图 3.9 和图 3.10。为防止拉索滑动，可在斜拉索上设置索夹，并且在内外钢管间设置抗滑锚头，顶紧内钢管口，以防止内外钢管之间的相对滑动。

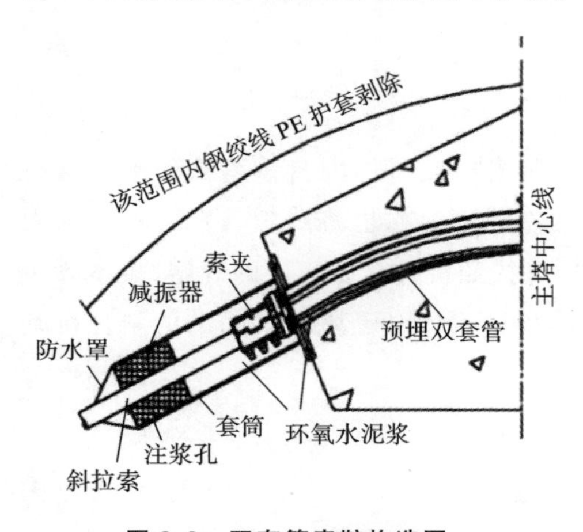

图 3.9　双套管索鞍构造图

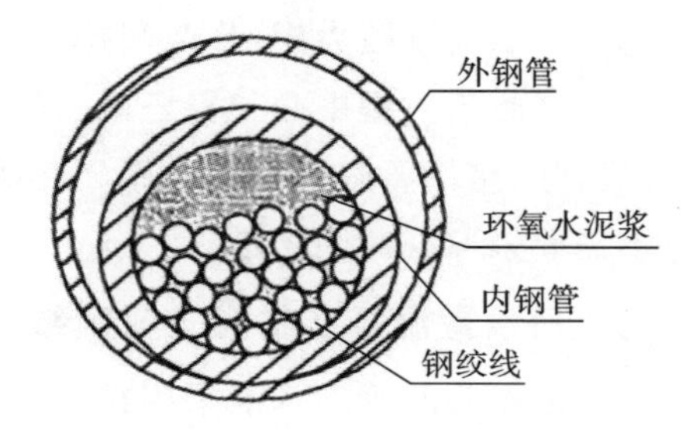

图 3.10　预埋双套管横截面

施工完成后在内钢管内压入高强度的环氧水泥浆，使钢绞线与内钢管、抗滑锚头固结为一体，防止拉索在索鞍内滑动，拉索的不均衡力可通过抗滑锚头直接传到索塔上。

在需要更换拉索时，将斜拉索截断，再将内钢管从外钢管中旋出(内外钢管为同心圆)。灌浆既要对斜拉索起到防腐作用，又要保证其具有足够的黏结抗滑能力。

此种结构的缺点在于钢绞线穿过内套管时，不易保证每根钢绞线均相互平行，存在相互交错挤压的现象，对钢绞线的受力和疲劳均会生负面影响；另外，由于钢绞线相互重叠挤压，注浆锚固时钢绞线间缝隙注浆效果不好。

分丝管式结构采用多根外径为 28 mm、内径为 22 mm 的小钢管并列焊接而成，每根钢管里布置一根钢绞线。这种结构内每根钢绞线相互平行，受力明确且鞍座下局部应力较小，与双套管式结构内钢绞线相互挤压在一起相比，其受力上具有明显的优点，但施工工艺要复杂一些。

3.2 主梁施工及控制要点

矮塔斜拉桥的主梁刚度较大，直接承受车辆荷载，是矮塔斜拉桥的主要承重构件之一。主梁由于受斜拉索的支撑作用，其受力性能不仅取决于自身的结构体系，同时还与塔的高度、塔梁连接的方式、索的刚度和索型等密切相关。

3.2.1 主梁施工要点

1. 塔梁临时固结

在矮塔斜拉桥主梁悬臂施工过程中，索塔两侧梁体因自重荷载的不平衡将产生一定的倾覆力矩，且两侧拉索张拉索力的不对称也将产生一定的不平衡力矩。在施工过程中必须将塔梁临时固结，并按照设计合龙程序的规定，按步骤予以解除，将塔梁临时固结体系转化为连续梁体系。对于塔墩梁固结的斜拉桥则不需要采取临时固结措施。

1)设置混凝土临时支座固结

塔梁临时固结一般采用在索塔下横梁上设置 4 个混凝土临时支座，支座内设置大直径螺纹钢筋(或者精轧螺纹钢筋)，钢筋下端预埋于下横梁(或墩顶)内。钢筋的直径、数量以及每排立柱距墩柱的中心距离、相邻节段高差均由计算确定。

2)设置钢结构临时支座固结

为方便临时固结的拆除,近年来钢结构临时支座开始在一些大桥的施工中实施。此类支座均由型钢焊接而成,并用精轧螺纹钢筋或扎丝锚固于 0＃块梁段顶面,其优点是拆除时可采用氧割和解除预应力的方法。

0＃块支架是在墩柱上做钢托架,应做专项设计与设计验算。

3)设置临时支撑

在塔墩两旁设立临时支撑与临时支座共同承担施工反力,临时支撑用钢管桩或钢护筒在下塔柱或承台上设置预埋件,用作临时支撑的锚座。

钢管混凝土支座主要承受轴向压力,在设计时需着重注意支承钢管受压的稳定及强度问题,同时考虑钢管的轴向压缩变形。临时支座用高强度混凝土和厚 10 mm 的高强度硫黄砂浆层共同配置。首先浇筑高强度混凝土作为基底,并制作高强度硫黄砂浆,硫黄砂浆入模前,均匀预埋电阻丝,待硫黄砂浆冷却后浇筑上层高强度混凝土。

4)设置临时支墩

在混凝土不等跨结构的斜拉桥和大跨径的斜拉桥的施工中,为满足施工要求,如经计算需要,除设置临时支座外还可以在索塔的两侧或一侧设置临时支墩,共同承受施工反力。

2. 塔区梁段施工

塔区梁段一般是指主梁无索区的 0＃梁段,以及采用牵索式挂篮悬臂浇筑工艺施工的矮塔斜拉桥主梁的 1＃梁段、2＃梁段。

塔区梁段一般需要在支架或托架上进行施工。支架或托架安装完成后,先进行预压,以检验支架结构安全性及消除支架非弹性变形,然后安装模板、绑扎钢筋、浇筑混凝土,待混凝土强度达到设计要求后施加预应力、拼装挂篮,进行主梁悬臂浇筑施工。对于钢箱梁,塔区梁段一般需要在支架或托架上拼装,然后利用拼装完成的梁段顶面安装桥面吊机,悬臂拼接其他主梁节段。

1)塔区梁段现浇支架

塔区梁段一般包含塔区现浇段满堂支架、塔区现浇段钢管桩贝雷桁架支架以及塔区现浇段托架结构。

(1)塔区现浇段满堂支架。满堂支架施工最大的优点是不需要大型吊装设备,其缺点是施工用的支架模板消耗量大、工期长,对山区桥梁及高墩的施工有很大的局限性。满堂支架适用于高度低于 20 m 的墩身、上部结构以及在其他施工方法不经济的情况下建造的桥梁上部结构，周转次数多，周转时间短，使用辅助设备少，减少了人力物资的浪费，特别适用于多跨现浇梁施工，既保证了工程质量，又能加快施工进度，具有良好的经济效益。

(2)塔区现浇段托架。托架可分为适合低墩的落地式托架以及适合高墩的悬臂式托架。托架杆件的主要形式包括型钢、万能杆件以及贝雷架。临时托架形式的选择宜综合考虑桥梁的结构形式（有无支座）、桥墩高度、河床条件（是否有条件做到落地支架）、器材等因素，要做到经济合理。

(3)塔区现浇段钢管桩贝雷桁架支架。钢管桩立柱作为支撑、贝雷桁架作为支撑平台的支架结构在塔区梁段使用范围较广。支架设计主要解决两个问题：一是临时支墩的结构形式；二是由贝雷片组成的桁架的整体强度、刚度和稳定性。

利用贝雷片做现浇支架，可直接利用既有承台作为支架的支撑基础，不需要处理地基，避免了地基沉降带来的影响，同时节约了投资，提高了材料的回收利用率；将主要受力构件加工成大块，用机械吊装，提高了机械化作业程度和工效，节省了时间；整体落架法拆除桁架，不仅减少了高空作业量，保障了施工安全，而且提高了工效；直接利用固定在贝雷片主弦杆上的方木代替钢管调整高程，节约了成本。钢管桩贝雷桁架布置示意见图 3.11。

2)塔区梁段施工工艺

塔区梁段一般需要采取支架或托架现浇施工，对于塔区梁段以外悬臂浇筑的主梁，在支架或托架设计时尚应考虑悬臂浇筑施工挂篮的安装工艺及方法。对于水上（特别是浅水区）挂篮的安装，往往需要在塔区主梁现浇支架上进行挂篮底承台的拼装，此时支架在架设施工时应考虑挂篮底承载平台自重荷载及挂篮拼装施工荷载等方面。

支架预压时应按照混凝土总重量的 1.2 倍进行预压，采用混凝土预制块或砂袋进行加载，按 50%、100%、120%逐级加载。预压前测量测点标高，每个支架横梁设置 2 个测点。预压过程中测量变形数据，卸载后测量测点标高。通过预压消除非弹性变形，同时检验支架的稳定性与受力状态是否满足施工技术规范要求，应用预压的弹性变形数据来修正支架预抬高度。

3. 斜拉索锚固梁段施工

斜拉索在主梁上锚固的梁段称为锚固梁段。根据索面和截面形状的不同，

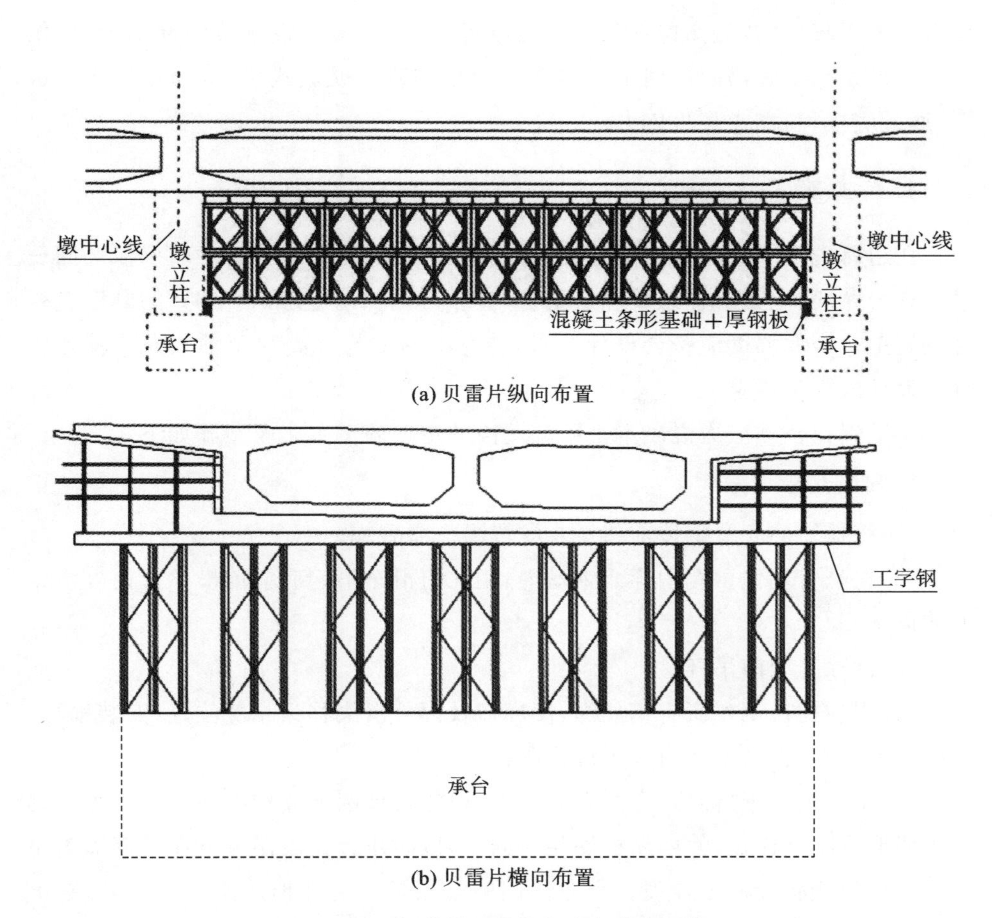

(a) 贝雷片纵向布置

(b) 贝雷片横向布置

图 3.11　钢管桩贝雷桁架支架布置示意

斜拉索在锚固梁段的锚固方式几乎在各座桥梁上都不同。选择锚固方式时，要考虑以下几个因素：确保连接可靠；能简洁地把索力传递到全截面；如需在梁端张拉，应具有足够的操作空间；要有防锈蚀能力；避免斜拉索产生颤振应力腐蚀；便于斜拉索养护和更换。

斜拉索在锚固梁段的锚固方式根据索面及截面形状的不同，大体上可分为以下几种类型：顶板设置锚固块；箱梁内设置横隔板锚固；腹板锚固；梁底锚固；锚固于横梁、锚拉板、耳板、钢锚箱等。顶板设置锚固块的方式适用于箱内采用加劲斜杆的单箱单室截面，锚固块以箱梁顶板为基础，向上下两个方向延伸加厚而成；箱梁内设置横隔板锚固的方式适用于分离式的单箱或多箱多室截面，锚固块位于顶板之下的两个腹板之间，并与顶板腹板固结在一起；腹板锚固是将锚固

块直接置于腹板内，犹如连续梁的腹板索锚固形式(必须设置特殊的锚箱，以便于日后换索)；梁底锚固适用于主梁截面较小的箱梁或板式梁，锚固块设于底板下，通过底板、斜撑或腹板传力。

4. 合龙施工

在边跨现浇梁段与挂篮悬臂浇筑梁段或中跨两侧挂篮悬臂浇筑梁段之间一般设计合龙段，主梁对称悬臂浇筑至合龙段时按照“先边跨、后中跨”的顺序进行合龙施工。合龙温度应符合设计要求，合龙段两端悬臂高程及轴线允许偏差应符合设计或规范要求。

矮塔斜拉桥预应力混凝土主梁合龙段的主要施工工艺及步骤如下。

1)安装步骤

(1)将挂篮的底篮整体前移至合龙段另一悬臂端。

(2)在悬臂端预留孔内穿入钢丝绳，用几组滑车吊起底篮前横梁及内外滑梁的前横梁。

(3)拆除挂篮前吊杆。

(4)用卷扬机调整所有钢丝绳，使底篮及内外滑梁移到相应位置，安装锚杆、吊杆和连接器，将吊架及模板系统锚固稳定。

(5)将主桁系统拆除。合龙段施工前，根据设计图纸要求在两悬臂端焊接劲性骨架形成刚性连接，使两悬臂端相对固定，以防止合龙段混凝土在早期因为梁体混凝土的热胀冷缩而开裂。合龙段两侧采用劲性骨架形成刚性连接后，在上下缘各张拉两根预应力钢束，张拉力为设计值的10%，待合龙段混凝土强度达到设计值的90%，且龄期不小于7 d后，按先长束后短束的顺序张拉其余预应力钢束，再将已张拉10%设计值的预应力钢束补位到设计值。根据设计要求，在浇筑中跨合龙段前，利用千斤顶同步施加顶推力，焊接各连接件，锁定劲性骨架，然后拆除千斤顶、绑扎钢筋、安装预应力系统、浇筑合龙段混凝土。

2)合龙步骤

(1)边跨合龙步骤：施工挂篮后移→合龙吊架安装→加配重水箱→钢筋绑扎→预应力管道安装→合龙锁定→选择当天最低温度稳定时段浇筑混凝土→逐级卸除水箱配重→合龙段预应力张拉、锚固、灌浆完毕→拆除合龙吊架。

(2)中跨合龙步骤：施工挂篮后移→合龙吊架安装→加配重水箱→钢筋绑扎→预应力管道安装→施加顶推力→合龙锁定→选择当天最低温度稳定时段浇筑

混凝土→逐级卸除水箱配重→合龙段预应力张拉、锚固、灌浆完毕→拆除合龙吊架。

(3)普通钢筋在加工场地集中加工成型，运至合龙段绑扎安装，绑扎时预留劲性骨架安装位置，劲性骨架锁定后进行补充绑扎。底板预应力钢束管道安装前，应试穿所有底板预应力钢束，若发现问题应及时处理。中跨合龙顶推方案根据监控指令确定。合龙段混凝土施工应选择在一天中的温度较低、变化较小时段进行，保证混凝土在升温、受压的情况下达到终凝，避免其受拉开裂。在浇筑合龙段混凝土时，应根据监控指令在悬臂端设置水箱配重，边浇筑边减载，使合龙段在荷载不变的情况下完成混凝土的浇筑。

(4)合龙段预应力张拉前，采取覆盖箱梁悬臂并洒水降温的措施减小箱梁悬臂的日照温差。底板预应力钢束管道安装时采取相应措施保证管道畅通，待合龙段混凝土达到设计规定的强度和相应龄期后，先张拉边跨顶板预应力钢束，再张拉底板第一批预应力钢束，并按照设计要求的张拉力及张拉顺序两端对称张拉。横向、竖向及顶板纵向预应力施工与箱梁悬臂梁段施工一致，合龙段施工完毕后，拆除临时预应力钢束并对其管道进行压浆。

3.2.2　主梁施工工艺

混凝土预制件(precast concrete，PC)桥的最大弱点就是混凝土的自重过大。近年来，欧、美、日本等国家和地区在大量的 PC 规划和建设中，对于减轻混凝土的自重、合理利用混凝土自重与结构刚度，以及新材料的应用与省力化施工等方面做了大量的研究。矮塔斜拉桥根据施工条件可以采用支架现浇法(全支架现浇法、活动支架现浇法)、顶推法、转体法和悬臂施工方法施工。

顶推法的特点是节省施工用地、工厂化制作和能保证构件质量。桥梁节段固定在一个场地预制，便于施工管理改善施工条件，避免高空作业，节约劳力，施工安全。构件整体性好，工具设备简便，无须大型起吊设备、大量的施工脚手架，可不中断交通或通航，板、设备可多次周转使用，顶推法可以使用简单的设备建造中跨桥梁，施工平稳无噪声。节段的长度一般可取 10～30 m；每个节段的施工周期为 7～10 d。

转体法是转体施工的一种，是将桥体上部结构整跨或从跨中分成两个半跨，并在岸上完成所有的安装工序，即落架、张拉、调索等工序，然后以塔墩为中心，整体旋转到桥位合龙。该方法适用于地势平坦、塔身较低和结构体系适合整体转动的中小跨径的桥。

全支架现浇法是按一定间隔密布搭设脚手架,使其起支撑作用。全支架现浇法施工最大的优点是不需要大型吊装设备,能够保持线性结构的特点;缺点是施工用的支架模板消耗量大、工期长,对山区桥梁及高墩的施工存在很大的局限性。

活动支架现浇法是利用移动式落地活动支架逐段施工主梁,活动支架作为主梁分节段悬臂浇筑的移动式支架,待主梁节段混凝土浇筑完毕且强度达到设计要求后,经张拉预应力钢筋,并将挂设、张拉斜拉索进行转换,活动支架在临时墩上先前滑移动,然后进行下一节段的施工,如此循环反复至主梁合龙。

悬臂施工方法分为悬臂浇筑法和悬臂拼接法。悬臂浇筑施工过程中会产生负弯矩,桥墩也要承担弯矩;施工过程中存在着体系转换;施工简便,结构整体性好,可不断调整位置;施工速度快,上下部结构平行作业;施工不影响通航和桥下交通,节省施工费用,降低工程造价。悬臂浇筑施工常在跨径大于100 m的桥梁上使用,悬臂拼接施工可在跨径100 m以下的桥梁施工中选用。

1. 悬臂浇筑法

悬臂浇筑法多采用挂篮施工,常用的挂篮形式有桁架式挂篮和牵索式挂篮。

1)桁架式挂篮

常用的桁架式挂篮有三角形组合梁挂篮、滑动斜拉式挂篮、菱形挂篮、弓弦式桁架挂篮和平行桁架式挂篮。平行桁架式挂篮由于其自重大,一般已不常采用;三角形组合梁挂篮由于压重较大,故应用受一定限制;弓弦式挂篮由于杆件以常备式杆件为主而且自重较轻,对不想一次性投入过多的施工单位有一定吸引力,但其缺点是杆件数量多、制作安装都较麻烦,且易丢失;菱形挂篮具有结构简单、受力合理和一次移动到位等特点,较受施工单位欢迎。滑动斜拉式挂篮由于兼有自重轻和无平衡重等特点,是国内目前最轻的挂篮之一,应用前景较好,但挂篮的水平制动装置仍需进一步改善。

(1)三角形组合梁挂篮。

三角形组合梁挂篮是在平行桁架式挂篮的基础之上,将受弯桁架改为三角形组合梁结构。由于其斜拉杆的拉力作用,大大降低了主梁的弯矩,从而使主梁能采用单构件实体型钢。由于挂篮上部结构轻盈,除尾部锚固外,还需较大配重。其底模平台及侧模支架等的承重传力与平行桁架式挂篮基本相同。

(2)滑动斜拉式挂篮。

滑动斜拉式挂篮上部采用斜拉体系代替梁式结构的受力，而由此引起的水平分力通过上下限位装置(或称“水平制动装置”)承受，主梁的纵向倾覆稳定由后端锚固压力维持。其底模平台后端仍吊挂或锚固于箱梁底板之上。

(3)菱形挂篮。

菱形挂篮是在平行桁架式挂篮的基础上简化而来，其上部结构为菱形，前部伸出两个悬臂小梁，作为挂篮底模平台和侧模前移的滑道，其菱形结构后端锚固于箱梁顶板上，无平衡重，而且结构简单，故自重大大减轻。

(4)弓弦式桁架挂篮。

弓弦式桁架(又称“曲弦式桁架”)挂篮主桁架外形似弓形，故也可认为是从平行桁架式挂篮演变而来的。它除桁高随弯矩大小变化外，还可在安装时施加预应力以消除非弹性变形，故也可取消平衡重，所以一般重量较轻。

2)牵索式挂篮

(1)牵索式挂篮概述。

牵索式挂篮是将挂篮后端锚固在已浇筑梁段上，并将待浇梁段的斜拉索固定在挂篮前端。它能充分发挥斜拉索的作用，由斜拉索和已经浇筑的梁段共同承担待浇段的混凝土重力。常用的牵索式挂篮分为长平台牵索挂篮和短平台牵索挂篮两种，挂篮具有承载力大、施工速度快、自重结构轻等优点。

待浇筑的混凝土达到设计强度后，拆除斜拉索和挂篮之间的连接，使节段重力转到斜拉索上，再前移挂篮。牵索式挂篮的优越性在于它使普通挂篮中悬臂受力变成了简支受力，使节段悬臂浇筑长度及承载力均大大提高，加快了施工进度。其不足之处在于浇筑一个节段混凝土时，需要分节段多次调索，施工工艺复杂，挂篮与斜拉索之间的套管定位难度较大。

为增强牵索式挂篮刚度，牵索式挂篮承重构架通常采用钢结构，也可直接采用贝雷桁架结构。

(2)牵索式挂篮的各个系统结构。

牵索式挂篮一般由承载平台系统、牵引系统、行走系统、定位系统、锚固系统、模板系统、操作平台及预埋件系统等组成。牵引系统和锚固系统作为牵索式挂篮的关键部位，在施工过程中应经常检查，同时牵引系统也是牵索式挂篮区别于普通梁桥悬臂式挂篮的核心所在。

①承载平台系统。承载平台系统是挂篮的主体结构，由支撑悬臂浇筑荷载

及模板体系的平面刚架和行走滑梁组成。结构一般由主纵梁和前、中、后横梁及行走滑梁组成，主纵梁前端开槽，在主纵梁上设置承力面，适应各节段斜拉索不同角度的变化。承载平台上平面距主梁底面预留一定的距离，以便分别设置模板、张拉机构、止推机构、顶升机构的操作空间。

②牵引系统。牵引系统的功能是在挂篮悬臂施工时将斜拉索与挂篮连接起来形成牵索，以降低施工中主梁临时内力峰值。在悬臂浇筑完成后，将斜拉索与挂篮分离，实现索力的转换。牵引系统由牵索式调整装置、张拉机构及斜拉索锚具组成。张拉机构中的张拉千斤顶通过撑脚固定在张拉垫块上，张拉垫块可沿主纵梁头部轨道上下滑动，因而牵索位置可调，以适应斜拉索平面位置的变化。牵索定位完成后可由丝杆、螺母锁定。张拉千斤顶通过张拉杆、连接器实现与斜拉索锚具的连接和分离。

③行走系统。行走系统主要包括行走轨道、滑座、吊挂滚轮、轨道压梁、轨道垫梁等。

④定位系统。定位系统可实现挂篮浇筑前的初定位和微调定位功能，由顶升机构，主纵梁前、后锚杆组，后横梁锚杆组，止推机构等组成。通过锚杆组的提升和下放实现挂篮的升降，挂篮顶升到位后可机械锁定，以保证挂篮在施工中的顶升支点的定位不变。止推机构锚固在成梁段上，其作用是微调挂篮纵向定位，并承受挂篮施工中斜拉索的水平分力。挂篮的竖向高程调整由锚杆及顶升机构完成。

⑤锚固系统。锚固系统由扁担梁、锚杆、螺帽、垫块等组成，主纵梁前后锚杆组设置在主纵梁中部，后横梁锚杆设置在主纵梁尾部，其作用是平衡挂篮斜拉索初张拉时产生的倾覆力，同时两组锚杆组亦作为抗风安全锚固点。

⑥模板系统。挂篮模板系统由底模、外侧模、内模组成，内模采用木模板，其余均采用钢模板。

(3)牵索式挂篮施工工艺和方法。

一个标准梁段牵索式挂篮施工工艺流程为：挂篮前移→挂篮平面定位、系统检查→挂篮立模标高调节→挂篮转动锚座和连杆定位以确定牵索位置→斜拉索套筒定位→斜拉索与连杆连接→对空挂篮进行第一次斜拉索张拉→钢筋、预应力钢束、预应力钢筋、预应力管道、模板、施工预埋件安装→浇筑 1/2 混凝土→暂停浇筑，进行斜拉索二次张拉→浇筑剩余 1/2 混凝土→养护、待混凝土达到设计强度后，将下一号斜拉索牵至梁上→预应力张拉、凿毛→接触牵索连接连杆实现斜拉索锚固力点的转换→拆模、降挂篮→斜拉索第三次张拉。

主要施工步骤如下。

①挂篮在梁上的固定。

牵索式挂篮有两种主要受力工况:一是浇筑混凝土时要承受自身重量和混凝土重量;二是脱膜和行走阶段要承受其自身重量。前者挂篮由前端的斜拉索和后部的已浇梁段纵向两个支点来抵抗挂篮的悬臂倾覆趋势。为此,在挂篮上设置了挂在梁面上的“C”形挂钩结构和在梁底面的后顶点结构,“C”形挂钩位于牵索和后顶点之间,当浇筑混凝土时,“C”形挂钩位于已浇梁段的端部,“C”形挂钩与斜拉索提供挂篮的支点;当挂篮处于脱模或行走阶段时,则由“C”形挂钩和后顶点来抵抗挂篮的悬臂倾覆趋势。为了使已浇筑主梁受力合理,后顶点应位于梁底面的 2 个纵隔板位置上,由于挂篮的两根纵梁位于梁体的翼板下方而不是在纵隔板下方,因此在两根纵梁间设置了 1 根横梁,以满足设置后顶点的需要。

②三维空间斜拉索与挂篮的连接及解除。

斜拉索锚头与挂篮之间必须设置挂件。因为梁段都是标准的,那么连接件应顺着斜拉索方向,围绕斜拉索上的一个相对固定的标准点等半径地在挂篮上锚固,更为简单和合理。连接件在全部梁段范围都使用固定钢制连杆,这样节约了连杆用材并简化了施工方法。连杆一端与斜拉索锚头相连,另一端须通过适应不同斜拉索空间角度变化的转动装置锚固在挂篮上,连杆上的锚固点均在一个球面上,但在挂篮上设置球面锚固结构不现实,为此专门设计了转动锚座系统来解决该问题。

转动锚座系统是安装在纵梁前部的小型箱体结构,其前端位于纵梁端部的反力梁下,并以千斤顶顶在反力梁上,其后部以转轴定位于纵梁内,转动锚座后端支承在圆弧面支承座上。转动锚座系统后部转轴上方的纵梁对应位置也设置了反压结构。通过转动锚座的平面转动,可解决斜拉索的水平向角度变化问题。对于斜拉索竖向角度的变化,可在转动锚座内设置圆弧面来适应。

以往 PC 斜拉桥的设计,斜拉索梁上锚固点一般在桥梁或翼板底面,斜拉索都是以其梁上锚固点为基准等间距布置,斜拉索梁上锚固点在每段梁上的位置是标准的,那么连杆应以斜拉索梁上锚固点为中心而摆动,以适应斜拉索角度的变化。

③挂篮平面定位。

挂篮平面定位的精确程度对施工控制有很大的影响,挂篮的纵横方向定位均通过“C”形挂钩位置的移动来实现,“C”形挂钩支承在梁面上,所以操作起来很方便，可通过千斤顶对“C”形挂钩施力，挂篮即可按要求前后左右移动和平面转动。

④挂篮立模标高调节。

挂篮在斜拉索张拉前的立模标高调节是施工控制中的重要工序。为满足该工序要求，在后顶点位置和“C”形挂钩在梁上的支承位置均安装了千斤顶调节装置，后顶点位置的千斤顶支承在转铰座上，“C”形挂钩内的千斤顶也支承在转铰座上，后顶点对梁底施顶力或松顶力，可使挂篮的“C”形挂钩支点转动，通过挂篮前端的上下标高变化来实现立模标高的调节。

⑤挂篮止推。

为抵抗斜拉索的水平分力，需要在每段已浇梁段上设置止推装置，同样在挂篮上也需要设置对应止推装置，通过梁止推座和挂篮止推座，挂篮系统可达到水平止推的效果。梁止推座安装在箱梁翼板底面位置，它与翼板底面的预埋板通过高强螺栓和精轧螺丝钢筋相连，由于挂篮纵梁顶面与翼板有 1.05 m 高差，因此挂篮止推座需要做得较高，否则梁止推座太高会使挂篮在行走时与斜拉索锚固齿板相冲突。因此应将挂篮止推座做成活动结构，它通过精轧螺纹钢筋及纵梁上高度很低的水平抵抗结构与纵梁连为一体来抵抗斜拉索分力，挂篮行走时，将挂篮止推座移至纵梁侧边，以避免斜拉索锚固齿板的阻碍。梁止推座与挂篮止推座之间通过设置千斤顶使两者之间能够紧密接触，实现止推作用。

⑥挂篮脱模。

除了顶板模和侧模外，其余模板随挂篮整体下降，达到脱模目的。浇筑混凝土时，通过“C”形挂钩内的千斤顶施力，使挂篮模板与已浇梁段前端卡紧，脱模时在解除牵索后，使“C”形挂钩内的千斤顶受力松弛，自重荷载可使挂篮整体下降而脱模。

⑦挂篮行走。

采用“C”形挂钩在梁面滑动，后顶点在梁底滚动的方式行走，既可以保证通畅、平稳，又能充分满足挂篮定位调节要求。滑动轨道为铺在梁面翼板上的钢板，滚动轮直接在箱梁两道纵隔板位置的梁底滚动，在梁端挑出牵引架，牵引架根部固定在已浇梁面。卷扬机或连续千斤顶产生的牵引力作用在“C”形挂钩上，使“C”形挂钩移动至梁端。

2. 悬臂拼接法

悬臂拼接法是先在塔柱区一现浇段放置起吊设备的起始梁段，然后用适宜

的起吊设备从塔柱两侧依次对称安装预制节段，使悬臂不断伸长直至合龙。非梁、墩固结的斜拉桥采用悬臂拼接法施工时，须要采取临时固结措施，其方法与悬臂浇筑法相同。

1)特点及适用条件

由于悬臂拼接法的主梁是预制的，墩塔与梁可以平行施工，因此可缩短施工周期，加快施工速度，减少高空作业。主梁预制混凝土龄期长，收缩和徐变影响小，梁的断面尺寸和浇筑质量容易得到保证。但该法需要配备一定的起吊设备和运输设备，要有适当的预制场地和运输方式，安装精度要求也较高。

2)梁段的预制、移运及修整

预制台座按设计要求设置预拱度，各梁段依次串联预制，以保证各梁段相对位置及斜拉索与预应力管道的相对尺寸。预制块件的长度以梁上索距为标准，并根据起吊能力确定，采用一个索距或将一个索距梁段分为有索块和无索块两个节段预制安装。块件的预制工序、移运和修整与一般梁桥预留构件相同。

3)主梁预制块件悬臂拼接基本程序

(1)主梁预制块件按照先后顺序，从预制场通过轨道或驳船运至桥下吊装位置。

(2)通过起吊设备将块件提升至安装高程。

(3)进行块件连接及施工缝处理，接头有干接头和湿接头两种，与一般梁桥相同。

(4)张拉纵向预应力或临时预应力钢筋。

(5)进行斜拉索的挂设与张拉，并调整高程。

若一个索段主梁分为两个节段预制拼接，一般情况下安装好有索块后，挂设斜拉索并初始张拉至主梁基本返回设计线，再安装无索块。

4)悬臂拼接起重设备

斜拉桥主梁悬臂拼接常用的起重设备有悬臂吊机、缆索吊机、大型浮吊、钢扁担吊机，并结合挂篮进行悬臂拼接。

(1)悬臂吊机。悬臂吊机也称桁式吊机，斜拉桥相对于一般梁桥的主梁高度较小，有些自重较大的吊机难以满足施工荷载要求，因此选用悬臂拼接起重设备时需遵循自重轻、稳定性好的原则。三角形吊机便是一种适用于斜拉桥主梁悬臂拼接施工的简便可靠施工机械。

(2)缆索吊机。对于中小跨径的斜拉桥，当预制构件质量不大时，也可以采

用缆索吊机进行拼装，并可以利用完成的索塔作为安装主梁的塔架，利用缆索吊机进行主梁拼装。

(3)大型浮吊。根据所在河流水深等水文地质条件，适用于大型浮吊安装的斜拉桥，可根据梁段重量、水深以及梁段下河流水域条件来选择大吨位浮吊悬臂拼接主梁。

(4)钢扁担吊机。钢扁担吊机安装并锚固于已架好的梁段上，由塔顶辅助钢束保持平衡。钢架上安装与吊杆相连的千斤顶，当运输车或驳船将预制构件运至桥下时，吊杆下放与梁段铰接，通过千斤顶起吊，使梁段缓缓提升到桥面高程，然后连接施工缝、张拉预应力、挂设并张拉斜拉索。

5)悬臂拼接主梁注意事项

悬臂施工时，应严格按照设计规范要求进行悬臂拼接施工。主要控制主梁悬拼块件和相邻已成梁段间的相对高差，使之与设计给定的相对高差吻合，保证主梁线形与设计相符。可以采用高程和索力双控的控制办法，当高程和索力与设计值不符时，以高程控制为主，依靠斜拉索索力使高程与设计值吻合。

3. 支架现浇法

支架现浇法分为全支架现浇法和活动支架现浇法。全支架现浇法是在桥孔位置搭设满布式支架，在临时支墩之间设置托架或劲性骨架，然后立模现浇混凝土主梁并施加预应力，整孔主梁施工完毕后挂设并张拉斜拉索，之后拆除工作支架的施工方法。

支架在结构受力使用性能上要求必须具有足够的强度和刚度，构件间结合应紧密，并要有足够的连接杆系，使支架成为稳定整体，此外，支架应根据要求设置落梁结构和设备，落架时要对称、均匀，避免使主梁局部受力超出设计要求。

活动支架现浇法是利用移动式落地支架逐段施工矮塔斜拉桥主梁，活动支架作为主梁分节段悬臂浇筑的移动式支架，待主梁混凝土浇筑完毕且强度达到设计要求后，张拉预应力钢筋并挂设张斜拉索，进行体系转换。然后活动支架在临时支墩上滑移，进行下一节段施工，如此循环直至主梁合龙。

4. 顶推法

顶推法施工的施工顺序：沿桥纵轴方向的桥台后设置预制场→设置钢导梁和临时墩、滑道、水平千斤顶施力装置→分节段预制梁段→张拉纵向预应力筋，并通过水平千斤顶施力→借助滑道、滑块将梁逐段向前顶推→就位后落梁→更

换正式支座。

顶推法施工的特点是在一定的顶推动力作用下，梁体能在滑道装置上以较小的摩擦系数向前移动。不需要支架和大型机械，工程质量容易控制，占用场地少，不受季节影响，不仅适用于连续梁桥（包括钢桥），同时也适用于其他桥型（如简支梁桥等）。

顶推法施工按顶推动力装置可分为单点顶推和多点顶推；按支撑系统可分为临时滑道支承装置顶推和永久支承兼用滑道顶推；按顶推方向可分为单向顶推和双向（相对）顶推；按动力装置可分为步距式顶推和连续顶推。

1）预制场地设置及模板系统

预制场地应设置在桥台后面桥轴线的引道或引桥上，当为多联顶推时，为加速施工进度，可在桥两端设置场地，从两端同时顶推。预制场地应考虑梁段悬出时反压段的长度、梁段底板与腹（顶）板预置长度、导梁拼接长度和机具设备材料进入预制作业线的长度；预制场地的宽度应考虑梁段两侧施工作业的需要。预制场地上空宜搭设固定或活动的作业棚，便于混凝土的养护。

模板系统：模板宜采用钢模板，这样底模与底架可以联结成一体并可升降。侧模宜采用旋转式的整体模板，内模采用在可移动的台车上加装的升降旋转整体模板。模板应保证刚度，且制作精度要符合相应要求。

2）顶推装置及滑移装置

顶推装置主要由水平布置的液压千斤顶和油泵等组成，并满足下列技术要求：顶推起重能力要比设计值大25%～30%；构造应平稳，使用过程无跳动和扭曲，顶推速度应控制在适宜更换和安装整个装置、滑道和其他零件的范围内；要有保险装置；要有一定的操作场地或工作室。

滑移装置可分为普通的滑移装置、起循环作用的滑移装置、起连续作用的滑移装置、导向装置及其他附属装置。

3）梁段混凝土浇筑及梁段施加预应力

梁段模板、钢筋、预应力管道、滑道、预埋件等经检查签认后方可浇筑混凝土。梁段预置或拼接必须在桥梁轴线上，预置梁段宜采用全断面整段浇筑；需要分段浇筑时，施工缝可设在腹板上，各段接缝应错开布置。

梁段预置要控制两地面相对高程及平整度，顶推滑道部位宜采用平滑中厚钢板铺设底模，以保证较好的平整度。梁段的接触面应凿毛并洗刷干净，或采用其他可增加混凝土接触面积的措施。若工作缝为多联连续梁的解联断面，干接

缝依靠张拉临时预应力钢束来实现，断面尺寸应准确，表面应平整，解联时分开方便。第一梁段前端设置的导梁端的混凝土浇筑，应注意振捣密实，导梁的中心线与水平位置应准确平整。

4）导梁和临时墩

梁段前端设置导梁时，导梁全部节间拼装应平整，在梁段前端的预埋件联结强度、刚度必须满足梁顶推时的安全要求。

采用钢桁架导梁时，应注意导梁与梁段刚度的协调，不得采用刚度过小的导梁，并应减小每个节点的非弹性变形，使梁端挠度不大于设计要求。

桥跨中间设置临时墩时，其施工技术要求应按相应设计规定及《公路桥涵施工技术规范》（JTG/T 3650—2020）的要求执行。各主梁顶推作业完成并落位到正式支座上以后，应将临时墩拆除。

5）梁段顶推

顶推施工前，应根据主梁长度、顶推设计跨度、桥墩能承受的水平推力、顶推设备和滑动装置等条件，选择适宜的顶推方式。梁段中各种预应力钢材按顶推设计要求张拉完成后，在顶推前应对顶推设备如千斤顶、高压油泵、控制装置进行质量检查，对梁段中线、各滑道顶的标高等进行检验，方可开始顶推。

顶推装置包括滑动装置与导向装置。水平—竖向千斤顶顶推方式的滑动装置一般由摩擦垫、滑块（支承块）、滑板和滑道组成。导向装置包括楔形导向滑板和千斤顶。导向装置应具有足够的承载力，防止纠偏时被破坏。

6）平曲线与竖曲线顶推

平曲线顶推只适用于相同曲线半径的曲线桥，且其曲线半径不能太小，即每孔曲线桥的平面中心应落在相邻两座桥墩上、箱梁底板的内外两侧弦连接线以内。当桥梁大部分为直线，而桥梁前端为曲线时，可采取特殊措施使用千斤顶安装。

竖曲线顶推只适用于相同曲线半径的竖曲线桥，且竖曲线多为凸曲线，顶推时宜对向顶推，在竖曲线顶点处合龙。当桥梁不长，跨数不多时，亦可自一端顶推全桥。

7）落梁

全桥顶推就位后，按运营阶段内力，先将补充预应力筋进行穿束、张拉、锚固、压浆，再将供顶推用的临时预应力筋按设计规定的顺序拆除。落梁前应拆除墩、台上的滑动装置。落梁时，应根据设计要求的顺序和每次的下落量进行，同

一墩、台的千斤顶应同步运行。

3.2.3　主梁施工控制要点

1. 混凝土主梁悬臂浇筑的控制要点

混凝土主梁悬臂浇筑时，应符合下列规定。

(1)主梁 0＃块及相邻梁段浇筑施工时，应设置可靠的支架系统。支架系统应进行专门设计，其强度、刚度和稳定性应满足使用要求，同时应考虑变形、地基的不均匀沉降和日照温差等因素对支架系统的不利影响。施加在支架上的临时施工荷载应包括悬臂浇筑挂篮的重量。

(2)用于悬臂施工的挂篮应进行专项设计。挂篮应满足试用期的强度和稳定性要求，同时应考虑主梁在浇筑混凝土时的抗风振刚度要求。挂篮的全部构件制作完成后应进行预压，挂篮预压时应测定其弹性挠度的变化、高度调整的性能及其他技术性能。

(3)混凝土主梁悬臂浇筑施工质量应符合表 3.8 的要求。

表 3.8　混凝土主梁悬臂浇筑施工质量控制标准

<table>
<tr><th colspan="2">项目</th><th colspan="2">规定值或允许偏差</th></tr>
<tr><td colspan="2">混凝土强度/ MPa</td><td colspan="2">在合格标准内</td></tr>
<tr><td rowspan="2">轴线偏位/mm</td><td>$L\leqslant 100$ m</td><td colspan="2">10</td></tr>
<tr><td>$L>100$ m</td><td colspan="2">$L/10000$，且不大于 30</td></tr>
<tr><td colspan="2">塔顶偏位/mm</td><td colspan="2">符合设计和施工要求；未给出要求时，纵向不大于 30，横向不大于 20</td></tr>
<tr><td colspan="2">斜拉索索力</td><td colspan="2">符合设计和施工控制要求</td></tr>
<tr><td colspan="2" rowspan="4">断面尺寸/mm</td><td>高度</td><td>+5，−10</td></tr>
<tr><td>顶宽</td><td>±30</td></tr>
<tr><td>底宽</td><td>+10，0</td></tr>
<tr><td>板厚</td><td>±20</td></tr>
<tr><td colspan="2" rowspan="2">梁锚固点/mm</td><td>$L\leqslant 100$ m</td><td>±20</td></tr>
<tr><td>$L>100$ m</td><td>$\pm L/5000$</td></tr>
<tr><td colspan="2">锚具轴线与孔位轴线偏位/mm</td><td colspan="2">5</td></tr>
</table>

注：L 为跨径。

2. 混凝土主梁悬臂拼接的控制要点

主梁悬臂拼接时，应符合下列规定。

(1)梁段的预制可采用长线法或短线法台座。预制台座的设计应考虑主梁成桥线形的影响，并保证预制梁段的截面尺寸能满足拼接的精度要求。预制梁段的混凝土断面应密实饱满，不得随意修补。

(2)对梁段拼装用的非定型桥面悬臂吊机或其他起吊设备，应进行专项设计并宜委托具有相应资质的专业单位加工，加工完成后应进行出厂质量验收。起吊设备在现场组装完成后应进行试吊，确认安全方可正式施工。

(3)0＃块及其相邻的梁段为现浇时，在现浇梁段和第一节预制安装梁段间宜设湿接缝，对湿接头结合面的梁段混凝土应进行凿毛，并清洗干净。

(4)混凝土主梁悬臂拼接施工质量应符合表 3.9 的要求。

表 3.9 混凝土主梁悬臂拼接施工质量控制标准

项目		规定值或允许偏差值
合龙段混凝土强度		在合格标准内
轴线偏位/mm	$L\leqslant 100$ m	10
	$L>100$ m	$L/1000$；$\leqslant 30$
斜拉索索力/kN		符合设计和施工控制要求
锚具轴线与孔道轴线偏位/mm		5
梁锚固点高程/mm	$L\leqslant 100$ m	±20
	$L>100$ m	$\pm L/5000$

3.3 斜拉索施工技术

3.3.1 斜拉索制作

现今大跨斜拉桥上用的斜拉索大部分为热挤聚乙烯斜拉索，斜拉索的钢筋为镀锌或不镀锌的 $\phi 5$ 或 $\phi 7$ 的预应力混凝土用钢丝，其标准强度一般大于 1579 MPa，钢丝根数为 55～649 丝，根据设计需要选取。聚乙烯护套材料一般采用黑色(或白色等其他颜色)高密度聚乙烯，所用材料在直接承受大气环境因素的作

用下，具有较好的抗老化能力。

在生产制作时，根据索长及工况进行粗下料，将下料后的钢丝置于排丝架上，由牵引机牵引，经过扭角机扭绞（一般为2°～4°）。其角度可以用式(3.1)进行计算。

$$\alpha = \arctan[\pi(D-\phi/L)] \tag{3.1}$$

式中，α为钢丝束扭角(°)；D为钢丝束最大外接圆直径(mm)；ϕ为单根钢丝直径(mm)；L为最外层钢丝扭角节距(mm)。

扭绞后的钢丝束形成正多边形截面，并缠绕上纤维增强聚酯带或细钢丝，形成扭绞钢缆，用牵引机将钢丝束通过挤塑机挤出聚乙烯保护套，并马上使索体通过水槽进行冷却。

将索体两端的PE料剥开，露出钢丝，将钢丝穿入锚板就位后，对钢丝头进行镦头，将冷铸锚头就位，灌入环氧铁砂后密封，置入高温养护炉进行养护。同期制作环氧铁砂试块同炉养护，出炉后测定试块的强度以检验锚体内的强度是否达到标准。

灌锚并养护完成后，进行超张拉检验，测定锚头部位锚板的回缩值，并与标准值比较，合格后进行包装存放。制索过程工艺流程如图3.12所示。

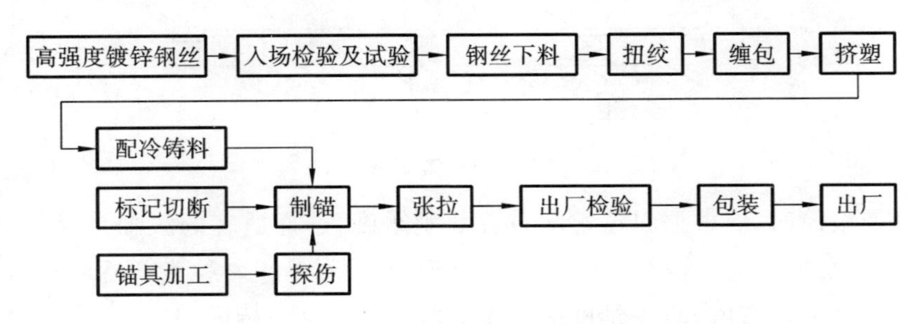

图3.12　制索过程工艺流程

3.3.2　斜拉索施工工艺

1. 平行钢丝斜拉索安装

1)斜拉索转运

新建桥梁中，无论是平行钢丝斜拉索、钢绞线还是单根钢绞线，都无法通过陆上交通直接运送至桥面上，一般通过驳船或者大型货运车运送至指定地点，然后使用塔吊或者梁面吊索桁车将斜拉索转运至梁面放索盘上。

2)斜拉索桥面展开

斜拉索桥面展开的目的：一是安装需要；二是舒展索体、散去扭力，使索在安装时处于无应力自然状态，斜拉索安装工程可以安全顺利地进行。

(1)放索。

长索一般采用类似于电缆盘的钢结构盘包装，可使用立式放索盘进行放索；短索一般自身成盘包装，只能使用卧式放索盘进行放索。

在放索过程中，索盘自身的弹性和牵引时产生的偏心力会使索盘转动产生加速，导致斜拉索散盘，特别是斜拉索只剩最后几圈时，可能会危及工作人员安全，所以索盘应设置制动装置，或者用钢丝绳作为尾索，采用卷扬机控制放索。

(2)索在主梁上面的移动。

在放索和安装斜拉索的过程中，要对斜拉索进行拖移。由于索的自身弯曲或与主梁面直接接触，在移动中就有可能损坏斜拉索的防护层或损伤索股。为了避免这些情况发生，可采取下述方法。

①滚筒法。在桥面设置一条滚筒带，当索放出后，沿滚筒运动(见图 3.13)。

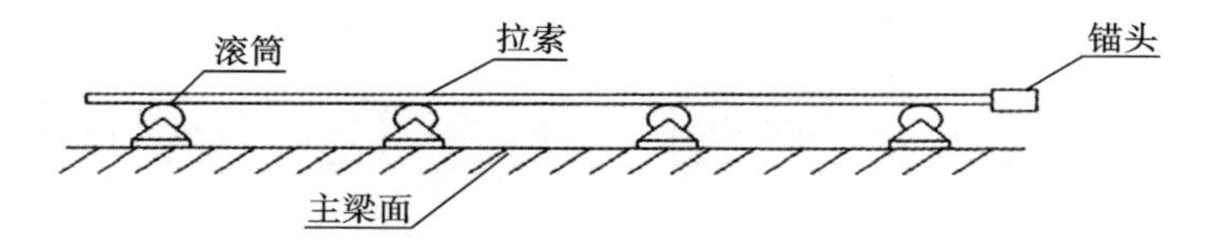

图 3.13　滚筒法

制作滚筒时，应根据斜拉索的布置及刚柔度，选择适宜的滚轴半径，以免滚轴弯折，增加摩阻力。滚筒之间要保持合理的间距，防止斜拉索与桥面接触。滚筒应设置合适的宽度，防止斜拉索脱离滚筒。滚筒可与桥面固结，也可与斜拉索固结，视现场情况而定。

②小车法。当斜拉索送至桥面后，每隔一段距离就在斜拉索下部垫上拖索小车，由小车载索移动(见图 3.14)。

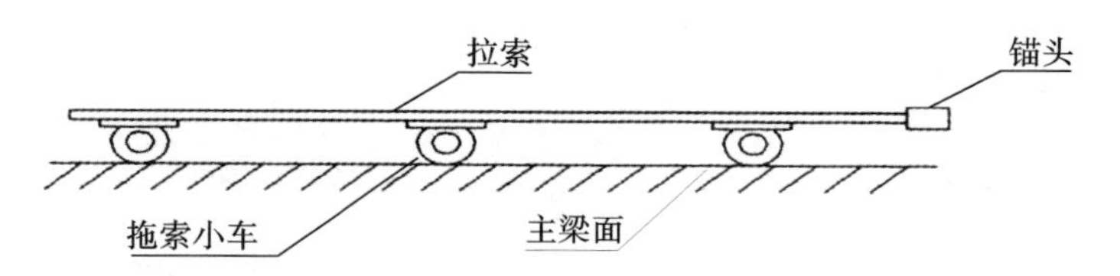

图 3.14　小车法

③垫层法。对于一些索径小、自重轻的斜拉索,可在主梁面放索区域上铺设麻袋、草包、毛毯等柔软的垫层。

3)斜拉索拖曳力计算

安装斜拉索前应计算斜拉索克服索自重所需要的拖曳力,以便选择卷扬机、吊机及滑轮组配置方式。安装张拉端时,首先要计算出安装索力。由理论分析可知,当矢跨比小于 0.15 时,可用抛物线代替悬链线来计算曲线长度。索的垂度 f_m 计算公式见式(3.2)。水平力 H 计算公式见式(3.3)。

$$f_m = \frac{\sqrt{3(L'-L)}}{8} \tag{3.2}$$

$$H = \frac{qL^2\cos\alpha}{8f_m} \tag{3.3}$$

式中,L' 为索长;L 为两锚固点之间的距离;q 为索的单位重;α 为索与水平面的夹角。

计算出各施工阶段的索力后,可据此选择适当的牵引工具和安装方法。

4)斜拉索塔端安装

(1)吊点法。该法主要使用塔顶桁架和卷扬机进行安装,可分为单点吊法、两点吊法和多点吊法。

①单点吊法。斜拉索运至桥面展开后,在斜拉索塔端锚头附近一定距离安装索夹设置吊点。由起吊缝通过塔顶桁架上的转向滑轮,使用手拉葫芦将索夹前端的自由端调整成与设计的斜拉索水平角度一致,然后启动卷扬机提升斜拉索至塔端锚头固定(见图 3.15)。

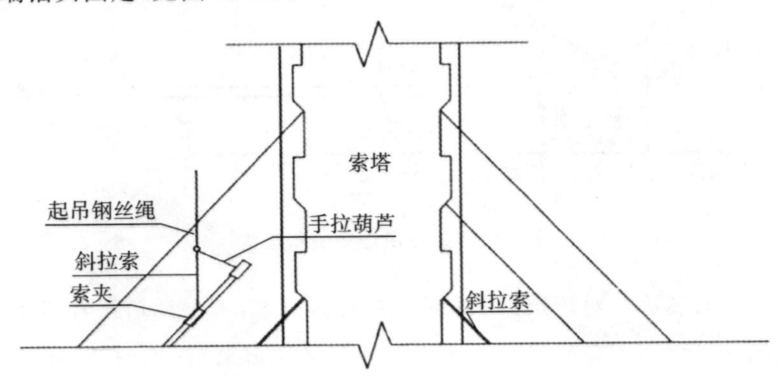

图 3.15　单点吊法安装斜拉索

②两点吊法。斜拉索运至桥面展开后，在斜拉索塔端锚头附近一定距离安装索夹、设置吊点。由起吊钢丝绳通过塔顶桁架上的转向滑轮与索夹相连，并从索导孔中放下牵引钢丝绳，连接斜拉索前端。启动卷扬机提升斜拉索，提升过程中使用牵引钢丝绳与起吊钢丝绳相互调节，牵引至塔端锚头固定(见图 3.16)。

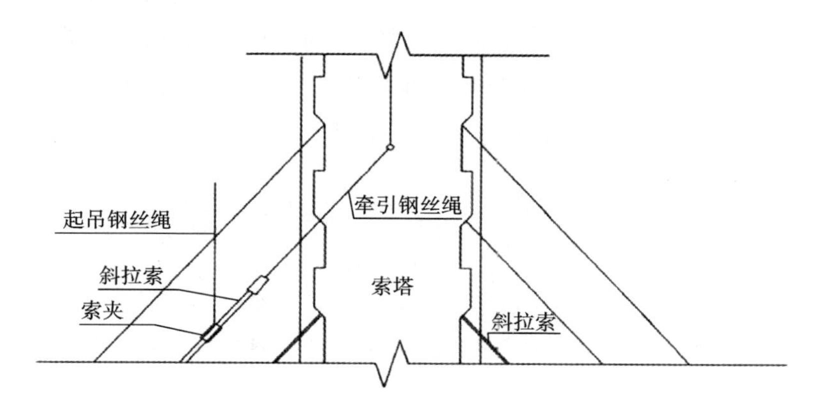

图 3.16　两点吊法安装斜拉索

③多点吊法。在索塔上部安装一根斜向工作牵引索，将斜拉索每隔一段距离设置一个吊点与牵引索相连，使斜拉索沿导索运动(见图 3.17)。这种方法吊点多，且工作牵引索也需从索导孔中导出，施工复杂，并且索的自重不能太大。

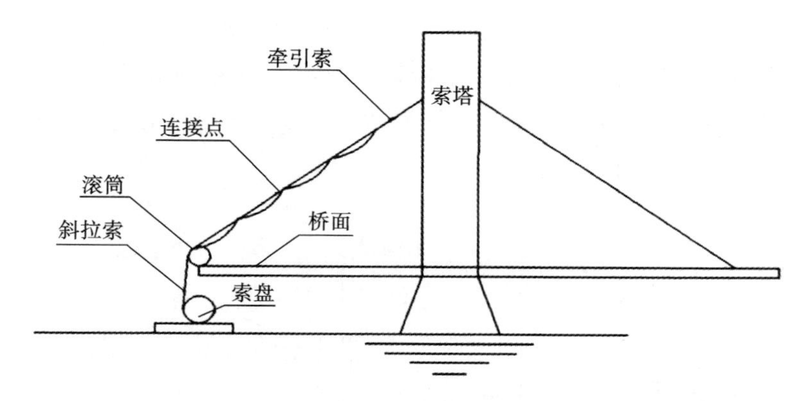

图 3.17　多点吊法安装斜拉索

(2)塔吊安装法。对于短索、自重不大的斜拉索，可采用塔吊和索道管伸出的牵引索直接起吊，不需要安装塔顶桁架等起吊动力系统(见图 3.18)。这种方法简单快捷，但是对塔吊的起重能力要求比较高。

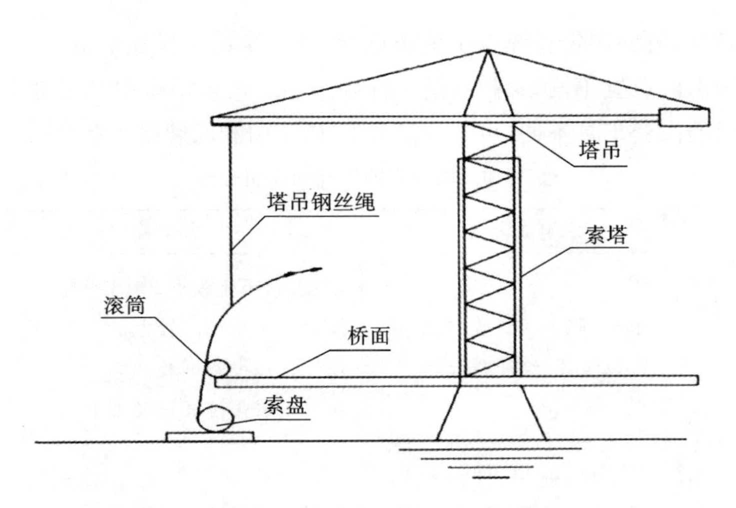

图 3.18　塔吊安装法安装斜拉索

5)斜拉索梁端安装

在斜拉索梁端锚头附近一定距离安装索夹、设置吊点，牵引钢丝绳通过安装在主梁上的导向滑车连接索夹，导向绳从套筒中伸出连接梁端锚头，启动卷扬机，固定梁端锚头(见图 3.19)。为了防止斜拉索安装过程中划伤 PE 套，在主梁上应设置角度调整系统，牵引斜拉索的同时，调整斜拉索的角度，使其与索道管角度保持一致，平顺下滑。

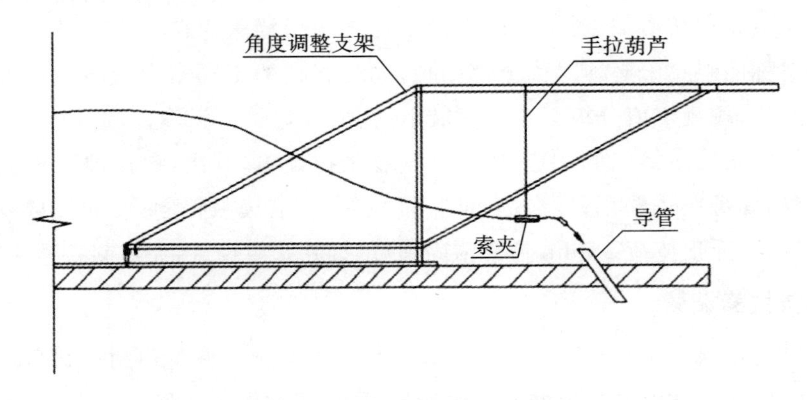

图 3.19　斜拉索的梁端安装

6)斜拉索的千斤顶牵引

当斜拉索的一端安装完成后，就需要安装另一端。在牵引力不大的情况下，可以采用钢丝绳作为主要受力体系进行牵引。斜拉索锚头越接近锚垫板，牵引力就越大，这时再使用钢丝绳牵引就很危险，可更换为千斤顶牵引。

根据牵引的位置不同，斜拉索的千斤顶牵引分为塔端牵引和梁端牵引，根据千斤顶牵引的配套工具不同，可分为硬牵引、软牵引和软硬组合牵引(见表 3.10)。

表 3.10　斜拉索的千斤顶牵引分类

牵引方法	组成设备	方案确定原因
硬牵引	千斤顶、撑角、变径螺母、张拉丝杆、丝杆螺母等	索长、索径比较小，索力不大； 需要的张拉空间较大； 便于张拉设备拆装； 建议单根张拉杆长度小于 2.2 m
软牵引	千斤顶、撑角、变径螺母、钢绞线、锚具、软牵压套、夹片、挤压套等	索比较长，索径比较大，索力较大； 牵引索长度较长； 需要的张拉空间小
软硬组合牵引	硬牵引的设备和软牵引的设备	索长、索径大、索力大； 牵引索长度长，后期牵引索力大； 需要的张拉空间大

7)斜拉索张拉

斜拉索张拉在塔端进行，采用大型千斤顶牵引锚头张拉。张拉过程中单塔同编号对称的斜拉索必须对称全部张拉，同步张拉的不同索力值不超过设计监控的规定值，按规定值分级至油压表最小刻度。

斜拉索张拉步骤如下：①锚垫板处安装张拉设施；其次，启动油泵分级同步张拉，锚固螺母跟进锚固；②应力、伸长量控制，油表读数控制；③伸长量校核满足要求后，千斤顶持荷 5 min，拧紧锚固螺母，拆除张拉设施，完成斜拉索张拉。

8)斜拉索调索

(1)根据工程控制的计算，需要通过斜拉索力的施工调整达到控制高程和梁内应力的目的。索力调整根据不同的设计要求，可在梁上或塔上进行，若在塔上不便安装千斤顶，则可在施工脚手架上安装。

在空心塔内进行调索施工时，需在塔内增设施工支架或升降平台，调索设备可通过塔吊、卷扬机、升降机平台等运送。在带隔板的 H 形塔上调整，调索设备可设在塔外。

在梁上调索时，如果斜拉索锚固在箱梁的箱内，则施工比较方便。如果斜拉索锚固在箱梁的悬挑翼板或肋板梁的肋板处，则需要安设吊篮或其他形式的施工支架工作平台。可利用卷扬机、手拉葫芦等将调索设备调运到位，千斤顶等设备可用手拉葫芦等工具定位、固定。

(2)调索一般采用穿心式千斤顶进行。当千斤顶及其撑架安装到位后，用张拉杆与斜拉索锚头的内丝孔旋转。需要增加索力时，用千斤顶顶动张拉杆将斜拉索牵向索道管口；需要放松索力时，首先使千斤顶活塞伸出一定量，然后再用千斤顶顶动张拉杆，使斜拉索锚头上的锚环刚好能够松动。将锚环松开后，使千斤顶卸荷，将斜拉索放至索道管口。

在有些情况下，当斜拉索锚头还没有被牵出索道管就已开始索力的张拉调整，此时需要在斜拉索锚环上增加一个张拉杆锚固螺母，即张拉杆前螺母。该螺母可由两个半边组成，便于组装和拆卸。此种张拉方式的张拉杆在牵索过程中，可以在塔外接到斜拉索锚头上，与斜拉索一道被牵进索道管，采用组装的办法，从千斤顶撑架侧将张拉杆螺母连接到张拉杆上。千斤顶分程逐步张拉时，可以用张拉杆前螺母临时将斜拉索上端进行锚固。

(3)张拉吨位的控制是工程控制的关键。对一般千斤顶的张拉或放松，操作室直接按油泵上油压表读数控制，索力的检测只作校核控制，因为油压表读数更为灵敏准确。

油压表盘刻度不宜过大，采用 0.4 级左右的小分度表为宜，以提高读数精度。

进行索力调整前，应将千斤顶及配套使用的油压表进行标定，标定工作应由有资质证书的专业计量单位进行。标定的加荷过程必须多次重复，对标定数据应按数理统计要求进行，并符合国家标准，将各次试验测得的油表读数及相应的张拉力根据最小二乘法原理进行回归分析。得出调索控制的计算公式，见式(3.4)。

$$Y = aX + b \tag{3.4}$$

式中：Y 为油表读数；X 为张拉力；a、b 为由统计计算得出的常数。

调索前，应将设计张拉吨位对应的油表读数根据式(3.4)确定，以便在调索时直接使用。

2. 钢绞线斜拉索安装

1)主要施工设备和设施

(1)动力系统。

①卷扬机：斜拉索起吊、牵引的重要设备。

②塔吊:辅助斜拉索起吊。

(2)施工平台。

为方便斜拉索的安装,确保施工安全,可根据需要在塔内、塔外及梁端搭设施工平台。

(3)张拉设备。

①张拉千斤顶:张拉千斤顶根据斜拉索的张拉控制应力进行选择。为减小施工过程中的误差,确保千斤顶的使用安全,尽量使张拉控制应力达到所用千斤顶允许能力的50%~85%。

②张拉油泵:张拉油泵采用超高电压电动油泵。

③张拉丝杆:钢绞线斜拉索整体张拉、调索时使用。

④撑脚:撑脚是千斤顶的支撑装置,其规格型号主要根据使用千斤顶的外形尺寸、张拉端锚头施拧空间综合考虑后确定。

2)斜拉索安装

矮塔斜拉桥由于塔高限制,导致其斜拉索与传统斜拉索相比更短,在索力控制与调整上要更加精确,同时由于斜拉索需要贯穿桥塔并锚固于主梁上,决定了矮塔斜拉桥的安装施工有其自身的特点。钢绞线斜拉索安装施工工艺如图3.20所示。

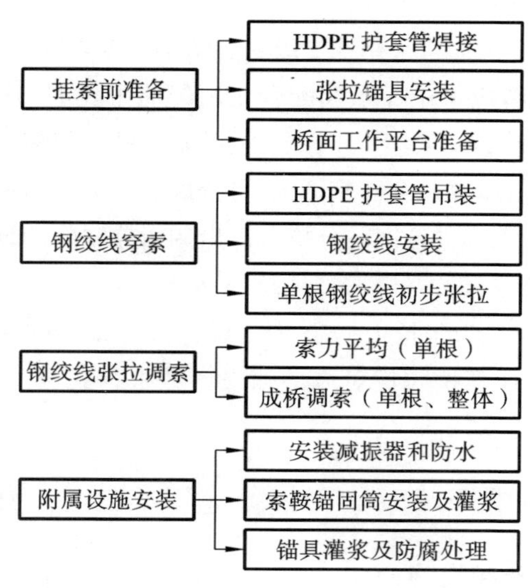

图3.20 钢绞线斜拉索安装施工工艺

注:HDPE(high density polyethylene),即高密度聚乙烯。

其中,关键施工技术要点如下。

(1)挂索前准备。

斜拉索在挂索前须进行一系列的准备工作,这些准备工作将直接关系到斜拉索挂索施工的工作效率与工作进度,也是挂索施工的质量保障。

①斜拉索下料及 HDPE 护套管焊接。HDPE 护套管作为斜拉索的第一层防护保护层,是斜拉索防腐措施的重要组成部分。斜拉索由多股无黏结高强度 PE 钢绞线组成,整束 PE 钢绞线的外层由双层同步挤压成型的 HDPE 护套管防护。根据设计要求,计算出斜拉索的无应力索长,并进行下料。对于斜拉索的 HDPE 护套管,采用发热式工具进行对焊连接,对焊连接应保证相互作用的两个端面有足够的接触面,并确保连接质量。

②张拉锚具安装。斜拉索锚具在安装的过程中,应按照组装顺序进行安装,锚板密封件与防损套都应涂抹一层胶水,以保证构件运输过程中的稳定。同时在安装螺母时,应控制好旋合长度,一般应控制在螺母前断面脱离锚板锚固断面 3～5 mm,以便后期调索需要。锚具组装完成后,应预先固定于箱梁内部的锚垫板上。

③桥面工作平台准备。挂索施工前需要在桥面适当位置安装钢绞线导向轮、切割工作平台、钢绞线放线架以及切割的相关设备。

(2)钢绞线穿索。

①准备工作。依次将防水罩、延伸管(含凸缘盘)套在焊接好的 HDPE 护套管上,安装临时卡箍。

②安装外套管连接卡箍。把带法兰盘的延伸管套到塔柱端 HDPE 护套管上,直至护套管伸出延伸管。

③穿入第一根钢绞线。将第一根钢绞线穿入 HDPE 护套管内,其塔端部分伸出 100 mm 左右,并用细钢丝临时固定。该钢绞线的主要作用为张拉后,HDPE 护套管的自重压在钢绞线上,使 HDPE 护套管绷直,方便以后顺利穿入其他钢绞线,同时其余钢绞线的索力不受 HDPE 护套管自重的影响,确保张拉索力的准确性。

④塔吊起吊。起吊护套管时,需用对讲机进行各岗位间的联系。一旦护套管起吊到位,在塔柱预埋管位置,使卡箍与塔柱的预埋管连接,保证斜拉索护套管与预埋管的距离约为 0.5 m,松开吊钩把荷载传至连接钢丝绳上。

(3)钢绞线安装。

使用循环系统进行挂索,步骤如下。

①将索盘吊装于放线架上,因为挂索是从 PE 下端往上端牵引。

②放盘打开张拉端与循环钢丝绳上的专用牵引装置连接，启动循环系统，将钢绞线顺着 HDPE 护套管牵引至上端管口，将钢绞线与穿过下端锚具的牵引索相连，人工穿过锚孔，安装夹片锚固。

③在塔外将钢绞线和从锚具孔穿过的牵引索连接，解除循环系统上的牵引装置，通过塔柱内的手拉葫芦等工具将钢绞线拉出锚板孔，直到满足单根张拉所需的工作长度后锚固，准备牵引下一根。

④利用循环牵引钢丝绳可同步一次牵引两根或者多根钢绞线。

(4)钢绞线单根张拉调索(第一次张拉)。

①单根张拉的一般要求。

采用等张拉值法进行张拉，使索力均匀，通过传感器读数进行监测。张拉时严格按照施工工艺进行控制，且施工前监控单位必须提供斜拉索安装控制张拉力、斜拉索锚固点，以计算相对位移变形量。

由于结构对环境温度比较敏感，挂索施工时间长，温差变化及风环境等因素会导致索塔和主梁发生变化，因此采用传感器控制即时张拉力以防止计算误差过大。

②单根张拉力的确定。

斜拉索第一次张拉的目的是通过单根张拉索力的累积来达到整束设计的第一次张拉索力。实际操作时按以下原则进行。

a. 张拉第一、二根时，为减少 HDPE 护套管对单根张拉力造成过大的非线性影响，第一、二根钢绞线用来承受 HDPE 护套管的自重，所以张拉力由 HDPE 护套管的垂度确定。

b. 张拉第三根时，由主梁及索塔的变形量进行修正，使单根索力累计值与设计值接近。

c. 第 i 根钢绞线的张拉力大小按照前一根钢绞线张拉时传感器读数的变化值来计算，即按照 $T_i=T_{i-1}-\Delta i$(T_i 是第 i 根钢绞线的张拉力)确定。其中 Δi 为第 i 根钢绞线安装时传感器的变化值。第一、二根补位张拉时按 $T_i=T_{i-1}-\Delta i$ 确定。

③传感器安装。

传感器使用时须安装在第三根钢绞线上，并通过单孔锚具临时锚固，待该束斜拉索安装完成后拆除。压力变化值从显示仪中读取。

④单根钢绞线张拉锚固。

钢绞线采用 YDCS160-150 型千斤顶张拉，选用 0.4 级并配套标定油表控

制。采用临时工具夹片在该千斤顶的连续张拉部件内临时锚固，不允许在工作锚板上进行临时锚固。

加载至单根钢绞线的油压为 3 MPa（约为控制应力的 15%）时开始测初始伸长值。

当张拉到该根钢绞线计算控制应力的 100%时，开始手工安装工作夹片，并适当打紧，保证均匀和同步跟进。记录此时显示值以指导下一根钢绞线张拉。钢绞线索力均匀性还与夹片安装质量有关，必须保证夹片安装质量达到相应控制值（高差不大于 2 mm，缝隙角度不大于 15°）。夹片安装时必须严格检查其外观质量，牙槽内不允许有杂质、油脂。轻轻敲打固定端夹片，使之同步跟进、索力均匀。

⑤低应力锚固措施。

钢绞线在低应力状态下工作，要保证其夹持质量和效果，这对施工过程中的主体工程安全尤为关键。因此必须采取以下锚固措施：一是控制进场斜拉索锚具产品质量，单根张拉时严格控制夹片的安装质量；二是单根张拉涉及临时锚固时，须全部在连续张拉装置内完成，不允许多次进行夹片锚固。

⑥单根钢绞线顶压。

利用斜拉索配套的张拉顶压设备对钢绞线进行逐根顶压。根据该钢绞线工况下的锚固应力累加顶压应力控制，但总应力不超过钢绞线破断力的 0.45；一次性顶压锚固，使夹片锚固后产生相当于 $0.45\sigma_b$（σ_b 为抗拉强度）应力状态下的夹持效果，使之能适应在低应力状态下的锚固。

3. 斜拉索索力测量

斜拉索施工过程中常用的测量方法包括压力表测定法、压应力测力传感器测定法、振动频率法和磁通量传感器测量法。

1)压力表测定法

当前，斜拉索均使用液压千斤顶张拉。由于千斤顶张拉油缸中的油压和张拉力密切相关，所以通过精密压力表或液压传感器测定油缸的液压即可求得索力。使用一定级数的精密压力表，并通过事先标定获得压力表所示液压和千斤顶张拉力之间的关系，即可通过压力表读数测定索力。千斤顶的液压也可以通过液压传感器测定。液压传感器感受液压后，输出相应电信号，接收仪表后即可显示压强或直接显示换算后的张拉力。电信号可通过导线传输，可进行远程遥测，使用更为方便。液压换算索力的方法简单易行，因此在索力张拉施工过程中是控制索力最实用的一种方法。

2)压应力测力传感器测定法

利用压应力测力传感器测量斜拉索索力时,将圆环形弹性材料和应变传感材料组成穿心式压力传感器安装在斜拉索锚具和索孔垫板之间,斜拉索在张力 T 的作用下使弹性材料受到锚具和索孔垫板之间的压力而发生变形,通过附着在弹性材料上的应变传感材料将弹性材料的变形转换成可以测量的电信号或者光信号,再通过二次仪表转换为对应的索力。根据敏感元件的不同,测力传感器又分为振弦测力传感器、电阻应变片测力传感器、光栅测力传感器等。目前,测力传感器的售价相对较高,大吨位的传感器更为昂贵,自身重量和长度也大。

(1)振弦测力传感器。

振弦测力传感器采用高强度的合金钢圆筒作为弹性受力体,以拉紧的金属弦作为敏感元件的谐振式传感器,当金属弦的长度确定之后,其固有振动频率的变化量即可表征金属弦所受拉力的大小。根据不同荷载的测力传感器分别内置1～6个高精度金属弦式传感器。

振弦测力传感器使用时一般安装在斜拉索锚具的螺母下。由于金属弦的松弛,振弦测力传感器零点漂移及长期测值偏移较大,且容易受到偏载的影响,从而产生较大误差。

(2)电阻应变片测力传感器。

电阻应变片测力传感器是利用电阻应变效应测量力的大小,主要是在弹性元件上粘贴电阻应变片作为敏感元件,并通过与之配套的测量仪表直接显示测量力值的大小。该传感器结构简单、测量精度高、结果可靠,主要用于短期测量。电阻应变片测力传感器根据弹性体的形状又可分为圆柱式电阻应变片测力传感器和轮辐式电阻应变片测力传感器。

3)磁通量传感器测量法

磁通量传感器测量法是基于铁磁材料的磁弹效应,通过感应构件的磁特性变化来测量应力的一种无损、非接触测量方法。磁通量传感器由初级线圈、次级线圈、温度传感器组成。将磁通量传感器穿心套在导磁材料构件外面进行测量时,初级线圈内通入脉冲电流,构件被磁化,构件的纵向会产生脉冲磁场。由于电磁感应在次级线圈中产生感应电压,感应电压对时间积分可得到积分电压。仪器能够直接测量得到的积分电压和传感器环境温度值。对任何一种铁磁材料,在试验室对相应材料进行几组应力、温度下的试验,即可建立磁通量

变化与结构应力、温度的关系，并可用来测定用该种材料制造的斜拉索索力。磁通量传感器测量法除磁化斜拉索外，它不会影响斜拉索的任何力学特性和物理特性。

4）振动频率法

不同于压力表测定法、压应力测力传感器测定法、磁通量传感器测量法等直接测试索力的方法，振动频率法因其诸多优点已成为应用最广泛的斜拉索索力测试方法之一。该方法利用附着在斜拉索上的高灵敏度传感器收集斜拉索在环境振动刺激下的振动信号，经过滤波、放大和频谱分析，再根据频谱图确定斜拉索的自振频率，然后根据振动频率与索力的关系确定索力。

上述 4 种斜拉桥索力测量方法在国内较为常用。压力表测定法和压应力测力传感器测定法一般仅适用于在张拉斜拉索时的索力测定；当需要对已施工完毕的斜拉索进行索力复核时，最常用的是振动频率法；但随着传感器技术的发展和社会经济的改善，其他类型的斜拉索索力测量方法也将逐步得到广泛应用。

4. 附属设施安装与防腐处理

在斜拉索完全张拉完毕后，需要对一系列的附件进行防腐处理，用以保证斜拉索的耐久性和适用性，确保在桥梁运营过程中，斜拉索能够充分发挥作用，保障结构安全。

附属设施安装和防腐处理工作主要包括抗滑锚筒安装、索夹安装、减震器安装、塔上张拉端和梁上锚固端群锚支承筒内压入环氧砂浆进行锚固、延伸管安装、预埋管内灌注防腐油脂、防水罩安装、保护罩安装和灌注防腐油脂等。在进行减震器安装前，应检查斜拉索索体是否偏斜，确保减震器安装到合理位置。不锈钢外护管安装应从 HDPE 护套管上向下滑移，直到与防水罩台紧密接触，并用密封胶封堵，防止雨水进入对斜拉索产生不利影响。斜拉索安装完成后，还应全面检查，重点排查斜拉索可能存在的隐患，一旦发生破损应及时修补。

3.3.3　斜拉索减振处理

1. 斜拉索振动的危害

首先，斜拉索长时间大幅振动不仅会使组成斜拉索的单根钢丝的应力反复变化导致钢丝疲劳断裂，而且由于斜拉索的钢丝相互交叠，两个接触面产生相对滑动时，极有可能发生微动损伤，包括微动磨损、微动腐蚀、微动疲劳等。斜拉索用的高强度钢丝对微振动损伤十分敏感，长时间振动会导致斜拉索产生疲劳破坏，缩短斜拉索的使用寿命。

其次，斜拉索大幅振动会引起斜拉索锚固端产生反复弯曲应力，极易破坏斜拉索根部防护装置，导致斜拉索根部的护管产生疲劳破坏，护管封口松动，护管内和锚头等处积水，加快斜拉索的锈蚀。

最后，斜拉索大幅振动会引起桥梁振动，使桥梁的使用者产生心理负担，增加不安全感，因此，振动严重时要紧急封闭交通。对于混凝土矮塔斜拉桥，斜拉索大幅振动还会导致其根部混凝土产生疲劳开裂，即使更换斜拉索也不能排除安全隐患。

2. 斜拉索的振动类型及特征

引起斜拉索振动的主要因素有自然因素和人为因素。目前，斜拉索的振动类型主要有涡激振动、尾流驰振、风雨振和参数共振等。

(1)涡激振动。当空气流过斜拉索时，会在斜拉索背风侧尾流区中出现交替脱落的旋涡，形成旋涡尾(亦称卡门涡流)，从而使斜拉索两侧的升力随时间发生变化。当卡门涡流脱离频率与斜拉索某阶固有频率一致而产生共振时，斜拉索便会产生涡激振动。

(2)尾流驰振。由于上风侧斜拉索的尾流作用造成下风侧斜拉索产生的较大振动称为尾流驰振。在并排斜拉索的斜拉桥中，处在前排斜拉索尾流区的后排斜拉索如果正好位于不稳定的驰振区，后排(下风侧)斜拉索会比前排(上风侧)斜拉索发生更大的风致振动。

(3)风雨振。斜拉索的风雨振是指在一定风速范围内，由于风、雨联合作用引起、处于一定状态的斜拉索大幅振动。目前的研究表明，斜拉索风雨振的产生有以下几种原因：雨水沿斜拉索表面形成水线；雨水来流在斜拉索的后面形成轴向流，轴向流的存在使斜拉索剖面在平滑流中的升力线斜率为负，引发驰振；雨水在斜拉索表面形成水线环索表面振动，水线的振动频率和斜拉索的某阶固有频率相同，斜拉索的弯曲振动和水线振动以及来流产生耦合，从而形成负气动阻尼，引起斜拉索大幅振动。

(4)参数共振。当矮塔斜拉桥主梁受到外界各种因素影响，桥面以总体弯曲频率振动时，下端与桥面相连的斜拉索将以相同的频率随之纵向振动。当桥面的总体弯曲振动频率与某根斜拉索固有频率成倍数关系时，斜拉索就会产生参

数振动。

3. 斜拉索振动控制方法

被动控制一直是斜拉索振动控制的主要方法。被动控制又称无源控制，它不需要外部提供能源，不需要系统的反馈信号，它是结构的振动使控制系统被动地产生控制力，从而使结构振动得到控制。因此，被动控制具有成本低、不影响结构稳定等特点，但其缺乏环境变化的适应力，所以控制效果不如其他控制方法。大量研究表明，被动控制的控制效果和阻尼器距斜拉索端部距离与斜拉索之比 L_d有关，L_d越大则控制效果越好。但由于斜拉索所处位置限制，为不影响桥梁美观，L_d值受到很大限制，对于较短的斜拉索，L_d 值可以达到 5%，控制效果较好；对于较长的斜拉索，L_d值受到极大的限制，以致无法提供足够的阻尼来控制斜拉索的振动，从而使被动控制失效。

然而，随着振动控制技术的逐渐成熟、新型材料的开发，以及现代电子技术的推广，很多学者对主动控制和半主动控制的方法进行了大量的研究。

半主动控制与主动控制的差别在于使用过程中半主动控制可以改变控制设备的阻尼特性，所以半主动控制设备又称为可控制的被动设备，控制效果优于被动控制。与主动控制系统一样，半主动控制系统的传感器装置收集结构响应及激励的信息，并反馈给最优控制算法装置，然后最优控制算法装置发出适当的指令给半主动设备，以改变控制设备的特性。与主动控制系统不同的是，半主动控制系统提供的控制力受到控制设备的制约，有时它并不能提供按最优控制算法得到的力，所以它的控制效果次于最优主动控制。然而，由于半主动控制所需外部能量比主动控制少得多，且半主动控制系统不给结构施加机械能量，控制的稳定性可以得到保障，是一种有效和安全的控制方法。

主动控制需要大量外部能源，故又称有源控制。它依据结构响应及激励反馈信息，由最优控制算法装置求出需要的最优控制力，依靠外部能源将控制力施加给被控结构，达到减小结构振动反应的目的。

4. 斜拉索振动控制手段

目前，被动控制作为主要控制方法，已被大量应用于实际工程的斜拉索振动控制中。采用被动控制的手段主要有：斜拉索导管内置式橡胶阻尼器、索体表面空气动力措施、外置式被动阻尼器以及辅助索等。

斜拉索导管内置式橡胶阻尼器是用得最多的一种阻尼器，它主要利用橡胶和斜拉索之间的摩擦以及橡胶自身的挤压变形黏滞阻尼耗能。其特点如下:结构简单,易于安装;橡胶圈可以置于斜拉索与导管之间,完全不为行人所见,具有较好的美观效果。

外置式被动阻尼器已成为斜拉索振动的主要控制手段。在多风多雨地区,桥梁跨径特别大时,除采用以上减振措施外,一般也使用油压阻尼器。

辅助索的优缺点很明显。采用辅助索将若干根斜拉索连接起来,或者采用连接器将相互并列的两根斜拉索连接起来,可增加斜拉索体系整体的刚度,提高斜拉索的振动频率,提高斜拉索各阶振动的广义质量,增加斜拉索的机械阻尼和气动阻尼。同时,由于每根索的振动频率、相位和幅值不同,故可使斜拉索之间的运动受到制约而达到一定的减振效果。然而辅助索结构较复杂,其作用和机理仍没有确切定论,因此没有比较完善的设计理论,在设计、施工中只能依据经验而定。此外,辅助索破坏了原有斜拉索系统的美观性,因此实际应用较少。但是,当斜拉索较长,且减振又有特殊要求时,可采用辅助索减振。

随着材料科学、信息技术、控制技术等的发展以及各学科的相互融合,近年来许多学者提出了许多新的斜拉索振动控制手段,半主动控制和主动控制更加显示出其科学性、合理性和优越性,特别是在长索的振动控制上,磁流变阻尼减振器是目前最新研制出来的半主动控制器。

磁流变阻尼减振器是应用智能材料磁流变液在强磁场下的快速可逆流变特性而制造的一种新型振动控制装置,它具有结构简单、体积小、能耗少、响应快、阻尼力连续、顺逆可调等特点。与其他被动阻尼器相比,磁流变阻尼减振器的最大特点是在提供小电压的条件下,能够产生较大的阻尼力,大大提高了斜拉索的阻尼比,从而控制斜拉索的振动。磁流变阻尼减振器-斜拉索系统是一个反馈控制系统,可通过信号处理装置对斜拉索振动信号接收处理,自动改变磁流变阻尼减振器所需电压的大小,以满足对不同长度斜拉索的最佳控制效果。因此,磁流变阻尼减振器比其他被动阻尼器更具优越性。

3.4 矮塔斜拉桥施工控制体系

3.4.1 桥梁施工控制简介

桥梁施工控制是桥梁安全建设的保证。为了安全可靠地建造好每座桥,施

工控制非常重要。随着计算分析手段的快速发展,每种体系桥梁所采用的施工方法均可按预计的程序进行,可以分析计算施工中每一阶段的结构内力和变形,同时还可以通过监测手段得到各施工阶段结构的实际内力和变形,从而可以完全掌握施工进程的发展情况。当发现施工过程中监测的实际值与计算的预计值相差过大时,就要检查和分析原因,不能再继续施工,否则将有出现事故的风险。为避免突发事故的发生,能按时、安全建造一座桥,施工控制是有力的保证。

作为高次超静定结构,矮塔斜拉桥成桥后的结构线形及恒载内力与施工方法和安装工序紧密相关,不同施工方法成桥的线形和内力也不同。矮塔斜拉桥往往采用分步骤施工工艺,结构线形状态和内力状态随着施工工序的进行而不断发生变化。设计阶段通常参照既有规范或工程经验预先假定包括梁体容重、断面类型、材料弹性模量、施工临时荷载、斜拉索索力、收缩徐变系数等在内的关键参数,然后进行模型计算分析,获得结构在施工中的理论状态。事实上,施工中不可避免地会出现施工操作误差、环境参数误差和测量仪器误差等,如不进行严密监测并及时进行调控,结构必然偏离设计目标状态。随着桥梁跨度的增大和结构复杂性的提高,该偏差对设计成桥状态的不良影响会呈几何倍数增加,严重影响结构施工安全和建设质量。

为保证矮塔斜拉桥施工过程中主梁位移、索塔偏位、混凝土应力等指标满足控制要求和结构安全可靠,且使得成桥后的结构状态逼近设计目标状态,必须根据实际的施工工序以及参数,结合施工过程中现场测得的各阶段主梁内力(应力)与变形数据,随时分析各施工阶段主梁内力和变形与设计理论计算值的差异,分析施工误差状态,对施工全过程进行严密监控,这是保障大跨度矮塔斜拉桥安全施工和健康运营的必备条件。矮塔斜拉桥施工控制是指在桥梁施工全阶段仿真分析的基础上,掌握各重要步骤的主梁线形、索塔偏位、斜拉索初张力、控制断面应力等控制理论值,进而对现场施工过程提出明确要求,并进行有效的管理和控制,及时对误差做出调整,以确保施工安全并减少不良误差影响的过程。

除此之外,桥梁施工控制也是桥梁运营中安全性和耐久性的综合监测系统。随着交通事业的发展,荷载等级、交通流量、行车速度等必然会提高,还有一些不可预测的自然破坏也会危及桥梁的安全,若在建设桥梁时进行了施工控制,并预留长期观测点,将会给桥梁创造终身安全监测的条件,从而给桥梁运营阶段的养护工作提供科学、可靠的数据,给桥梁安全使用提供可靠保证。

3.4.2 斜拉桥的施工控制体系理论简介

矮塔斜拉桥作为大跨度高次超静定结构，所采用的施工方法、材料性能、浇筑程序、立模标高以及安装索力等都会直接影响成桥的线形和受力，且施工现状与设计的假定总会存在差异，为此必须对其进行严格的施工控制，以便掌握结构的实际状态，这是各种类型的斜拉桥在建造过程中都必须解决的一个重要课题，即斜拉桥的施工控制。斜拉桥的施工控制包含以下三个方面。

(1)根据选定的施工方法对施工的每一阶段进行理论计算，求得各施工控制参数的理论计算值，形成施工控制文件。

(2)针对实际施工过程中种种因素所引起的理论计算值与实测值不一致的问题，采用一定的方法在施工中控制和调整。

(3)按照设定的施工顺序，在完成一个施工节段后，给出下一个施工节段的立模标高、主梁挠度以及斜拉索初始张拉力的预测值。

影响矮塔斜拉桥施工控制的因素很多，特别是随着矮塔斜拉桥跨径的不断增大，建设规模也相应增大，施工中的不确定性影响因素也越来越多，要使矮塔斜拉桥施工安全、顺利地向前推进，并保证成桥状态符合设计要求，就必须将其作为一个系统工程予以严格控制。由于桥梁的施工控制牵涉许多方面，所以必须事先建立完善、有效的控制系统才能达到预期的控制目标。

3.4.3 矮塔斜拉桥施工控制体系建立

1. 矮塔斜拉桥施工控制体系的基本原则及内容

1)矮塔斜拉桥施工控制体系的基本原则

在主梁悬臂施工阶段，为确保主梁线形平顺、标高正确，施工中以标高控制为主；恒载施工时，为确保结构的整体内力和变形处于理想状态，斜拉索张拉时，以索力控制为主。

此外，矮塔斜拉桥主梁的刚度大于一般常规斜拉桥，因此斜拉索的索力即使有较大变化，悬臂端的挠度变化仍然较小。并且在一般的矮塔斜拉桥施工过程中不需要二次调索，因此矮塔斜拉桥施工控制的一般原则应有别于常规斜拉桥，即在安装斜拉索节段时，应以斜拉索张拉吨位来进行标高控制，线形的控制则主要是通过混凝土浇筑前的放样标高来调整。

2)矮塔斜拉桥施工控制体系的内容

(1)线形控制。

无论什么样的施工方式,桥梁结构在施工中产生的变形都是无法避免的,而且结构的变形受很多因素的影响,极易使桥梁结构在施工过程中的实际位置(立面标高、平面位置)状态偏离预期状态,使得桥梁难以合龙,或成桥线形状态与设计不符,所以必须对桥梁实施线形控制,使其结构在施工中的实际状态与预期状态之间的误差在允许的范围之内,成桥线形符合设计要求。

与桥梁工程质量的优劣需用其质量检验评定标准来检验一样,施工控制的结果也需要一定的标准来检验。桥梁施工控制中的线形控制的总目标就是达到设计要求的几何状态。最终结构的误差允许值与桥梁的规模、跨径大小有关,为保证几何控制总目标的实现,每道工序的几何控制误差的允许范围也需事先确定。

(2)受力控制。

①受力要求。反映矮塔斜拉桥受力的因素包括主梁、塔(墩)和索的界面内力(或应力状况)。起控制作用的是主梁的上下缘正应力,在恒载已定的情况下,成桥索力是影响主梁正应力的主要因素,成桥索力较小的变化都会对主梁正应力产生较大的影响。而主梁正应力与主梁截面轴力和弯矩有关,因为轴力的影响较小且变化不大,所以弯矩是影响主梁正应力的主要因素。塔的情况与梁类似,只是索力对塔的影响没有梁那么敏感,塔中应力通常容易得到满足。索力要满足最大、最小索力要求,最大索力要求为钢丝强度要求,最小索力要求为斜拉索垂度要求。

②应力控制。桥梁结构在施工过程中以及成桥后的受力状态是否与设计的相符合是施工控制中要明确的问题。通常通过结构应力的监测来了解结构实际应力状态,若发现结构实际应力测量值与理论应力计算值的偏差超出允许范围就要进行调控,使其在允许范围内变化。若应力控制不满足要求,就会给结构造成危害,严重时将会发生结构破坏,引起工程事故,所以必须对结构应力实施严格的控制。目前对应力控制的精度还没有明确的规定,需根据实际情况确定。

③索力控制。斜拉索的张力对主梁的内力和线形有着很大的影响。斜拉索控制目标就是要使斜拉索的实际张拉力与设计值相吻合。斜拉索张拉后的每个阶段都要对索力进行严格的监测,若发现成桥索力与理论计算值偏差超出允许范围,就要进行调索,直至满足要求。

斜拉索的控制精度:控制索力初张拉允许误差为±2%;阶段索力误差为±5%。

(3)稳定控制。

随着桥梁跨径的增加、桥墩塔高耸化、箱梁薄壁化以及高强度材料的应用，结构整体和局部刚度下降使得桥梁稳定性问题显得尤为重要。

结构失稳是指外力增加到某一值时，稳定平衡状态开始丧失，稍有扰动结构变形便会迅速增大，使结构失去正常工作能力的现象。

桥梁结构的稳定关系到桥梁的安全，它与桥梁的强度有着同等重要的意义。有不少桥梁在施工过程中，由于失稳导致全桥破坏，例如加拿大的魁北克桥，该桥在南侧锚定桁架即将架设完时，由于悬臂段下弦杆的腹板翘曲而突然发生崩塌坠落；我国四川洲河大桥也因悬臂体系的主梁在吊装主跨中段时承受过大的轴力而发生失稳破坏。因此，桥梁施工过程中不仅要严格控制变形和应力，也要严格控制桥梁构件的局部稳定性和桥梁结构的整体稳定性。

施工稳定主要考虑第一类失稳定问题，因为第一类失稳具有突发性和灾难性，且其计算理论上采用求特征值的方法，当不考虑材料非线性时，计算求解比较容易，一般要求其安全系数在 4～5 成以上。

2. 矮塔斜拉桥施工控制的影响因素和数据采集

1)矮塔斜拉桥施工控制的影响因素

大跨度桥梁施工控制的主要目的是使施工实际状态最大限度地与理想设计状态(线形与受力)相吻合。要实现这一目标，就必须全面了解可能使施工状态偏离理想设计状态的所有因素，以便对施工实施有效的控制。

(1)结构参数。

结构参数直接影响分析结果的准确性。实际桥梁结构参数总是会与设计参数存在一定的误差，施工中如何计入这些误差，使结构参数尽量接近桥梁的设计结构参数，是必须首先解决的重要问题。

①结构截面尺寸。任何施工都可能存在截面尺寸误差，验收规范中也允许出现不超过规范限制的误差，而这种误差将直接导致截面特性误差，从而直接影响结构内力、变形等的分析结果。所以控制过程中要对结构尺寸进行动态取值和误差分析。

②材料弹性模量。结构材料弹性模量和结构变形有直接关系。对常规超静定结构来讲，弹性模量对结构分析结果影响更大，但施工成品构件的弹性模量(主要是混凝土结构)总与设计采用值有一定差别。因此，应随时在施工控制中对弹性模量的取值进行修正。

③材料容重。材料容重是结构在施工过程中产生内力与变形的主要因素，施工控制中必须计入实际容重与设计取值间可能存在的误差，特别是混凝土材料。不同的集料与不同的钢筋含量都会对容重产生影响，施工控制中必须对其进行准确识别。

④材料热膨胀系数。材料热膨胀系数的准确与否也会对施工控制产生影响。

⑤施工荷载。自架设体系中都存在施工临时荷载，它对结构受力与变形的影响在施工控制中不可忽视，必须按实际情况取值。

⑥预加应力。预加应力是预应力混凝土结构内力与变形控制考虑的重要结构参数，但其大小受多种因素影响，包括张拉设备、管道摩阻、预应力钢绞线断面尺寸、弹性模量等。控制过程中对其取值误差必须合理估计。

⑦索力。斜拉索的索力直接影响结构变形与受力，由于目前斜拉索控制索力均由油压表读数控制，所以油压表以及张拉系统的误差决定了斜拉索的张拉力误差。另外，锚具变形也会影响索力的数值。斜拉索张拉力可通过现场测试减少误差。

(2)混凝土收缩徐变。

混凝土收缩徐变系数的试验测试需要较长的周期及较大投资的设备，对于施工现场混凝土的收缩徐变系数则按规范取值，并在施工过程中进行分析和修正。可以在试验块中埋设传感器，以及在桥面某些节段按垂直于桥向布置应变计等手段，取得影响混凝土的实际收缩徐变参考值。

(3)温度变化。

温度变化对桥梁结构的受力与变形影响很大，这种影响随着温度改变而改变，在不同时刻对结构状态(应力、变形状态)进行量测，其结果也不一样。斜拉桥施工控制应充分考虑温度的影响。在大、中跨径斜拉桥施工控制中，主梁标高、斜拉索索力的测量受温差影响较大，对于昼夜温差的影响，一般采取回避的做法更直接有效，即测量立模标高和斜拉索张力时，均在温度比较均匀的凌晨到日出这一段时间进行。对于连续高温的天气，凌晨温度也会不均匀，这时应修正立模标高，减小温差影响。对于季节温差的影响，应在施工控制仿真计算时予以考虑。

(4)梁段重量误差。

梁段重量误差是影响控制精度的重要因素。由于模板刚度有限，在浇筑混凝土时容易造成模板变形，混凝土超方也会导致实际梁段重量比理论计算的梁段重量大。可以通过反馈计算来预测梁段重量误差及其趋势，减少因梁段施工重量的变化对施工控制造成的影响。

(5)施工方案。

矮塔斜拉桥所采用的施工方法和安装程序，与成桥后的主梁线形和结构恒载有密切关系。在施工阶段，随着矮塔斜拉桥结构体系和荷载状态的不断变化，结构内力和线形亦随之不断变化。施工方案的改变将直接影响成桥后的结构状态，因此施工方案是影响斜拉桥施工控制的重要因素。

(6)施工监测。

施工监测包括温度监测、应力监测、变形监测等。因测量仪器本身、仪器安装、测量方法、数据采集、环境状态等方面存在误差，使得施工监测总是存在误差。该误差一方面可能造成结构实际参数、状态与设计(控制)值吻合较好的假象；另一方面也可能造成将本来较好的状态调整得更差的情况。所以在施工控制过程中，应从测量仪器、设备、方法上尽量减小施工监测误差，而在进行施工控制分析时，应尽可能计入这一误差的影响。

(7)临时荷载、挂篮刚度。

在施工中，如果对临时荷载的大小、位置和加载卸载时间没有严格的规定，由于其影响较大，则无法进行有效地误差识别和预测。挂篮的刚度以及挂篮与混凝土主梁的连接牢固情况也对施工控制的平顺性影响很大，一定要在挂篮试压时准确地模拟挂篮的纵梁、挂钩及止推杆等关键构件的刚度。同时也要在挂篮立模时严格控制挂篮的非弹性变形，以减少施工误差。

(8)施工管理。

施工管理的好坏直接影响矮塔斜拉桥施工质量和进度。尤其在施工进度不按计划进行时，会给施工控制带来一定困难。以悬臂施工的矮塔斜拉桥为例，如果主梁和悬臂的施工进度存在差别，就必然使其中一处悬臂在合龙前等待较长时间，从而产生不同的徐变变形。由于徐变变形难以准确估计，所以可能会造成最终合龙困难。

2)施工控制的数据采集

(1)标高测量。

主梁的线形测量是指用测量仪器对主梁各段控制点的标高进行测量。如线形测量控制点设置得当，还可以测出主梁各段的扭曲程度。主梁的线形测量以线形通测和局部块段标高测量相结合的方式进行。在每完成一个梁段的斜拉索张拉工作后，应对已成梁段的标高进行一次通测，主跨合龙前后等关键施工阶段

均应根据施工过程监控组的要求进行通测，部分斜拉索张拉前后的梁段标高测量能反映出实际施工时主梁的挠度变化，这些数据是进行施工控制分析最重要的因素。

主梁的标高用精密水准仪进行测量，在桥纵向从悬臂端往塔根部方向测试主梁节段断面标高，每个测量断面布置 4 个测点，测点均在主梁上。

(2)力学测量。

矮塔斜拉桥施工控制的力学测量主要有索力测量和应力测量。

①索力测量。

斜拉索的张力直接影响到主梁的内力和线形，部分斜拉桥的索力状态可以反映全桥内力的指标。借助专业设备测定施工阶段和成桥阶段的索力是施工控制的主要工作之一。索力的测试以索力的通测和单根斜拉索索力测量相结合的方式进行。在斜拉索张拉后对其进行索力测量，可及时发现并纠正由于施工中油表读数误差或斜拉索锚固引起的索力误差，用于评价索力和梁内力状态，并研究消除误差的对策。对斜拉桥索力进行监控测试的方法主要有压力表测定法、压应力测力传感器测定法、振动频率法。其中前两项测试费用较高，不能循环使用，现在工程上主要采用振动频率法(或称频谱分析法)，利用附着在斜拉索上的高灵敏度传感器拾取斜拉索在环境振动激励下的振动信号，经过滤波、放大和频谱分析，再根据频谱图来确定斜拉索的自振频率，然后根据自振频率与索力的关系确定索力。考虑到斜拉索弯曲刚度的影响，应进行测量前的标定工作，并在测量中加以修正。索力换算不仅要符合基频，并且要用前 3～4 阶频率做验证。在施工现场测试时，斜拉索的振动长度对计算结果至关重要。

②应力测量。

在部分斜拉桥上部结构的控制界面布置应力测点，以观察在施工过程中这些截面的应力变化及应力分布情况，根据当前施工阶段向前计算至竣工，预告今后施工可能出现的状态并预告在下一阶段当前已安装构件或即将安装的构件是否不满足强度要求，以确定是否在本施工阶段对可调变量实施调整。由于电阻应变传感器在混凝土振捣时极易被损坏，即使不损坏，其绝缘度也无法保证，另外，在混凝土表面贴片也不能保证完全可靠，容易发生漂移，不能保证长期监测，因此主梁各断面应力监测宜采用钢弦应变计。钢弦应变计为密封式自保证体系，与外界物质并不直接相关，测试时，通过测其频率即可得到混凝土的应变，从而得到应力。

在应力测量中，测量得到的应力要经过处理分析后才能应用，因为在测量得到的应力中包含混凝土收缩徐变引起的应变计变形。所以测量得到的数值一般偏大，因此在施工现场应用混凝土做一个试验块，在试验块中埋设应变计，这样可以测量出在相同情况下不同时间混凝土的收缩量。

(3)温度测量。

部分斜拉桥的温度场测量包括主梁截面的温度场测量、主塔截面的温度场测量、斜拉索内部温度场测量以及温度对主梁标高、索力、塔顶偏位、相关截面的应力应变的影响测量。通过温度测量提供主梁、索塔、斜拉索的各测量断面的温度短期变化曲线(即测量出比较有代表性的某一天或几天 24 h 内结构的温度变化情况)和季节性温差变化曲线，以及斜拉索内外温差和中心点温差的对应关系曲线。结合塔柱偏移和主梁线形以及索力的测量结果，总结出日照温差变形规律和季节性温差变形规律。

主梁及主塔的温度测量采用在测量断面预埋测量原件(热敏电阻)，用数值万用表测量热敏电阻的电阻值，然后根据电阻与温度的标定曲线，由所测电阻值推导出温度值的方法。

斜拉索的温度测量可采用特制的长约 2 m 的试验索段，试验索段的构造方法与实际索应完全相同。在试验索段的内部钢丝上埋设热敏电阻，用数值万用表测量其电阻值，然后根据电阻与温度的标定曲线，由所测电阻值推算出斜拉索内芯的温度值。

3. 矮塔斜拉桥施工控制方法

桥梁施工控制以现代控制论为理论基础，为满足现代桥梁建设需要而发展起来。关于误差分析和预测的具体方法，国内外学者和工程技术人员已提出了诸如卡尔曼滤波法、最小二乘法、灰色系统控制法、无应力状态法等各种理论。由于桥梁的结构形式、施工特点及具体施工内容的不同，其施工控制的方法也不尽相同。控制方法有开环控制法、闭环控制法、自适应控制法等。

1)开环控制

若系统的被控制信号对系统的控制作用没有影响，则称此系统为开环控制。在开环控制中，只有输入量对输出量产生控制作用，而没有输出量对输入量产生控制作用。当出现扰动时，如果没有人工干预，输入量与输出量之间的对应关系将发生改变，也即系统的输出量(实际输出)将偏离输入量所要求的数值(理想输出)。这是由于开环控制的结构特点决定了它不具备抗干扰的能力。因此，开环控制系统一般只能用于控制精度要求不高的场合。

对于较简单的斜拉桥，一般会在设计中估计结构的恒载和活载，由此计算出结构的预拱度，施工时只要按照这个预拱度来施工，施工完成后的结构基本上能达到设计所要求的线形和内力。换而言之，在开环控制中，施工过程中的控制量（如预拱度、块件重量、预应力等）是单向决定的，并不需要根据结构的反应来改变。

早期的斜拉桥施工是从理论成桥状态进行施工过程的倒推分析，求得每个施工阶段主梁的位置和索力。在施工过程中只要按照求得的位置和索力进行安装，理论上可以达到理想的成桥状态，这也是施工开环控制的过程。开环控制对各部件的制造和安装精度要求很高，在对结构的力学特性完全掌握的情况下，这种方法是可行的、方便的。

因为这种施工过程中的控制作用是单向向前的，并不需要根据斜拉桥结构的实际状态来改变原来设定的预拱度，也就是不需要考虑结构状态方程的误差和系统测量方程的噪声，因此又称为确定性控制方法。开环控制方法较适用于拼装钢主梁斜拉桥的施工。

2）闭环控制

若系统的被控制信号对控制作用有直接影响，则该系统称为闭环控制。闭环控制可认为是由在开环控制基础上引入人工干预过程演变而来的，人工干预的关键性作用使得系统的输出量趋向于理想目标。

在施工过程中，出现施工状态偏离理想的设计状态时，如不加以调整，就会使结构的线形和内力远远偏离设计成桥状态，甚至危及结构安全。对于预应力混凝土斜拉桥，其施工中的精度要求相对较低，且设计计算中所采用的各项参数与现场材料的参数存在一定的差距，因此预应力混凝土桥的施工控制难度较大。

3）自适应控制

虽然闭环控制能够通过控制作用，消除模型误差和测量误差所引起的结构状态误差，但是这种随机控制方法只是在施工误差产生以后，用被动的调整措施减少已经造成的结构状态误差对最终结构状态的影响。斜拉桥施工中实际结构状态达不到各个施工阶段理想结构状态的重要原因之一是系统模型结构的有限元模型中的计算参数（例如截面几何特性、材料容量、混凝土收缩徐变等）与实际参数之间有偏差。如果能够在重复性很强的分段施工，特别是悬臂施工中，将这些有可能引起结构状态误差的参数作为未知变量或带有噪声的变量，在各个施工阶段进行实时识别，并将识别得到的参数用于下一施工阶段的实时结构分析，则在经过若干施工阶段的计算与实测磨合后，必然可以使系统模型参数的取值趋于合理，使系统模型反映的规律适应于实际情况，从而主动降低模型参数误差，然后再对结构状态误差进行控制。这就是自适应控制的基本原理。

参数误差的识别过程是自适应控制的关键，其任务就是根据控制目标（如索力、标高、塔的变位和结构应力）的测量值与计算值之间的误差反算施工过程模拟计算中选用的参数，如混凝土的弹性模量、主梁自重集度、挂篮刚度、徐变系数等。目前参数识别算法有两类：一类是基于误差最小化的算法，如最小二乘法等；另一类是基于随机状态估计理论的算法，如卡尔曼滤波法等。

当结构测量的受力状态与模型计算结果不相符时，把误差输入到参数识别算法中去调节计算模型的参数，使模型的输出结果与实际测量的结果相一致。得到修正的计算模型参数后，重新计算各施工阶段的理想状态。这样经过几个工况的反复辨识后，计算模型就基本上与实际结构相一致，在此基础上可以对施工状态进行更好的控制。由于部分矮塔斜拉桥采用悬臂拼接或悬臂浇筑的施工方法，主梁在塔根部的相对线刚度较大而变形较小，因此在控制初期，参数不准确带来的误差对全桥线形的影响较小，这对于上述自适应控制的应用非常有利。经过几个节段的施工之后，计算参数得到修正，为跨中变形较大的节段施工控制创造了良好条件。

第4章　石滩大桥设计实践

4.1　石滩大桥设计资料

增城区石滩东西大道建设工程位于广州市增城区石滩镇境内，项目起点为石滩东西大道旧路与省道S379平交口处（北三环高速石头立交桥底），起点桩号为K0＋000；终点与荔三公路相交，路线总体走向为由西往东，沿线经黄冈中学，跨增江，到达项目终点溪头横吓村，终点桩号为K7＋583.455，路线全长7.584 km。

在增城区路网规划中，石滩东西大道在增城区域路网规划中的定位十分明显，即城市主干道路，是增城区石滩镇境内东西向的交通要道，通过项目起点位置附近的石头立交，加强了石滩镇与广州市的沟通。项目的建设亦促进了石滩镇与增城区中心区域的联系，方便增江两岸人民的出行，加快广州市"东进"的战略步伐。

以第三标段为例，起点桩号K3＋662.336，终点桩号K5＋460，路线长1.798 km。本标段主要构造物有：桥梁1座，涵洞2道。石滩大桥全长1167 m，桥宽52.5 m，中心桩号K4＋456.0，石滩大桥主桥采用分幅双塔三跨矮塔斜拉桥，具体桥跨布置为(83＋148＋83)m，主桥长314 m，宽2×26.25 m。采用塔墩梁固结的刚构体系，主桥采用全预应力混凝土结构。引桥分两类，一类是跨增江大堤现浇连续梁，小桩号侧为(34＋46＋39.5＋39.5)m现浇连续箱梁，大桩号侧为(55＋55＋39)m现浇连续箱梁；另一类为30 m现浇连续梁。单幅桥采用方形墩柱，基础形式均采用钻孔灌注桩基础，桩径为150 cm和180 cm两种。桥台为座板式桥台。

本标段包括道路全线的总体、路线、路基、路面、桥涵、交通工程、市政管线（给水、雨水、污水）、照明工程、电力管沟工程及绿化工程。

4.2 石滩大桥设计方案

4.2.1 整体设计方案

1. 主桥桥型及桥跨布置

主桥采用分幅双塔三跨矮塔斜拉桥，具体桥跨布置为(83＋148＋83)m，主桥长 314 m，桥宽 2×26.25 m。主桥桥型布置见图 4.1。

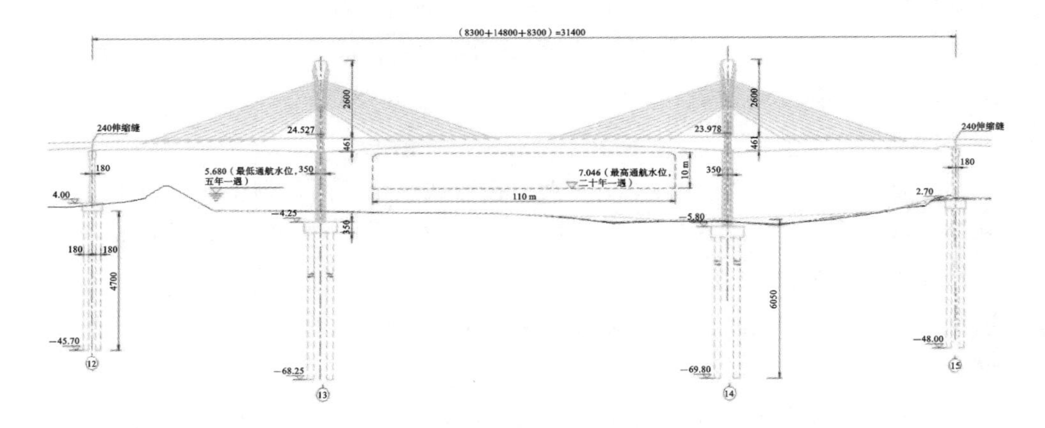

图 4.1 主桥桥型布置(图中标高单位为 m，其他单位为 cm)

2. 结构体系

采用塔墩梁固结的刚构体系，主桥采用全预应力混凝土结构，悬臂浇筑法施工。

3. 主桥上部结构

(1)主塔设计。

主塔为独柱式钢筋混凝土结构，立面为长腰花瓶状，断面为矩形，并单面阳刻装饰纹理。主塔高度为 26.0 m(含索顶以上 6.5 m 装饰段)，主塔截面等宽段顺桥向厚为 3.5 m，横桥向宽 1.7～2.3 m；塔顶花瓶段顺桥向宽 3.5～6.0 m，横桥向厚 2.0～2.3 m。

(2)预应力混凝土主梁设计。

包括主梁结构和预应力体系2方面。

①主梁结构。

主梁采用预应力混凝土结构,采用变高度斜腹板单箱双室宽幅断面。主梁顶板宽26.24 m,外侧悬臂长4.5 m,内悬臂侧3.0 m。因斜腹板影响,底宽14.89～16.89 m。

跨中梁高2.5 m,主塔根部梁高4.5 m,梁底曲线按2次抛物线变化。中跨直线段长18 m,边跨直线段长17.88 m。顶板板厚0.28 m,底板板厚由跨中的0.3 m变厚至塔根部的1.05 m。边腹板在主塔根部向两边由0.6 m变厚至0.9 m,其余部分板厚均为0.6 m;中腹板在主塔根部向两边由0.6 m变厚至0.9 m,其余部分板厚均为0.6 m。

悬臂翼板端部厚为0.2 m,外侧根部板厚0.8 m,设有折线变化段,内侧悬臂根部厚0.8 m,在斜拉索梁段和普通梁段均设置横隔梁。斜拉索梁段有斜拉索箱内横隔梁厚0.3 m,无斜拉索箱内横隔梁厚0.3 m。主塔墩处中间箱室横隔梁由于塔、墩、梁传力需要,厚度为4.5 m,边跨端横隔梁厚2.0 m。横坡设置:顶板及底板设置为2%,顶底板平行布置。

②预应力体系。

主梁采用三向预应力体系。主梁纵向、横向及竖向均采用ϕ15.2钢绞线,根据各跨受力特点对布束范围和张拉吨位适当调整。斜拉索下横梁配置2～4根19ϕ^s15.2钢绞线,上端横梁配置2根19ϕ^s15.2钢绞线。桥面板配置4ϕ^s15.2钢绞线,间距0.5 m。主梁的边、中腹板和有索区中横隔板配置4ϕ^s15.2钢绞线,根据各部位受力差异,其数量和排列有所不同。

(3)斜拉索设计。

斜拉索采用ϕ^s15.2填充型环氧涂层钢绞线斜拉索,标准强度为1860 MPa,斜拉索规格分别为37-ϕ^s15.2、43-ϕ^s15.2和55-ϕ^s15.2,采用钢绞线斜拉索群锚体系。半幅桥斜拉索为双面双排索,布置在主梁侧分带及中分带处。塔根两侧无索区长40.7 m,边跨无索区长18.65 m,中跨无索区长19.3 m,梁上索距4.0 m,塔上索距0.8 m,斜拉索在塔上采用分丝管锚固结构。全桥共96根斜拉索。

(4)斜拉索张拉。

斜拉索张拉力原则上采用一次张拉完成,不再进行索力调整。施工时施工单位可根据实际情况确定是否需要二次张拉。

(5)混凝土选用。

为减少桥梁恒载，斜拉索保护区范围采用轻骨料混凝土，密度不大于 800 kg/m^3。人行道底座采用结构轻骨料混凝土，密度要求约 1500 kg/m^3。

4. 主桥下部结构

(1)主墩。

单幅桥采用双柱式矩形墩柱，墩宽顺桥向等宽 3.5 m，横桥向宽度 4.0～5.0 m。主墩采用双幅整体式矩形承台，承台厚 3.5 m，宽 12.0 m，长 49.25 m，封底混凝土厚度根据施工阶段套箱内外水头差和施工荷载可适当调整。主墩基础各采用 16 根直径 2.3 m 大直径桩，均按摩擦桩设计。

(2)过渡墩。

均采用双肢实心柱式墩，4 根直径 1.8 m 桩；考虑到与引桥相衔接，过渡墩设置帽梁。

(3)下部结构防撞设计。

船舶撞击荷载由下部结构直接承受，常水位下橡胶护舷对船舶撞击起消能作用。

5. 计算参数及结论

(1)恒载。

一期恒载包括主梁、主塔、斜拉索等材料的自重，按实际断面计取重量。二期恒载包括桥面铺装、防撞护栏、人行道等，计算时荷载取 120 kN/m。

(2)不均匀沉降。

桩基础均按 1 cm 不均匀沉降控制。

(3)汽车荷载。

汽车荷载等级为公路-I 级。根据《公路桥涵设计通用规范》(JTG D60—2015)的规定横向布置，并按规范对汽车荷载纵向和横向进行折减。

(4)温度作用。

系统温度采用升 20 ℃，降 20 ℃。主梁截面梯度温差按《公路桥涵设计通用规范》(JTG D60—2015)进行计算。主塔左、右侧面温差±5 ℃。斜拉索与主梁、主塔间温差±10 ℃。

(5)风荷载。

主塔单位面积横向及顺向风荷载 P=3.16 kN/m^2。主桥横向风荷载 6.38～

10.91 kN/m，主桥顺向风荷载 2.08 kN/m。

(6)其他。

挂篮重按 1600 N 取值，边跨合龙及中跨合龙段单侧自重 520 kN，中跨合龙时跨中向边墩方向实施 3000 kN 顶推力。

(7)计算结论。

承载能力极限状态及正常使用极限状态均满足规范要求。

4.2.2　耐久性设计

1. 一般耐久性保护措施

施工前确定施工工艺和选用的材料，进行混凝土最佳配合比设计与试验，确保混凝土密实性和匀质性。混凝土粗骨料粒径不宜大于 20 mm。承台和墩身混凝土中加入相应外加剂，在不影响混凝土性能前提下，确保混凝土和钢筋的耐久性。

桩基采用钢护筒成孔，钻头直径不得小于设计桩径，禁止采用缩小钻头，通过钻进过程的自然扩孔达到设计桩径；施工完成后，桩基施工钢护筒不取出，作为永久结构。主墩墩身、主塔钢筋保护层内和承台底层钢筋保护层内分别设置 D6.5 冷轧带肋钢筋焊接网，以防止混凝土开裂，确保结构耐久性。

2. 预应力管道耐久性设计

采用耐腐蚀、密封性能好的高密度聚乙烯塑料波纹管，波纹管技术标准符合《预应力混凝土桥梁用塑料波纹管》(JT/T 529—2016)的要求。

3. 预应力钢束耐久性设计

所有纵、横、竖向预应力钢束均采用塑料波纹管成孔，并采用真空辅助压浆技术来提高预应力钢束的耐久性。压浆材料和浆体性能应符合下列要求。

①压浆材料宜掺入适量、与水泥相容性良好的阻锈剂，并具有降低用水量、保证浆体流动性、补偿收缩以及降低泌水的效果。压浆材料应对预应力钢筋无腐蚀作用，且其氯离子含量不大于 0.06%。

②浆体最大泌水率不得大于 3%，拌和后 3 h 的最大泌水率不宜大于 2%，且泌水应在 24 h 内全部被浆体吸收。

③浆体的水灰比不小于本体混凝土。

④浆体可灌性以流动度控制，采用流淌法测定时应为 230～250，采用流锥法测定时应为 12～18 s。

⑤压浆材料和浆体其他性能和要求应满足《建筑工程预应力施工规程》(CECS 180:2005)。

4. 钢结构耐久性设计

对于主桥护栏和人行道栏杆等钢结构，应采用重防腐涂装体系，并定期检查和维护。

5. 主要材料耐久性设计

(1)混凝土。

沥青混凝土用于 10 cm 桥面铺装。C60 混凝土用于主桥箱梁和主塔塔身，高强混凝土应严格控制配合比中水泥用量和骨料品质。C40 混凝土用于主墩墩身。C40 小石子混凝土用于支座垫石。C30 混凝土用于承台及桩基。C20 混凝土用于承台垫层。LC30 结构轻骨料混凝土用于人行道底座，要求密度约为 1500 kg/m^3。LC5.0 轻骨料混凝土用于斜拉索区铺装层，要求密度不大于 800 kg/m^3。

水泥应采用品质稳定的普通硅酸盐水泥或硅酸盐水泥，碱含量不宜大于 0.60%，熟料中 C3A 含量不应大于 8.0%。其余技术要求应符合《通用硅酸盐水泥》(GB 175—2007)的规定，不应使用其他品种水泥。

细骨料应采用硬质洁净的天然中粗河砂，也可使用经专门机组生产、并经试验确认的机制砂，其细度模数宜为 2.6～3.2，含泥量不应大于 2.0%，泥块含量不应大于 0.5%，其余技术要求应符合《公路工程集料试验规程》(JTG E42—2005)的规定。

粗骨料应采用坚硬耐久的碎石或卵石，空隙率宜小于 40%，压碎指标宜小于 20%，粗骨料母岩的抗压强度与混凝土设计强度之比应不小于 1.5，含泥量不应大于 1.0%，泥块含量不应大于 0.5%，针片状碎石含量宜小于 10%；粒径宜为 5～20 mm，连续级配，最大粒径不应超过 25 mm，且不应大于钢筋最小净距的 3/4。其余技术要求应符合《公路工程集料试验规程》(JTG E42—2005)的规定。

选用的骨料应在施工前进行碱活性试验，应优先采用非活性骨料，不应使用碱-碳酸盐反应活性骨料和膨胀率大于 0.20%的碱-硅酸反应活性骨料。当所采

用骨料的碱-硅酸反应膨胀率在 0.10%～0.20%时，混凝土中的总碱含量不宜大于 3.0 kg/m^3（特大桥、大桥和重要桥梁不宜大于 1.8 kg/m^3），且应经碱-骨料反应抑制措施有效性试验验证合格。

混凝土拌和及养护用水应符合《混凝土用水标准》(JGJ 63—2006)的要求。混凝土拌和物（含封锚混凝土）中各种原材料引入的氯离子总量不得超过胶凝材料总量的 0.06%。

混凝土矿物掺和料应采用性能稳定的粉煤灰，粉煤灰氯离子含量不宜大于 0.02%，其余性能应符合《用于水泥和混凝土中的粉煤灰》(GB/T 1596—2017)中Ⅰ级粉煤灰的规定。

外加剂应采用品质稳定、与胶凝材料具有良好相容性的产品。减水剂宜采用高效聚羧酸高性能减水剂，性能指标应符合《混凝土外加剂》(GB 8076—2008)的规定，减水剂掺量以及与水泥的适用性应由试验确定。引气剂和膨胀剂应分别符合《混凝土外加剂》(GB 8076—2008)和《混凝土膨胀剂》(GB/T 23439—2017)的要求。

主桥承台、主墩、主桥主梁 0#～3#块混凝土中加入替代水泥用量 8%的 GNA 微膨胀剂，GNA 必须是大厂、回砖窑生产。混凝土限制膨胀率要在 0.02%～0.03%的范围。全桥主梁、主墩及主塔掺入聚丙烯腈纤维，掺入量为 0.8 kg/m^3。

(2)钢材。

主桥斜拉索预埋钢管采用 Q235B 无缝钢管，塔上斜拉索分丝管采用 20 号钢，斜拉索锚垫板采用 Q235B 钢，塔上抗滑锚采用铸钢。斜拉索锚具应满足《预应力筋用锚具、夹具和连接器》(GB/T 14370—2015)。

防撞钢护栏采用 Q345C 钢材，人行道护栏采用镀锌钢套管和镀锌钢板。

(3)普通钢筋。

HPB300、HRB400 钢筋标准应符合《钢筋混凝土用钢 第 1 部分：热轧光圆钢筋》(GB/T 1499.1—2017)和《钢筋混凝土用钢 第 2 部分：热轧带肋钢筋》(GB 1499.2—2018)的规定。除特殊说明外，钢筋直径不小于 12 mm 者，均采用 HRB400 热轧带肋钢筋，钢筋直径不大于 10 mm 者，均采用 HPB300 钢筋。凡需焊接的钢筋均应满足焊接要求。

(4)预应力钢绞线。

采用符合《预应力混凝土用钢绞线》(GB/T 5224—2014)要求的低松弛高强度钢绞线，其抗拉强度标准值 f_{pk}=1860 MPa，公称直径 15.2 mm，弹性模量 E_p=

1.95×10^{5} MPa，钢束锚具采用知名厂家的合格产品及其配套设备，管道采用预埋塑料波纹管成型。

(5)斜拉索。

主桥斜拉索采用 ϕ^{s}15.2 mm 填充型环氧涂层钢绞线拉索体系，标准强度为1860 MPa，斜拉索采用钢绞线斜拉索群锚体系。填充型环氧涂层钢绞线应符合《环氧涂层填充型七丝预应力钢绞线标准规范》(A882/A882M—04a)和《环氧涂层七丝预应力钢绞线》(GB/T 21073—2007)的要求。斜拉索锚具应满足《预应力筋用锚具、夹具和连接器》(GB/T 14370—2015)的要求。

斜拉索用钢绞线采用环氧喷涂工艺，单根钢绞线采用 PE 护套，斜拉索外层采用 HDPE 护套。

HDPE 护套管应具有耐久性、耐氯离子腐蚀和极低的气体与液体渗透性。HDPE 护套管为双层同步挤压成型全圆形截面，应符合《桥梁缆索用高密度聚乙烯护套料》(CJ/T 297—2016)的要求，套管内层为黑色，外层颜色待定。

(6)波纹管和锚具。

所用预应力锚具必须经过正式鉴定和重大桥梁检验，并符合设计文件的各项要求，预应力钢绞线和精轧螺纹钢筋均采用塑料波纹管制孔，并采用真空辅助压浆技术。

(7)支座、伸缩缝和其他附属材料。

主桥采用 GPZ(Ⅱ)盆式橡胶支座，其技术性能应符合《公路桥梁盆式支座》(JT/T 391—2019)的要求。主桥采用 240 型梳齿板式伸缩缝。主桥防水层采用纳米改性丙烯酸防水涂料或同等性能防水涂料，以确保耐久。主墩和水中过渡墩承台采用自浮式橡胶防撞护舷。主墩墩身、主塔和承台应采取适当措施，降低水化热和混凝土收缩的影响，以防止混凝土开裂，确保结构耐久性。

4.3 石滩大桥主桥施工工艺

石滩大桥主桥跨越增江，桥梁全长 314 m，桥宽 52.5 m，中心桩号 K4+456，主桥采用分幅双塔三跨矮塔斜拉桥，主桥跨径为(83+148+83) m，基础采用群桩承台式，桩基均按摩擦桩设计。

主桥结构为塔墩梁固结的刚构体系，主梁采用预应力混凝土单箱双室箱形结构，采用悬臂浇筑法施工。

4.3.1　主桥总体施工方案

(1)基础施工。水上搭设钢栈桥和施工钻孔平台,桩基础采用冲击钻成孔,承台利用枯水期下放钢管桩围堰,大体积混凝土采用冷却管降温一次浇筑完成。

主要施工流程为:栈桥平台施工→插打钢护筒→钻孔桩施工→平台拆除→钢管桩围堰安装→灌注封底混凝土→抽水、承台施工→墩柱施工。

(2)主塔施工。主塔塔柱采用翻模法施工,标准节段每模浇筑高度 4.5 m,混凝土泵送入模。

(3)主梁施工。主梁 0#块采用落地支架法一次浇筑完成,其余节段采用专用挂篮悬臂对称浇筑,并对应安装斜拉索。

主要施工流程为:搭设主梁 0#块施工支架→在支架上浇筑 0#块混凝土→逐段浇筑塔柱混凝土→安装挂篮→利用挂篮逐段悬臂浇筑混凝土主梁→支架法浇筑边跨节段→边跨合龙→中跨合龙→附属结构施工。

4.3.2　桩基施工

石滩大桥主墩基础为直径 2.3 m 的桩基,共 32 根,桩长分别为 63 m 和 66 m,按摩擦桩设计;过渡墩共 16 根桩,桩基直径 1.8 m,桩长 47 m。引桥基础均采用钻孔灌注桩基础,桩径为 150 cm 和 180 cm 两种。桥台为座板式桥台钻孔灌注桩基础,桩径为 130 cm。

1. 桩基主要工程量

桩基主要工程量见表 4.1。

表 4.1　桩基主要工程量

工程部位	桩径/m	桩基数量/根	混凝土体积/m³	钢筋重量/t				
				$\phi32$	$\phi28$	$\phi22$	$\phi12$	$\phi10$
主墩	2.3	32	8574.4	377.29	—	42.88	6.83	49.85
跨大堤现浇连续梁	1.8	72	9486.4	—	403.71	52.66	8.42	65.29
30 m 现浇连续梁	1.5	128	8001.6	—	499.47	—	12.60	76.27

续表

工程部位	桩径/m	桩基数量/根	混凝土体积/m^3	钢筋重量/t				
				ϕ32	ϕ28	ϕ22	ϕ12	ϕ10
桥台	1.3	32	1274.2	—	111.42	—	1.76	14.27
合计	—	264	27336.6	377.29	1014.6	95.54	29.61	205.68

2. 桩基施工中的重难点

主墩位于增江中，桩基开钻较晚，汛期水位深约 10 m，流速急，汛期桩基施工风险高；砂层厚度大，大直径钢护筒穿越砂层的沉放难度大；大直径超长桩基灌注桩的成桩工艺复杂，施工标准高。

施工过程中易出现的质量问题：孔口高程及钻孔深度误差、孔径误差、钻孔垂直度误差超标，桩底沉渣过厚或开灌前孔内泥浆含砂量过大，塌孔，钢筋笼错位（如钢筋笼的上浮、扭曲或偏靠孔壁），桩身混凝土强度低或混凝土离析，桩身夹层、扩径、缩颈、断桩等。

3. 桩基施工工艺流程及施工前的准备

1）桩基施工工艺流程

桩基施工工艺流程见图 4.2。

2）桩基施工前的准备

（1）技术准备。

施工人员熟悉施工图纸、施工现场的情况、水文地质资料，根据地质情况及进度要求选择合适的钻机，编制钻孔桩施工方案。

开工前，对设计单位移交的导线点、永久的水准点进行复测；按施工现场的实际情况加密导线点和水准点，并与相邻标段联测。根据坐标控制点和水准控制点进行位中点和标高放样。按照混凝土的设计强度和《普通混凝土配合比设计规程》（JGJ 55—2011）的要求进行施工配合比设计。

由工程部长对项目部质检员、施工员作图纸、施工组织设计的技术交底；由项目施工员对作业班组进行作业指导书的交底，包括对轴线、标高、孔深、焊接等方面的交底。

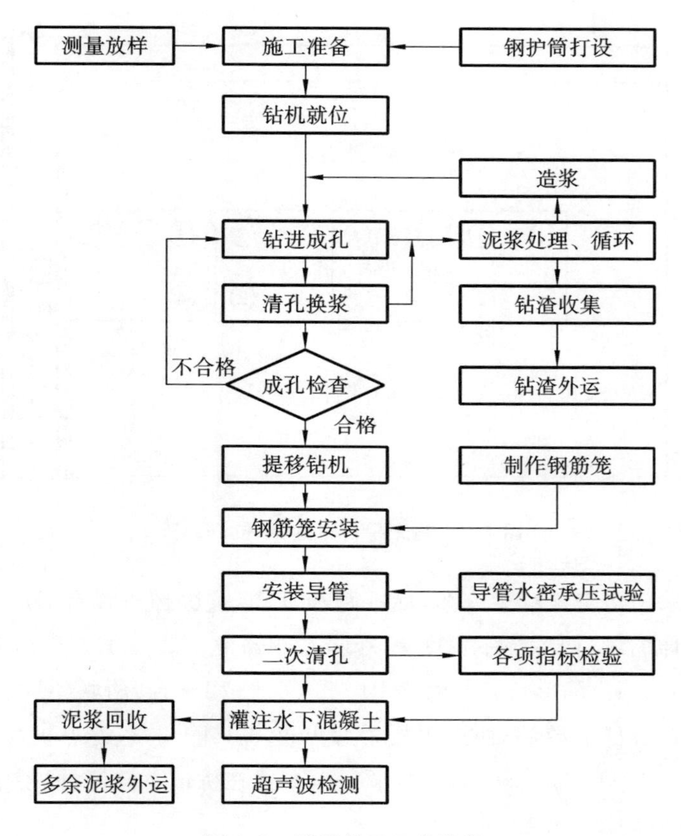

图 4.2　桩基施工工艺流程

(2)施工设备配置及布置。

由于考虑到主墩桩数多(16 根)，施工工作面集中，施工平台较大(桩分布面积为长×宽＝62.25 m×43 m)，按照设备操作空间要求和“跳打原则”，同时考虑尽快完成施工任务和经济原则，投入 6 台冲击钻(4 台工作，2 台停工维修)，将整个区域划分为 4 块，每块 4 根桩，每块投入一台设备。由于平台空间足够大，将空压机、除砂器等辅助设备放置在施工平台上(见图 4.3)。

(3)钢栈桥设计。

钢栈桥上通行最重车辆为 10 m^3 混凝土运输车和 50 t 履带吊车，履带吊车吊重最高为 11.5 t，栈桥荷载按 61.5 t 考虑。石滩大桥十年一遇最高通航水位为＋6.358 m，二十年一遇最高通航水位为＋7.046 m，常水位为＋1.4 m。钢栈桥桩顶标高设计为＋4.668 m，平台顶标高为＋6.5 m。

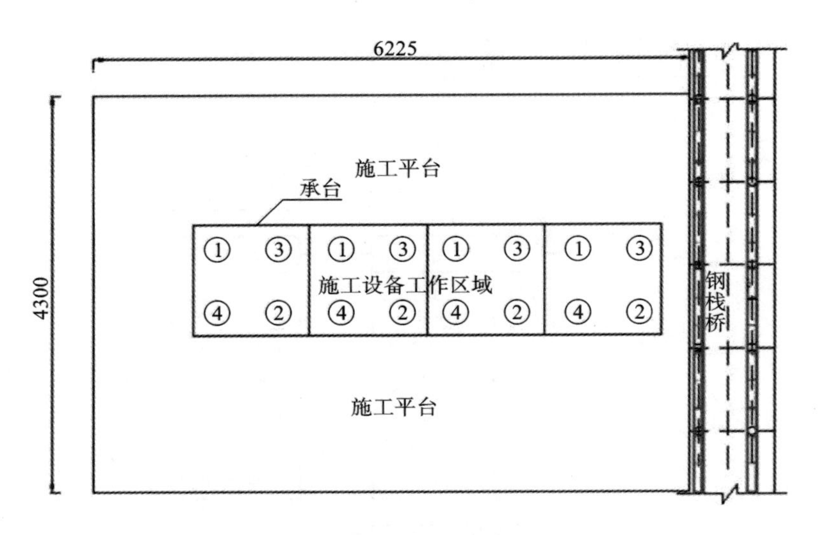

图 4.3　施工平台布置(单位：cm)

钢栈桥采用多跨连续梁方案，标准跨径 9 m，按摩擦桩设计，联与联之间设置 10 cm 的伸缩缝，栈桥统一宽度为 9 m，右侧预留 1.2 m 宽人行通道。东岸钢栈桥起点桩号 K4＋510，终点桩号 K4＋582，全长 72 m，共两联(27＋45)m，栈桥顺桥向布置在桥位上游侧；西岸钢栈桥起点桩号 K4＋293，终点桩号 K4＋401，全长 108 m，共三联(3×36) m，栈桥顺桥向布置在桥位下游侧，栈桥中心线与桥轴线平行，轴线间距 32.12 m。

钢栈桥采用 ϕ800×8 钢管桩，沿栈桥横断面设置，2 根一组，间距 5.6 m(横向)；钢管桩间设 I45b 工字钢平联，略高于水位布置；桩顶横梁为 2I45b 工字钢；主梁为 3 组单层双排贝雷梁，贝雷梁 2 排为 1 组，采用 0.9 m 花窗连接，贝雷梁组与组间设置[10 槽钢剪刀撑；贝雷梁顶面设置 I25a 工字钢横向分配梁及[28 槽钢纵向分配梁。I25a 工字钢横向分配梁间距 75 cm，[28 槽钢纵向分配梁间距 30 cm；栏杆沿全线两侧布置，高 1.2 m，ϕ48×3.5 普通钢管制作成立柱，底部与 I25a 工字钢分配梁焊接，横向采用 ϕ48×3.5 钢管，上下两道，间距为 60 cm。栈桥纵横分配梁和各层分配梁之间均应连接牢固，以形成整体稳定的受力体系。钢栈桥见图 4.4～图 4.7。

(4)钢平台设计。

采用 100 t 旋挖机进行主墩钢围堰引孔施工，钢平台设计荷载 100 t(见表 4.2)。钢平台标高同钢栈桥标高，为＋6.5 m。

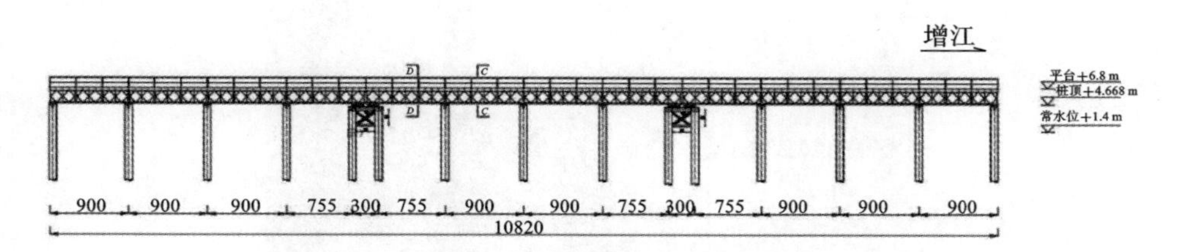

图 4.4　西岸栈桥立面布置(单位:cm)

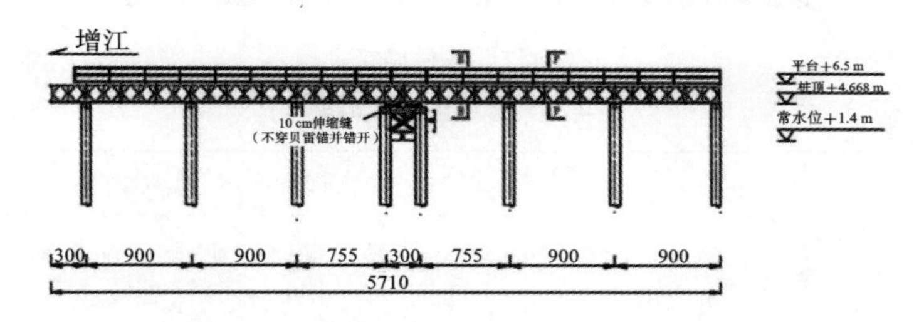

图 4.5　东岸栈桥立面布置(单位:cm)

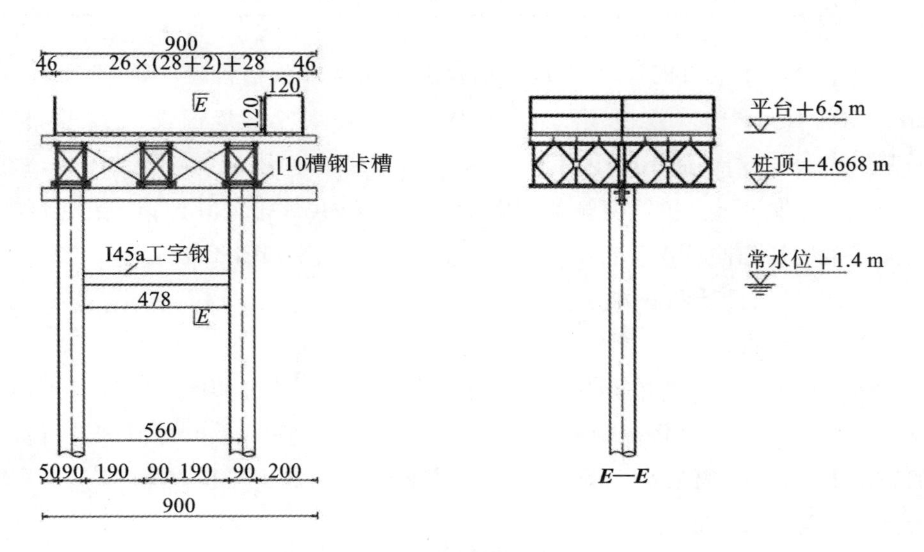

图 4.6　栈桥标准断面构造(单位:cm)

图 4.7 栈桥施工

表 4.2 钢平台设计荷载

序号	分项参数	荷载取值规定
1	钻机荷载	施工平台考虑 4 台冲击钻钻机同时作业，钻机隔孔布置，单台钻机作用荷载 120 kN，冲击锤作用荷载 800 kN，考虑冲击系数 1.3
2	平台均载	按 2.5 kN/m^2 考虑
3	起重设备	100 t 旋挖机作用荷载 1000 kN(工作状态)

钢平台用作主墩桩基、承台施工以及上部结构堆放材料，长 62.65 m，宽 43 m(15 m+16 m+12 m)。钢平台采用 ϕ800×8 钢管桩，横断面设置 12 根，横向间距最大为 5.6 m，最小间距为 3.25 m；钢管桩纵向间距标准跨径为 9 m，最大跨径 12 m，仅设置在护筒两侧各一排及中间一排，共 3 排钢管桩；其余上部结构与前述钢栈桥相同。钢平台平面布置和施工见图 4.8 和图 4.9。

(5)钢护筒设计和安装方案。

①钢护筒设计。

钢护筒底标高确保在最低河床冲刷线以下，钻孔施工期间护筒底口不出现反穿孔。由于 13# 主塔基础河床面标高为－4.5 m，在不考虑对河床进行护底的情况下，计算护筒最小埋置深度，施工期最大冲刷深度可以忽略，河床冲刷线最低标高为－4.5 m。

钢护筒长度为 15 m，外径为 2.6 m，壁厚为 16 mm，为了避免钢护筒沉放时钢护筒顶底口应力集中而导致局部屈曲，在其顶、底口及接长部位各增设 50 cm

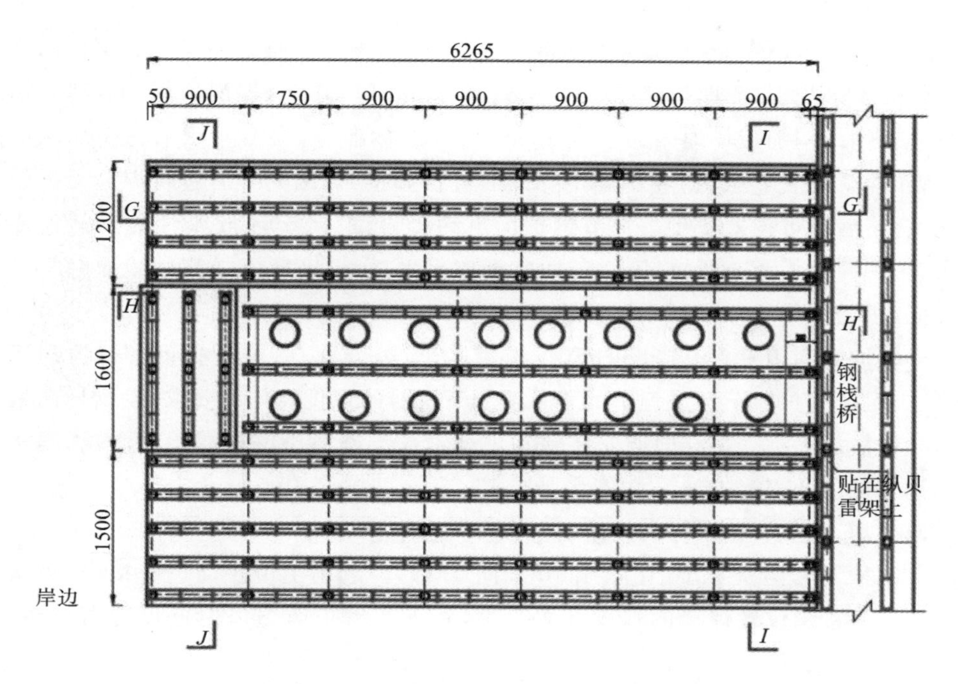

图 4.8　钢平台平面布置(单位:cm)

图 4.9　钢平台施工

长和 10 mm 厚的加劲箍。另外为方便钢护筒的打设,将护筒刃脚部分加工成刃形,加劲箍的下端加工成流线型,减少护筒与地层间的摩阻力。

②钢护筒安装方案。

钢护筒采用厚 16 mm 的钢板卷制拼焊而成，钢材材质为 Q235B。钢护筒手工焊焊条采用 J507 焊条，埋弧自动焊焊丝采用 H08MnA，焊剂采用 HJ431。钢材先在钢结构加工场地内加工成 12 m、3 m 的标准节，由专业钢结构作业队制作，作业队配置卷板机，卷制固定好以后进行焊接，焊接完毕后进行焊缝无损检测，合格后方可投入使用。每节钢护筒重约 16 t，根据 50 t 履带性能及运输要求，钢护筒分成两节插打，第一节插打至离水面 2 m，接高第二节继续插打至设计标高。

钢护筒利用平台上搭设的 50 t 履带吊车，配合 YZ-300 型振动桩锤振动下沉，为保证钢护筒下沉过程中的垂直度和下沉时的定位及精度要求，设置导向架引导钢护筒下沉。在导向架安装前利用全站仪准确放出钢护筒的中心，利用相邻钢管桩顶及钢管桩底平联安装导向架，要求钢护筒中心与导向架中心一致。导向架加工完成后，在导向架内下沉钢护筒。

钢护筒分两次下沉（见图 4.10 和图 4.11）。起吊上节护筒进行接长，为保证钢护筒接缝位置焊接的强度及垂直度，在下节钢护筒顶口内壁设置内衬套。安装上节钢护筒，测量调整垂直度，满足要求后进行焊接。

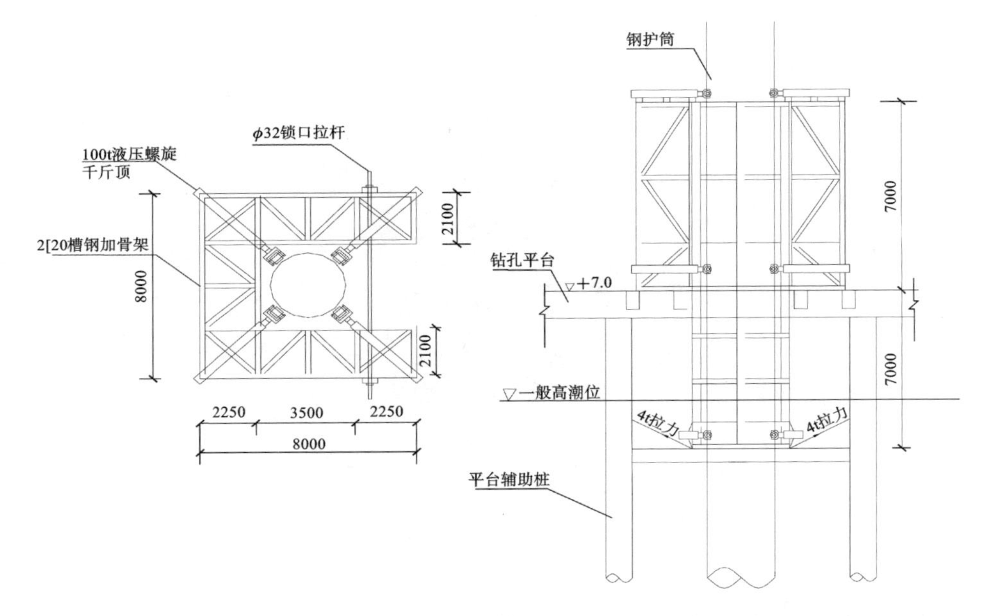

图 4.10　导向架结构示意图（图中标高单位为 m，其他单位为 cm）

图 4.11　钢护筒下放安装现场

4. 关键施工技术

1)钻孔施工

(1)泥浆制备。

护壁泥浆在钻孔中非常重要,尤其是对本工程的大直径深孔,土层为砂层,造浆性能差,泥浆控制显得尤为重要。施工采用不分散、低固相、高黏度的 PHP 泥浆。

根据现场实际情况,钻孔泥浆采用护筒内造浆,该施工方法的优点:现场场地占用面积小、不需在钢护筒之间焊接泥浆循环管、泥浆制造简单方便、有利于保证泥浆质量,非常适合平台桩基施工。钻孔泥浆各项性能指标要求见表 4.3。

表 4.3　钻孔泥浆各项性能指标要求

钻孔方法	泥浆性能指标					
	相对密度	黏度/(%)	含砂率/(%)	胶体率/(%)	失水率/(mL/30 min)	pH 值
冲击	1.2～1.4	22～30	≤4	≥96	≤20	8～11

泥浆循环系统对气举反循环的钻渣泥浆过滤，5 mm×5 mm 颗粒以上的钻渣直接分离出去，较小颗粒的钻渣经一级分离筛后，一部分在水箱内沉淀(水箱定期清渣)，另一部分经泥浆分离器再次分离出去，泥浆经水箱和泥浆分离器后重新返回孔内进行循环。

在分离过程中，泥浆通过钢板槽进入护筒，避免泥浆外泄污染环境。同时，根据现场施工条件，配备运渣设备，以保证钻渣的外运。钻渣采用专用渣箱收集，然后通过汽车运至指定泥浆池和沉淀池，让钻渣沉淀下来，统一收集，由专业的拉渣作业施工队集中运走弃渣。泥浆循环利用设备如图 4.12 所示。

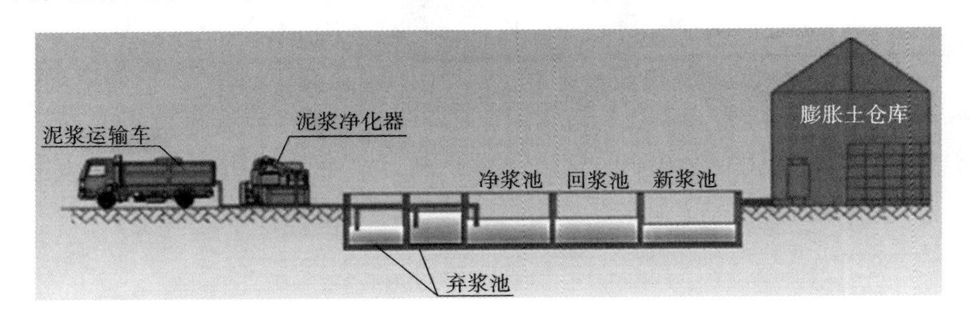

图 4.12　泥浆循环利用设备

(2)钻进施工。

插打好护筒后，就可让钻机就位，钻机要平稳，不产生位移和沉陷。钻机就位时，要使钻头中心对准测量放样时所测设的桩位中心，顶端用缆风绳对称拉紧，钻头和钢丝绳中心与护筒中心重合。

钻孔采用 10～12 t 冲击锤，考虑施工中存在扩孔现象，锤头直径比设计桩径稍小 4～6 cm。在钻机驱动钻头冲击的同时，利用泥浆泵，向孔内输送泥浆。冲洗孔底携带钻渣的冲洗液沿钢丝绳与孔壁之间的外环空间上升，从孔口回流向泥浆池，形成排渣系统。

钻进过程中，每钻进 2 m 左右检查钻机直径和垂直度，注意地层变化，在地层变化处捞取渣样，判明后记入记录表并与地质剖面图核对。下面坚硬岩层采用中、大冲程，松散地层采用中、小冲程，根据实际地层变化采用相应的钻进方式。冲孔要采取连续作业，在护筒下 1 m 范围内，宜慢速钻进。经常对冲孔泥浆进行检测和试验。检测孔底沉渣厚度是否满足设计及规范要求，孔内泥浆指标符合泥浆控制技术规范要求后(循环时间控制在 2～4 h)，移走钻机，尽快进行成桩检查。钻孔灌注桩成孔质量控制标准见表 4.4。

表 4.4　钻孔灌注桩成孔质量控制标准

序号	检查项目	规定值或允许偏差
1	孔的中心位置/mm	群桩:80 单排桩:50
2	孔径	不小于设计桩径
3	倾斜度/(%)	<1
4	孔深/m	摩擦桩:不小于设计规定 支承桩:比设计深度超深不小于 0.05
5	沉渣厚度/mm	摩擦桩:符合设计规定; 支承桩:不大于设计规定,设计未规定时不大于 50
6	清孔后泥浆指标	相对密度:1.03～1.10; 黏度:17～20 MPa・s; 含砂率<2%; 胶体率>98%

2)钢筋笼施工

钢筋笼均在后场钢筋加工场地,采用胎架成型法集中制作,用平板拖车通过施工便道或栈桥运至施工墩位处,利用 50 t 履带吊车下放钢筋笼,最大吊装重量约 50 t。

为保证骨架不变形,采用四点吊:第一和第二吊点设在骨架的顶部第一个加劲圈处,第三和第四吊点设在骨架的五分之三靠上和底部靠上处。第一吊点和第二吊点之间采用单钢丝绳连接,用汽车起重机大钩起吊;第三吊点与第四吊点之间采用单钢丝绳连接,用小钩起吊。起吊时,大钩与小钩同时进行,待钢筋笼骨架离开平板车后,小钩吊点停止起吊,继续提升大钩吊点。随着大钩吊点不断提升,钢筋笼骨架底端会接触到地面,这时大钩停止提升,缓慢提升小钩至钢筋笼底部离开地面至少 2 m 时,此时小钩停止提升,大钩继续缓慢提升。随着大钩吊点不断提升,钢筋笼也慢慢直立(见图 4.13)。在这个过程中,慢慢放松小钩吊点,直到骨架同地面垂直,停止起吊,并检查骨架是否顺直。骨架入孔时慢慢下放,严禁摆动碰撞孔壁。对于不能及时施工的钢筋笼,可以在钢筋笼下部垫边长为 10 cm 的方木,放置在平台边缘。

钢筋笼安装的同时,根据设计图纸将超声波检测管固定在钢筋笼上,并检查

图 4.13 钢筋笼下放安装

超声波检测管接头处密封情况。检查无误后，超声波检测管随钢筋笼一同下放，当超声波检测管顶口与孔口在同一平面时，将超声波检测管内注入清水并封口严密后，继续下放到设计位置。当钢筋笼安装完成检查合格后安装导管。

3)灌注水下混凝土

桩基混凝土由拌和站集中拌制，首批混凝土灌注时，导管埋深要在 1 m 以上。通过计算得到首批混凝土所需体积为 8.3 m^3，首盘混凝土按 9 m^3控制可满足要求。

混凝土灌注采用混凝土搅拌运输车运输配合导管灌注，灌注前对混凝土进行坍落度检测，满足要求后，才能开始灌注。灌注应连续进行。灌注过程中，观察管内混凝土下降和孔内水位升降情况，及时测量孔内混凝土面高度，指挥导管的提升和拆除；导管在混凝土中的埋置深度控制在 2～6 m。导管提升时要保持轴线竖直和位置居中，逐步提升。

灌注过程中及时拆卸导管，导管插入混凝土面深度应控制在 1～3 m。每灌注一车混凝土就要用测锤探测混凝土面的上升高度，判断混凝土的埋管深度，控制拆卸导管长度，保持导管的合理埋深。拆卸下的导管清洗干净，堆放整齐。

当混凝土灌注到设计标高时，继续加灌 0.5～1 m 高的混凝土保证桩顶质量。在进行最后一段长导管拆卸时，缓慢进行，防止桩顶沉淀的泥浆挤入导管下形成泥心。

灌注混凝土过程中，严格控制混凝土质量，随时检测混凝土坍落度，并根据规范要求抽样制作混凝土试件，以检验桩基混凝土质量。

4)成桩检测

桩基施工完成且混凝土强度达到检测要求后，及时与检测单位联系进行检测。每根桩均埋设4根超声波检测管。桩基础质量检测应按设计和规范规定的要求进行。检测结束后超声波检测管采用压浆封实，如图4.14所示。

图4.14　桩基检测

5.施工质量控制要点

1)钻孔阶段

钻孔中途因其他原因导致停钻的，需将钻头提出水面。在砂层中钻进时，控制钻进速度，确保泥浆护壁效果。同时，孔内水位保持在护筒底面50 cm以上。严禁以加深孔深的方式代替二次清孔。

2)灌注阶段

混凝土拌制时充分考虑由于运距及气温引起的坍落度损失，每车混凝土运到场后都进行坍落度试验。灌注时，漏斗口放置筛网，防止大块的石子、水泥块、结块的砂进入，堵塞导管。混凝土灌注应缓慢连续进行，严禁混凝土灌注过快，导致钢筋笼上浮。相邻两个桩基不能同时钻孔或浇筑混凝土，以免搅动孔壁造成串孔或断桩。超声波检测管接头焊接严密无缝隙，随钢筋笼下降至孔内后，将

管内注入清水并封住管口，以保证混凝土浇筑过程中，无泥浆进入管内，待超声波检测完毕后，对钢管进行压浆。

灌注结束后，每根钻孔桩制取 2 组试件，每组 3 个，桩长大于 20 m 的制取 3 组试件。钻孔灌注桩质量控制标准见表 4.5。

表 4.5　钻孔灌注桩质量控制标准

序号	检查项目			规定值或允许偏差
1	混凝土强度			在合格标准内
2	桩位	群桩		≤100
		排架	允许	≤50
			极值	≤100
3	孔径			≥设计值
4	孔深			≥设计值
5	钻孔倾斜度/mm			≤1%，且≤500
6	沉淀厚度			满足设计要求
7	桩身完整性			满足设计要求；设计未要求时，每桩不低于Ⅱ类

6. 引桥桩基施工方案

引桥桩基施工根据地质资料，选用冲击钻冲击成孔、水下灌注混凝土的工艺。冲击钻孔采用自造浆，在孔位附近挖设泥浆池和沉淀池（泥浆池和沉淀池的总体积一般约为所施工桩基体积的 2 倍）。25 t 汽车吊配合转移钻机和下放钢筋笼。

护筒采用钢护筒，护筒平面位置中心与桩设计中心一致，护筒顶高出地下水位 1 m 以上，高出原地面 30 cm。护筒埋设深度不小于 1.5 m，其内径大于桩径至少 200 mm，桩基础位于水中时，根据现场情况加长护筒，护筒底埋入局部冲刷线以下 1 m，埋入河床深度 2 m。

由于引桥桩基多位于鱼塘和农田中，桩基施工需修筑施工便道和桩基施工平台，鱼塘的水深约 3 m，桩基平台采取填土筑岛围堰，农田中的平台适当填高并高出原地面 80 cm，便于雨季施工不受积水影响。

施工前先对桥址处的场地进行平整，并用挖机来回碾压密实，使地基承载力

满足钻机作业的要求，防止钻孔过程中钻机失稳，发生安全事故。

桥梁施工场地布置按照尽可能方便施工的原则进行，少占用施工场地(征地红线)，并能满足施工需要的要求，主施工便道设置在线路中央沿桥梁纵向布置。

1)施工机械作业特征分析、施工平台设计

根据地质勘查资料及工期要求，选择冲击钻为钻孔机械。东岸高峰期配置 14 台，西岸配置 12 台。冲击钻整机质量 12 t，锤重 6～8 t。整机外形尺寸 7.5 m×7 m×2.2 m。

钢筋笼下放采用 25 t 汽车吊，见图 4.15。25 t 汽车吊最小作业半径范围为 10 m，支腿跨距 6 m。钢筋笼自钢筋加工场地使用平板拖车转运至墩位周边，每节钢筋笼长 12 m，2～4 节钢筋笼，钢筋笼最重一节约 2 t，5 节钢筋笼总重量约 7.5 t。25 t 汽车吊起重幅度参数见图 4.16。

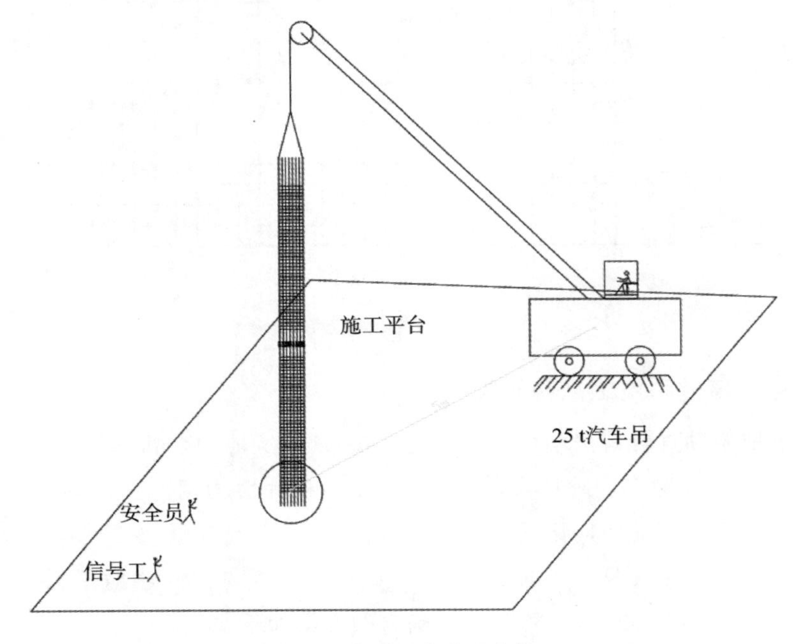

图 4.15　25 t 汽车吊占位

每个墩位需填筑筑岛平台便于桩基施工，并设置泥浆池，每个墩位平台之间纵向沿桥梁修建 6 m 宽道路用于连接相邻的两个墩位，方便钻机施工，并可为 25 t 汽车吊就位起重作业、平板拖车运输、罐车运混凝土提供施工场地和道路。施工平台、泥浆池及便道布置见图 4.17。

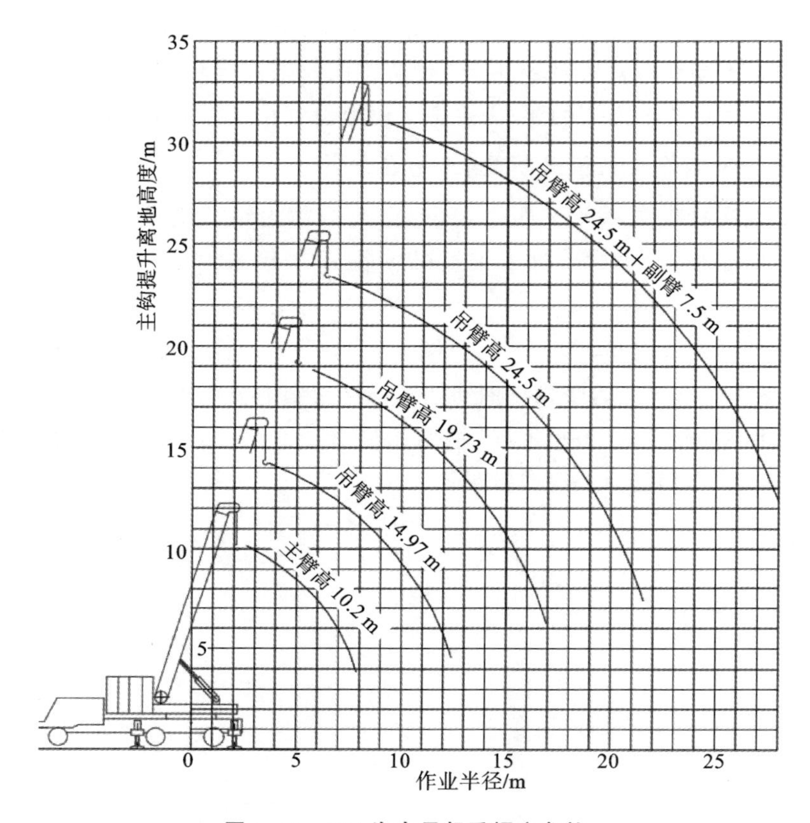

图 4.16　25 t 汽车吊起重幅度参数

2)施工便道和施工平台修筑

通过地质勘查资料揭示覆盖层表述,结合现场实地勘查和测量放样,石滩大桥引桥 0＃～9＃墩多为陆地农田范围,10＃～12＃墩为河滩鱼塘,16＃～28＃墩为一般鱼塘。桥址处地势低洼,排水不畅。鱼塘淤泥较厚,农田部分积水。为保证平台两侧区域农业生产的水流通畅,确保平台面考虑了临时平台及分支便道的通行能力,满足施工需要等因素,确定的方案如下。

0＃～9＃墩便道设置在桥梁中心线处,便道清表填筑 6 m 宽,高出原地面 0.8 m 的简易道路,连接各墩位,碾压密实,面层铺筑 30 cm 石渣,压实、不翻浆。

17＃～28＃墩便道设置在桥梁中心线处,鱼塘清淤换填填筑 6 m 宽,高出原地面 1 m 的简易道路,连接各墩位,面层铺筑 30 cm 石渣,压实、不翻浆。施工便道和施工平台修筑示意如图 4.18 所示。

10＃～12＃墩接栈桥便道设置在桥梁右侧,15＃墩接栈桥便道设置在桥梁

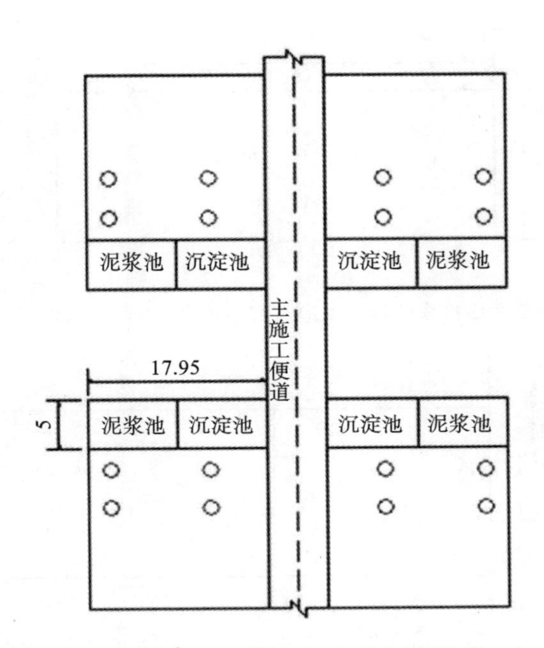

图 4.17　施工平台、泥浆池及便道布置(单位:m)

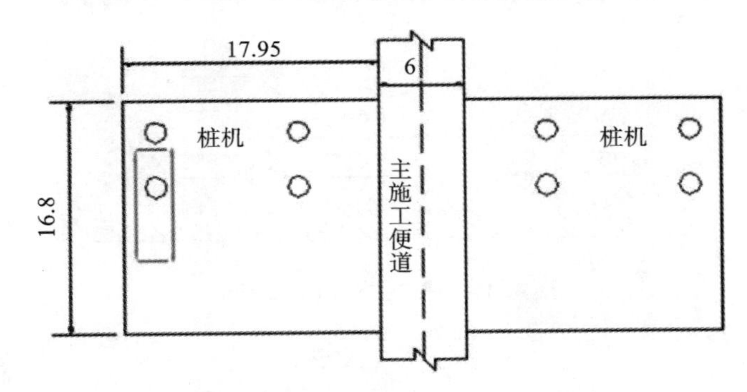

图 4.18　施工便道和施工平台修筑示意(单位:m)

左侧,鱼塘等淤泥较深位置采取清淤换填,道路一侧与增江大堤连接,另一侧与栈桥衔接持平,面层铺筑 30 cm 石渣,碾压密实,不翻浆,如图 4.19～图 4.21 所示。

3)跨增江桩基施工的大堤防护

为了保证增江大堤的堤坝稳定,减小桩基钻孔对大堤的影响,9＃墩和 16＃墩采用拉森钢板桩进行支护。钢板桩插打在靠近大堤坡脚侧,距墩台边 1.5 m。钢板桩长 9 m,支护长度 20 m,见图 4.22 和图 4.23。

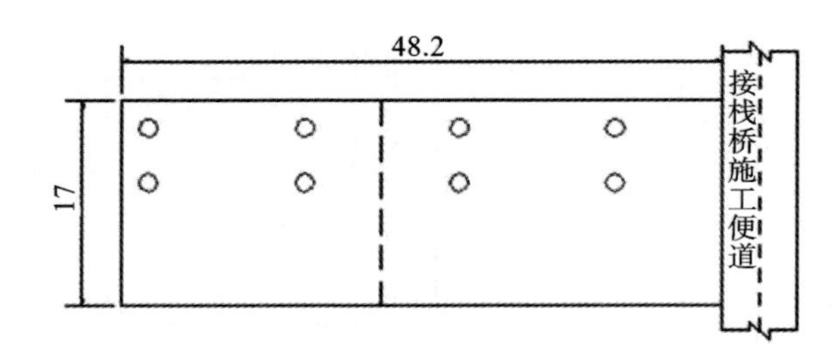

图 4.19　增江大堤接栈桥施工便道与筑岛平台(10＃～12＃)平面(单位:m)

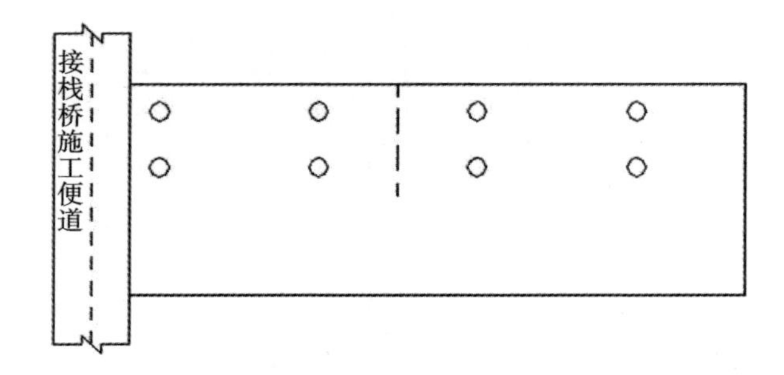

图 4.20　增江大堤接栈桥施工便道与筑岛平台(15＃)平面

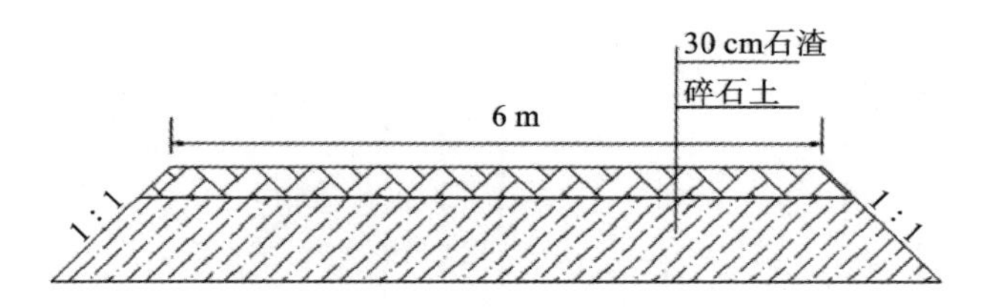

图 4.21　施工主便道标准断面

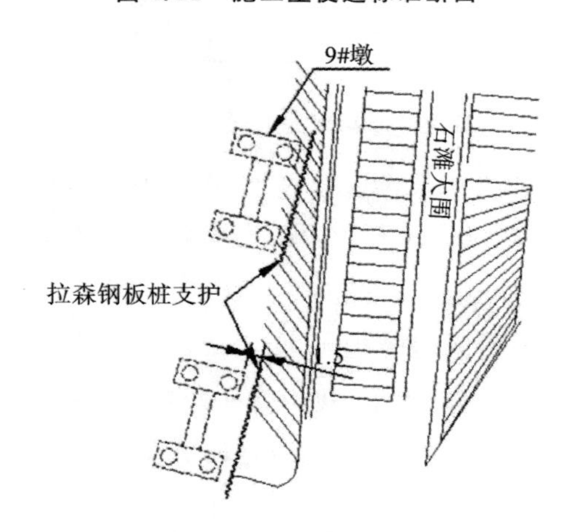

图 4.22　跨增江桩基施工大堤防护(9＃)(单位:m)

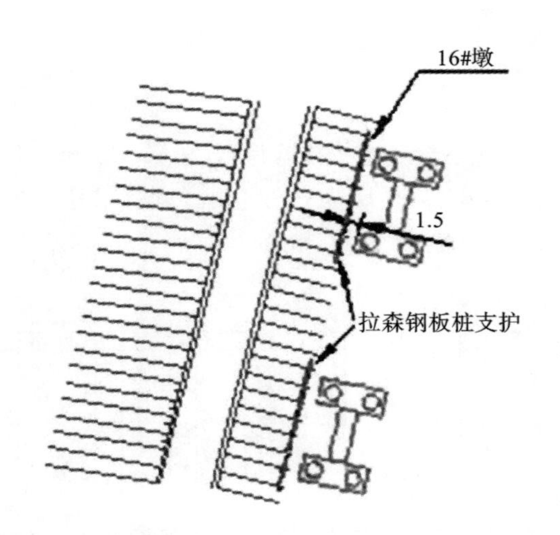

图 4.23　跨增江桩基施工大堤防护(16＃)(单位:m)

4)引桥桩基施工工艺

引桥桩基施工工艺与主桥桩基相同,此处不再赘述。

4.3.3　承台施工

本桥 13＃、14＃承台分别深埋于河床覆盖层下 6.75 m、4.5 m;承台入岩深度平均 3.0 m,采用爆破或抓斗施工,施工难度大。在承台施工中需要重点关注水下大型深埋式承台围堰施工与承台大体积混凝土水化热的控制措施。

当前水下大型深埋式承台围堰施工的方法较为繁多,工艺较为成熟。针对不同结构特点选择适宜的围堰结构进行水中大型承台施工。锁扣钢管桩围堰适用于陆地(土质类地质层)大型承台深基坑支护及水深 20 m 以内、河床为砂类土、黏性土和中风化粉砂岩等各种复杂地质、地层条件下的水下大型深埋式承台围堰施工,特别是不具备大型施工设备进出场条件,可采取围堰材料现场加工、组拼,不需要复杂大型机械的地区施工。锁扣钢管桩围堰与双壁钢管桩围堰和钢板桩围堰比较,具有围水性能好、挡护能力高等特性,又利用了钢管圆形截面的受力特点,简化了结构形式,同时造价低、安装速度快,所以对桥梁施工的安全、工期、经济和社会效益有重要影响。

承台混凝土施工采用一次浇筑成型的施工工艺,整个施工过程中的混凝土水化热控制尤为重要,例如,钢筋施工过程中冷却管的定位安装质量、混凝土浇筑过程中浇筑厚度及浇筑时间的控制、浇筑完成后混凝土的养护、冷却水的水温控制等。

1. 承台介绍

大桥 13＃、14＃主墩承台为整体式，尺寸为 49.25 m×12 m×3.5 m，承台顶标高 13＃墩为－4.25 m、14＃墩为－5.8 m。承台采用 C30 混凝土，单个承台混凝土用量为 2068.5 m^3（见图 4.24 和表 4.6）。

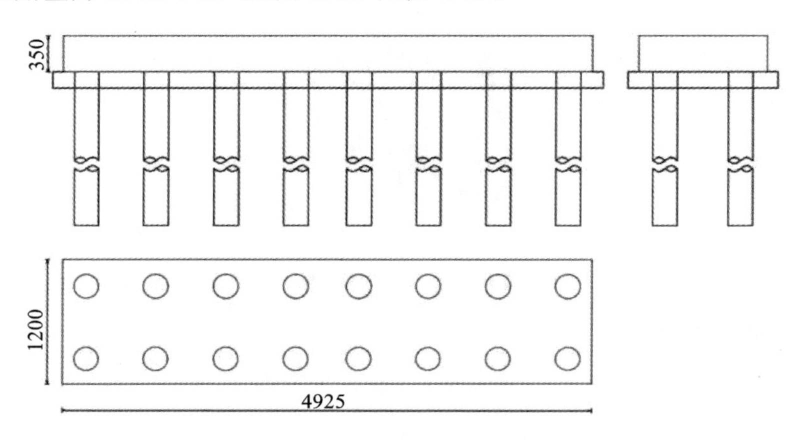

图 4.24　承台结构布置(单位:cm)

表 4.6　承台参数表

工程部位	承台尺寸/m	承台顶标高/m	承台底标高/m
13＃墩	49.25×12×3.5	－4.25	－7.75
14＃墩		－5.8	－9.3

根据桥址的水文地质情况的分析，主墩承台为深埋式承台，体积大，水下岩层中开挖工程量大，实施困难。施工采用锁扣钢管桩围堰，采用旋挖机引孔，振动锤插打钢管桩。承台施工的重点、难点主要是大体积混凝土温度裂缝的控制和围堰止水。

2. 围堰总体施工

1)总体施工方案

围堰止水主要是靠在围堰外侧岩土体旋喷桩止水帷幕和锁扣内灌注止水材料，达到止水的效果。通过安装插打锁扣钢管桩、堵漏、抽水、土石方开挖、混凝土封底、承台施工六个阶段来实现大型桥梁水中深埋承台作业的干法施工。

锁扣钢管桩提前在岸上加工焊接锁扣，在主墩钻孔桩基施工完毕后，拆除围堰部分的施工平台，安装导向定位框，旋挖机引孔，利用 50 t 履带吊车配合插打

锁扣钢管桩，采用 DZ60 振动锤插打到位。锁扣钢管桩插打完毕，安装内支撑围檩，开挖至基坑底。

2)围堰方案设计

(1)围堰结构形式比选。

目前国内常用的钢围堰有钢套箱围堰、钢吊箱围堰、拉森钢板桩围堰、锁扣钢管桩围堰，如表 4.7 所示。

表 4.7　各类钢围堰的适用条件

项目	拉森钢板桩围堰	钢套箱围堰	钢吊箱围堰	锁扣钢管桩围堰
覆盖层	覆盖层较厚的浅水水域	覆盖层较薄或地基承载力较高，基础底标高位于河床内或略高于河床	河床存在较厚的软弱土层，或基础底面距离河床面较高	河床覆盖层含有大量漂石、砾石或存在水下障碍物。河床为砂类土、黏性土、碎(卵)石类土和风化岩等水中深基坑开挖防护施工
水流条件	流速较小，小于 2 m/s	流速较大，大于 2 m/s	流速较大，大于 2 m/s	流速较小，小于 2 m/s
水深	水深宜控制在 10 m 以内	水深宜控制在 40 m 以内，深水低桩承台均可采用	适用于水深较大的高桩承台或构筑物	水深宜控制在 15 m 以内
钢材用量	较少	相比拉森钢板桩围堰，用钢量要大	相比拉森钢板桩围堰，用钢量要大	用钢量介于拉森钢板桩围堰与钢套箱、钢吊箱围堰之间
适用的构筑物	低桩承台，围堰外形可根据基础外形而采用矩形、圆形、圆端形，并根据水位或基坑深度及地质情况设置内部支撑或锚杆	水中低桩承台，围堰外形可根据水流速度、基础平面形状、水深情况选择圆形、矩形、圆端形；根据围堰下沉深度、下沉难易程度、荷载情况选择单壁、双壁或单双壁组合式	深水高桩承台，围堰外形可根据水流速度、基础平面形状选择圆形、矩形、圆端形；单壁、双壁结构的选择，应根据水压差及支撑情况确定	低桩承台，围堰外形可根据基础外形而相应采用矩形、圆形、圆端形，并根据水位或基坑深度及地质情况设置内部支撑或锚杆

续表

项目	拉森钢板桩围堰	钢套箱围堰	钢吊箱围堰	锁扣钢管桩围堰
制作难度	制作简单,难度较小	制作复杂,难度相对较大	制作复杂,难度相对较大	制作难度介于拉森钢板桩围堰和钢套箱、钢吊箱围堰之间

钢套箱围堰下沉困难,需采用爆破或抓斗施工,施工难度大,安全风险高,因此,本方案不采用钢套箱和钢吊箱围堰进行主墩承台施工。

13#、14#墩最大水深分别为 4 m、10.8 m,且低桩承台基坑深度分别为 12.25 m、13.8 m。基坑深度较大,考虑锁扣钢管桩围堰较拉森钢板桩围堰的单根桩抗弯刚度大,结构性能较安全,风险较低,因此,本方案采用锁扣钢管桩围堰进行主墩承台施工。

(2)锁扣钢管桩围堰结构设计。

13#墩钢管桩围堰采用 T-C 型锁扣钢管桩,主管采用 ϕ820×10 的 Q235B 钢管,锁扣阴头为 ϕ159×10 钢管,阳头为 I18 工字钢。13#墩施工平台距承台边缘预留 2.5 m 间距,作为锁扣钢管桩插打和承台模板安装的空间。13#主墩围堰竖向设置三层内撑,标高分别为+2.3 m、−0.4 m、−3.2 m。第一、二、三层围檩(圈梁)均采用 2HW400×408 型钢,内撑主管采用 ϕ609×16 钢管。13#主墩承台锁扣钢管桩围堰平面布置和立面布置分别如图 4.25 和图 4.26 所示。

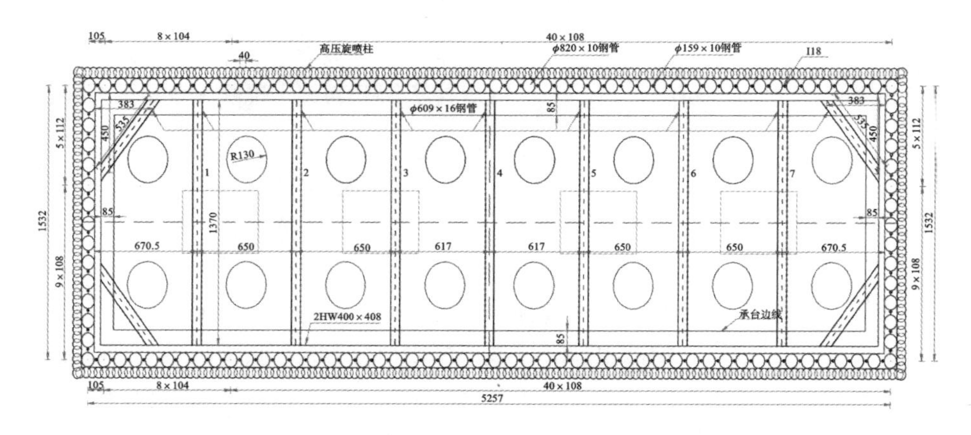

图 4.25　13#主墩承台锁扣钢管桩围堰平面布置(单位:cm)

14#墩钢管桩围堰采用 T-C 型锁扣钢管桩,主管采用 ϕ630×10 的 Q235B 钢管,锁扣阴头为 ϕ219×10 钢管,阳头为 I20b 工字钢。14#墩施工平台与承台

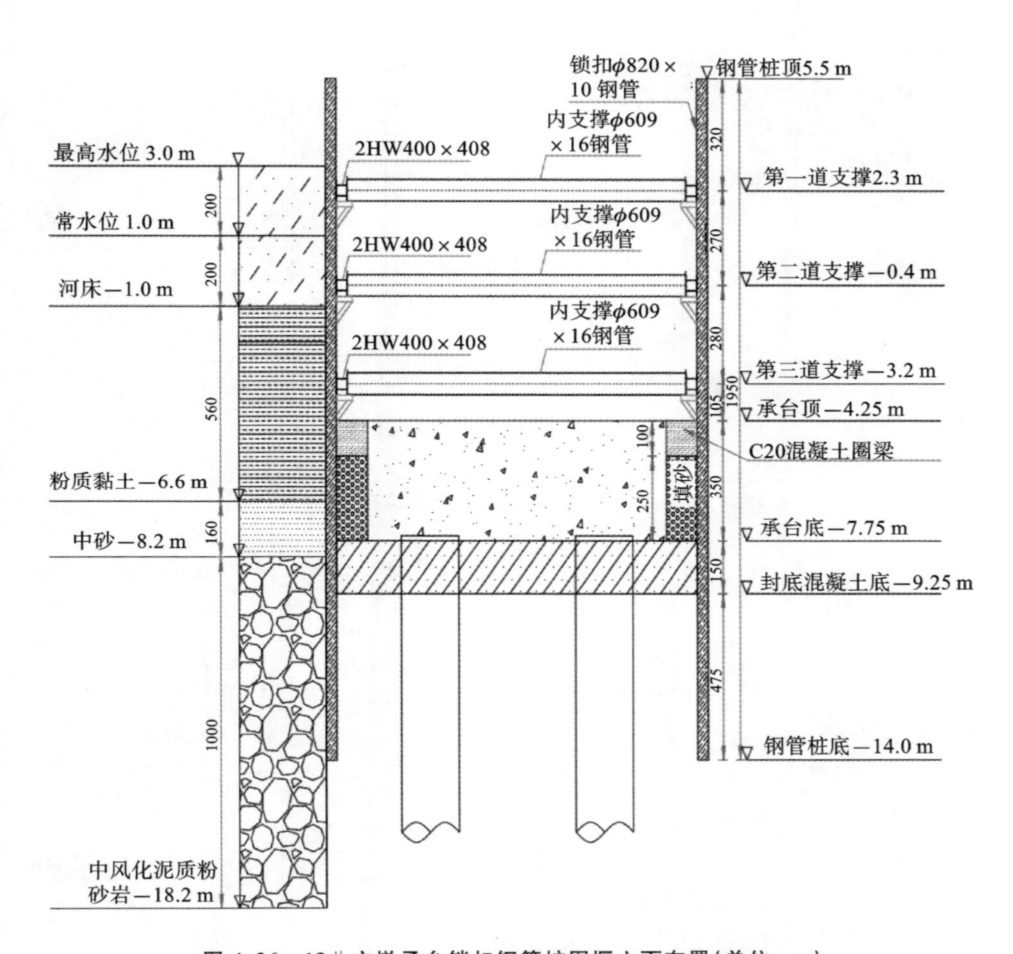

图 4.26　13＃主墩承台锁扣钢管桩围堰立面布置(单位:cm)

边缘的间距预留 2 m,作为锁扣钢管桩插打和承台模板安装的空间。14＃主墩围堰竖向设置四层内撑,标高分别为＋1.3 m、−0.7 m、−3.3 m、−4.8 m。第一层围檩(圈梁)采用 2I63b 型钢,第二、三、四层围檩(圈梁)采用 3I63b 型钢,内撑主管采用 ϕ609×16 钢管。14＃主墩承台锁扣钢管桩围堰平面布置与立面布置分别如图 4.27 和图 4.28 所示。

3)围堰施工方法及工艺

(1)围堰总体施工流程。

锁扣钢管桩加工→安装导向定位框→引孔→插打钢管桩→高压旋喷桩施工→钢管桩堵漏→抽水、土石方开挖、内支撑施工→封底混凝土浇筑→破桩头、承台施工→水位以下的下塔柱施工→拆除锁扣钢管桩围堰。

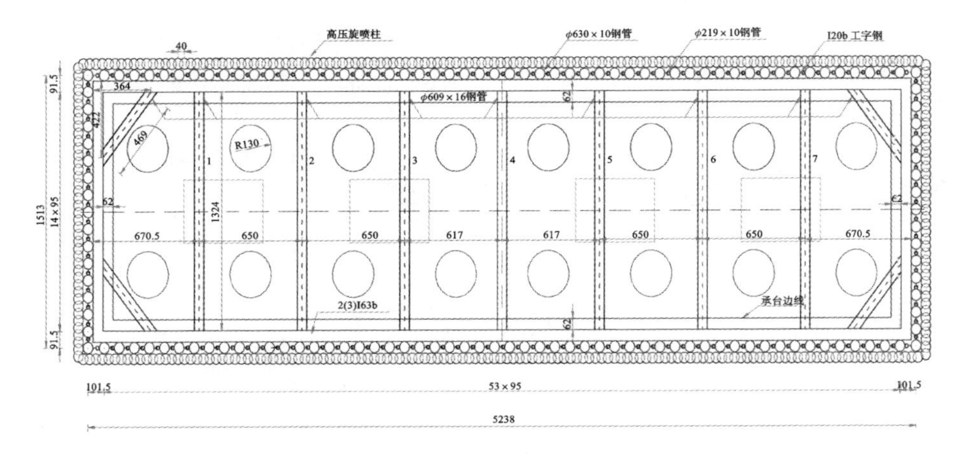

图 4.27　14#主墩承台钢管桩围堰平面布置(单位:cm)

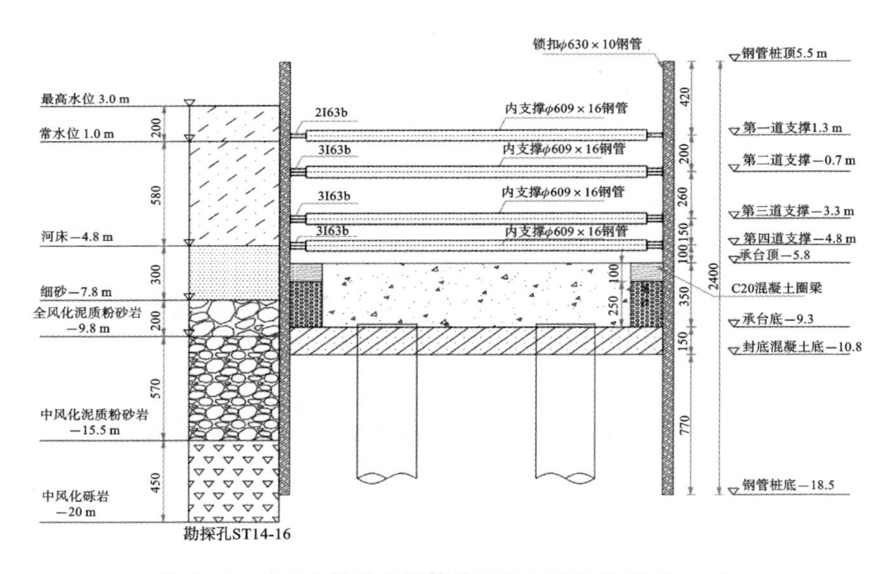

图 4.28　14#主墩承台钢管桩围堰立面布置(单位:cm)

(2)构件加工。

施工主要材料为 ϕ820(630)×10 螺旋管、ϕ159(219)×10 无缝钢管、I18(I20b)工字钢。在施工前进行钢管桩加工,按照总体施工进度计划提前 10 d 组织材料进场,做到早计划、早落实,备足相应材料并在岸上加工足够数量的钢管桩。钢管桩、型钢出厂必须附有相应材料检验、试验合格证书及成品出厂合格证。每节钢管桩的质量要求:焊缝饱满、无沙眼或漏焊现象。锁扣钢管桩过长需两根钢管接长时,在横向接头位置增加 4 块 1 cm 厚的 20 cm×15 cm 加劲板进

行补强(见图 4.29 和图 4.30)。小钢管在工厂开槽,开槽宽度为 10 mm,采用平板车运输到施工现场进行接长和组拼。

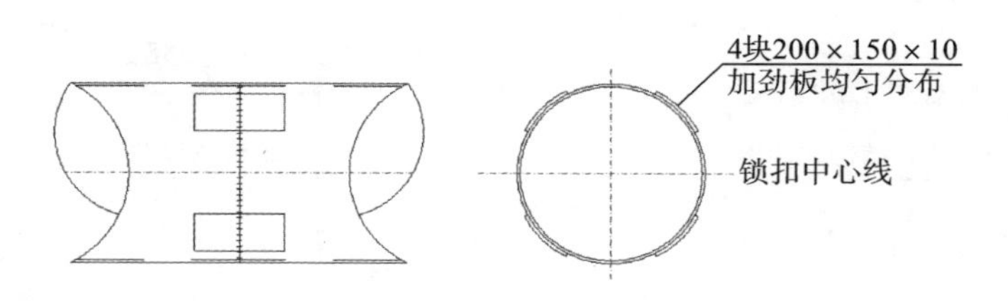

图 4.29　钢管拼接示意(单位:mm)

图 4.30　钢管现场拼接示意

锁扣采用双面电弧焊,焊缝高度不小于 6 mm。钢管桩锁扣焊接时,先采用连续点焊固定后再实施满焊。锁口通不过或桩身有弯曲、扭曲等缺陷时,采用冷弯、火焰加温矫正、焊补、铆补等方法加以修整。大小钢管之间的缝隙采用 1 cm 厚度的钢板,每 2 m 一道对焊槽口进行补强。

现场的加工制作在平台上进行。先将钢管对接成设计长度,然后将锁扣工字钢与钢管定位焊接。每根钢管桩上的大小钢管、工字钢中心要对称位于同一轴线上。焊接完成后对焊缝进行外观检查,要求焊缝饱满、无裂纹、不漏水,钢管桩顺直、不折、不弯。钢管桩围堰连接构造如图 4.31 所示。

(3)导向框安装。

先在钻孔平台上焊接两根纵梁并伸出平台,两根纵梁上再设置横梁形成定位架,钢管桩紧贴横梁插打,保证其垂直度。首先将导向桩打设到位,然后安装导向框。导向框采用 2 根围檩焊接在导向桩上,施工时注意导向桩的垂直、围檩的水平以及导向架位置的准确。然后采用导向架和振动锤将螺旋管振打入孔,钢管桩插入后即可开始下一根桩施工。导向框布置如图 4.32 所示。

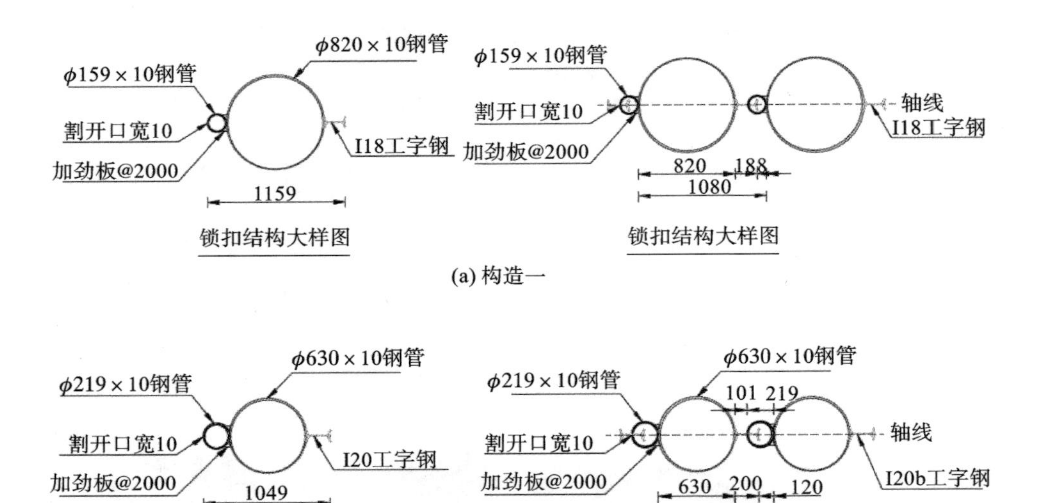

(a) 构造一

(b) 构造二

图 4.31 钢管桩围堰连接构造(单位:mm)

图 4.32 导向框布置

(4)引孔。

根据设计图及现场地质情况,13#和14#主墩承台的锁扣钢管桩分别采用旋挖钻配 120 cm、100 cm 的钻头引孔插入钢管桩。

施工前,对作业范围内的栈桥平台进行清理,保证旋挖钻能正常通行。旋挖机引孔平面布置如图 4.33 所示。钻进时将钻头中心与桩位中心对齐,偏差不大于 5 cm。成孔前必须检查钻头的保径装置,钻头直径、钻头磨损情况,磨损超标

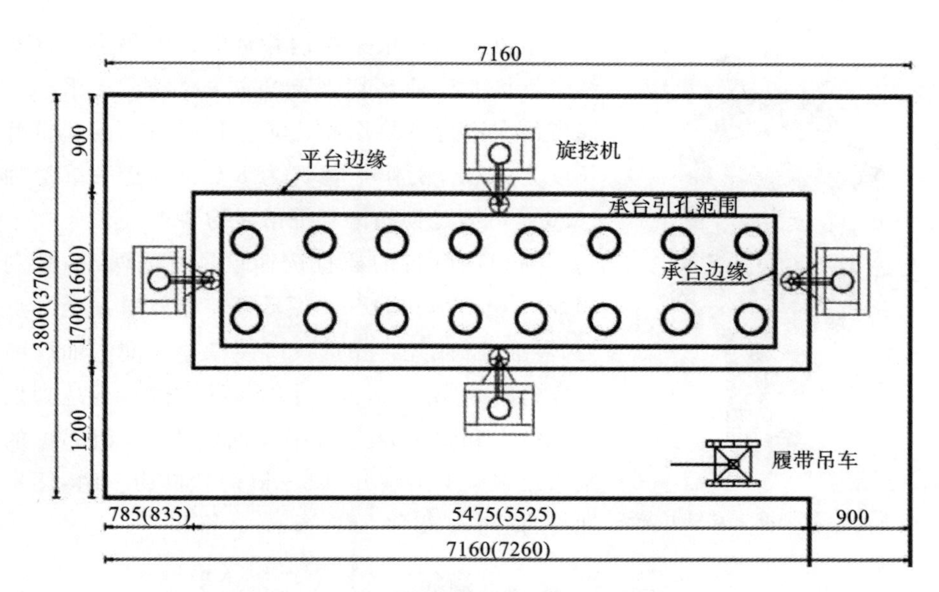

图 4.33　旋挖机引孔平面布置(单位:cm)

的钻头及时更换。

旋挖钻机配备电子控制系统显示并调整钻杆的垂直度,通过电子控制和人工用垂球观察两种方式来保证钻杆的垂直度,从而保证成孔的垂直度。同时在每一次钻机提钻甩渣复位时,检查钻头是否对中。

在旋挖钻机的显示器显示孔底达到设计桩底标高后,停止钻进,对孔位中心偏差、孔径、孔深等进行全面检查。钻孔经检查验收后,为减少引孔对已搭设施工平台的影响,成孔桩位须及时跟进插打钢管桩,以保证施工平台的安全。钻孔质量要求如表 4.8 所示。

表 4.8　钻孔质量要求

序号	检查项目	规定值或允许偏差
1	孔的中心位置/mm	群桩:80;单排桩:50
2	孔径	不小于设计桩径
3	倾斜度/(%)	<1
4	孔深	不小于设计规定

(5)插打。

根据地质、现场调查情况和引孔的措施,打桩机械采用 DZ-60 型振动锤(见图 4.34)。

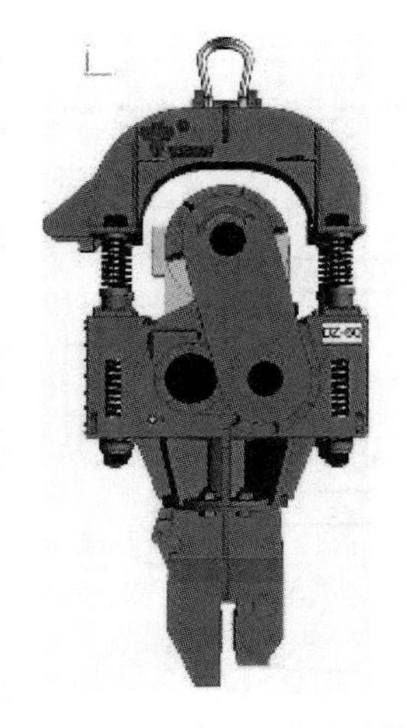

图 4.34 DZ-60 振动锤示意

吊机根据单根锁扣钢管桩的最大吊重 5.6 t，结合现场的作业环境及起重机的性能，选用 50 t 履带吊车进行吊装作业。50 t 履带吊车的起重臂长度为 31 m，工作半径选为 8 m 时，起吊重量为 16.6 t，可满足锁扣钢管桩吊装的要求。

锁扣钢管桩的插打选择单桩打入法，插打利用 50 t 履带吊和 DZ-60 振动锤将钢管桩吊至插点处，对准桩与定位桩的锁口，锁口抹上润滑油以减少插打时的摩阻力，开启振动锤插打，直至达到设计的标高和贯入度。对接长的钢管桩，相邻桩的接头位置应上下错开，以一根钢管桩为一组，逐根插打（见图 4.35）。

图 4.35 锁扣钢管桩插打

第一根钢管桩沉入后的垂直度会影响整个围堰其他钢管桩的垂直度，打入第一根钢管桩时要缓慢些，打入到设计深度一半时暂停插打，检查桩身的垂直度是否在 0.5%L（L 为桩长）的误差内，如满足则继续开启振动锤插打，否则拔出重打。其他的钢管桩在定位架和锁扣的共同作用下，一般不会产生较大偏差，只需每插打 15～20 根进行一次检查，保证桩身的垂直度在 1%L 的误差内即可（见表 4.9）。

表 4.9 桩身检验标准

序号	检查项目	允许误差	检验方法	备注
1	首节桩身垂直度	0.5%L	吊线和钢尺检查	打入到设计深度一半时检测
2	桩身垂直度	1%L	吊线和钢尺检查	—

续表

序号	检查项目	允许误差	检验方法	备注
3	钢管桩桩位	±15 mm	经纬仪测量	打入桩位的钢管桩应紧靠导向架，如不能紧靠时，其间隙应小于 20 mm
4	桩顶高程	不低于设计要求	水准仪测量	—
5	齿槽平直度及光滑度	无电焊渣或毛刺	2～3 m 长的桩段作通过试验	—
6	桩长度	不小于设计长度	尺量	—

(6)合龙。

合龙前，在插打至最后 4～5 根桩时，测量缺口的宽度，准确计算出合龙桩的外径，加工大小合适的钢管桩运至施工现场插打。

为保证锁扣钢管桩围堰合龙时两侧锁口互相平行，避免使用异形桩进行合龙，减小合龙难度，当钢管桩两端相距 10～15 根桩的距离时，之后每打入一根钢管桩，均须用全站仪控制其垂直度。若桩身存在偏斜，应逐根纠正，分散偏差，调整合龙(见图 4.36)。

图 4.36　锁扣钢管桩合龙

(7)止水帷幕施工。

止水帷幕采用单管高压旋喷对锁扣钢管桩围堰四周土体进行加固。高压旋喷桩是采用高压泵把水泥系或水玻璃系浆液通过钻杆端头的特殊喷嘴，高速喷入土层，喷嘴在喷射浆液时，一面缓慢旋转，一面徐徐提升高压浆液的水平射流，不断切削土层，并使强制切削下来的土与浆液进行混合，最后在喷射力的有效射程范围内形成一个由圆状混合物连续堆积而成的圆形凝柱体。本方案高压旋喷桩设计的桩径为 60 cm，纵横向间距均为 40 cm。

(8)锁扣钢管桩堵漏及漏水处理。

堵漏的一般方法是在施工过程中用细砂、黏土填塞 ϕ159(ϕ219)钢管内接缝。堵漏材料采用现场基坑开挖出来的细砂、黏土，采用机械配合人工的方式将细砂、黏土通过料斗塞进锁口内。若锁扣钢管桩围堰接缝处漏水，利用漏水处水压差产生吸力的原理，在锁扣钢管桩外侧漏水处上迅速溜下一袋干细砂或锯木屑、粉煤灰(煤渣)、棉絮等填充物，在吸力的作用下，填充物会被吸入接缝的漏水处，将漏水通道堵塞以达到堵漏的目的，见图 4.37。

图 4.37　施工现场锁扣钢管桩堵漏及漏水处理

(9)圈梁及内支撑安装。

①内支撑安装。

13＃主墩承台锁扣钢管桩围堰内支撑安装顺序如下：安装第一层内支撑(标高＋2.3 m)→抽水开挖土方至第二层内支撑下 0.5 m(标高－1.2 m)→安装第二层内支撑(标高－0.4 m)→抽水开挖土方至第三道内支撑下 0.5 m(标高－4.0 m)→安装第三层内支撑(标高－3.2 m)→抽水开挖土方至封底混凝土底。

14＃主墩承台锁扣钢管桩围堰内支撑安装顺序如下：安装第一层内支撑(标

高＋1.3 m)→抽水开挖土方至第二层内支撑下 0.5 m(标高－1.5 m)→安装第二层内支撑(标高－0.7 m)→抽水开挖土方至第三道内支撑下 0.5 m(标高－4.1 m)→安装第三层内支撑(标高－3.3 m)→抽水开挖土方至第四道内支撑下 0.5 m(标高－5.6 m)→安装第四层内支撑(标高－4.8 m)→抽水开挖土方至封底混凝土底。

在圈梁上测出内支撑的安装位置，并准确测量出每根内支撑两端圈梁间的净距，根据净距对内支撑下料进行内支撑固定端、中间节段和活络头制作，活络头可调节约 20 cm 的长度，见图 4.38。

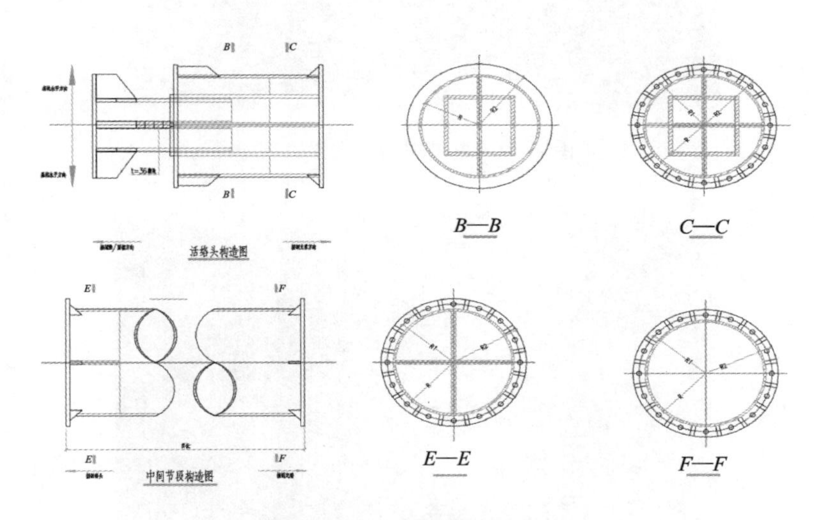

图 4.38　内支撑活络头示意

用履带吊车将内支撑吊放至对应位置安装。内支撑固定端、活络头各自与圈梁焊接牢固，圈梁顶面与内支撑间用连接钢板焊接连接。中间节段就位准确后采用螺栓将法兰盘进行对接，最后打紧活络头钢楔块完成内支撑的安装。同理，使用相同的方式安装锁扣钢管桩围堰转角处三角支撑。为使内支撑达到轴心受压计算条件，安装时要保证钢管轴线和圈梁水平中线重合。施工现场内支撑安装如图 4.39 所示。

②圈梁安装。

围堰合龙后，在钢管桩上标志出圈梁水平位置，在内支撑附近将型钢托架焊接在锁扣钢管桩上，作为圈梁安装的支承。将在岸上下料并连接好的圈梁型钢用履带吊车吊放至托架上，紧贴钢管桩焊接，不能紧贴钢管桩的，在两者之间加小钢板焊接，见图 4.40。

图 4.39　施工现场内支撑安装

图 4.40　施工现场圈梁安装

(10)总结。

综上所述,锁扣钢管桩插打常见问题和对策如下。

①打桩阻力过大且不易贯入。主要原因有两种:一是在坚实的砂层或沙砾层中打桩时,桩的阻力过大;二是钢管桩连接锁口处锈蚀,产生变形,致使钢管桩不能顺利沿锁口顺利而下沉。对第一种原因,需在打桩前对地质情况作出详细分析,充分研究贯入的可能性,并选择合适机械;对第二种原因,应在打桩前对钢管桩逐根检查,有锈蚀或变形的应及时调整。此外,还可在锁口内涂以油脂,以

减小阻力。

②管桩向行进方向倾斜。在软土中打桩时，由于连接锁口处的阻力大于钢管桩周围的土体阻力，从而形成了一个不均衡力使管桩向行进方向倾斜。这种倾斜要尽早调整，可用卷扬机钢索将钢管桩反向拉住后再下沉。

4)钢管桩围堰拆除

承台混凝土达到强度后，拆除模板，承台外侧回填 2.5 m 厚砂砾和 1 m 厚 C20 混凝土冠梁，待混凝土强度达到要求后，拆除 13＃墩钢围堰第三道全部内支撑和围檩，搭设钢管脚手架进行第一节下塔柱施工。第一节下塔柱施工完成后清理干净围堰内的杂物，向围堰内抽水至第二道围檩下 0.5 m，拆除第一、二道围檩，搭设钢管脚手架进行第二节下塔柱施工。当进行第二节下塔柱施工时，施工水位不得超过 3.0 m，否则应停止施工，打开钢围堰上预留的孔洞，向围堰内灌水以保证钢围堰的安全。当水位降低后，将钢围堰内的水抽至灌水前标高继续进行下塔柱施工。

在 14＃墩钢围堰内进行下塔柱施工时，拆除钢围堰内第四道全部内支撑和围堰，并拆除第三道内支撑的第 1、3、5、7 号内支撑，同时每拆除一道内支撑后应及时设置临时支撑。临时支撑采用 $\phi609\times16$ 钢管，将原内支撑位置与承台上预埋的钢板连接起来，以保证钢围堰的安全。由于第一道内支撑在常水位上，第二道内支撑在常水位下 0.7 m，在进行下一节下塔柱施工时，拆除第一道围堰的第 1、3、5、7 号内支撑后，不设置临时支撑。临时支撑立面布置见图 4.41。

当围堰内承台和下塔柱施工完成，确认不再需要钢管桩围堰时，进行钢管桩围堰的拆除。

5)围堰监测

在锁扣钢管桩围堰施工过程中，需要对围堰钢管桩、支撑结构进行全面、系统的监测，才能对围堰工程的安全性全面了解，确保工程的顺利进行，在出现问题时能及时反馈，并采取相应的应急措施。

围堰变形(垂直位移和水平位移)监测主要是在围堰水体上部分顶部和底部设置两层固定标点，每层布置 12 个监测点(具体布置图如图 4.42 所示)，监测其竖直方向及垂直围堰轴线的水平方向的位移变化。垂直位移监测可与水平位移监测配合进行。监测断面要选择在最大围堰高、合龙段、围堰地基地质条件变化较大处及围堰施工质量存在问题的地段。尤其在汛期应加强巡视检查，当发现变形破坏、漏水严重、底部翻沙鼓水等异常情况时应及时处理。

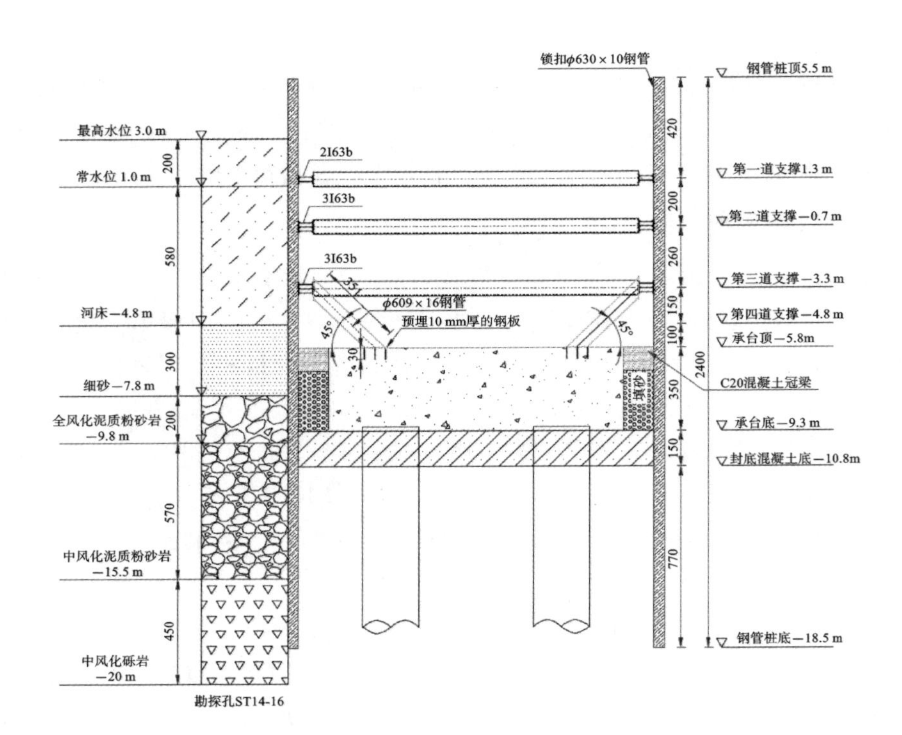

图4.41　临时支撑立面布置(单位:cm)

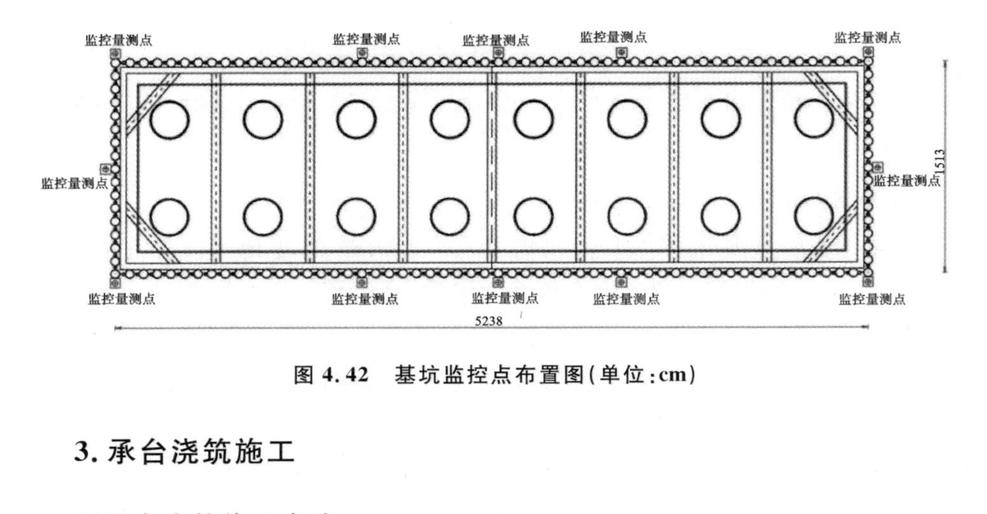

图4.42　基坑监控点布置图(单位:cm)

3.承台浇筑施工

1)承台浇筑施工方法

主墩承台高度为3.5 m,单个承台按大体积混凝土施工一次性浇筑完成。承台钢筋、冷却管在钢筋加工场地制作成型,采用平板车转运至施工现场绑扎、

安装；模板采用大块组合钢模，采用 25 t 汽车吊安装；承台混凝土采用自建拌和站出料，使用运输车运至现场，通过汽车输送泵灌注混凝土。承台浇筑施工方法如表 4.10 所示。

表 4.10　承台浇筑施工方法表

<table>
<tr><th>序号</th><th>工序</th><th colspan="2">施工方法</th></tr>
<tr><td>1</td><td>抽水施工</td><td colspan="2">①封底混凝土强度达到设计强度的 90%后进行抽水；
②密切注意围堰的变形和水位的变化，如有异常立即停止抽水施工，查明原因，并采取相关措施</td></tr>
<tr><td rowspan="2">2</td><td rowspan="2">割除钢护筒及焊接锚固筋，破除桩头</td><td>割除钢护筒及焊接锚固筋</td><td>按设计要求，割除多余钢护筒，钢护筒伸入承台 20 cm，切割 1.5 m 钢板条，在钢护筒周围焊接 HRB400、直径为 28 mm 的锚固筋，锚固筋长175 mm</td></tr>
<tr><td>破除桩头</td><td>根据测量定出桩顶标高，采用风镐人工破除桩头至设计标高，清理桩头松散混凝土块和尘土，并确保露出均匀粗骨料面，破除桩头应保证桩内主筋及桩身不被破坏</td></tr>
<tr><td>3</td><td>封底混凝土找平</td><td colspan="2">清理基础地面，浇筑 150 cm 厚找平混凝土，封底混凝土表面按设计高程整平</td></tr>
<tr><td>4</td><td>钢筋及冷却管安装</td><td colspan="2">①钢筋在加工厂加工成型，成型钢筋通过平板运输车运输至现场；
②承台钢筋绑扎时，注意塔柱钢筋防雷和 0＃块钢管支架预埋件安装；
③冷却管安装完毕后，逐根做密水检查，保证注水时管道畅通不漏水，混凝土养护完成后，冷却管内注入水泥浆封孔并将伸出承台顶面部分割除</td></tr>
<tr><td>5</td><td>模板工程</td><td colspan="2">模板加工严格按照设计图进行，加工的模板要求表面平整，板间接缝严密、不漏浆，保证结构物外露面光洁，线条流畅</td></tr>
</table>

续表

<table>
<tr><th>序号</th><th>工序</th><th colspan="2">施工方法</th></tr>
<tr><td>6</td><td>承台混凝土的浇筑与养护</td><td colspan="2">①混凝土浇筑必须满足整体连续性的要求，单个承台一次最大浇筑 2068.5 m^3，拌和站每小时供应量约 120 m^3/h，浇筑时间单次约 18 h；
②混凝土振捣采用插入式振动器进行，每层浇筑的厚度不宜超过 300 mm，逐层进行振捣，确保振捣质量；
③承台混凝土浇筑完成后，混凝土达到初凝后及时进行表面多次收面，确保收面质量；
④采用冷却管降温和蓄水养护，混凝土养护时间不少于 14 d</td></tr>
<tr><td rowspan="2">7</td><td rowspan="2">模板、内支撑及围堰的拆除</td><td>模板拆除</td><td>混凝土强度达到 2.5 MPa 后，即可拆除承台模板，拆除模板时避免碰撞承台</td></tr>
<tr><td>内支撑及围堰拆除</td><td>①模板拆除后，在距离承台顶 100 cm 周围回填沙砾，洒水密实后，浇筑冠梁的 C20 混凝土与承台顶齐平；
②混凝土达到强度要求后进行部分内支撑拆除和下塔柱施工，最后进行围堰拆除</td></tr>
</table>

2)承台浇筑施工关键技术

(1)承台钢筋、冷却管和预埋件的加工及安装。

①钢筋加工及安装。

钢筋的加工在加工场地进行，调直、弯曲、切割采用调直机、弯曲机等专业机械设备进行。钢筋加工过程中要预留好钢筋接头位置。接头焊缝的长度单面搭接不应小于 $10d$(d 为钢筋直径)，双面搭接不应小于 $5d$。焊接的钢筋接头在同一断面内(相邻焊接接头间距不小于 $35d$)的数量不能超过钢筋总量的 50%。

承台采取一次性绑扎完成，钢筋安装顺序遵循垂直方向自下而上安装，先按图纸尺寸进行放样定位，先安装 12＃、13＃块钢筋，在距离承台底面 3.5 cm 设置有一层 15 cm×15 cm 的 $\phi16$ 防裂钢筋网(铺设在底层混凝土垫块上)。在施工场地清理完成后，首先绑扎此层钢筋，再安装承台周边 2 号架立钢筋以及竖向 4 号架立钢筋，然后逐层安装横桥向、纵桥向主筋及各层拉筋。

②冷却管加工及安装。

承台浇筑为大体积混凝土施工，为降低水化热、减小混凝土内外温差，须布设冷却管。冷却管采用 $\phi 42.25 \times 3.25$ 导热性好，且具有一定强度的黑铁管。单个承台共布置有三层冷却管，冷却管垂直分层，上下层交叉布置，其由下至上的立面布置间距分别为 0.5 m、1.0 m、1.0 m、1.0 m，共 3.5 m，同层管道之间间距设置为 1 m。为加快冷却水流动速度，每层设置了进水口 2 个，出水口 2 个，如图 4.43 所示。

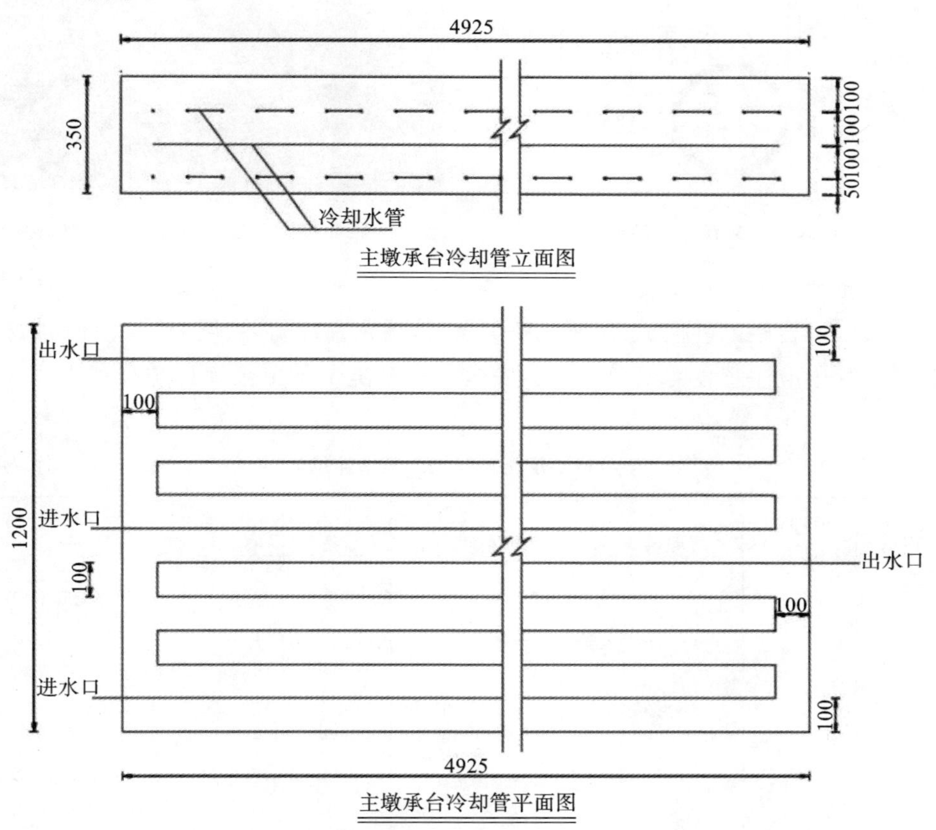

图 4.43　主墩承台冷却管布置(单位:cm)

冷却管在钢筋加工场地按照施工图纸要求统一下料、车丝，用平板车转运至施工现场，采用 U 型定位筋卡焊在设计位置的钢筋上，保证在浇筑混凝土过程中不发生移位和漏水，必要时设置防水胶带。冷却管安装过程中若与钢筋位置冲突，可适当挪动冷却管位置。安装完成后，混凝土浇筑前应进行压水试验，防止管道漏水、阻水。

冷却管自混凝土浇筑时即通入冷水，并连续通水 14 d，在混凝土内外温差控制下来后，可停止通水，并采用微膨胀水泥浆压浆封堵，伸出承台顶面的钢管予以割除。如图 4.44 和图 4.45 所示。

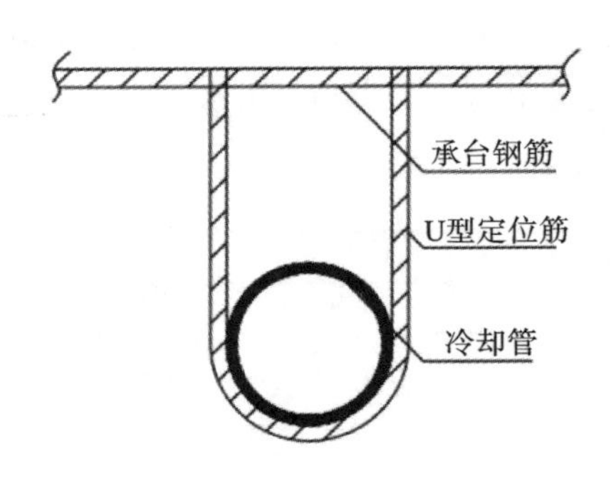

图 4.44　冷却管定位断面

图 4.45　施工现场冷却管布置

③预埋件加工及安装。

主墩承台施工过程中，预埋件种类繁多，施工前应将各种预埋件制作完成，施工过程中应注意各类型预埋件的安装。承台浇筑施工预埋件统计如表 4.11 所示。

表 4.11　承台浇筑施工预埋件统计

序号	预埋件类型	预埋件名称	规格型号	数量	埋设位置
1	塔柱钢筋	竖向主筋	ϕ32 普通钢筋	—	伸入承台 3m
		环形箍筋	ϕ16 普通钢筋	—	标高－1.25 m(13＃块)、－8.8 m(14＃块)处开始预埋
		拉筋	ϕ16 普通钢筋	—	标高－1.25 m(13＃块)、－8.8 m(14＃块)处开始预埋
2	主塔基础防雷	索塔独立防雷引下线	ϕ32 钢筋	单塔肢 4 根	自钢管桩桩顶伸出承台，与索塔外层钢筋连接
		钢管桩与钢筋笼连接钢筋	ϕ16 钢筋	—	将钢筋笼主筋与钢管桩连接

续表

序号	预埋件类型	预埋件名称	规格型号	数量	埋设位置
3	0＃块钢管支架	钢板、螺栓	—		承台

预埋件所用材料应提前进场准备好，安装过程中应严格按照图纸所示安装部位、尺寸进行安装，做到安装牢固可靠，无漏埋现象。混凝土浇筑前，现场技术人员应逐一核对各预埋件的安装情况，确保全部安装完成。

(2)模板工程。

①模板制作。

承台模板采用 2.25 m×3.5 m、2.0 m×3.5 m 和 0.75 m×3.5 m 组合钢模，如图 4.46 所示。模板单块板的面积大于 2 m^2，厚度大于 6 mm 钢板，竖肋选用 8 号槽钢，背楞选用双 16 号槽钢，间距 1250 mm，拉杆采用 HRB400ϕ25 精轧螺纹钢，连接螺栓选用 M18×60。

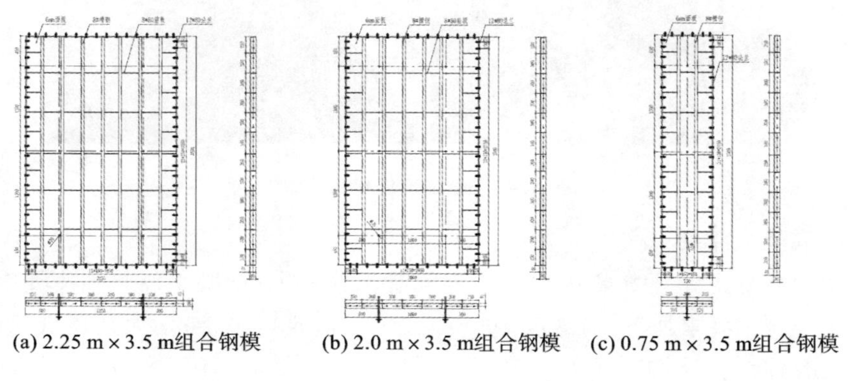

(a) 2.25 m×3.5 m组合钢模　(b) 2.0 m×3.5 m组合钢模　(c) 0.75 m×3.5 m组合钢模

图 4.46　承台模板

②模板安装。

承台钢筋绑扎完成，混凝土垫块安装完成后，可进行模板安装。模板拉杆一端焊接在承台普通钢筋上，另一端通过螺栓连接在模板上。混凝土垫块呈梅花形安装。模板安装过程中，应确保拉杆安装牢固、模板之间的接缝严密，不漏浆，垫块安装正确无误。

模板紧固采用对拉杆，模板支设好后，按模板事先预留的对拉孔位置在模板背楞用精轧螺纹钢穿过钢模，一头焊于承台钢筋上，一头用螺母拧紧固定在背楞(两侧对拉钢筋均与同一根钢筋对称焊接)。模板、支架安装质量标准如表 4.12 所示，施工现场模板安装如图 4.47 所示。

表 4.12　模板、支架安装质量标准

项目	允许偏差/mm
模板高程	±10
模板尺寸	±20
轴线偏位	10
模板相邻两板表面高低差	2
模板表面平整	5
预埋件中心线位置	3

图 4.47　施工现场模板安装

③混凝土浇筑。

承台混凝土标号为 C30，由于承台混凝土体积大，混凝土浇筑强度要求高，混凝土配合比要求如下：坍落度 160～180 cm，满足可泵性；水泥采用低水化热水泥；初凝时间不小于 4 h。

承台混凝土应水平分层布料，布料厚度 30 cm，每层混凝土用量 177 m^3，拌和站混凝土每小时出料量平均按 120 m^3 计算，每层约 1.5 h 完成拌制。混凝土浇筑采用两台汽车泵泵送，每小时泵送量 120 m^3，能满足浇筑速度要求和不小于 4 h 的初凝时间要求，满足施工布料需要。承台采用一次性浇筑，混凝土浇筑时将布料杆软管伸入钢筋内，控制混凝土的下落高度，下落高度大于 2 m 时增加串筒，确保混凝土自由下落高度不大于 2 m。

布料顺序在东西向由两端逐步向中间浇筑，南北方向自一侧向另一侧阶梯式浇筑，阶梯间距保持在 1.5 m 左右，浇筑过程中，应频繁转换布料点，确保混凝

土浇筑时层间间隔时间小于混凝土初凝时间。布料点按照 5 m×5 m 方格布置,布料点布置详见图 4.48。

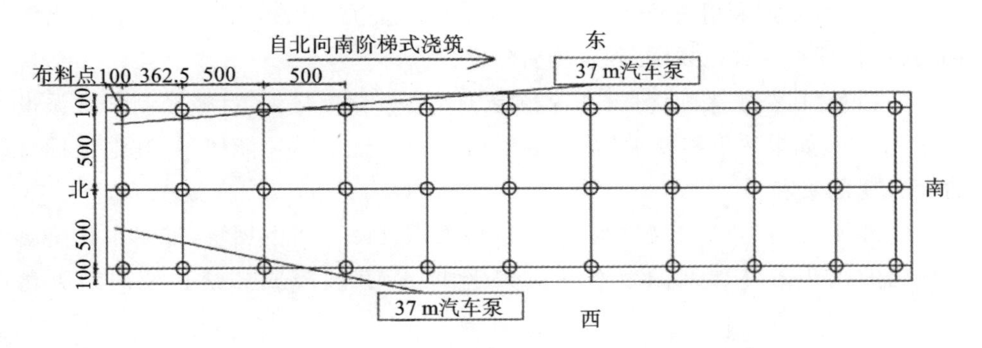

图 4.48　布料点布置(单位:cm)

④冷却管压浆。

混凝土浇筑完毕后冷却管连续通水,当承台混凝土内外温差满足设计要求后,停止通水,进行冷却管压浆处理,压浆水灰比宜为 0.4～0.45,压浆应使用活塞式压浆泵。由于冷却管道较长,压浆的最大压力宜为 0.7 MPa。压浆应使孔道另一端出浆和饱满,并应使排气孔排出与压浆方同样稠度的水泥浆为止。为保证管道中充满水泥浆,关闭出浆口后,应保持不小于 0.5 MPa 的一个稳压期,该稳压期不宜少于 4 min。

4. 承台大体积混凝土温度控制

1)施工准备

大体积混凝土结构施工难度大,导致开裂原因复杂,混凝土温度应力产生的根本原因,主要有以下四方面:水泥水化热、外界气温变化、混凝土收缩变形、约束条件。对温度应力产生的原因进行分析,须做好原材料选择、配合比设计和相应技术措施等有关环节的工作,确保大体积混凝土施工质量。

(1)混凝土材料选择。

为减少单位水泥用量,降低水化热,延长混凝土初凝时间,必须做好承台混凝土原材料挑选和预控技术措施。本工程采用自制混凝土浇筑,相关原材料的挑选要求如下。

①水泥:采用强度等级 42.5 的水泥。分批检验,质量应稳定。如存放期超过 3 个月应重新检验。

②粉煤灰：在规范允许范围内尽量增加粉煤灰掺量，以推迟水化热温度峰值的出现，降低混凝土绝热温升。粉煤灰入场后分批检验，质量应符合规范要求。

③细骨料：宜采用中粗砂。细度模数在2.9左右，砂含泥量必须<2%，无泥团，其他指标符合规范规定，砂入场后分批检验。

④粗骨料：石子级配优良，来源稳定。入场后分批检验，严格控制其含泥量小于1.0%，如果达不到要求，石子必须用水冲洗合格后才能使用，其他指标符合相关规范要求。

⑤外加剂：采用缓凝高效减水剂，以最大限度降低水泥用量，推迟水化热温度峰值的出现。外加剂的减水率应大于15%，其缓凝成分禁止使用糖类化合物。

⑥水：拌和用水应符合有关规范规定。

(2)混凝土配合比。

优化混凝土配合比，在规范允许范围内尽量掺加粉煤灰等矿物掺合料，以减少水泥用量，大掺量矿物掺合料与高性能外加剂一同掺加，能降低混凝土的水化热，放缓放热速率，提高工作性。混凝土配合比见表4.13。

表4.13　混凝土配合比

混凝土设计标号	水灰比	水/kg	水泥+粉煤灰/kg	砂/kg	碎石/g	外加剂/kg
C30	0.38	170	290+120	690	1080	3.98

(3)冷却管。

根据混凝土内部温度分布特征，主塔承台混凝土内布设3层冷却管，冷却管为ϕ42.25×3.25薄壁钢管，其水平间距为1 m，层距为1 m，每根冷却管长度不宜超过200 m，冷却管进水口应集中布置，以利于统一管理。

(4)测温元件的布置。

测温元件的布置按照重点突出、兼顾全局的原则进行，在满足监测要求的前提下，以尽量少的测点获得所需的监测资料。根据结构的对称性和温度变化的一般规律，承台混凝土布设3层33个测点。

2)温度控制计算

(1)材料参数。

参考有关设计规范及工程试验结果，承台C30混凝土劈裂抗拉强度、弹性模量、热学参数、自生体积变形取值如下。

①劈裂抗拉强度。7 d、14 d、28 d、60 d 劈裂抗拉强度分别为 2.2 MPa、3.31 MPa、4.11 MPa、4.3 MPa。

②弹性模量取值。3 d、7 d、28 d、60 d 弹性模量取值分别为 2.04×10^4 MPa、2.9×10^4 MPa、3.76×10^4 MPa、9.94×10^4 MPa。

③热学参数。线膨胀系数为 1×10^{-5}/℃，导温系数为 0.068 m^2/h，导热系数为 2.66 W/(m·K)。

④自生体积变形。3 d、7 d、14 d、21 d、28 d、60 d、90 d、180 d 自生体积变形分别为 2.11×10^{-6}、15.54×10^{-6}、18.03×10^{-6}、6.09×10^{-6}、-3.89×10^{-6}、-7.47×10^{-6}、-12.07×10^{-6}、-29.30×10^{-6}（“－”代表收缩）。

水泥水化热试验结果见表 4.14。

表 4.14　水泥水化热试验结果

混凝土标号	水泥掺量/(%)	粉煤灰掺量/(%)	水泥水化热值/(kJ/kg)		绝热温升/℃
			3 d	7 d	
C30	70	30	210	254	32

(2)数值模型。

绝热温升、弹性模量、徐变度的数值模型计算分别如下。

①绝热温升。绝热温升的计算公式如式(4.1)和式(4.2)所示。

$$T_{\alpha} = \frac{WQ}{\rho c} \tag{4.1}$$

$$T_{t} = T_{\alpha}(1 - e^{-mt}) \tag{4.2}$$

式中，T_{α} 为混凝土最终绝热温升，℃；W 为每立方米混凝土胶凝材料用量，kg/m^3；Q 为胶凝材料水化热总量，kJ/ kg；ρ 为混凝土质量密度，可取 2400 kg/m^3；c 为混凝土比热容，可取 kJ/(kg·℃)；T_t 为龄期 t 时的混凝土绝热温升，℃；m 为系数，与水泥品种比表面积浇筑温度等因素有关，一般可取 0.3～0.5 d^{-1}；t 为混凝土龄期，d。

②弹性模量。弹性模量随时间的增长曲线采用四参数双指数形式，如式(4.3)所示。

$$E(\tau) = E_0 + E_1(1 - e^{-\alpha\tau^{\beta}}) \tag{4.3}$$

式中，E_0 为初始弹模；E_1 为最终弹性模量与初始弹性模量之差；α、β 为与弹性模量增长速率有关的两个参数，分别取 0.14 和 0.17；τ 为时间。

③徐变度。根据工程经验,C40、C50 混凝土的徐变度计算公式如式(4.4)所示(单位:10^{-6}/ MPa)。

$$C(t,\tau)=(3+30\tau^{1.8})(1-e^{-0.04(t-\tau)})+(2+60\tau^{0.91})(1-e^{-0.5(t-\tau)})+14e^{-0.025\tau}(1-e^{-0.025(t-\tau)}) \tag{4.4}$$

(3)计算结果及分析。

温度控制计算采用大型有限元软件 midas Civil 进行计算,根据承台结构特点取承台的 1/4 进行网格剖分计算。

①计算模型及假定。

承台混凝土按一次浇筑成型考虑,计算时考虑冷却管降温效果;承台混凝土受钻孔桩和封底混凝土的约束,计算时取弹性模量为 3.5×10^4 MPa;计算时考虑混凝土表面的保温,根据承台四周边界条件取相同的散热系数;承台顶面为第三类边界条件(向空气散热),取散热系数为 1.11 m/d;导温系数依据配合比取为 0.107 m^2/d;计算时考虑徐变、自生体积变形对混凝土应力的影响。

②计算结果。

温度计算结果:由于承台边缘降温较快,中部降温较慢,所以承台边缘温度较低,中心温度最高。混凝土浇筑后,温度一般在 2~3 d 达到峰值,再过 1 d 后温度开始持续下降,初期降温速度较快,以后降温速率逐渐减慢,至 15~20 d 后降温平缓。

仿真应力计算结果:承台混凝土底部处于约束区,最大拉应力位于承台顶面,且拉应力随龄期增长而增大,60 d 左右达到最大值 3.6 MPa。混凝土主拉应力均小于同强度等级混凝土容许劈裂抗拉强度,混凝土抗裂安全系数 $K\geqslant1.1$。

3)施工温度控制措施

(1)温度控制标准。

根据规范要求,结合本工程的实际情况,温度控制标准如下:承台混凝土最大水化热升温小于等于 70 ℃;最大内表温差小于等于 25 ℃;混凝土表面养护水温度与混凝土表面温差小于等于 15 ℃;允许混凝土最大降温速率小于等于 2.0 ℃/d;拆除保温覆盖时,混凝土浇筑体表面与大气温差小于等于 20°。

(2)混凝土浇筑温度控制。

降低混凝土的浇筑温度对控制混凝土裂缝有着重要作用。同一批混凝土,入模温度高的升温值比入模温度低的大许多,混凝土的入模温度应视外界气温而调整,在混凝土浇筑之前,通过测量水泥、粉煤灰、砂、石、水的温度估算浇筑温度,若浇筑温度不在控制范围内,则通过加冰来降低浇筑温度。

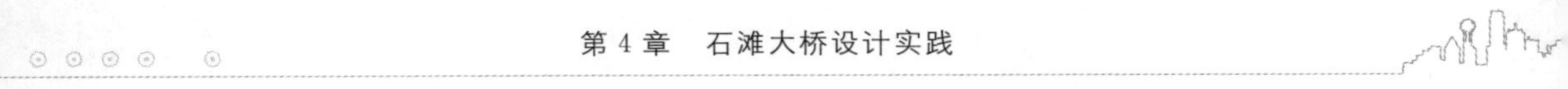

(3)混凝土浇筑间歇时间及分层厚度。

承台高度 3.5 m,采用一次性浇筑,尽可能做到薄层、短间歇、连续施工。

(4)冷却管通水控制。

混凝土浇筑到各层冷却管标高后即开始通水,根据浇筑时的天气及温度控制计算结果,冷却管初始通水流量为 50 L/min,水温为 25 ℃。

冷却管通水 1 h 后,监测混凝土内部、周围环境及冷却管出水温度,如不满足温度控制标准,则通过控制冷却管进水温度及流量进行调节。温度峰值之前每 2 h 监测一次,温度峰值之后每 4 h 监测一次,持续 5 天,最后每天测 2 次,确保温差满足温度控制标准。

(5)保温、养护。

大体积混凝土养护包括湿度养护和温度养护两个方面,结构表层混凝土的抗裂性和耐久性很大程度上取决于施工养护过程中的温度养护和湿度养护,因此水泥只有水化到一定程度才能形成有利于混凝土强度和耐久性的微结构。

保湿养护时间应视混凝土材料的不同组成和具体环境条件而定,承台顶面终凝后覆盖土工布蓄水养护 21 d,侧面带模蓄水养护 7 d。

4)数据分析

(1)数据监测。

承台混凝土温度监测综合成果见表 4.15 和表 4.16。承台测温断面平均温度过程线见图 4.49～图 4.54。

表 4.15　13#主墩承台混凝土温度监测综合成果

<table>
<tr><th rowspan="2">项目部位</th><th rowspan="2">内部最高温度/℃</th><th rowspan="2">最高温度出现时间/h</th><th rowspan="2">温度峰值持续时间/h</th><th rowspan="2">断面平均最高温度/℃</th><th rowspan="2">断面最大内表温差/℃</th><th rowspan="2">混凝土入仓温度/℃</th><th rowspan="2">冷却管层数/层</th><th colspan="2">冷却水平均温度/℃</th><th rowspan="2">进出水温差平均值/℃</th></tr>
<tr><th>进水</th><th>出水</th></tr>
<tr><td>下层测点</td><td>63.87</td><td>34</td><td>4</td><td>63.2</td><td>16.4</td><td rowspan="3">32.8～34.2</td><td rowspan="3">3</td><td rowspan="3">29.5～31.2</td><td rowspan="3">36.1～60.1</td><td rowspan="3">6.5～28.9</td></tr>
<tr><td>中层测点</td><td>71.56</td><td>36</td><td>1</td><td>68.6</td><td>17.6</td></tr>
<tr><td>上层测点</td><td>74.12</td><td>34</td><td>4</td><td>71.6</td><td>19.3</td></tr>
</table>

表 4.16　14＃主墩承台混凝土温度监测综合成果

部位	内部最高温度/℃	最高温度出现时间/h	温度峰值持续时间/h	断面平均最高温度/℃	断面最大内表温差/℃	混凝土入仓温度/℃	冷却管层数/层	冷却水平均温度/℃		进出水温差平均值/℃
								进水	出水	
下层测点	70.87	21	3	68.0	14.9	32.5～36.3	3	30.2～32.4	37.4～62.5	7.2～30.1
中层测点	70.81	28	2	68.3	18.2					
上层测点	76.25	18	2	71.2	18.8					

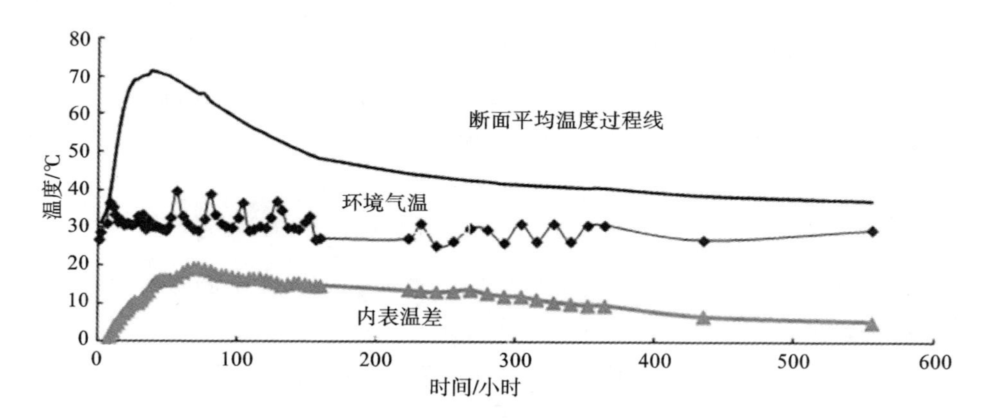

图 4.49　13＃主墩承台混凝土上层测温断面平均温度过程线

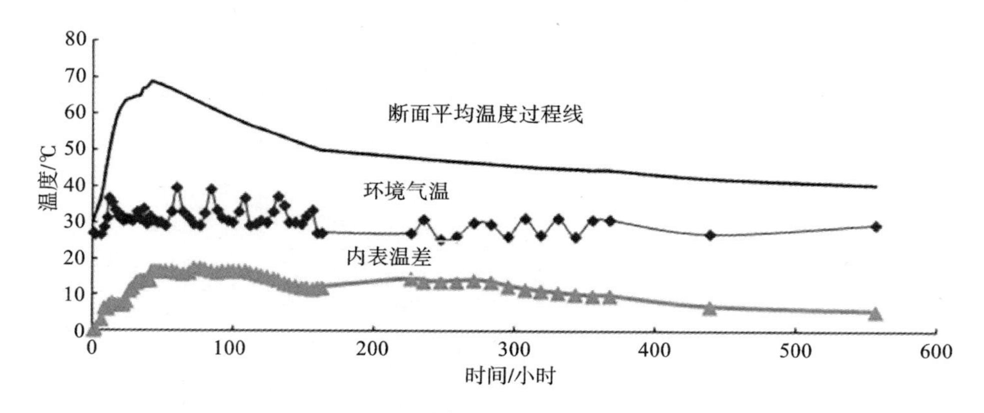

图 4.50　13＃主墩承台中层测温断面平均温度过程线

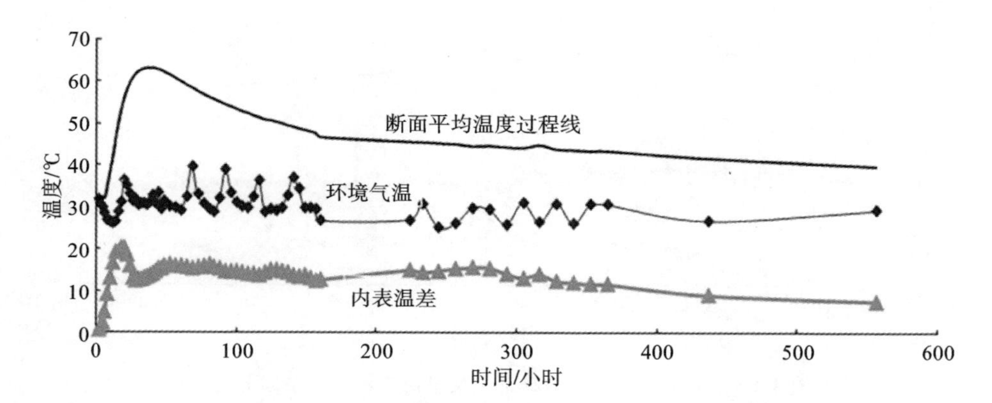

图 4.51　13#主墩承台混凝土下层测温断面平均温度过程线

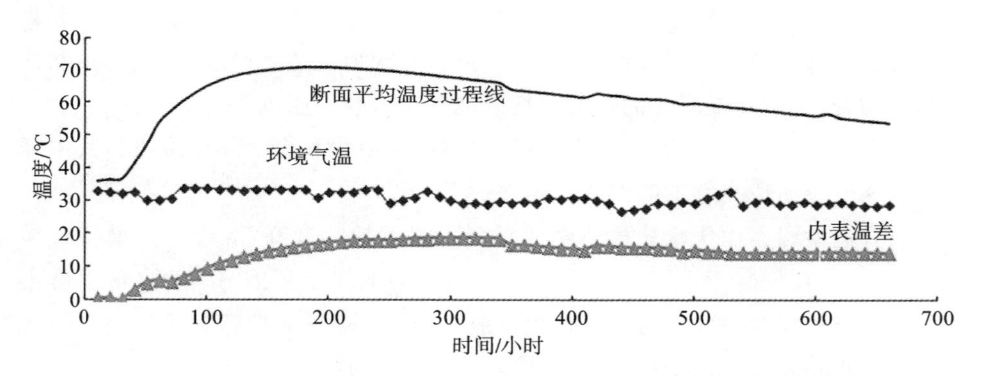

图 4.52　14#主墩承台混凝土上层测温断面平均温度过程线

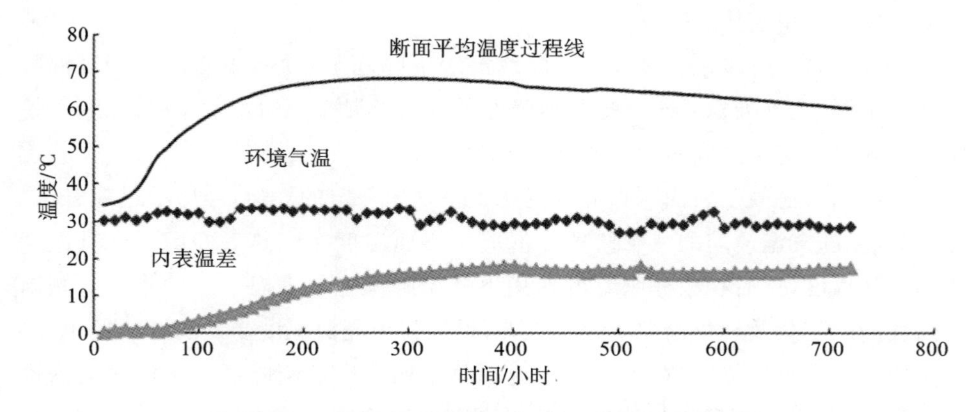

图 4.53　14#主墩承台中层测温断面平均温度过程线

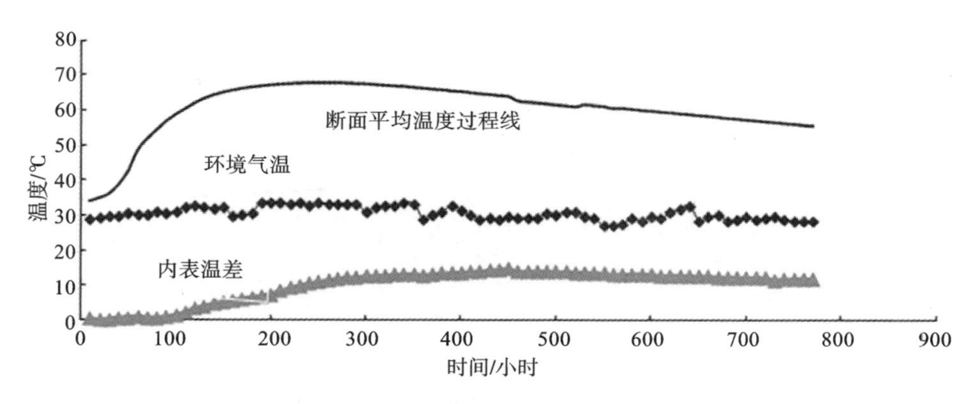

图 4.54　14#主墩承台混凝土下层测温断面平均温度过程线

(2)数据分析。

以 13#主墩承台为例进行数据分析。从检测数据中能看出，主墩承台混凝土内部温度都有急剧升温和缓慢降温的特征，直到最后达到稳定，与温度控制计算基本吻合。同时，混凝土的峰值温度与混凝土入仓温度成正比关系。

温度变化分为三个阶段：升温阶段、强制降温阶段和自然降温阶段。其中降温阶段比升温阶段持续的时间要长得多。

①升温阶段。由于水化放热会使混凝土温度持续升高，混凝土入模待过缓凝时间后(各层混凝土入模后的缓凝时间不尽相同，主要原因与实验室的混凝土缓凝时间及施工现场气象有关)，水化反应快，在 34～36 h 即达到峰值，持续1～4 h 后温度开始下降。

②强制降温阶段。在冷却管的持续作用下混凝土温度快速下降，这段时间混凝土降温速率较快。

③自然降温阶段。在 200 h 后曲线平缓下降趋于水平，表明该时间段混凝土降温平缓，达到准稳定态。平稳地降温既有利于混凝土的正常发展，又利于控制温差和降温速率过大对混凝土产生变形应力。

主墩承台混凝土表面测点温度变化也呈现出一定的规律，经历了迅速升温、强制降温、随气温波动的三个阶段。混凝土表面温度在浇筑后经历一个升温期达到最高温度，然后在冷却水管的作用下开始降温至与气温一致的水平。测温期间气温的变化及昼夜温差变化不大，所以混凝土表面温度受到的影响较小，和气温的变化趋势大体一致，但总体来说混凝土的温度逐渐降低。从监测数据可以看到，混凝土断面平均温度和混凝土表面温度均逐渐缩小，温度场趋于均匀，温度梯度减小，有利于防止温度应力裂缝的产生。

5)承台的质量检验标准

主塔承台施工属于大体积混凝土施工，因此要按照大体积混凝土结构进行实测验收，验收标准如表 4.17。

表 4.17　承台等大体积混凝土验收标准

序号	项目	允许偏差	检验方法和频率
1	混凝土强度	在合格标准范围内	按现行规范检查
2	平面尺寸/mm	±30	尺量：测 2 个断面
3	结构高度/mm	±30	尺量：测 5 处
4	顶面高程/mm	±20	水准仪：测 5 处
5	轴线偏位/mm	≤15	全站仪：纵横向各测 2 点
6	平整度/mm	≤8	2 m 直尺：每侧面每 20 m^2 测 1 处，且每个承台不少于 3 处，每处均要测量竖直、水平两个方向

4.3.4　塔柱施工

主塔塔柱采用翻模法施工，上、下塔柱标准节段每模浇筑高度分别为 4.5 m 和 4.4 m，混凝土泵送入模，施工时利用劲性骨架作为钢筋、模板、分丝管的支撑结构。主梁 0＃块与塔柱同步施工，采用落地支架法一次浇筑完成。塔柱节段划分如图 4.55 所示。

1. 下塔柱施工

石滩大桥下塔柱采用双柱式矩形墩柱，高 23.792～25.228 m，墩宽顺桥向等宽 3.5 m，横桥向宽度 4.0～5.0 m，采用 C40 混凝土，实心变截面，分 6 个节段浇筑，主筋伸入承台 3 m，在承台施工时预埋。

下塔柱施工工序：安装劲性骨架→绑扎钢筋→立模并调试→监理工程师检查验收→混凝土施工、养护→拆模准备下一节段施工。接触面应认真凿毛、清洗，以确保新老混凝土的接缝质量。

1)劲性骨架施工

劲性骨架是供测量放样、钢筋安装、模板安装的依托及受力构件。劲性骨架在钢构件加工场地加工成片，吊运至安装位置后再与其他骨架连接为一体。

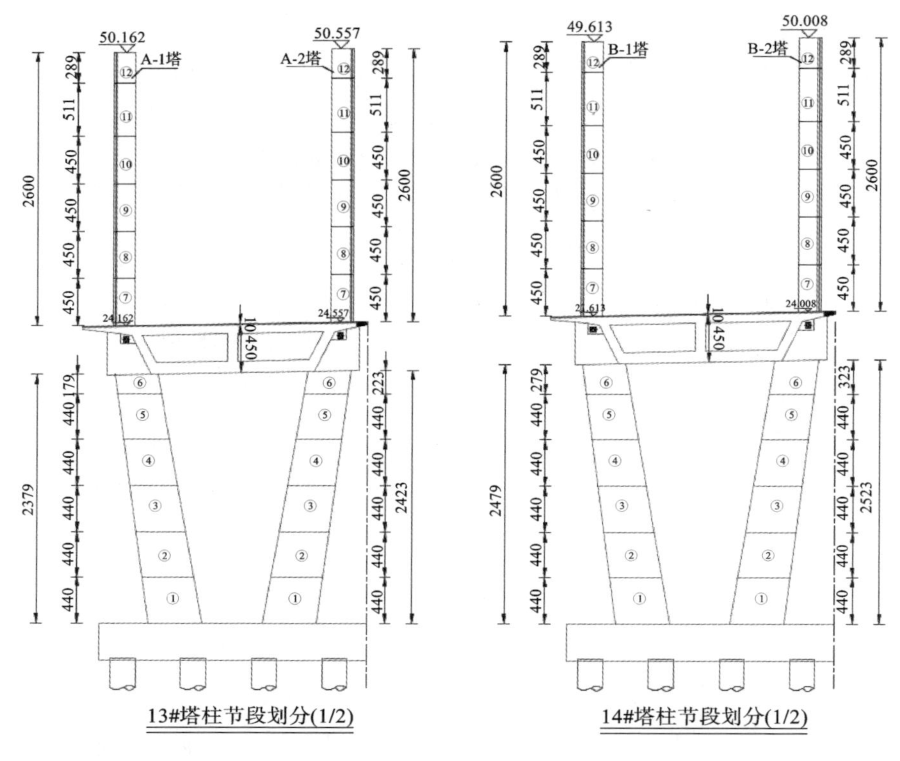

图 4.55　塔柱节段划分(图中标高单位为 m,其他单位为 cm)

为了保证劲性骨架受力后仍然能与塔肢倾斜度保持一致,采用骨架安装预偏法来实现准确定位的目的。预偏法就是根据侧面主筋的水平分力来确定预偏角度,一般根据塔肢坡度大小采取大于塔肢坡度 0.5°的仰角来消除受力引起的误差。预偏法比增大骨架刚度经济,且操作方便,不存在返工调整,有利于提高施工效率。下塔柱劲性骨架安装如图 4.56 所示。

2)钢筋安装

下塔柱主筋选用直径 32 mm 的 HRB400 钢筋,均采用机械方式连接,其接头应错开布置,并应严格按施工规范操作,钢筋机械连接应满足《钢筋机械连接技术规程》(JGJ 107—2016)的要求。

直径小于 20 mm 的钢筋采用绑扎连接,钢筋的交叉点应用扎丝梅花形绑扎牢固。为保证保护层厚度,应在钢筋上加设混凝土垫块,同时垫块与钢筋应绑扎紧固,并错开布置(见图 4.57)。

在钢筋安装前,首先在劲性骨架上安装钢筋定位圈,每 2 m 高设一道。定位

图 4.56　下塔柱劲性骨架安装

图 4.57　下塔柱钢筋绑扎

圈安装采用全站仪精确放样，以保证钢筋安装准确。钢筋的安装按“先安装竖向主筋，再安装水平筋”的顺序进行。在安装模板前，应在内外层钢筋上布置足够数量的钢筋保护层垫块，以保证钢筋保护层厚度。

3)模板安装

根据翻模法施工工艺，首次浇筑 2 节模板高度，拆除下节模板，在上节模板的基础上装 2 节模板，如此循环施工。顺桥向为一块 3.5 m×2.2 m 模板，横桥向为拆分模板，即一块 3.9 m×2.2 m 模板，根据边缘宽度截面不同选用相应异型模板连接适配。下塔柱翻模法施工模板安装如图 4.58 所示。

图 4.58　下塔柱翻模法施工模板安装

模板采用对拉和穿墙对拉的方式固定，对拉钢筋为 ϕ25 精轧螺纹钢。安装之前先清除模板板面的铁锈及其他污染物，再均匀涂刷脱模剂。拼装时两块模板之间贴双面胶带，以保证模板的严密性，相邻两块模板间错台不得大于 2 mm。

模板按照“先远后近，不挡吊装视线”的原则安装，即根据起重设备的位置，先安装远侧模板，这样能够保持良好的吊装视线，最后安装最近侧模板，确保模板安装的安全和准确。底模模板安装是施工的关键，应严格控制模板的平面位置和垂直度。

在上一节段塔柱混凝土强度达到要求及钢筋安装完成后，开始安装下一节段的模板。上层模板安装时，清理未拆除的模板上口，25 t 汽车吊或塔吊分块吊起模板安装到未拆除的模板上。上层模板起吊在待安装位置上方后缓缓下放，人工推模就位，待模板底边连接缝对齐、立稳后，先在上下两节模板间的水平连接缝处用定位栓及时固定，再紧固好相邻模板间的竖向连接螺栓。

模板应严格按规范要求进行安装，模板接缝应严密不漏浆。模板安装完毕后，应利用全站仪对其平面位置进行测量及调整，使其位置满足设计要求（轴线偏差小于 10 mm）。

4）混凝土施工与养护

混凝土分层厚度为 30 cm，沿水平方向逐渐推进。采用插入式振捣器振捣，振捣混凝土时快插慢拔，垂直插入混凝土中，振捣棒移动间距不得超过有效振动半径的 1.5 倍。布料时，混凝土自由落体高度不得超过 2 m，超过 2 m 则要设置串筒。浇筑完成后，应在收浆后尽快覆盖和洒水养护。覆盖时不得损伤或污染混凝土的表面，洒水的次数以能保持混凝土表面经常处于湿润状态为度。在混凝土强度达到 2.5 MPa 前，不得使其承受人员、工具、模板、支架等荷载（见图 4.59）。

图 4.59　下塔柱混凝土浇筑

塔柱节段处凿毛以混凝土表面裸露新鲜均匀的大石子为宜，凿毛由人工完成，当处理层混凝土强度达到 2.5 MPa 时，人工开始凿除混凝土表面的水泥砂浆和松软层，经凿毛处理的混凝土面用压缩空气或高压水清理干净。

2.0＃块施工

0＃块长 13 m，根部梁高 4.5 m、宽 26.24 m，内侧翼缘预留 1 m 后浇段，采用三向预应力体系，采用钢管立柱和贝雷梁作为 0＃块施工的承重支架和施工平台。

0＃块施工主要分为支架施工和主体结构施工，支架施工含支架安装、支架预压、支架拆除；主体结构施工含钢筋绑扎、模板安装、混凝土浇筑、预应力施工、混凝土养护等。支架搭设利用中联 W6513-6B 型塔吊和 25 t 汽车吊进行吊装，0＃块和塔柱采用同步施工的方法，一次浇筑完成，见图 4.60～4.62。

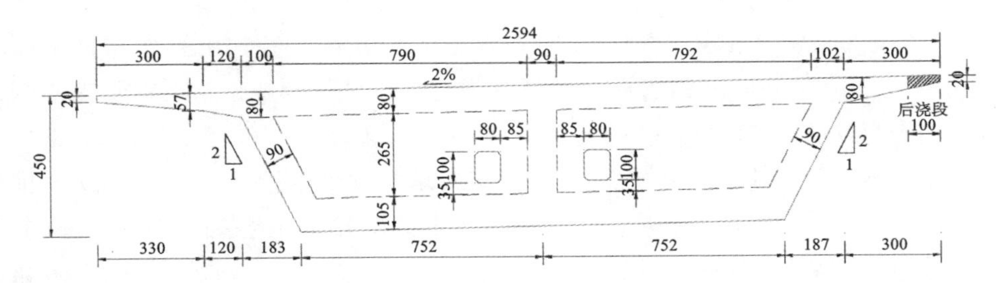

图 4.60　0＃块横断面（单位：cm）

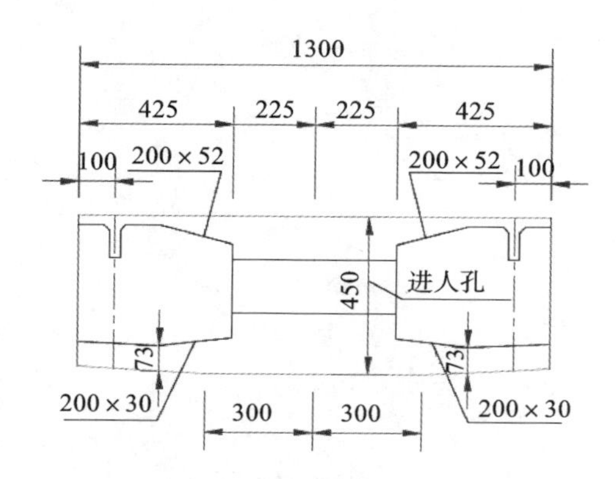

图 4.61 0＃块纵断面(单位:cm)

图 4.62 0＃块现场施工

1) 0＃块支架设计

0＃块支架采用落地式钢管支架,钢管立柱采用 $\phi630\times8$ 钢管,纵横向平联采用[]16a/[16a,平联与钢管立柱现场逐根组拼安装。单幅 0＃块钢管支架在顺桥向布置 4 排,间距为 3～5.2 m,横桥向布置 6 排,间距为 3.6～4.25 m;钢管桩顶上安放双拼 I45 工字钢分配梁(横桥向);承重梁采用贝雷片(顺桥向),3 排或 2 排为一组,采用 90 cm 花窗连接;贝雷梁上铺设 I25a 工字钢,间距 60 cm,上方搭设盘扣支架,横向布置 I12.6 工字钢、纵向布置截面 10 cm×10 cm 方木和 18 mm 厚竹胶板。

2) 0#块支架施工

根据现场情况，结合现场的作业环境及起重机的性能，钢管贝雷支架选用 25 t 汽车吊进行吊装作业。

0#块支架所用型材多为周转材料，钢管桩加工前应对破损、变形严重的部分进行割除，对小变形或有孔洞的部分进行修整和补强，同时检查旧加劲板和旧焊缝焊接质量，不满足要求的需要进行补焊或者割除。

承台施工完毕后，采用 25 t 汽车吊在承台预埋件上安装钢管桩，安装时应注意不得碰撞钢围堰锁扣和内支撑，防止钢围堰变形。安装时检查钢管桩的垂直度，垂直度偏差不得大于 1%，定位准确后迅速将其点焊至底部预埋件上，然后完善底部焊缝和 8 块 8 mm×150 mm×80 mm 加强钢板的焊接。如钢管桩底部与预埋件间存在间隙，应用钢板抄垫并焊接固定，不得悬空。紧接着安装纵横向联结系，焊缝高度满足设计图纸的要求。桩间联结系应安装在钢管桩的中心线上，偏差不大于 10 mm。各焊接部位焊缝应饱满、充盈，不得存在漏焊、夹渣焊、焊伤、焊瘤等，同时确保焊缝高度足够。横向的桩位必须保证横向线形，避免工字钢无法安装或安装偏位。下塔柱施工完成后，及时进行钢管桩连墙件双拼 I45b 工字钢与塔柱预埋钢板的连接，确保支架体系稳定，见图 4.63 和图 4.64。

图 4.63　0#块钢管桩施工

钢管桩顶横梁采用双拼 I45b 工字钢，在钢管桩顶抄平后架设安装。钢管桩的切割要严格控制标高，防止切割标高不统一导致主梁不稳。横梁安放平稳后按照设计图纸进行加强钢板的焊接。

图 4.64　0#块支架施工

3)模板支架设计与施工

(1)支架设计。

鉴于施工对模板支撑架的安全性、稳定性要求较高,依据本标段主梁的结构特点,模板支架采用盘扣式模板支撑架进行搭设。

根据主梁的具体结构,立杆横桥向采用 0.9 m 间距布置,顺桥向采用 0.6 m 间距布置,配以水平剪刀撑(水平斜杆)和竖向斜杆,分别组成几何不变体系的稳定结构。

可调 U 形托位于立杆的上方,架体底部安装有可调托座和标准基座。

(2)构造措施。

模板支架可调托座伸出顶层水平杆或槽钢托梁的悬臂长度严禁超过 650 mm,且螺杆外露长度严禁超过 400 mm,可调托座插入立杆长度不得小于 150 mm,作为扫地杆的最底层水平杆离地高度应不大于 550 mm,见图 4.65。

当搭设高度不超过 8 m 的满堂模板支架时,支架架体四周外立面向内的第一跨支架每层均应设置竖向斜杆,架体整体底层以及顶层均应设置竖向斜杆,并应在架体内部区域每隔 5 跨由底至顶纵、横向均设置竖向斜杆。当搭设高度超过 8 m 的满堂模板支架时,竖向斜杆应满布设置。

因架体模数限制,不符合模数的位置可将支架断开。为保证支架架体的整体稳定,在架体断开位置用架体横杆进行拉接,沿高度方向每隔 1.5 m 拉接一道。拉接位置宜采用与立杆相连接的方式,无法与立杆连接位置可与横杆进行

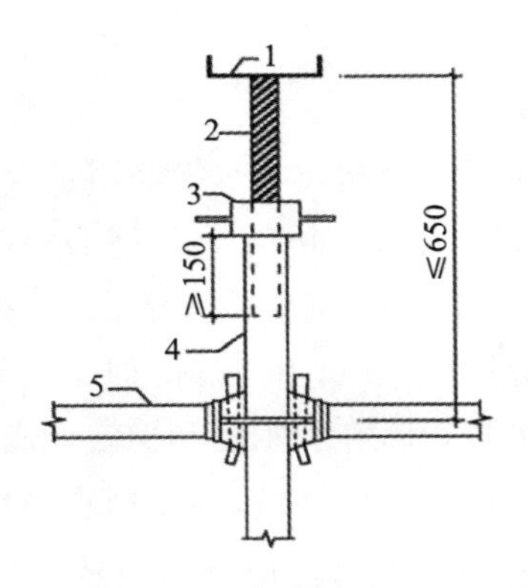

图 4.65　模板支架可调托座构造(单位:mm)

1—可调托座;2—螺杆;3—调节螺母;4—立杆;5—水平杆。

连接,但连接位置须连接在立杆与横杆的节点附近,并与横杆连接牢固。

架体沿高度方向每隔 6 m 用 ϕ48 钢管进行抱柱。将架体与混凝土结构拉接成整体,并扣紧、锁牢。

(3)安全防护设计。

主梁顶面作业层支架外侧必须设置安全防护栏杆及安全网。防护栏杆采用盘扣架搭设,立杆高度 1.2 m,设置两道纵向水平杆,防护栏杆外满挂密目安全网。

架体配套施工上下通道的搭设方法如下:每 1.5 m 设置一个休息平台,楼梯外侧设置斜杆,保证整个楼梯稳定性,并在楼梯外围悬挂密目安全网,爬梯搭设形式如图 4.66 所示。

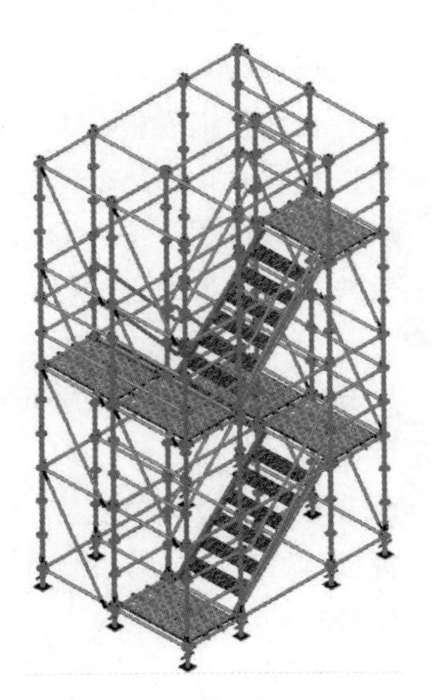

图 4.66　爬梯搭设形式

(4)盘扣架搭设工艺流程。

放线定位→摆放 I25a 工字钢→按定位放置可调托座→在可调托座上放置标准基座→在标准基座上安装扫地杆→安装起步立杆→安装第二层横杆和第一层斜杆→用水平尺校正水平度和垂直度→用钢卷尺校正立杆对角线保证架体方正→安装立杆和横杆→安装斜杆→直至封顶安装顶端横杆和斜杆→在桥墩周围安装连墙件连接→安装可调顶托、主楞、次楞和竹胶板→检查验收。

(5)支架预压。

单个0#块混凝土用量合计620.8 m^3,钢筋用量合计75.9 t,总重1565.8 t。0#块支架基础全部位于13#、14#桥墩永久钢筋混凝土承台上,承台尺寸为49.25 m(长)×12 m(宽)×3.8 m(高),承台下设16根直径2.3 m的桩基,13#、14#桥墩的桩基桩长分别为48 m和50 m,即支架基础为刚性且刚度较大的基础,基础的非弹性变形可控,其强度、刚度和稳定性满足施工要求。

钢管与预埋件之间、联结系与钢管柱之间、钢管柱与分配梁之间均采用焊接连接。根据《公路桥涵施工技术规范》(JTG/T 3650—2020)第5.4.3款第1条要求,本支架可以不进行预压,但在施工过程中须对支架的材料及安装施工质量采取严格的质量控制措施,所有材料规格型号均应满足设计文件要求,包括但不限于支架原材料的各种规格及型号、材质要求,焊缝的长度、宽度、高度以及质量等。

4)模板工程

0#块模板主要包括底模、外模、内模和端模。其中外侧模采用钢模板,底模和内模采用木模板。内侧模通过拉杆与外侧模连接,内顶模采用满堂钢管支架作为支撑体系。钢模板在加工厂加工成型后运至现场直接拼装,木模板采用现场拼装的方法施工。

(1)模板制作。

所有大面积钢模板在工厂制造时,应设置具有足够刚度、表面平整的刚性平台并采取相应防止焊接变形的措施。

所用钢板材质应符合Q235B钢的国家标准要求,所有型钢应采用符合国家标准的普通热轧角钢、槽钢或工字钢。钢板板面应平整,型钢应顺直、无侧弯及竖弯。

所有大跨度的型钢除应验算其强度、刚度、局部承压力外,还应验算其整体稳定性。

所有分块制造的模板,在工厂内应事先预拼好,经有关部门检查符合要求以后再拆散,做好编号标记后,运至工地安装。

(2)模板安装。

①底模安装。

底模采用18 mm厚的竹胶板,竹胶板下方铺设截面10 cm×10 cm纵向方木,纵向方木对中间距为20 cm,纵向方木下铺设I12.6工字钢,局部空隙用楔块

垫平、校正、固定，I12.6 工字钢下放搭设盘扣支架。底模铺设应当平稳、密贴，不得有空隙，相邻两板高差不得大于 1 mm 且不得漏浆，底模两侧应当顺直，不得有明显错台，确保与外侧模连接密贴不漏浆；底模下的垫块不得沉陷和下挠，同时便于拆除。

②内模安装。

内模安装应在底、腹板钢筋绑扎完成并检查验收后进行，底模上设置钢支腿，以支撑内侧模和内顶模。内模和外模间设置临时撑木，内模和内模间设置撑杆和拉杆，保证模板位置安装准确。

腹板内侧模采用 18 mm 厚竹胶板作为面板，竖向采用截面 10 cm×10 cm 方木作为次背楞，间距 20 cm；采用 ϕ48 钢管作为主背楞，在腹板两侧进行对拉加固。对拉螺栓纵横向间距均按 75 cm 设置。

膜板内顶模采用 18 mm 厚竹胶板作为面板，采用截面 10 cm×10 cm 方木作为次背楞，间距 30 cm，主背楞为截面 10 cm×10 cm 的方木，采用 ϕ48 钢管进行支撑加固。立杆横桥向间距按 90 cm 设置，立杆顺桥向间距按 90 cm 设置，纵向横隔板处的纵向间距加密为 60 cm，步距按 120 cm 设置。为了支架的稳定性，每根竖杆与横杆采用扣件扣紧，即类似满堂支架形式。模板与模板间的缝隙采用玻璃胶嵌补。

③外模安装。

外模面板采用 6 mm 普通钢板，法兰采用截面 14 mm×100 mm 钢板，加强筋板采用截面 10 mm×100 mm 钢板，加强槽钢采用[10 槽钢，背架采用][12+[10+][12 槽钢组焊成桁架结构。外模制造时仔细核对设计图，计算出各控制点，并做好分块布置。外模采用定型组合钢板分节吊运至墩顶支架上拼装，外模安装完成后，仔细核对底板、腹板连接处高程及位置。0＃块梁段的外模安装应在底模安装完成后、钢筋绑扎前进行。0＃块的外模也可用作悬臂浇筑的挂篮侧模施工。

④端模安装。

端模安装是保证 0＃块端部及预应力管道成型满足设计要求的关键环节之一。端模采用钢板制作，将设计预应力管道、钢筋准确布置在端模上，然后割出预应力管道和钢筋的预留孔，预留孔的直径应大于预应力管道和钢筋直径 2 mm。在底模和侧模内侧应准确放样出端模的设计位置线，并采用外支撑加固定位。混凝土浇筑前，应用泡沫胶堵塞端模上预留孔的缝隙，防止漏浆。

张拉槽口处锚垫板应向两个方向倾斜，为保证安装位置和角度的正确，安装前必须制作相应的固定装置,以便快速、准确地完成锚垫板的安装。0＃块模板布置如图 4.67 所示。

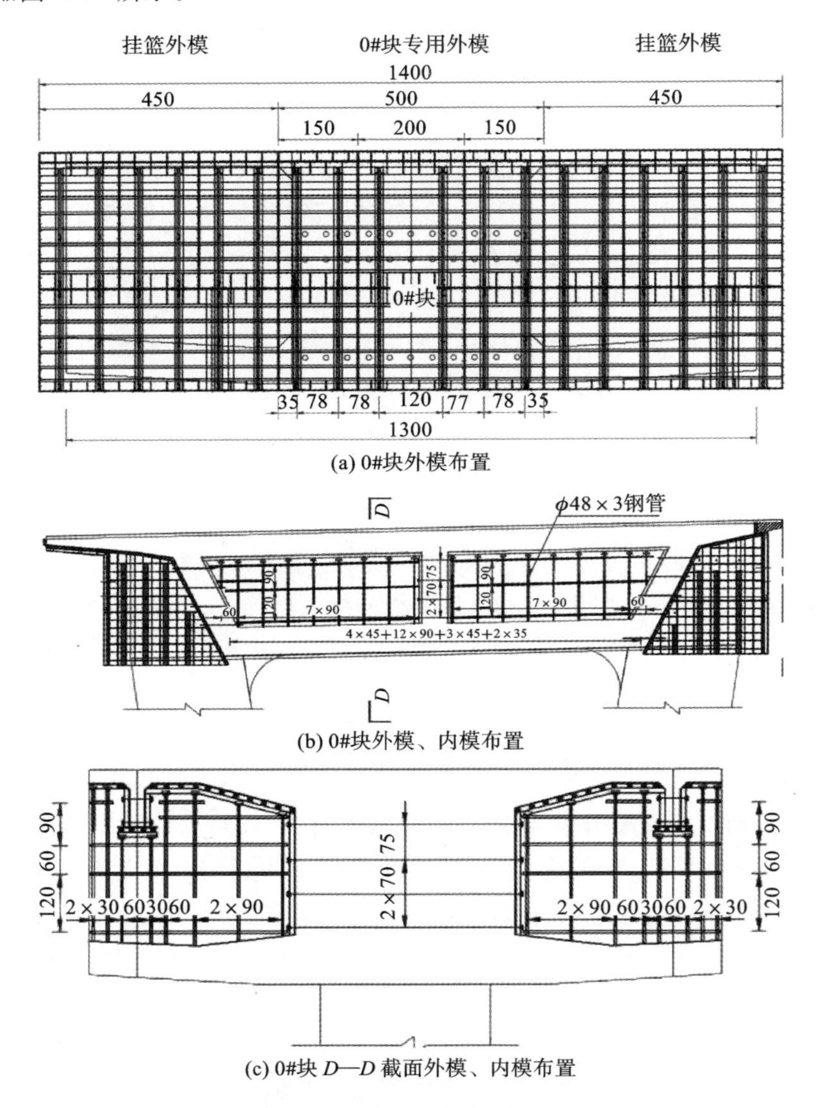

(a) 0#块外模布置

(b) 0#块外模、内模布置

(c) 0#块 D—D 截面外模、内模布置

图 4.67 0＃块模板布置(单位:cm)

5)钢筋工程

上部结构钢筋在钢筋加工场地内下料、加工、焊接绑扎成捆后,再运往施工现场使用,上部结构使用的钢筋规格为 $\phi12$、$\phi16$、$\phi20$、$\phi25$ 四种,均在钢筋加工场地统一按设计尺寸加工成型后运送到现场安装。钢筋安装顺序如下:安装底板

下层钢筋网片→安装底板管道定位网片→安装底板上层钢筋网片→安装底板上下层钢筋之间的拉筋。根据梁底板厚度设置支撑筋或马凳筋，且应在底板下层钢筋网片和底板管道定位网片安装完成后再进行安装。

在混凝土浇筑前，必须检查所有的钢筋、预埋件、预留孔是否齐全，如防撞栏、排水系统、通气孔、预留孔道等，均应按施工图中位置准确地进行安装与预留。由于 0＃块混凝土浇筑为大体积混凝土施工，为降低水化热、减小混凝土内外温差，须布设冷却管。冷却管采用导热性好且具有一定强度的黑铁管(ϕ42.25×3.25)。

同时注意预埋挂篮后吊挂、后锚固、内导梁、外导梁、后吊带等孔道，为后期挂篮施工做准备。

6)预应力管道安装

预应力管道采用塑料波纹管，波纹管应表面光滑、色泽均匀，内外壁不允许有气泡、裂口及影响使用的划伤。

波纹管安装按施工图纸提供的位置安放，每隔 40 cm(管道曲线段，在管道转折处为 25 cm)或 80 cm(管道直线段)将 ϕ12 定位钢筋焊接在箍筋上，将波纹管固定在定位筋上，防止波纹管偏移或上浮。检查波纹管位置、曲线形状、接头、管壁，如有问题则予以及时修复。波纹管安装与钢筋施工同步进行，电焊时防止火花烧伤管壁。波纹管安装完成后，安装张拉端的锚垫板和螺旋筋，同时在固定端设置压浆管，压浆管露出梁外并设置在梁体最顶面。波纹管排气孔均设置在预应力钢束每个上弯段的最高点。

波纹管安装位置要准确，定位要牢固，误差不大于 3 mm，接头牢固不漏浆，锚垫板平面孔道中心垂直，垫板孔中心与管道孔中心一致。

7)现浇混凝土施工

(1)施工要点。

0＃块混凝土的浇筑采用臂长 37 m 汽车泵将 C60 混凝土泵送至指定位置，浇筑顺序为先浇筑底板，然后浇筑腹板、墩顶横梁部分，最后浇筑顶板混凝土，其中底板浇筑顺序为先浇筑墩顶部分，再由中间向两边、由低到高浇筑悬出墩身部分。混凝土由地面泵送到桥面进行浇筑，一个 0＃块需要浇筑 620.8 m^3 混凝土。考虑移管和振捣的时间影响，一个 0＃块混凝土浇筑完成需要 10～12 h，必须要一次浇筑完成。混凝土坍落度控制在 160～200 mm，符合要求后方可入模。

混凝土浇筑过程中，当混凝土覆盖冷却管后即对冷却管内部进行通水降温。

对冷却水循环进行 24 h 监控，监控期限以大体积混凝土内外温差不大于 25 ℃为标准。通过调节冷却管进出水流量和流速，来提高混凝土内部降温速率、控制温差、降低混凝土开裂风险。0＃块现场混凝土浇筑如图 4.68 所示。

图 4.68　0＃块现场混凝土浇筑

混凝土浇筑完毕后冷却管继续通水，当承台混凝土内外温差满足设计要求后，停止通水，进行冷却管压浆处理，压浆应使用活塞式压浆泵。压浆应使孔道另一端出浆饱满，并应使排气孔排出与压浆同样稠度的水泥浆。为保证管道中充满水泥浆，关闭出浆口后，压浆泵应在压力不小于 0.5 MPa 的情况下保持一个稳压期，稳压期宜为 3～5 min。

(2)大体积混凝土温度裂缝控制。

①温度裂缝控制重难点。

大体积混凝土截面结构尺寸大、热阻大，水泥的水化热聚集在混凝土内部不易传递和散发，而混凝土表面散热较快，导致混凝土内部和表面较大的温差并由此产生温度应力(拉应力)，一旦拉应力超过混凝土的抗拉强度，就会在混凝土表面产生裂缝。当这种拉应力在表面裂缝尖端形成应力集中时，极容易进一步发展成深层裂缝或贯穿裂缝，破坏结构的整体性和耐久性，甚至危及结构的安全。本工程温度裂缝控制重难点如下。

a. 0＃块混凝土等级高(C60)，混凝土绝热温升高；混凝土升温控制不当时，极易产生较大温度应力而开裂。

b. 0＃块有较多的薄壁、长宽比大、变截面的结构，且约束情况复杂，使得混凝土容易产生应力集中。

②混凝土温度裂缝控制评价标准。

a. 混凝土温度控制标准：控制混凝土浇筑温度；尽量降低混凝土的水化热；延缓最高温度出现时间；通过保温措施控制温度峰值过后混凝土的降温速率；降低混凝土中心和表面之间、先浇与后浇混凝土之间的温差；控制混凝土表面与养护环境的温差。具体见表 4.18。

表 4.18　混凝土温度控制标准

<table>
<tr><th>序号</th><th>温度控制项目</th><th>控制标准</th><th>依据</th></tr>
<tr><td>1</td><td>混凝土浇筑温度</td><td>≥10 ℃，
≤28 ℃</td><td rowspan="2">施工条件及温度控制计算结果</td></tr>
<tr><td>2</td><td>混凝土内部最高温度</td><td>≤75 ℃</td></tr>
<tr><td>3</td><td>混凝土里表温差</td><td>≤25 ℃</td><td rowspan="5">《公路桥涵施工技术规范》
(JTG/T3650—2020)、
《大体积混凝土施工标准》
(GB 50496—2018)</td></tr>
<tr><td>4</td><td>混凝土降温速率</td><td>≤2.0 ℃/d</td></tr>
<tr><td>5</td><td>混凝土表面与养
护环境的温差</td><td>≤20 ℃</td></tr>
<tr><td>6</td><td>冷却水进、出水口温差</td><td>≤10 ℃</td></tr>
<tr><td>7</td><td>冷却水与混凝土内部温差</td><td>≤25 ℃</td></tr>
</table>

b. 应力标准：大体积混凝土容许应力可参考表 4.19 取值。

表 4.19　大体积混凝土容许应力

龄期/d	3	7	28	180
0＃块 C60 混凝土(加纤维)/MPa	3.40	4.03	4.60	5.18

③混凝土温度裂缝控制思路。

a. 根据构件的环境条件、结构特点及混凝土性能，确定仿真计算参数；

b. 建立有限元模型，确定边界条件，对于不同工况进行温度和应力仿真分析；

c. 按照混凝土温度裂缝控制评价标准(温度、应力)，确定不出现危害性温度裂缝的安全工况。

d. 根据仿真计算结果，确定本工程适用的温度控制标准(不低于国家标准及行业标准)。

e. 根据温度控制标准和现场施工条件，选择技术可靠、经济合理的温度控制措施。

f.将温度实测结果与标准进行对比，实时优化调整温度控制措施，确保温度发展可控、开裂风险可控。

④混凝土配合比。

主墩0#块大体积混凝土配合比如表4.20所示。

表4.20　主墩0#块大体积混凝土配合比　（单位：kg/m^3）

标号	水泥	粉煤灰	矿粉	砂	碎石	水	减水剂	纤维
C60	365	50	100	643	1142	150	6.7	2.0

⑤主墩0#块应力计算结果。

主墩0#块大体积混凝土应力如表4.21所示。

表4.21　主墩0#块大体积混凝土应力

龄期/d	3	7	28	180
温度应力/MPa	3.31	2.95	1.00	1.67
容许应力/MPa	3.40	4.03	4.60	5.18

在以上工况设定条件下，主墩0#块大体积混凝土内部最高温度为74.4 ℃，最大内表温差为23.5 ℃；最高温度和最大里表温差均满足温度评价标准（最高温度不大于75 ℃和最大里表温差不大于25 ℃）。0#块混凝土各龄期温度应力计算值均低于容许应力值（见图4.69），可按预设工况进行施工。

⑥混凝土浇筑温度控制施工要点。

混凝土在运输、泵送、浇筑、振捣过程中，除与大气环境、仓面环境有热交换外，还存在与运输罐车车鼓的摩擦、与泵送管内壁的摩擦、与模板和钢筋的摩擦、混凝土内部的相互摩擦以及水泥水化反应，这些都将使混凝土的温度升高，混凝土的实际升温是热传递、摩擦以及水化热三者的综合结果。混凝土浇筑温度控制施工要点如下。

a.骨料采用增加储存量、搭建遮阳棚、通风、喷雾等普通措施降温，骨料温度可控制为比气温低4 ℃。

b.胶凝材料采用延长储存时间、转运和倒仓等措施降温，水泥温度控制为小于或等于60 ℃，粉煤灰温度控制为小于或等于40 ℃。同时，可考虑在水泥罐外搭设遮阳棚避免阳光直射，并在罐顶布设冷却管喷淋冷水辅助降温。

c.采用自来水作为拌和水，如不进行特别控制，其温度约比气温低5 ℃。

d.尽量选择适宜浇筑时间，施工避开高温日晒时段。

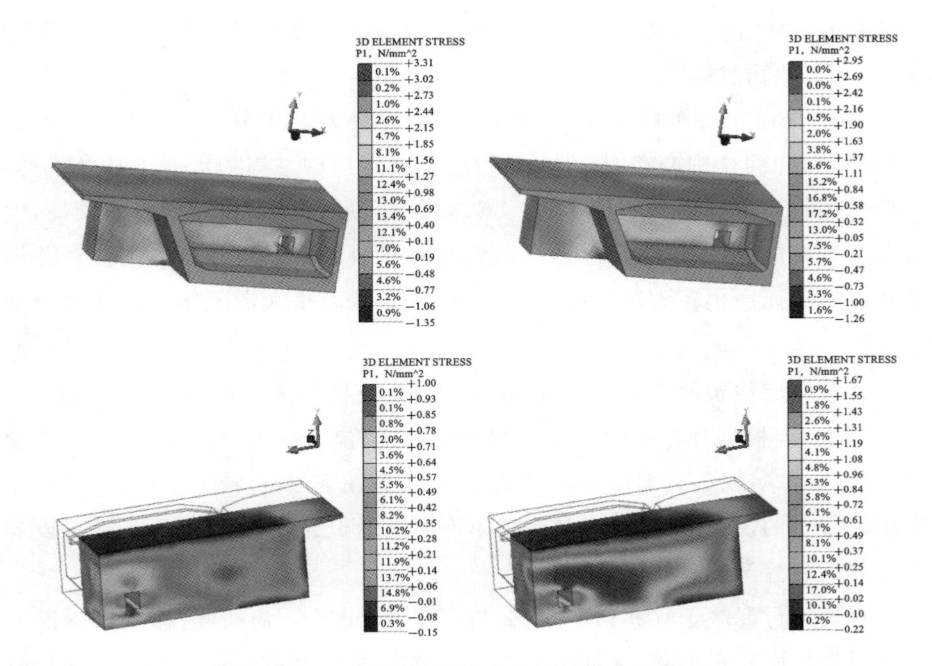

图 4.69　0＃块混凝土各龄期温度应力云图

e. 提高混凝土浇筑能力，缩短混凝土暴露时间；缩短混凝土运输和滞留时间，混凝土拌和物从加水至入模的最长时间，不应超过 1.5 h。

f. 对拌和站料斗、皮带运输机、搅拌楼、运输罐车、泵送管道及其他相关设备进行遮阳或采取降温措施，如对运输罐车反复淋水降温，泵送管道用湿罩布、湿麻袋等加以覆盖，避免阳光照射并反复洒水降温等。

h. 降低混凝土浇筑仓面的环境温度。当在气温高于 30 ℃、相对湿度较小或风速较大的环境下浇筑混凝土时，应对浇筑仓面进行喷雾或采取适当挡风措施以防止混凝土表面失水过快。

i. 各种原材料的储存应专仓专用，防水、防污染、防窜料等。

j. 搅拌混凝土前，应严格测定粗、细骨料的含水率和含水率变化，及时调整施工配合比。

k. 混凝土在搅拌机中的搅拌时间（从全部材料装入搅拌机开始搅拌至搅拌结束开始卸料所用时间）不应短于 120 s。搅拌后的混凝土应具有良好的匀质性及黏聚性，确保混凝土入模后不分层、不离析。

l. 确保运输过程中混凝土的匀质性：运输混凝土过程中，必须保证混凝土罐车罐体低速转动。运输速率应保证施工的连续性，当罐车到达浇筑现场时，使罐车高速旋转 20～30 s 方可卸料。另外，应采取适当措施防止水进入运输容器或蒸发，严禁在运输过程中向混凝土内加水。

m. 优化混凝土的布料方式：混凝土宜采用整体式水平分层连续浇筑。混凝土浇筑时，由四周往中心布料，布料过程中始终保持构件周边混凝土高度略高，边部应采用汽车泵布料杆均匀布料且紧靠模板。加强边角处混凝土的振捣，保证混凝土较好的匀质性和密实性，以避免胶凝材料浆体发生过长距离流动并堆积在构件四周而产生较大温度应力及收缩应力，从而增大混凝土侧面和边角开裂的风险。

n. 优化分层浇筑厚度：大体积混凝土的分层浇筑厚度可控制为 30～50 cm。实际工程中，应根据拌和站生产能力和现场泵送、浇筑能力，确定每层混凝土的最适宜浇筑层厚，以尽量缩短层间间隔时间，确保在下层混凝土充分塑化之前完成上层混凝土的浇筑，这不仅有利于减小下层混凝土的温度回升，而且还可以避免塑性收缩裂缝产生。

o. 正确进行混凝土拌和物的振捣：振动棒垂直插入，快插慢拔，振捣深度要超过每层接触面一定距离，保证下层混凝土在初凝前再进行一次振捣。振捣时插点均匀，成行或交错式前进，以免过振或漏振，避免用振捣棒横拖赶动混凝土拌和物，以免造成离下料口远处砂浆过多而开裂。

p. 混凝土浮浆控制：在保证可泵送的前提下尽量降低混凝土坍落度，尤其是浇筑到最后 50～60 cm 时，混凝土坍落度要求应调小 20 mm；浇筑至顶面时如遇浮浆较厚，可用铁耙予以清除，再补打一层同配合比的混凝土，避免混凝土表面浮浆过厚引起混凝土后期收缩不一致，从而导致混凝土开裂。

q. 收浆抹面：混凝土暴露面在振捣完毕后应及时并至少进行二次抹压收浆，以消除塑性沉降裂缝和因表面快速失水引起的塑性收缩裂缝。

⑦温度监控。

智能化温度巡检仪（见图 4.70）可具有自动数据记录和数据掉电保护、历史记录查询、实时显示和数据报表处理等功能。该仪器测量结果可直接用计算机采集，并且反应灵敏、迅速，测量准确，主要性能指标如下。

a. 测温范围：－50 ℃～＋150 ℃。

b. 工作误差：±1 ℃。

c. 分辨率：0.1 ℃。

d. 巡检点数：32 点。

e. 显示方式：LCD(240×128)。

f. 功耗：15W。

g. 外形尺寸：230 mm×130 mm×220 mm。

h. 重量：不大于 1.5 kg。

测温元件的主要技术性能如下。

a. 测温范围：−50 ℃～+150 ℃。

b. 工作误差：±0.5 ℃。

c. 分辨率：0.1 ℃。

d. 平均灵敏度：−2.1 mV/℃。

(a) 智能化温度巡检仪实物

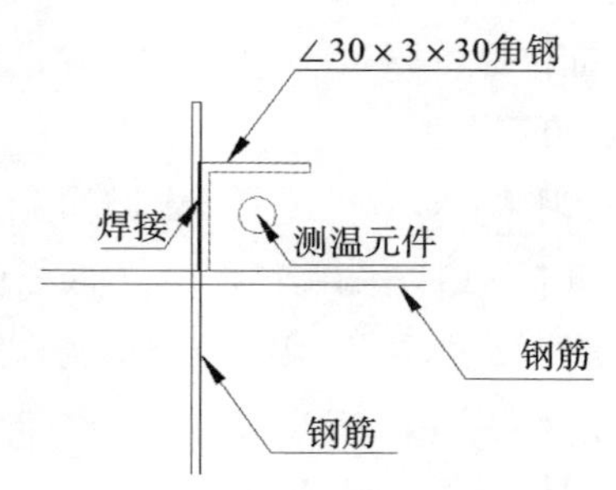

(b) 测温元件布设位置

图 4.70　智能化温度巡检仪实物及测温元件布设位置

测温元件布设原则如下。

根据构件对称性的特点，选取构件的 1/4 部分来布置测点，竖直中间部位布置监测点，靠近上下表面处布置校核点；根据温度场的分布规律，对高度方向的温度测点间距适当调整，距离水管的间距须大于或等于 25 cm；充分考虑温度控制指标的测评。测点布设包括表面温度测点、内部测温点。测温元件布设位置见图 4.70(b)。

0＃块测温元件布置立面和平面见图 4.71 和图 4.72。

8)预应力工程施工

0＃块采用纵向、横向、竖向三向预应力体系，其中纵向小钢束 N1 和 N2(顶

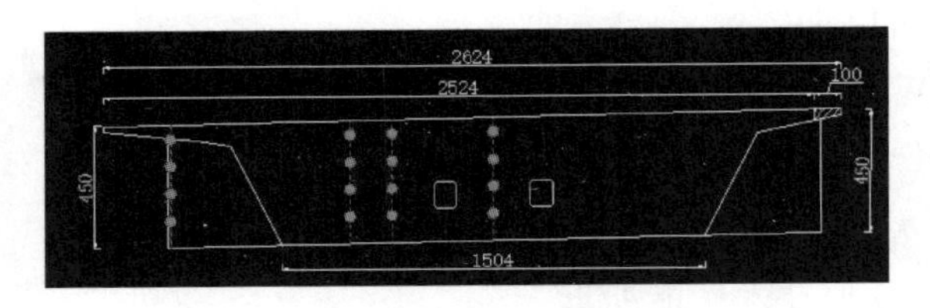

图 4.71　0♯块测温元件布置立面

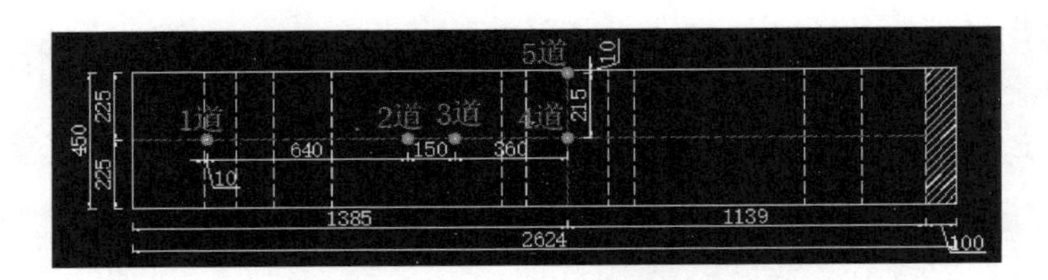

图 4.72　0♯块测温元件布置平面

板悬臂钢束)、竖向钢束张拉采用低回缩二次张拉预应力锚固系统。采用符合《预应力混凝土用钢绞线》(GB/T 5224—2014)标准的低松弛钢绞线,公称直径15.2 mm,抗拉标准强度1860 MPa,弹性模量1.95×10^{5} MPa。

(1)纵向预应力。

①顶板钢束:N1、N2采用$3\phi^{s}15.2$低松弛高强度钢绞线,锚下张拉控制应力1360 MPa;T1～T17采用$15\phi^{s}15.2$低松弛高强度钢绞线,T18采用$19\phi^{s}15.2$低松弛高强度钢绞线,锚下张拉控制应力1395 MPa。

②腹板钢束:W1～W10采用$15\phi^{s}15.2$低松弛高强度钢绞线,锚下张拉控制应力1395 MPa。

(2)横向预应力。

横向预应力包括顶板预应力和横梁预应力:顶板预应力钢束采用$4\phi^{s}15.2$低松弛高强度钢绞线,锚下张拉控制应力1302 MPa;横梁预应力钢束N1～N3采用$19\phi^{s}15.2$低松弛高强度钢绞线,锚下张拉控制应力1395 MPa。

(3)竖向预应力。

竖向预应力钢束采用$3\phi^{s}15.2$低松弛高强度钢绞线,锚下张拉控制应力1360 MPa。施工前在国家认可的校验部门对预应力钢绞线、锚具、夹具和张拉设备进行校验。

(4)穿束施工。

钢绞线穿束前要对钢束进行梳编,每米捆绑一次,并对钢绞线进行编号。穿束后对钢束进行检查,钢绞线两侧相同编号位置应对应,若不对应,则此钢绞线

存在扭曲现象，应重新穿束。较短的钢束应固定后整体穿束，防止缠绕。

腹板竖向预应力钢束与波纹管一起安装，注意中间接头或两端不得漏浆，并安设压浆和冒气孔；或采用两根竖向预应力钢束为一组，在底部连通，采用普通压浆法压浆。上、下锚垫板应水平，其他混凝土应与之密贴，严防孔道漏浆，严格检查管道是否有小孔洞、两端与锚垫板连接处是否有松动或不密封现象。

箱梁顶板、腹板、底板纵向钢束严禁浇筑前穿束，在混凝土浇筑完成并达到一定强度后才能进行穿束工作，穿束应根据孔道长度加两端工作长度（张拉需要）进行下料，短束可单股穿，直至穿完一孔；长束可在前端焊设预先在工厂制造的“子弹头帽”，并设置牵引索用 5 t 以上卷扬机牵引。

腹板竖向钢束采用单端张拉，因此浇筑前即已穿束完毕。由于箱梁顶面有横坡及每节段的高度都在变化，腹板竖向预应力钢束应根据“中间高、两侧低，往 0＃块方向高、往跨中方向低”的原则安装。所有预应力钢材进场时应按规范要求分批抽样进行物理力学性能试验及外观检查，合格后才能下料切割，投入使用。钢绞线必须使用机械切割，不得使用电弧切割。下料长度应为每束预应力钢束计算长度加上两端张拉用的工作长度。

（5）预应力张拉。

0＃块张拉顺序为先张拉纵向预应力钢束，再张拉横向预应力钢束，最后张拉竖向预应力钢束。纵向预应力钢束张拉顺序：先张拉顶板预应力钢束，再张拉腹板钢束。横向预应力钢束张拉顺序：先张拉墩顶横梁预应钢力束，再张拉顶板横向预应力钢束，从墩中心向两侧逐束对称张拉。竖向预应力钢束张拉顺序：横桥向从箱梁中心向两侧逐束对称张拉，顺桥向从墩中心向两侧逐束对称张拉。预应力钢束张拉采用张拉力与伸长量的双控模式，其中以张拉力控制为主。钢束采用两端张拉或单端张拉，锚下张拉控制应力参照施工设计图。

在 0＃块混凝土强度达到 90％以上，且混凝土龄期不少于 7 d 后才能进行张拉作业。预应力钢束实际伸长值与理论伸长值的差值应控制在 6％以内，否则应停止张拉并查明原因后再行施工；施工前应根据实测钢绞线弹性模量、截面积和管道摩阻系数等参数对预应力钢束伸长量进行校核。

9）孔道压浆

孔道压浆时要做到孔道及两端必须密封，且孔道内无杂物，孔道畅通；浆体初凝时间至少 6 h，浆体强度指标 50 MPa，浆体对钢绞线无腐蚀作用。

预应力钢绞线张拉完成后，用砂轮切割机切除锚具外露的钢绞线（注意钢绞线的外露量大于或等于 30 mm，且不应小于 1.5 倍预应力筋直径）进行封锚。清理锚垫板上的灌浆孔，保证灌浆通道顺畅。待封锚砂浆达到足够强度，且观察锚具锚固稳定后，即可进行压浆。预应力钢绞线预加应力完毕后，必须在 2 d 内进行压浆。

压浆时，浆体温度应为 5～30 ℃。压浆时及压浆后 3 d 内，梁体及环境温度不应低于 5 ℃，否则应采取养护措施，以满足要求。施工时按先下后上进行压浆，并将集中的孔道一次压完。水泥浆自搅拌至压入管道的时间间隔，不得超过 40 min；压浆用的胶管一般不得超过 30 m。

压浆完毕后进行封锚工作，封锚混凝土表面颜色应与梁体混凝土一致，封锚混凝土采用 C60 混凝土。

10）支架及模板系统拆除

0＃块张拉及压浆前拆除其端模、内模和外模，0＃块混凝土张拉及压浆完成后，方可拆除支架及底模系统。支架和底模系统拆除时可将盘扣架拆除，达到底模与支架分离，逐层拆除整个支架体系的目的。拆模时按立模的逆过程进行，对称缓慢分级卸载。

支架拆除顺序：贝雷梁上横梁→贝雷梁→钢管桩顶横梁→纵、横向联结系→钢管桩。

3. 上塔柱施工

上塔柱高 26 m，为独柱式钢筋混凝土结构，立面为长腰花瓶状，断面为矩形，并单面阳刻装饰纹理，分 6 个节段，每个节段 4.5 m，采用 C60 混凝土。

1）劲性骨架施工

为满足上塔柱钢筋、分丝管定位、模板固定，同时方便测量放样，上塔柱第 7、8 节采用∠100×10 角钢，第 9～12 节采用 I10 工字钢和 I14 工字钢。上塔柱劲性骨架现场施工如图 4.73 所示。

2）钢筋安装

上塔柱主筋伸入 0＃块 1.5 m，在 0＃块施工时预埋。预埋钢筋调直后，进行上塔柱钢筋的安装。上塔柱竖向主筋采用直螺纹套筒连接，其他钢筋采用焊接或绑扎连接。为防止钢筋倾覆，在外模未安装前，钢筋通过劲性骨架固定。

鞍座部位的横向钢筋制成与鞍座线形一致的弧形，顺鞍座绑扎。鞍座与主塔钢筋相冲突时，应确保鞍座位置不变，适当调整钢筋位置，在鞍座部位安装锚下加强钢筋。

图 4.73　上塔柱劲性骨架现场施工

上塔柱斜拉索区短边方向模板采用带斜拉索的槽口模板。槽口模板安装时，须与斜拉索转向鞍座一起经测量放样定位后再进行安装固定。由于设计的斜拉索槽口的尺寸、角度和斜拉索位置均有所不同，施工时可根据设计槽口参数来调整槽口模板的角度及尺寸等。

3)模板安装

主塔截面等宽段顺桥向厚度 3.5 m，横桥向宽 1.7～2.0 m；墩顶花瓶段顺桥向宽 3.5～6.0 m，横桥向厚 1.7～2.0 m。横桥向为一块 3.2 m×2.2 m 矩形模板，另一块为 3.2 m×2.2 m 阳刻纹模板；顺桥向为一块 1.6 m×2.2 m 带倒角圆弧模板。

模板安装和混凝土施工与下塔柱相同，但须注意在上塔柱混凝土浇筑过程中，分丝管位置的混凝土要加强振捣，同时应避免振捣棒直接接触分丝管等，并避免分丝管受力发生偏位。

4)支架搭设

沿塔柱四周搭设盘扣式脚手架。上塔柱脚手架现场施工如图 4.74 所示。

5)上塔柱分丝管施工

石滩大桥主桥共 96 根斜拉索。斜拉索在塔上采用分丝管结构，并采用钢绞线斜拉索群锚体系。斜拉索规格分别为 37-ϕ^s15.2、43-ϕ^s15.2 和 55-ϕ^s15.2，梁上索距 4.0 m，塔上索距 0.8 m。

图 4.74　上塔柱脚手架现场施工

由于主塔高度不高，受外界风压、气温等因素影响很小，故上塔柱分丝管安装可以在塔上直接定位施工。上塔柱斜拉索布置如图 4.75 所示。

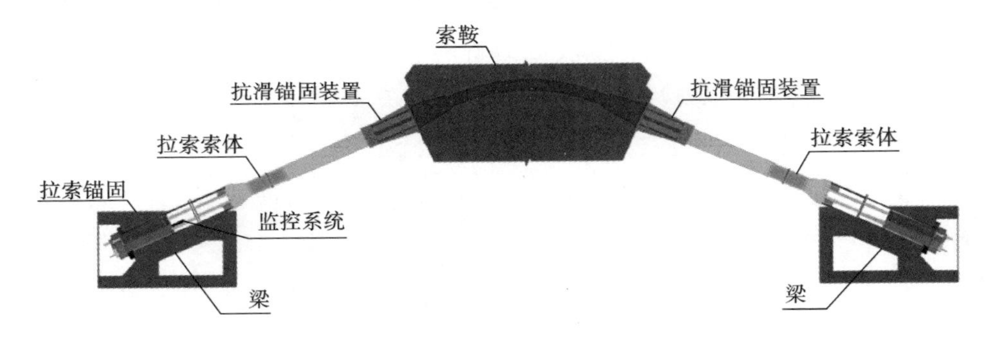

图 4.75　上塔柱斜拉索布置

(1)分丝管的加工。

分丝管采用无缝钢管，根据分丝管的长度与塔柱外壁夹角放样出口面，切割下料。然后将两端磨光与锚垫板接触面贴紧焊接，注意分丝管与锚垫板应保持垂直。

分丝管在与锚垫板焊接前应严格检查内径、椭圆度及管内是否有疤痕或障碍物，每个分丝管均应用与锚头相匹配的通孔器检查，防止在挂索时锚头无法通过或因强行通过而损坏锚头外丝扣，如图 4.76 所示。

(2)分丝管安装。

在第 8 节塔柱顺桥向预埋 6 根 I14 工字钢，在适当位置用 I10 工字钢横杆焊

图 4.76　分丝管构造

接作为分丝管托梁，待分丝管定位好后与托梁焊接固定。分丝管的定位：选择在较稳定的时间段（夏季每日 22 点至次日 6 点）测放索鞍分丝管两端底口中心的三维坐标及纵横轴线，然后用底口中点与索鞍圆弧上最高点的连线控制索鞍的垂直度，分丝管安装定位如图 4.77 所示。

图 4.77　分丝管安装定位

(3)索鞍分丝管施工控制要点。

由于分丝管由众多空心圆管焊接而成，焊接锚垫板后，两端均呈不规则形状，很难找到真实的管中心线的两端点（锚固点和虚拟出塔点），给施工测量带来极大不便。为了保证放样精度，先在分丝管顶端定位出分丝管的平面位置和高程控制点，然后在两管口各焊接一根角钢，标注锚固点或虚拟出塔点。在钢筋加工场地或施工现场，分丝管制造完毕或安装完成后，对锚固点和虚拟出塔点均可进行校核，提高分丝管实际安装精度。

分丝管安装过程繁杂，工序较多，须经过多次测量校核方能达到安装要求。

4. 索塔施工技术控制

1）混凝土外观质量控制

（1）混凝土外观质量施工技术要求。

为保证工程总体质量，混凝土外观质量要满足如下施工技术要求：采用大块模板施工，同时应注意孔洞、牛腿处的模板搭接处理；保证拆模后板缝印迹线横平竖直，水平线贯通。模板定位孔或固定孔位整齐有序，横平竖直，纵横正交排列；模板安装时应逐层校准，严格控制光洁度、平整度和垂直度；混凝土水泥品种应采用同一个水泥厂生产的同一个品种。水泥中掺加粉煤灰应尽量采用同一个厂家同一个品种的粉煤灰，掺加比例应保持一致；拆模后混凝土表面须清理平整，错台要磨平，蜂窝麻面用水泥泥子抹平，模板接缝处蜂窝麻面，先用粗砂纸磨平，后用细砂纸磨光；大模板拆模后留下的孔洞先用细石混凝土填实，再用粗砂纸磨平、细砂纸磨光。

（2）混凝土外观质量控制措施。

①保证混凝土表面平整度、垂直度和光洁度的控制措施：使用优质的模板和合理的施工工艺，在塔身施工过程中，利用计算机三维建模，制造精度高、质量优良的模板施工模型是保证塔身外观质量的必要硬件配置。模板的刚度是保证混凝土表面的平整度、垂直度的先决条件，模板在重复使用前应进行刚度校准，对变形过大的模板应停止使用。为延长模板使用寿命和方便脱模，应使用脱模剂，不允许使用动力油作脱模剂。

②混凝土表面蜂窝、麻面、气泡、错台的控制措施：为减少混凝土表面蜂窝、麻面、气泡的出现，首先应根据浇筑部位钢筋密集程度选择合理的混凝土配合比和级配；其次采取合理的布料方式，并按要求进行振捣。振捣时，以混凝土泛出浮浆、无明显气泡冒出且不显著下沉为宜，不允许过振或漏振，确保混凝土拆模后“内实外光”。最后在振捣过程中，防止振捣器直接冲击模板和预埋件，以免造成模板损坏和预埋件移位。

为避免混凝土表面错台的出现，要求模板与模板之间拼接紧密，模板加固支撑刚度足够，以免浇筑时出现漏浆、跑模或模板变形过大等问题。

③保持混凝土表面颜色一致的控制措施：水泥、粉煤灰和外加剂品种必须选用同一厂家的产品，脱模剂也应选择同一类型的。模板表面应清洁，不许有任何污物。此外，施工过程中对已浇筑好的永久外露面应采取有效的保护措施，避免油污对外观颜色的影响或其他硬物对外观的磨损、破坏。

2)塔柱预埋件要求

在塔柱上所有预埋件采用锥形螺母预埋件，相应构件施工完成后，拆除预埋钢板，用环氧树脂混凝土封闭螺栓孔洞。

3)索塔施工测量监控

石滩大桥主塔为长腰花瓶状、异型截面、结构复杂、工序多，测量工作任务量大，施工测量精度要求高。为了建造好本桥，引进建筑信息模型(building information modeling，BIM)技术建立桥梁三维模型，采用先进的测量仪器和方法，使石滩大桥的测量技术达到较高水平。

根据现场情况，在增江上下游各布设 4 个控制点，按四边形布设，相邻点位互相通视，保证在施工测量时全站仪能够后视 2 个控制点。平面及高程控制点均为国家二等。依据施工设计图计算塔柱轮廓点、轴线点三维坐标。施工过程实时观测，若与设计不符，及时做出调整。建立索塔监测点，全天候监测索塔在温度和风力影响下的变化，确定其变化量，并实时进行修正，变被动控制为主动控制。

(1)索塔施工测量。

索塔施工测量的重点是保证塔柱、横梁各部分结构的倾斜度，外形几何尺寸、平面位置、高程及一些内部预埋件的空间位置，主要包括劲性骨架定位，钢筋定位，模板定位，预埋件安装定位以及塔柱、横梁各节段形体竣工测量等。

①放样数据准备。

根据施工设计图纸以及主塔施工节段划分，编制数据处理程序，计算不同施工节段塔柱断面的 4 个角点坐标和高程。对于斜倒角角点，则计算两线段交点的坐标。计算成果须经 2 人以上复核后才能使用，确保数据准确无误。

②索塔平面位置控制。

索塔平面位置控制采用莱卡 TZ08(标称精度 1″)全站仪三维坐标法。具体操作步骤如下：仪器精确对中、整平后，输入测站点三维坐标，然后输入后视点三

维坐标，进行后视定向，再利用相邻控制点进行复核，确认测站点及控制点无误后输入待测点三维坐标，照准待测点棱镜，利用全站仪内部软件自动计算数据，测定待测点三维坐标。

影响测点精度因素主要有对中效果、目标偏心、目标照准、大气折光影响等。因此在测量放样时要注意仪器按周期进行检定，在安置仪器时检查四个方向的点位对中、水准器整平是否一致；经常校正棱镜对中杆水准器；必须使用仪器自动照准功能；选择适宜测量时间，尽量避开风力大于 3 级和中午的时段。

③索塔高程基准传递。

索塔高程基准传递采用全站仪三角高程法和水准仪钢尺量距法，两种方法相互校核。

全站仪三角高程法具体操作如下：将全站仪安置在已知高程控制点上，在待测点安置觇标或棱镜对中杆，测定两点之间高差，再将全站仪置于待测点上测定两点之间高差（往、返测四测回且要求在较短的时间内完成，仪器高度、觇标高度精确至毫米），取往、返测观测的平均值作为待测点与已知高程点之高差，从而得出待测点高程。

水准仪钢尺量距法具体操作如下：采用两台水准仪、两把水准尺（两把水准尺分别竖立于已知高程点和待测点上）、一把检定钢尺。首先将检定钢尺悬挂在固定架上（钢尺零点朝上保持竖直且紧贴塔柱壁），下挂一个与钢尺检定时拉力相等的重锤（同时测量检定钢尺边的温度），通过上、下水准仪的水准尺读数及钢尺读数计算已知高程点与待测点的高差，得出待测点高程。为检测高程基准传递成果，可变换三次检定钢尺高度，取平均值作为最后成果。

④劲性骨架定位。

塔柱劲性骨架由角钢等加工制作而成，用于定位钢筋、支撑模板，定位精度要求不高，平面位置不影响塔柱混凝土保护层厚度即可。塔柱劲性骨架分节段加工制作，分段长度与主筋长度基本一致。第一节劲性骨架底口定位可通过在承台或塔座上放出的墩纵横轴线来定位。各节顶口的定位，在无较大风力影响情况下，现场施工人员可自行采用重锤球法定位劲性骨架，以靠尺法定位劲性骨架作校核；如果受风力影响锤球摆动幅度较大，根据现场实际情况的需要，测量人员可采用全站仪三维坐标法定位劲性骨架。

⑤塔柱模板及钢筋定位放样。

塔柱第一节模板底口放样步骤：当塔座施工完毕后，用水平仪按设计标高将第一节模板底与塔座接触面抄平；用全站仪在塔座顶面上放出第一节模板底口

四个角点的设计位置，施工人员用墨线标示出设计底口。

塔柱各节模板顶口放样步骤：首先在模板角点对应位置处的劲性骨架外缘临时焊接水平角钢，角钢高出该节模板顶口约 10 cm，再根据仰角情况选择适当的索塔施工控制网点，用全站仪三维坐标法在角钢上放出该节模板顶口 4 个角点的设计位置。

钢筋定位及调整根据模板底口的墨线边框和设计混凝土保护层的厚度尺量定位。

⑥塔柱模板检查校正。

塔柱模板为定型模板，采用全站仪三维坐标法对塔柱模板 4 个角点进行放样，如果某个角点不能直接测定，可根据已测定点的相对几何关系，使用钢尺按边长交会测定。根据放样的角点定出塔柱的理论轴线，与模板的实际轴线进行比较，检查模板顶实测高程与设计高程，如果模板轴线、高程与设计值之差超出规范允许范围，调整模板，重复上述步骤，直至将模板调整到设计位置。塔柱模板检查只对外模顶口的平面位置和高程进行检查，施工人员根据已定位好的外模位置进行内模的定位。

⑦塔柱预埋件安装定位。

根据塔柱预埋件的精度要求，分别采用全站仪三维坐标法与轴线法放样。全站仪三维坐标法适用于精度要求较高的预埋件，轴线法适用于精度要求不高的预埋件。

(2)索塔变形测量。

随着荷载增加，混凝土产生弹性压缩及收缩徐变，主塔可能产生位移，故在施工过程中监测索塔的相对及绝对沉降和水平位移，以能确切反映索塔实际变形程度或变形趋势为宜，确保塔顶高程的正确。

①垂直位移变形测量监测。

垂直位移变形测量监测精度分为 3 等，基准点利用主桥控制点。观测点设置在承台顶面的塔座纵横轴线上，每个塔座处各布设 2 个沉降观测点。将沉降观测分为绝对沉降观测和相对沉降观测。对于绝对沉降观测，按照第 3 等监测精度基准网和水准观测主要技术要求，按往返观测法的闭合水准路线布设，如果受现场条件限制，可采用三角高程中间觇标法测量。相对沉降观测是对承台上的 4 个沉降点进行观测，按第 2 等水准精度进行。

承台混凝土浇筑完成且混凝土达到一定强度后，进行首次变形测量观测。变形测量观测周期分为 7 次(如有设计要求，根据设计划分)：下横梁施工前、后分别进行一次变形测量;0#块施工前、后分别进行一次变形测量;按上塔柱高度划分进行两次变形测量;主塔竣工后进行一次垂直位移变形测量。

②水平位移变形测量监测。

水平位移变形测量监测精度也分为3等,采用极坐标法观测水平角和距离。基准点应采用带有强制归心装置的观测墩,与主桥控制网一起进行一次布网。变形监测点设置在下横梁顶面,左、右各埋设反光镜或觇标的强制对中装置,在观测过程中水平角观测4测回,距离观测3测回。

下横梁混凝土浇筑完成且混凝土达到一定强度后,进行首次变形测量观测。变形测量观测周期划分5次(如有设计要求,根据设计划分):0#块施工前、后分别进行一次变形测量;按上塔柱高度划分进行两次变形测量;主塔竣工后进行一次水平位移变形测量。

③索塔竣工测量。

索塔竣工测量作为施工测量工作的一项重要内容,它不仅能准确反映混凝土浇筑后各结构部位定位点的变形情况,为下一步施工提供参考依据,同时也是编写竣工资料的依据。竣工测量的方法采用全站仪三维坐标法(特殊部位竣工测量采用检定钢尺间接测量)。

塔座竣工测量主要内容:塔座轴线偏差及断面尺寸测量;塔座轴线点及特征角点坐标测量;塔座底、顶面高程测量。

塔柱、横梁竣工测量主要内容:下塔柱、下横梁、上塔柱的平面位置与高程(每浇筑一节塔柱混凝土,都要进行竣工测量)。主塔竣工测量数据务必确保各结构部位均满足设计及规范要求。

④索塔施工测量安全防护。

施工现场的测量人员须戴安全帽、穿救生衣,高空作业人员系安全带,自觉遵守公司的安全管理制度。索塔施工为立体交叉作业,塔上测量人员还应起协调作用,以保证测量人员及仪器安全。在晴天以及雨天,测量仪器、设备应配备测量专用伞。严格按照操作规程作业,做好仪器、设备的保养、检校工作,并按周期对测量仪器进行检定。

4.3.5 斜拉索施工

1. 斜拉索构造组成

斜拉索采用ϕ15.2单丝涂覆环氧涂层预应力钢绞线斜拉索,抗拉标准强度

为 1860 MPa，斜拉索规格分别为 37-ϕ15.2、43-ϕ15.2 和 55-ϕ15.2，采用钢绞线斜拉索群锚体系。半幅桥斜拉索为双面双排索，布置在主梁侧分带及中分带外。塔根两侧无索区长 40.7 m，边跨无索区长 18.65 m，中跨无索区长 19.3 m，梁上索距 4.0 m，塔上索距 0.8 m，斜拉索在塔上采用分丝管锚固结构。全桥共 96 根斜拉索，总质量约 455684.8 kg，每根斜拉索安装 6 个 CCT20 磁通量传感器，全桥共 576 个磁通量传感器。斜拉索构造如图 4.78 所示。

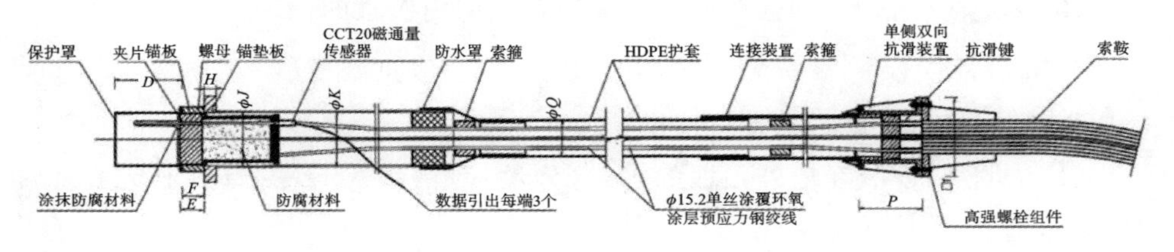

图 4.78　斜拉索构造

斜拉索由锚固段、过渡段、自由段、抗滑锚固段、塔柱内索鞍段组成。

1)锚固段

锚固段主要由锚板、夹片、锚固螺母、密封装置及保护罩组成。

(1)锚板、夹片、锚固螺母：斜拉索加工的主要控制件，也是结构上的主要受力件。

(2)密封装置：主要起防止漏浆、防水密封的作用。它由隔板、O 形密封圈、内外密封板构成。为保证桥梁运行以后的单根斜拉索更换，可在密封装置内注入防护油脂(油性蜡)。

(3)保护罩：安装在锚具后端，主要对外露钢绞线起防护作用。

2)过渡段

过渡段主要由预埋管及垫板、减振器组成。

(1)预埋管及垫板：在体系中起支承作用，同时垫板正下方最低处应设有排水槽，以便施工过程中的临时排水。

(2)减振器：减小斜拉索的横向振动，从而提高斜拉索的整体寿命。

3)自由段

自由段主要由带 HDPE 护套的环氧涂层钢绞线、索箍、HDPE 护套管、梁端防水罩、塔端连接装置及梁端防护钢管组成。

(1)带 HDPE 护套的环氧涂层钢绞线：斜拉索的受力单元。

(2)索箍：因受到的张力较大，故采用钢质索箍，在紧索完成后安装，主要作用是使索体保持一个整体。

(3)HDPE 护套管:主要对钢绞线起整体防护作用,其连接方式采用专用 HDPE 焊机进行对焊。

(4)梁端防水罩:HDPE 护套管及预埋管之间的防水。

(5)塔端连接装置:由于 HDPE 护套管的热胀冷缩特性,塔端连接装置为塔端 HDPE 自由端热胀冷缩过程中提供空间和密封防护。

(6)梁端防护钢管:加强桥面一定高度范围内斜拉索的保护。

4)抗滑锚固段

主要由锚固筒、减振器及抗滑键组成。

(1)锚固筒:安装在塔外预埋的索鞍(分丝管)钢垫板上,主要用于支承减振器,如图 4.79 所示。

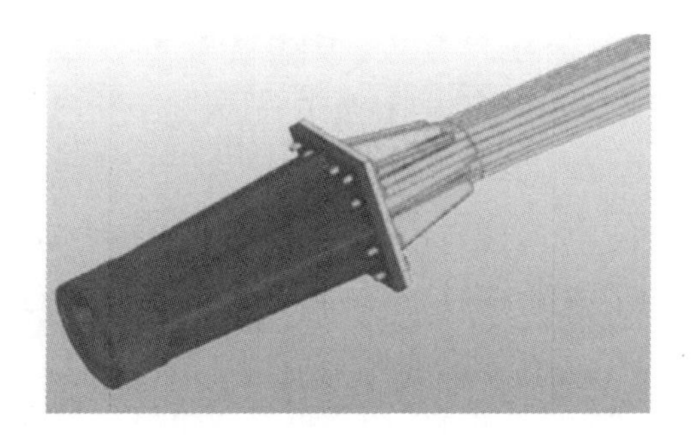

图 4.79 斜拉索锚固筒构造

(2)减振器:减小斜拉索横向振动,从而达到提高斜拉索整体寿命的目的。

(3)抗滑键:防止钢绞线滑动,位于索鞍分丝管口,如图4.80 所示。

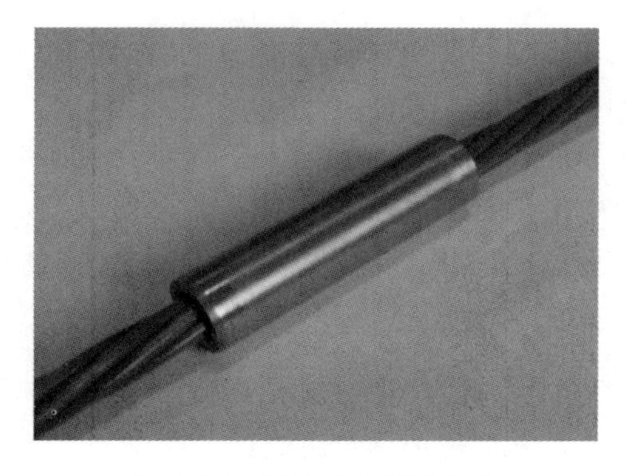

图 4.80 斜拉索抗滑键构造

5)塔柱内索鞍段

塔柱内索鞍段即分丝管段,分丝管由分别由 37 根、43 根和 55 根 $\phi 28\times 3$ 的钢管焊接成整体,埋设于墩塔混凝土内,斜拉索钢绞线通过分丝管穿过塔身(见图 4.81)。新型索鞍采用了新的分丝技术,将钢绞线分离布置,克服了旧式索鞍容易产生应力集中的固有缺陷,极大地改善了塔内应力分布,能很好地分散、均匀传递荷载。

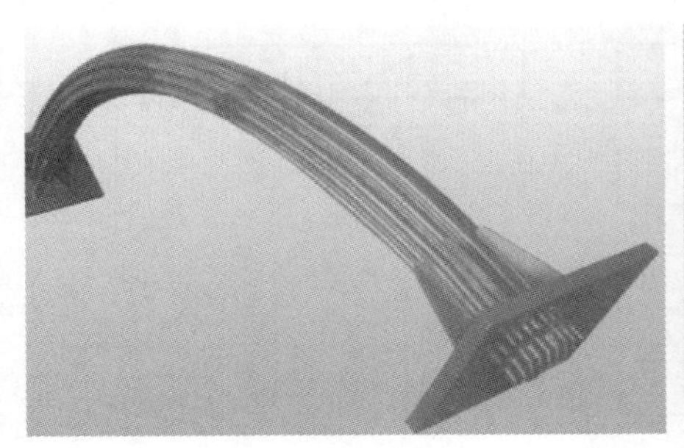

图 4.81　斜拉索索鞍分丝管构造

2. 斜拉索施工特点、难点分析

分丝管位于上塔柱内,安装精度高,且易与主体钢筋位置冲突,施工难度大。因此,分丝管安装前,利用 CAD 模拟分丝管与主体钢筋相对位置,如有冲突提前避让,采用 I10 和 I14 工字钢搭建分丝管安装骨架,确保分丝管安装精度。

斜拉索采用单根张拉方式张拉,斜拉索张拉力控制难度大。因此,在斜拉索张拉时,在第三根斜拉索上安装单根压力传感器,当最后一根张拉完成后,对未安装压力传感器的斜拉索进行补拉,同时,在斜拉索锚具内安装 CCT20 磁通量传感器,确保斜拉索张拉力。

13#、14# 主墩左右幅共 96 根斜拉索,由于左右幅错开施工且一个节段施工周期约 13 天,而一幅一对斜拉索施工周期为 2 天,所以只需配备一支斜拉索队伍可以同时满足 13#、14# 主墩斜拉索的施工。

3. 斜拉索施工

1)斜拉索施工工艺流程

斜拉索施工工艺流程见图 4.82。

为了满足斜拉索安装需求,综合考虑高压电线安全距离的影响,在两主塔左

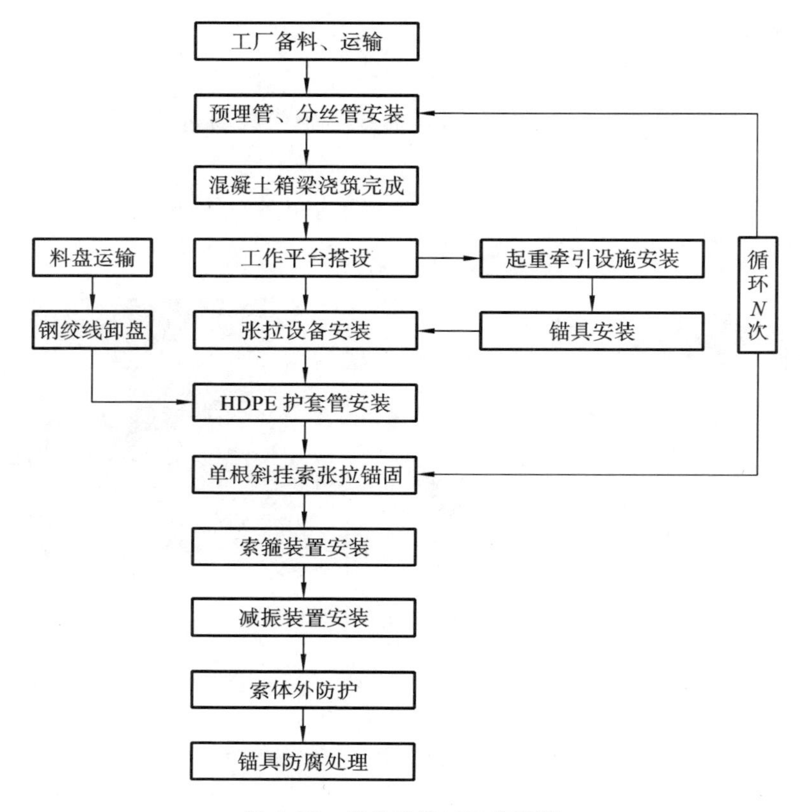

图 4.82　斜拉索施工工艺流程

幅位置各布置一台中联 W6513-6B 型塔吊。为了满足斜拉索挂锁及张拉需求，设置梁下和塔外施工两个平台。

2)施工平台搭设

(1)梁下施工平台搭设。

为了方便斜拉索张拉，利用翼缘模板桁架作为支撑，采用[10 槽钢(间距 300 mm)+4 mm 厚钢板搭设梁下施工平台，在施工平台边设置 1.2 m 高护栏，确保斜拉索张拉安全。梁下施工平台搭设如图 4.83 所示。

(2)塔外施工平台搭设。

塔外施工平台采用双排钢管脚手架，立杆间距为 0.7～1.8 m(横向间距小于 1.8 m)，步距均为 1.8 m，每隔 5.4 m 设置一道附墙件，其他均按照规范要求进行搭设。为了方便作业人员上下，设置挂扣式钢梯。塔外施工平台搭设如图 4.84 所示。

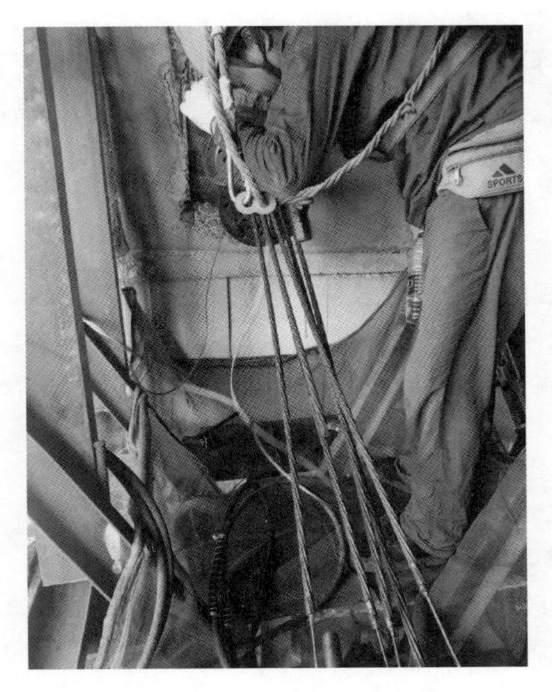

图 4.83　梁下施工平台搭设

图 4.84　塔外施工平台搭设

3)斜拉索安装顺序及现场布置

(1)斜拉索安装顺序。

在主梁悬臂挂篮浇筑节段施工完成、混凝土强度达到设计强度后，斜拉索依次进行对称安装张拉。为了节约工期及减少与混凝土作业班组交叉作业相互的影响，在挂篮前移到下一节梁段时再进行斜拉索挂索施工。

根据现场的施工进度，斜拉索左右幅错开施工，南北岸也错开施工，避免左右幅或南北岸出现同时施工，导致工人资源的临时增加。斜拉索先施工短索后施工长索，按照索号依次施工，即从 S1/M1→S12/M12 顺序施工。同一幅桥的梁段上下游同步施工，对于同一个索号的斜拉索，为了避免斜拉索安装时打绞或者错孔，规定从上层往下层，从外侧往内侧每根逐孔对应施工。由于抗滑键的位置设置在边跨处，因此穿索时从边跨往中跨进行施工。

(2)斜拉索现场布置。

斜拉索的 HDPE 护套管、钢绞线及锚具等材料到现场后，通过塔吊吊装及卸车到桥面进行存放，暂时存放在 0#或者 1#梁段上。斜拉索钢绞线与 HDPE 护套管分开堆放，斜拉索锚固区内侧的 1 m 范围内的梁面上不允许堆放杂物，用作 HDPE 护套管的焊接与吊装的工作面。斜拉索挂索施工时，放索盘放置在斜拉索锚固区前方约 1 个梁段的距离处，使用塔吊或者桥面汽车吊上盘。

4)下料

根据施工现场实际情况及索长，无法在工地现场进行下料，故考虑在钢绞线生产车间内进行下料施工。下料时要求测量准确，尽量减小下料误差，同时要有必要的保护措施，严防 PE 护套受损。钢绞线在工厂加工完成后，运至钢筋加工场地存放，利用钢管设置专门区域进行堆放，下置枕木。根据现场进度情况，利用平板车运至支栈桥(塔吊旁)，利用塔吊进行吊装。

下料长度可按式(4.5)计算出无应力状态下的自由长度。

$$L = L_0 + 2(L_1 + A_1 + A_2 + L_3 + L_4) \tag{4.5}$$

式中：L_0——两侧梁端垫板底面之间的中心线或弧长(mm)；

A_1——锚板外露长度(mm)；

A_2——锚固螺母厚度(mm)；

L_1——张拉端工作长度(mm)，一般取 1800 mm；

L_3——有圆管限制的垂直影响长度(mm)；

L_4——塔梁施工误差的影响长度(mm)，一般取 5～10 mm。

通过以上计算公式，可计算出该桥无应力状态下环氧涂层预应力钢绞线下料长度。

张拉端钢绞线 HDPE 护套管剥除长度计算见式(4.6)。

$$L_{张} = L_1 + A_3 + A_4 - L_5 \tag{4.6}$$

式中：A_3——锚板外露长度(mm)；

A_4——密封筒长度(mm)；

L_5——HDPE 护套管进入锚具内的长度(mm)。

由于环氧涂层预应力钢绞线的热挤 PE 护套与钢绞线之间敷有无黏结预应力筋专用防护油脂，两者之间的黏结力很小。在钢绞线张拉过程中 PE 层不会随钢绞线的伸长而伸长，因此钢绞线张拉端 HDPE 护套管剥除长度可不考虑伸长值的影响。

通过以上计算公式，可计算出该桥无应力状态下环氧涂层预应力钢绞线的 PE 护套的剥除长度。

5)索鞍分丝管安装

索鞍分丝管在工厂定制成型，现场安装。矮塔斜拉桥的拉索采用斜拉索和鞍座体系，整根索体中的所有钢绞线均相对独立，从而实现索体内的任意钢绞线均可进行单根安装和更换，如图 4.85 所示。

图 4.85　索鞍分丝管现场安装施工

索鞍预埋管安装施工精度要求如表 4.22 所示。

表 4.22　索鞍预埋管安装施工精度要求

项目	检查项目	允许偏差/mm
1	管口高程	±10
2	管口坐标	±10,且两端同向

6)HDPE 护套管焊接

HDPE 护套管焊接时,应对段管编号、段管长度、焊接头预热温度、预热压力、加热时间、切换时间、焊接压力、冷却时间和焊接时间等进行记录。

(1)焊接长度计算。

焊接长度计算公式见式(4.7)。

$$L_{焊} = L_0 - L_6 - A_5 - L_7 - L_8 - L_9/2 + L_{10} \tag{4.7}$$

式中:L_0——两侧塔梁垫板间距(mm),该数据由设计方提供;

L_6——梁端预埋管长度及钢垫板厚度之和(mm);

A_5——梁端防水罩 HDPE 护套管限位长度(mm);

L_7——塔端连接装置长度(mm);

L_8——塔端锚固筒长度(mm);

L_9——分丝管长度(mm);

L_{10}——HDPE 护套管进入塔端连接装置长度(mm)。

通过以上计算公式,可计算出该桥 HDPE 护套管焊接长度。

(2)焊接工艺。

HDPE 护套管的连接采用专用发热式工具对焊。HDPE 护套管焊接工艺流程如图 4.86 所示,HDPE 护套管现场焊接如图 4.87 所示。

(3)焊接条件。

HDPE 护套管焊接时,根据管材规格,焊接条件按照表 4.23 进行控制。

表 4.23　HDPE 护套管焊接条件

管材格规	预热温度/℃	预热压力/MPa	预热完成加热时间/s	允许最大切换时间/s	焊接压力/MPa	冷却时间/min
ϕ180	210±10	2.3	150	6	2.3	7
ϕ225	210±10	2.5	150	10	2.5	12

HDPE 护套管焊接前,将管材旋转于夹紧装置内并将之夹紧,在压力作用下用平行机动旋刀削平两个管材的被焊端面。在焊接过程中,焊接压力必须持续

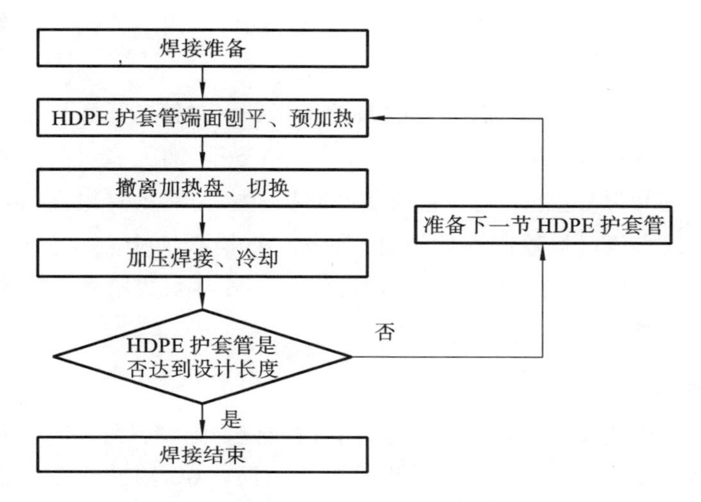

图 4.86　HDPE 护套管焊接工艺流程

图 4.87　HDPE 护套管现场焊接

至焊缝完全、冷却时间足够及焊缝硬化后才能撤去。

7）张拉端锚具安装

梁下张拉端锚具安装前应清洁锚孔，并保持锚具清洁无污。由于锚具分别由多个零部件组成，运到工地后应进行检查。

梁下张拉端锚具运至梁下锚管处，调整螺母位置，用手拉葫芦将锚具吊至梁底角度调整架上，钢丝绳穿过锚具、预埋管至桥面，利用手拉葫芦将锚具拉进锚管内。

锚具安装就位要求：安装前，将锚具的锚板和密封筒的压盖拆下，清洁锚孔、密封筒和锚筒内壁，将锚板按注浆孔位置在上、下排气孔上定位好，并与锚板孔对正后焊牢，同时焊缝要求用锌粉漆重新防护；中、边跨锚具组件的锚板上的中排孔的中心线必须严格控制在同一垂直平面内；锚板的中心线与承压板（锚垫板）的中心线应保持一致，两者偏差不得超过 5 mm；中、边跨锚板及塔上分丝管锚孔也必须相互对齐，以免钢绞线打绞。

8）调整护管安装

在距梁下预埋管口约 50 cm 的预埋管内壁位置上，均焊接 3 个挡块，并将校正管放进预埋管内的挡块上。在预埋管口盖上防水罩，用铁丝将校正管与防水罩临时固定。

9）张拉支座安装

首先将张拉支座吊装到锚固端锚具的端部，然后按支座下的定位板孔对准部位后，再利用螺杆将张拉支座与锚板连接稳固，最后调整蜂窝板的孔位使其与锚具孔位一致。

10）HDPE 护套管施工

（1）HDPE 护套管挂设施工流程。

HDPE 护套管挂设施工流程见图 4.88。

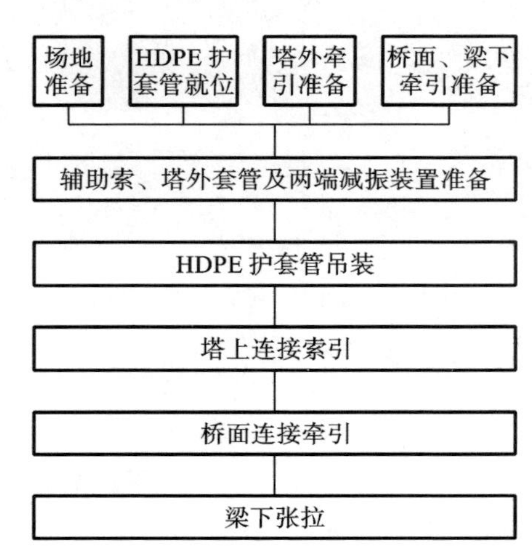

图 4.88　HDPE 护套管挂设施工流程

(2)HDPE 护套管吊装前的组装。

HDPE 护套管根据索号人工就位至对应索的桥面。HDPE 护套管放在托架轮或是方木上。在 HDPE 护套管靠塔端依次套入塔端连接装置、塔端减震器校正管、塔端锚固钢护管,并在离管口不小于 60 cm 位置安装抱箍。用铁丝将钢护管、塔端连接装置、校正管与抱箍连接。从 HDPE 护套管一端穿入单根辅助索体,在露出塔端的 HDPE 护套管口至索鞍垫板 20 cm 处做好标记。利用抱箍、绳夹绑好两端的起吊钢丝绳,钢丝绳与辅助索利用绳夹进行连接。HDPE 护套管吊装前准备工作示意如图 4.89 所示。

图 4.89　HDPE 护套管吊装前准备工作示意

(3)HDPE 护套管挂设。

HDPE 护套管利用塔吊辅助挂设,挂设完毕后,采用预埋塔柱内的吊点(爬锥)进行临时固定,见图 4.90。

在对面塔外吊装好 HDPE 护套管时,临时固定在塔外吊点上,管口离索鞍垫板的距离不小于 80 cm。塔外人员利用麻绳吊起辅助钢绞线的一端至塔外,将钢绞线塞入对应分丝管内。利用塔吊慢慢起吊 HDPE 护套管,塔外另一端操作人员牵引钢绞线将 HDPE 护套管送至梁端。HDPE 护套管至塔外时,塔外人员将 HDPE 护套管固定在塔外,管口离索鞍垫板不小于 80 cm。梁下人员用手拉葫芦拉紧 HDPE 护套管。塔外人员、桥面人员同时配合将钢绞线穿过索鞍、对面 HDPE 护套管,利用牵引钢丝绳牵引出梁下锚具并安装好夹片。桥面梁下按给定的索力利用千斤顶进行对称张拉 HDPE 护套管,张拉完成后塔外人员利用塔外吊点将 HDPE 护套管临时固定。现场 HDPE 护套管挂设示意如图 4.91 和图 4.92 所示。

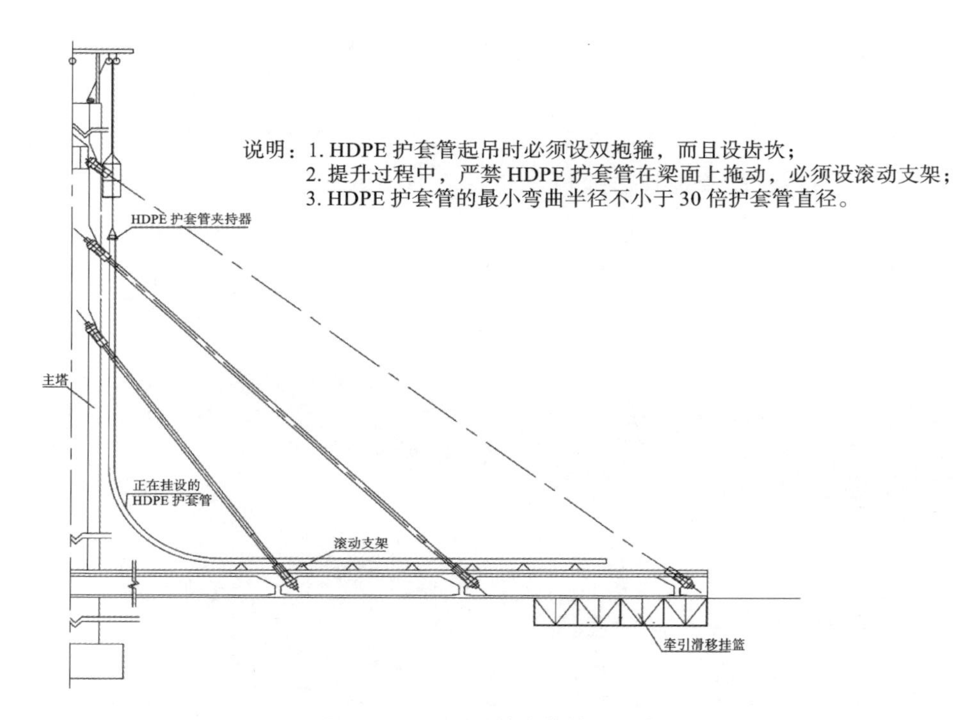

图 4.90 HDPE 护套管挂设示意

图 4.91 现场 HDPE 护套管挂设施工 1

图 4.92　现场 HDPE 护套管挂设施工 2

11)单根挂索施工

(1)单根挂索施工工艺流程。

单根挂索施工工艺流程见图 4.93。

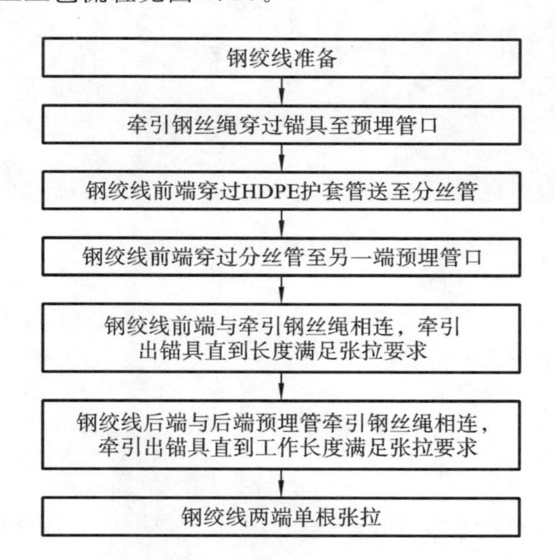

图 4.93　单根挂索施工工艺流程

(2)单根挂索施工工艺。

由于本桥最长斜拉索 12＃索的长度为 140 m,根据本项目主塔高度和斜拉索的长度,可以采用桥面穿索机进行穿索施工。此方式主要是单边上推钢绞线,但局限于钢绞线自身刚度问题,长度超过 160 m 之后不太适用。

挂索时先将索盘人工滚动至塔根附近，利用塔吊或桥面汽车吊将索盘吊装至放线架上，索体从索盘的下方抽出。两端放索架铺平，防止往一边倾斜。放索架位置距塔的正下方不小于 10 m。牵引系统准备，穿索机固定在斜拉索轴线的后方桥面，梁下人员在对应锚具孔位穿入中心丝，连接好牵引钢丝绳。

启动穿索机，在 HDPE 护套管内将钢绞线从下端向塔外推送。塔外人员再将索体与牵引钢丝绳连接，牵引索体穿过分丝管。前端桥面人员将索体与牵引钢丝绳连接，在牵引钢丝绳的引导下将钢绞线穿过前端锚具直至单根张拉所需的工作长度。后端桥面人员与牵引钢丝绳连接，在牵引钢丝绳的引导下将钢绞线穿过后端锚具至单根张拉所需的工作长度。最后调整两端工作长度，使两端长度差在10 cm以内。如图 4.94～图 4.96 所示。

图 4.94　现场单根挂索施工示意

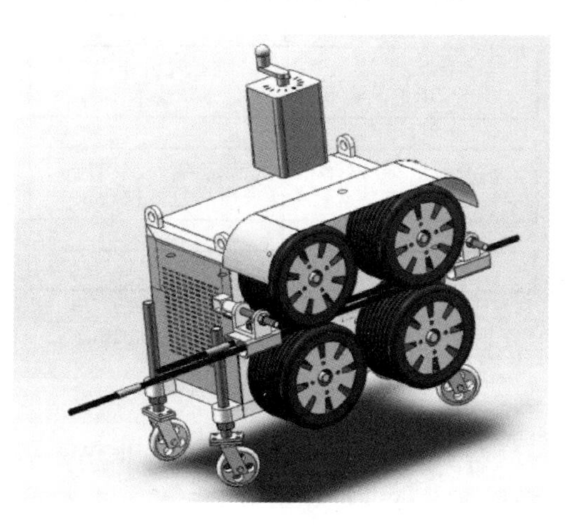

图 4.95　穿索机示意

图 4.96　钢绞线下穿到梁下锚具示意

12)单根张拉

每根斜拉索的钢绞线均逐根挂索后,用 YCDS160-150 千斤顶进行张拉。单根张拉时,要对张拉油压、张拉力、传感器读数、初值油压、测量初值、测量终值及回缩值等进行记录,如图 4.97 和图 4.98 所示。

(1)单根张拉方法。

张拉设备安装顺序:传感器支座→传感器→单孔工具锚→工具夹片。其中传感器通过导线与显示仪相连,压力变化值从显示仪中读取。安装要求对中,安装好后及时对传感器进行归零。

张拉油压加载至 5 MPa 时开始测量初始伸长值,用压力表控制最后一级张拉力,敲紧传感器后的工具夹片,复核显示仪读数并做好记录。每根索均要测量初始伸长值。在张拉油压比前一根索少 1 MPa 时,读取传感器的变化值,根据传感器的变化值计算出该根索的控制应力,按计算控制应力进行张拉。张拉完成后测量最终伸长值。装上工作夹片,适度打紧,卸压至 3 MPa 时测量回缩值后锚固。

最后 1 根索张拉完成后,对未张拉索进行补拉,最后拆除第 1 根钢绞线上的传感器,并按当时变化值进行补张拉锚固。

若在张拉过程中一个行程未满足要求,可通过连续张拉装置反复张拉,直到张拉到动态控制的应力值。斜拉索初始张拉索力数值要求如表 4.24 所示。

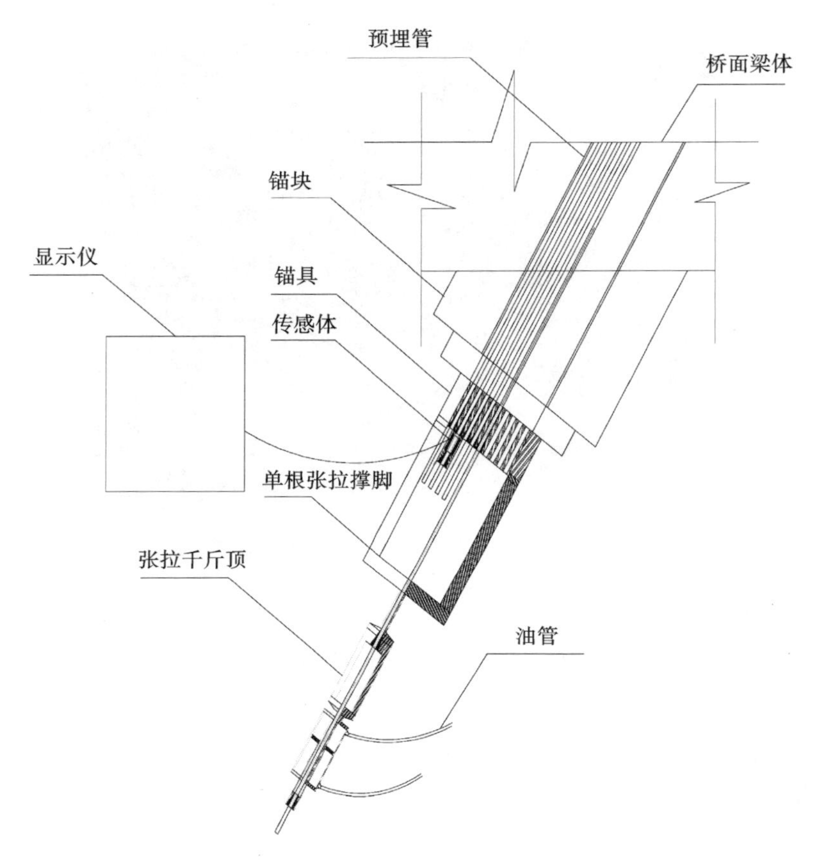

图 4.97　单根张拉示意

图 4.98　现场单根张拉施工

表 4.24　斜拉索初始张拉索力数值要求

序号	索号	斜拉索规格	初始张拉索力/kN
1	S1/M1	15-37	3300
2	S2/M2		3300
3	S3/M3		3300
4	S4/M4		3300
5	S5/M5		3300
6	S6/M6		3300
7	S7/M7	15-43	3700
8	S8/M8		3700
9	S9/M9		3700
10	S10/M10	15-55	4200
11	S11/M11		4200
12	S12/M12		4200

(2)索力均匀性控制。

①索力均匀性影响因素。

主桥结构受力复杂，在受环境温度影响时比较敏感，挂索施工时间比较长，在温差、风荷载、施工荷载等因素影响下进行张拉作业时，索塔和主梁的受力会发生变化。

②索力均匀性施工控制条件。

为了保证斜拉索中每根钢绞线的应力满足设计要求，施工中每根斜拉索中的单根钢绞线之间的索力误差不超过 2%，成桥后每根斜拉索中的单根钢绞线之间索力误差不超过 1%。张拉时严格按工艺流程进行，而且施工前必须提供以下数据。

a. 斜拉索张拉力。该值由监控单位以书面监控指令形式提供给斜拉索施工单位。

b. 在斜拉索张拉力作用下，斜拉索锚固点计算相对位移量(或变形量)包括该斜拉索竖直平面内下端锚点竖向位移和上端锚点水平位移，由监控单位临时给出。

c. 主梁相应截面的相关物理参数，一般根据设计而定。

d. 斜拉索索体几何和物理参数，由斜拉索产品供方提供。

③索力均匀性控制原理。

为使每根斜拉索中各钢绞线的索力均匀，采用等值张拉力法进行张拉，即每根钢绞线的拉力以控制压力表读数为准，传感器读数进行监测。挂索前，将监测传感器安装在一根不受外界影响的钢绞线上。随后张拉时，每根钢绞线的拉力按当时传感器显示的变化值进行控制。

在张拉端的一根钢绞线上安装压力传感器并将其张拉到位，第二根钢绞线即将张拉到位时，由于结构变形或温度变化的影响，第一根钢绞线的索力会有所变化，传感器也产生相应的变化，根据这个变化值调整第二根钢绞线的张拉油压，使之与第一根钢绞线的现存索力相同，然后将其锚固。同理，以后每根钢绞线的张拉力均按压力传感器变化情况进行控制，即每根钢绞线张拉力均与第一根现存拉力相同。等值张拉力法原理示意如图 4.99 所示。

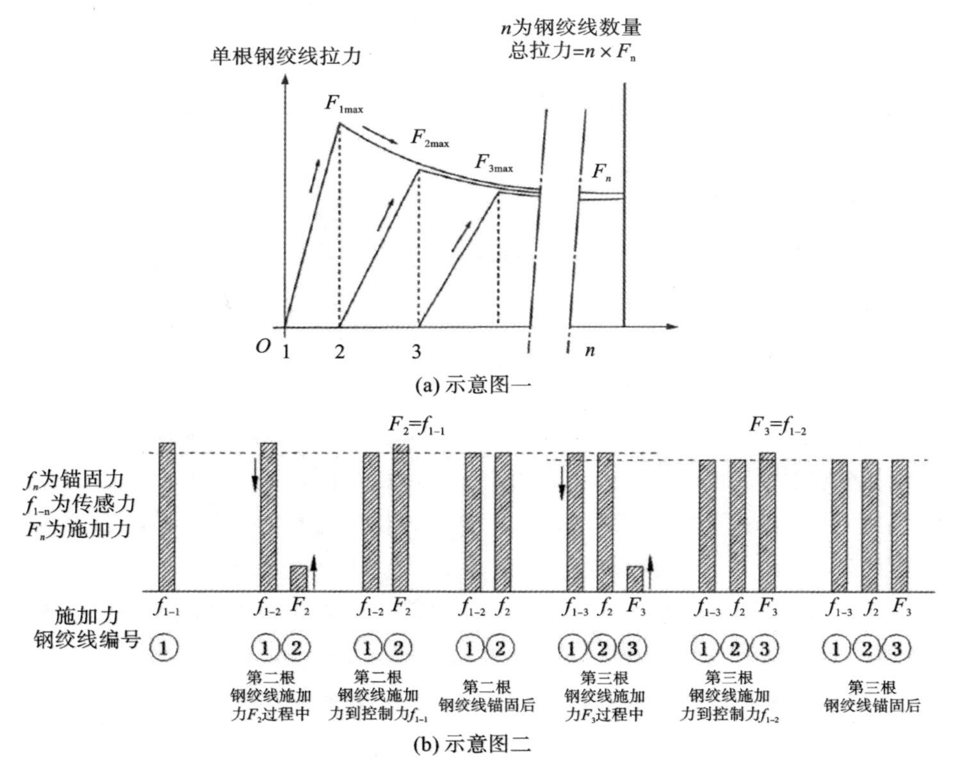

图 4.99 等值张拉力法原理示意

④误差方法。

a. 以安装传感器的钢绞线索力的变化代替整束斜拉索索力的变化。

由于斜拉索的断面相对结构断面而言很小，可将整束斜拉索近似看成一条线（在结构计算时也常按此简化），因此整束索不管是温度影响或结构变形的影响，其索力变化可认为是均匀的。在挂索时每根钢绞线张拉力均与安装了传感器的钢绞线的索力相同，因此最后挂索完成后，各根斜拉法索力均匀。

b. 测力传感器及液压千斤顶精度的影响控制。

张拉时采用 1% 精度之内的应变式传感器，并且取用变化的差值不受零点漂移影响；长效传感器采用单根磁通量传感器校核；千斤顶严格标定，液压输出采用油表及液压传感器数字显示结合的方式消除了读数误差。

c. 人为误差控制。

应安排熟练的张拉工人操作，尽量减少人为误差。根据等值张拉法和索力均匀性的控制原理，又考虑混凝土主梁的刚度比较大，位移变化影响小，因此施工过程中的索力变化一般比较小，索力及均匀性容易得到控制。

⑤钢绞线张拉力控制。

钢绞线张拉力控制按以下原则进行。

a. 第 1 排钢绞线：为减少套管对单根张拉力造成过大的非线性影响，第 1 排钢绞线用来承受外套管的自重，所以张拉力由该管的垂直度确定。

b. 第 2 排第 1 根钢绞线：根据整束斜拉索索力平均之后的主梁及索塔的变形量进行修正，使安装完成之后单根索力累计值与设计接近，避免单根挂索之后进行索力大调整。

索力大小按式（4.8）确定。

$$T_1 = \frac{N}{n} + \frac{E_C \times A \times (\delta \times \sin a + \varepsilon)}{l} \tag{4.8}$$

式中：N ——斜拉索控制应力；

n ——斜拉索孔数；

δ ——斜拉索安装前、后的主梁锚点标高抬高量理论值，由监控单位提供；

α——斜拉索设计仰角；

ε ——锚具变形及夹片回缩量，取 5 mm；

E_C——钢绞线弹性模量；

A——截面积；

l ——斜拉索索长；

c. 第 i 根钢绞线：$T_i = T_{i-1} - \Delta_i$ ，Δ_i 为第 i 根安装时传感器变化值；

d. 第 1 排钢绞线补拉时按 $T_i = T_{i-1} - \Delta_i$ 控制方法确定。

(3)技术要求。

在单根张拉过程中，两侧应同时均衡分级进行加载，两端伸长值的不均匀值应控制在设计允许范围之内；夹片平整度控制，同一副夹片之间的高差控制在1 mm以内，不同副夹片之间的高差控制在 0.5 mm 以内；张拉操作时，油压值差值应小于 0.5 MPa；单根索间的索力差小于控制索力的 2%；不同索间的索力差小于控制索力的 1%；实测张拉伸长值与理论伸长值的误差应在±6%以内。

13)单根调索张拉

本项目斜拉索的张拉设计，原则上一次性张拉到位，不再进行索力调整，若局部索力有偏差，可进行微调。调索技术要求同单根挂索技术要求一致。

14)紧索与减振器、索箍、抗滑装置及连接装置的安装

(1)紧索。

①紧索时，在管口索箍旁相应位置装上一套紧索器，使斜拉索成型至设计断面。

②将组装好的减振器推入调整护管内，直至减振器端面与调整护管端口持平，再收紧螺栓，按内缩外胀原理，使减振器内外分别与索体和调整护管壁紧紧相贴。

③在成型的索体相应位置安装钢质索箍并收紧螺栓。

(2)抗滑装置的安装。

斜拉索紧索完毕后，进行抗滑装置的安装。抗滑装置由抗滑键、抗滑插片、塔端锚固筒、抗滑螺母等组成。

①先将抗滑插片逐片依次由上至下插入钢绞线间隙(注意抗滑插片的方向，确保方向正确)。

②将锚固筒往塔端分丝管方向推，直到靠近钢垫板，并用螺杆将锚固筒与钢垫板连接、扭紧。

③安装抗滑螺母，将抗滑螺母旋入锚固筒中，直至螺母顶到抗滑插片达到设计顶紧力为止。

锚固筒安装示意见图 4.100。

图 4.100　锚固筒安装示意

(3)减振器、索箍及连接装置安装。

抗滑装置安装完成后,即可依次进行减振器、索箍及连接装置的安装,在安装过程中要注意减振器处索体之间的密封。索箍安装示意见图 4.101 和图 4.102。

图 4.101　索箍安装示意 1

15)防护措施

(1)锚具内灌注油性蜡。

根据设计要求,锚具外露钢绞线的保护罩和梁端锚具密封筒内须灌注专用防护油脂(油性蜡),如图 4.103 所示。

图 4.102 索箍安装示意 2

图 4.103 锚具内灌注油性蜡

(2)涂敷油脂。

张拉后,锚板外露部分、锚板、夹片等都涂上防腐油脂,而且外露部分锚板用封箱带缠绕密封。

调索结束后,锚具外安装保护罩,罩内抹油脂对裸露钢绞线、夹片、锚板等进行防护。

(3)设排水槽。

上、下锚箱内必须预设防水、防潮措施,下端锚垫板应设有排水槽。锚头防护示意如图4.104所示。

图4.104　锚头防护示意

(4)安装不锈钢护套管。

由于斜拉索HDPE护套管梁端位置容易受到损伤,为保护斜拉索,在梁端桥面以上一定高度内,设置不锈钢护套管,在挂索完成后即可安装。安装时注意保护护套管,禁止大力敲击,防止其变形。

两半圆式不锈钢护套管在挂索完成之后再进行安装,若是整圆式的,则在挂索前提前安装在HDPE护套管上。

4.3.6　主桥箱梁悬臂浇筑施工

1. 主桥箱梁施工概况

1)主桥箱梁规格

石滩大桥主桥箱梁采用C60混凝土,采用变高度斜腹板单箱双室宽幅断面。顶板宽26.24 m,厚0.28 m,底板厚由跨中的0.3 m变至塔根部的1.05 m,底板宽15.04～17.04 m。

中间腹板为直腹板,边腹板为斜腹板。中间腹板、边腹板厚由主塔根部的0.6 m向两边变至0.9 m,其余部分板厚均为0.6 m。

箱梁根部梁高 4.5 m，跨中梁高 2.5 m，箱梁高度按 2 次抛物线变化。顶板及底板设置横坡，坡度为 2%，顶板与底板平行布置。在斜拉索梁段和普通梁段均设置横隔梁，斜拉索锚固点布置在箱梁外侧。主梁采用三向预应力体系，采用 ϕ^s15.2 钢绞线，分别布置在顶板、腹板。

主桥箱梁悬臂浇筑段共有 17 个节段(1#～17#)，节段组成为(3×3.5+14×4) m。其中，1#～3#块长 3.5 m，为无索区；4#～15#块长 4 m，其中 4#块质量约 343 t。此外，0#块长 13 m，采用墩塔梁固结。中跨直线长 18 m(2 个 16#加 2 个 17#块长共 16 m、合龙段 18#块长 2 m)，边跨直线长 17.88 m(1 个 16#加 1 个 17#块长共 8 m、合龙段 18#块长 2 m、边跨 19#～20#块长共 7.88 m)，梁高 2.5 m，采用钢管贝雷加盘扣式组合支架进行施工，中跨合龙段长 2 m，梁高 2.5 m。主桥箱梁节段划分图如图 4.105 所示。

2)预应力布置

主桥箱梁采用三向预应力体系，预应力布置如下。

(1)纵向顶板二次张拉束：N1、N2。采用二次张拉锚固系统、3ϕ^S15.2 高强度低松弛钢绞线，N1、N2 墩顶区为两端张拉，其余均为单端张拉。

(2)纵向顶板束：T1～T18。T1～T17 采用 15ϕ^S15.2、T18 采用 19ϕ^S15.2 高强度低松弛钢绞线，均为两端张拉。

(3)纵向腹板束：W1～W10。采用 15ϕ^S15.2 高强度低松弛钢绞线，两端张拉。

(4)边跨合龙束：ST1～ST5。ST1 采用 19ϕ^S15.2、ST2～ST4 采用 21ϕ^S15.2 高强度低松弛钢绞线，单端张拉；SB1～SB6 采用 15ϕ^S15.2 高强度低松弛钢绞线，单端张拉。

(5)中跨合龙束：M1～M11。M1～M6 采用 21ϕ^S15.2、M7～M11 采用 19ϕ^S15.2 高强度低松弛钢绞线，两端张拉。

(6)横向顶板束：采用 4ϕ^S15.2 高强度低松弛钢绞线，两端张拉。

(7)竖向腹板束：采用二次张拉锚固系统，3ϕ^S15.2 高强度低松弛钢绞线，单端张拉。

(8)墩顶横梁束：N1～N3。采用 19ϕ^S15.2 高强度低松弛钢绞线，两端张拉。

(9)端横梁束：N1、N2。采用 19ϕ^S15.2 高强度低松弛钢绞线，两端张拉。

(10)斜拉索横梁束：N1～N4。采用 19ϕ^S15.2 高强度低松弛钢绞线，两端张拉。

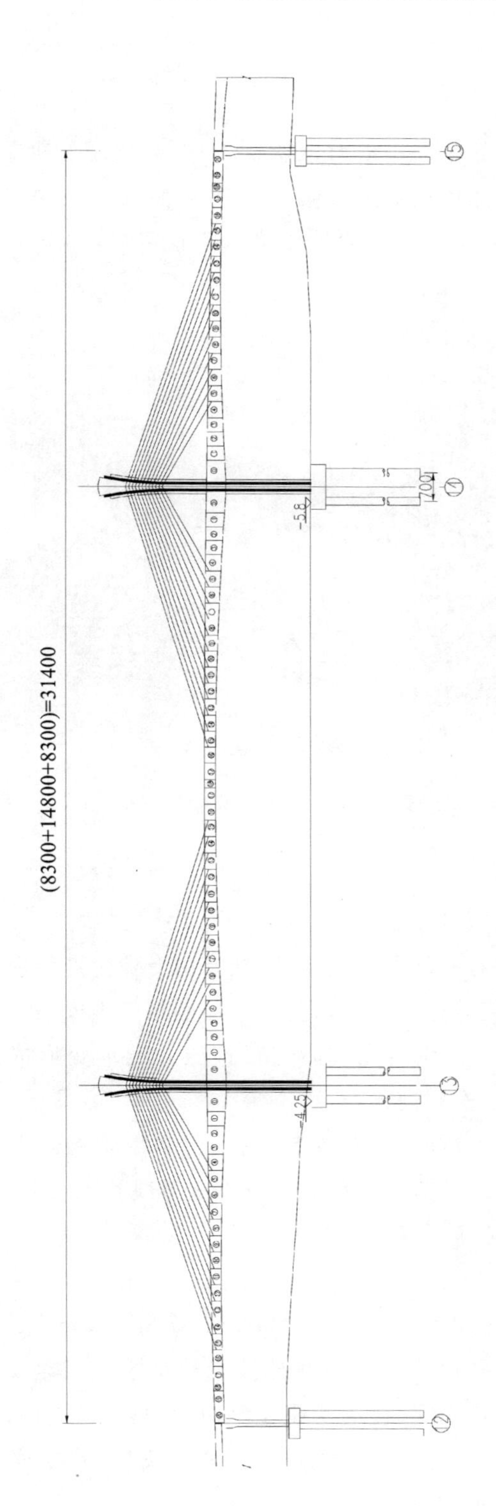

图 4.105　主桥箱梁节段划分图(图中标高单位为 m,其他单位为 cm)

3)挂篮结构

石滩大桥主桥现浇箱梁采用菱形挂篮施工,根据总体工期要求,项目配备8套挂篮及相应模板。挂篮依据最长梁段4 m、最重梁段(4#)343 t进行设计,挂篮总宽26.5 m、长9.54 m(前吊点至反压梁),挂篮总质量120 t。挂篮总体布置如图4.106所示。

图4.106　挂篮总体布置

4)主要施工方案

(1)主桥箱梁悬臂浇筑段施工方案。

主桥采用菱形挂篮对称悬臂浇筑施工,挂篮由专业生产厂家进行设计、加工制造,完成后在厂内拼装并进行检测,合格后,运输至工地安装。0#块浇筑完成后,在0#块上方拼装挂篮,拼装完成后进行预压并记录变形情况,然后安装底模、安装外模、绑扎钢筋、安装内模,对称浇筑1#~17#梁段。

在浇筑4#~15#梁段时,同步安装斜拉索,根据现场施工监控,进行索力调整,斜拉索张拉完成后,挂篮往前移动进行下一节段施工,如此循环,直至完成最后15#梁段悬臂浇筑,斜拉索安装完成。

(2)边跨现浇段施工方案。

边跨现浇段(19#~20#块)悬臂长7.88 m,梁高2.5 m,采用钢管贝雷加盘扣式组合支架进行施工。边跨现浇段在挂篮悬臂浇筑施工至17#梁段前完成浇筑。边跨现浇段支架搭设完成后,安装底模,并按照要求进行边跨现浇段箱梁的预压。底模安装的同时,安装主桥侧过渡墩墩顶支座,然后安装侧模、绑扎钢

筋、安装预应力管道、安装内模，一次浇筑成型。

(3)合龙段施工方案。

边跨合龙段采用挂篮法施工，选择在一天中的最低气温状况下进行合龙段浇筑，完成边跨合龙段预应力张拉。边跨合龙段施工完成后，中跨合龙段先进行纵向顶推，顶推力为 3000 kN，最后采用吊挂法进行中跨合龙段施工。挂篮悬臂浇筑施工如图 4.107 所示。

图 4.107　挂篮悬臂浇筑施工图

5)工程特点、施工难点分析

(1)主桥箱梁采用 C60 混凝土，混凝土配合比要求较高。

(2)主桥箱梁宽 2×26.25 m，为双向八车道，单个节段最大质量为 343 t，须采用宽幅大型挂篮悬臂浇筑施工，同时须进行斜拉索安装及索力调整施工，此外还要采用全过程动态监测和计算模型实时分析及修正，施工精度控制难度大。

(3)混凝土箱梁在斜拉索锚固区存在横隔板及横向预应力，横隔板模板及挂篮设计难度大。

2. 主桥箱梁悬臂浇筑施工要点

1)施工工艺流程

主桥箱梁悬臂浇筑施工工艺流程见图 4.108。

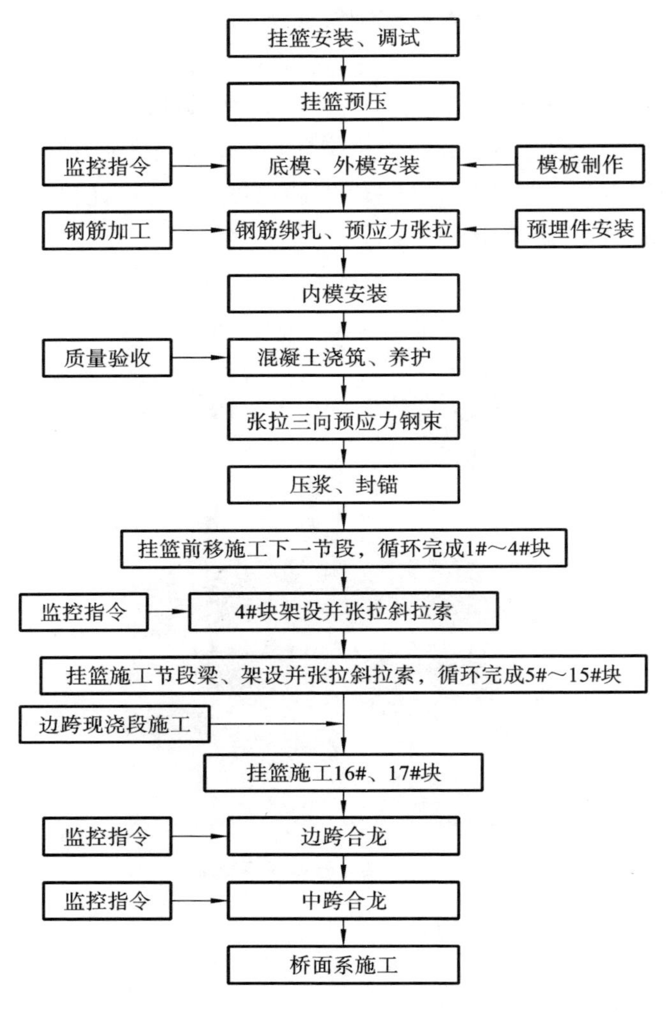

图 4.108 主桥箱梁悬臂浇筑施工工艺流程

2)施工步骤

主桥箱梁悬臂浇筑施工步骤如下。

步骤一:石滩大桥主桥下部结构及 0＃块施工完毕,如图 4.109 所示。

步骤二:0＃块施工完成后,安装挂篮,如图 4.110 所示。

步骤三:①利用挂篮对称悬臂浇筑 1＃块;②张拉 1＃块预应力钢绞线;③前移挂篮;④重复①～③步,完成 2＃～3＃块浇筑,如图 4.111 所示。

步骤四:①利用挂篮对称悬臂浇筑 4＃块;②张拉 4＃块预应力钢绞线,预应

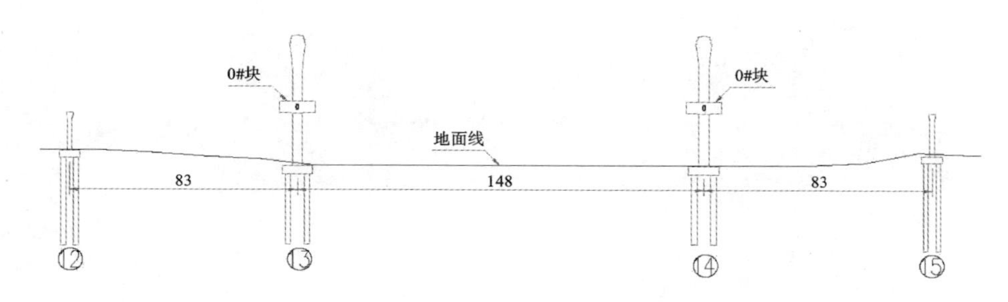

图 4.109　步骤一示意(单位:m)

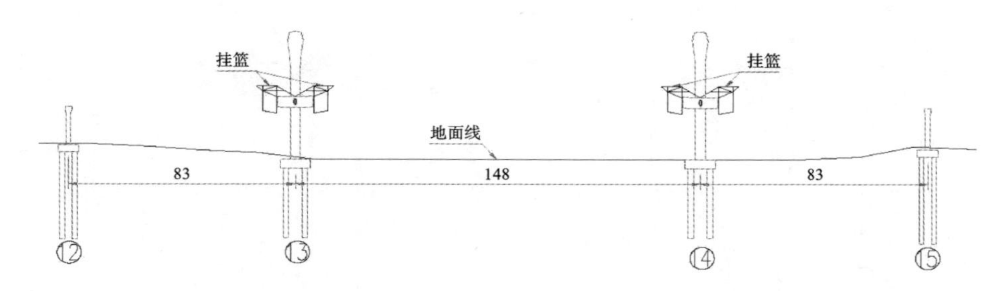

图 4.110　步骤二示意(单位:m)

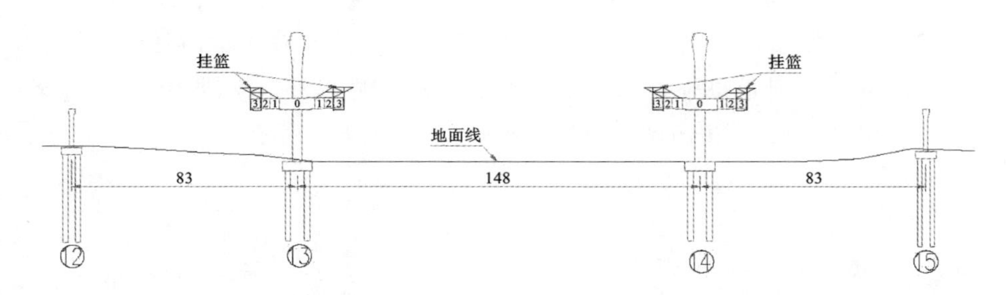

图 4.111　步骤三示意(单位:m)

力张拉完成后,前移挂篮;③架设并张拉斜拉索;④重复①～③步,完成 5＃～15＃块悬臂浇筑及斜拉索张拉;⑤搭设边跨现浇段支架,如图 4.112 所示。

步骤五:①利用挂篮对称悬臂浇筑 16＃和 17＃块;②同时采用钢管贝雷加盘扣式组合支架法完成边跨现浇段浇筑,如图 4.113 所示。

步骤六:①合龙段按照先边跨、后中跨原则施工,根据实际施工进度先进行合龙,拆除挂篮侧模(合龙段侧模采用木模板);②边跨侧挂篮前移 1150 mm,拆除部分现浇段支架,挂篮前吊带改装为吊架,中跨侧挂篮位置保持不变;③边跨挂篮就位后,安装边跨合龙段模板、绑扎钢筋;④分别在中、边跨 17＃块梁段端

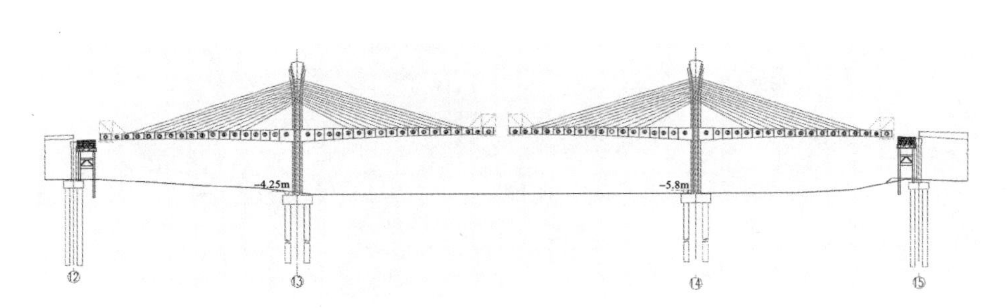

图 4.112　步骤四示意

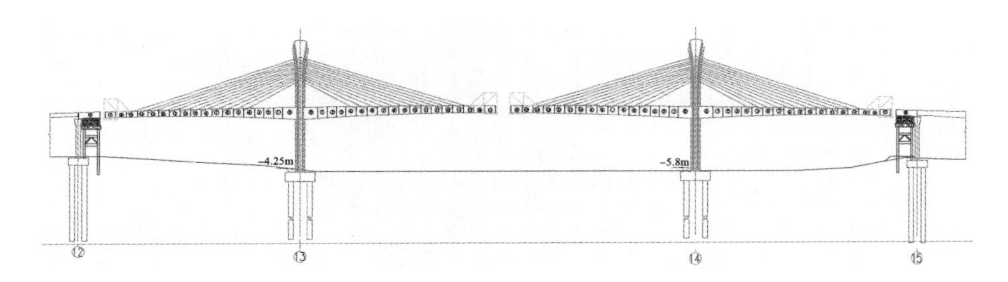

图 4.113　步骤五示意

头安放压重水箱，重 54 t；⑤连续测量合龙段，在一天中温度最低的时间段用劲性骨架锁定合龙段，浇筑混凝土，边浇筑混凝土边等量卸载压重质量（中跨侧不卸载），混凝土达到张拉强度后，张拉边跨合龙段预应力钢束，拆除劲性骨架；⑥拆除边跨现浇支架，边跨侧挂篮暂不拆除，如图 4.114 所示。

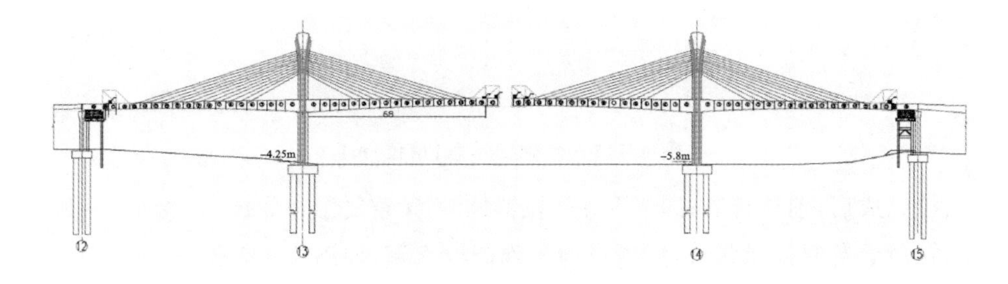

图 4.114　步骤六示意

步骤七：①主跨合龙采用吊架法，挂篮前吊带改装为吊架；②安放压重水箱（压重质量根据测量结果确定），根据实际测量结果调节合龙段标高，同时根据监控指令施加 3000 kN 顶推力，在一天中温度最低的时间段用劲性骨架锁定合龙段；③安装中跨合龙段模板、绑扎钢筋，安放压重水箱（边跨施工时中跨已准备），

质量 54 t;④浇筑混凝土,混凝土达到张拉强度后,张拉中跨合龙段预应力钢束,拆除劲性骨架,如图 4.115 所示。

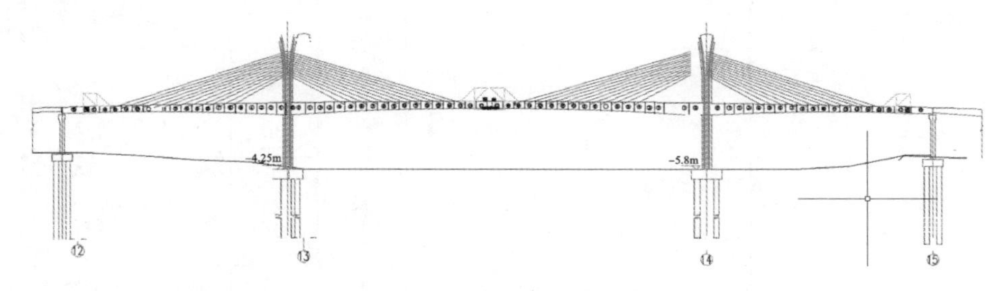

图 4.115　步骤七示意

步骤八:拆除全部挂篮,对桥面系进行施工,如图 4.116 所示。

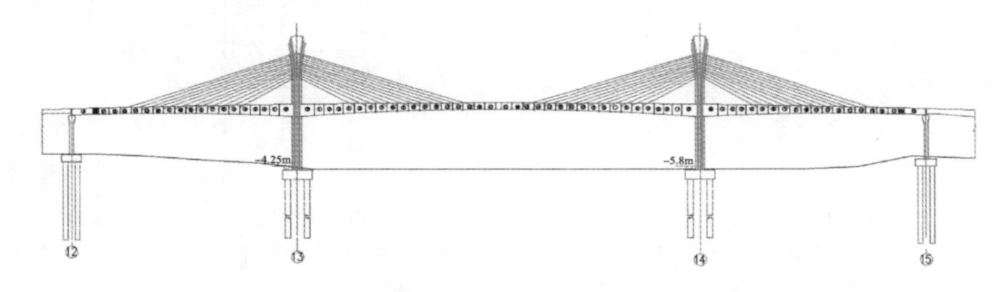

图 4.116　步骤八示意

3)机械设备配置

为了施工作业顺利进行,主桥箱梁施工机械设备配置如表 4.25 所示。

表 4.25　主桥箱梁施工机械设备配置

序号	设备名称	型号	规格	单位	数量	用途
1	汽车吊	STC250H	25 t	台	1	桥面起重
2	塔吊	W6513-6B	125 t·m	台	1	起重
3	发电机	康明斯	400 kW	台	2	供电
4	混凝土输送泵	HBT6013C	60 m^3/h	台	1	运送混凝土
5	汽车泵	—	65 m	台	1	泵送混凝土
6	菱形桁架式挂篮	—	—	套	4	—
7	混凝土搅拌机	HZS90	90 m^3/h	套	2	拌和混凝土
8	混凝土罐车	—	8 m^3	辆	8	混凝土运输

续表

序号	设备名称	型号	规格	单位	数量	用途
9	张拉千斤顶	—	500 t	套	4	预应力张拉
10		—	100 t	套	2	预应力张拉
11		—	60 t	套	6	挂篮前移
12		YCD250 穿心式单顶	25 t	套	1	预应力张拉
13	压浆机	GLS-500	18.5 kW	套	1	预应力孔道压浆
14	手拉葫芦	1 t	—	台	10	辅助预应力张拉
15		3 t	—	台	16	挂篮调位、支架安装
16		5 t	—	台	16	挂篮调位、支架安装
17	电动葫芦	20 t	—	台	20	挂篮调模
18	螺旋千斤顶	10 t	—	台	32	挂篮侧模下放及提升
19	油压千斤顶	32 t	—	台	128	提升及下放吊带

4)塔吊布置

为了满足主桥箱梁施工需求，综合考虑高压线安全距离的影响，在两主塔左幅位置各布置一台中联 W6513-6B 型塔吊，臂长 65 m，如图 117 和图 118 所示。

5)混凝土输送设备及水管布置

根据主桥箱梁混凝土工程量，每个桥墩配置 1 台 HBT6013C 混凝土输送泵，2 套泵管，泵管通过单独设立在栈桥的 1 根 $\phi630$ 钢管桩到达桥面，每套泵管通过三通(管道设置开关)到达每块梁处，满足混凝土浇筑需求。为了满足现场用水需求，配置 2 套水管，附着钢管桩伸至桥面，每套水管通过三通到达每块梁处。

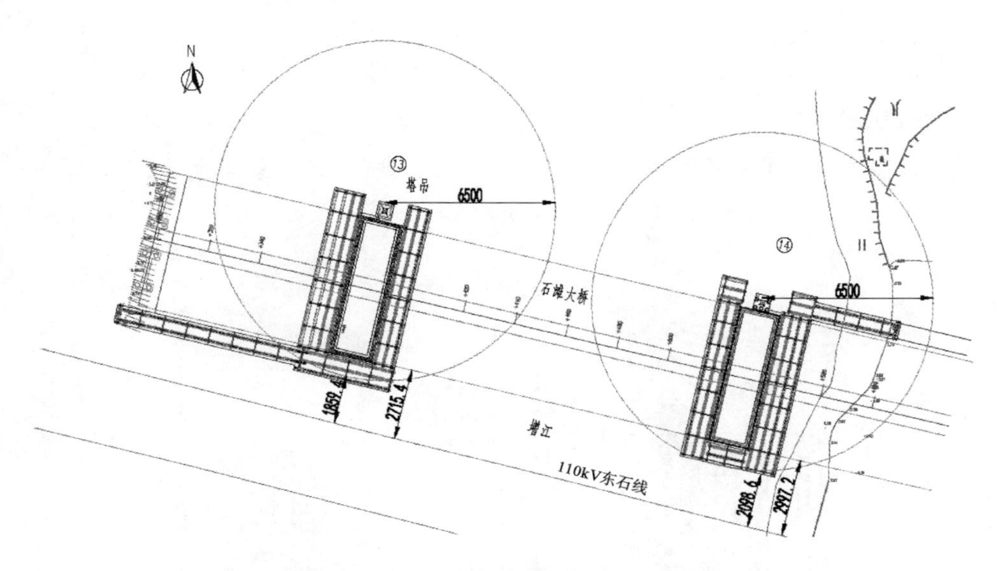

图 4.117　塔吊平面布置(单位:cm)

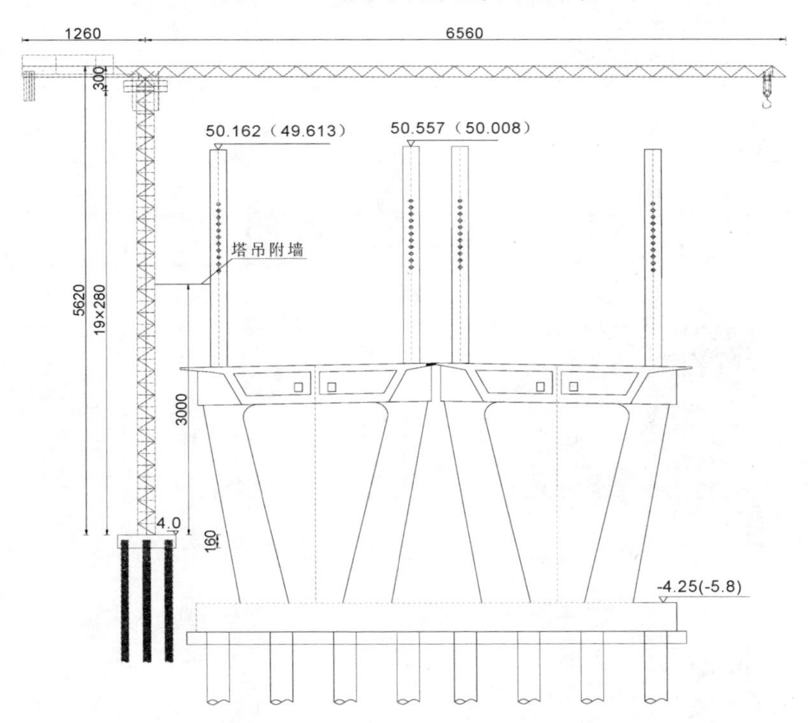

图 4.118　塔吊立面布置(图中标高单位为 m,其他单位为 cm)

3. 挂篮设计

1)挂篮构成

挂篮主要由主桁系统、行走系统、锚固系统、底篮系统、悬吊系统、模板系统及操作平台组成,如图 4.119～图 121 所示。

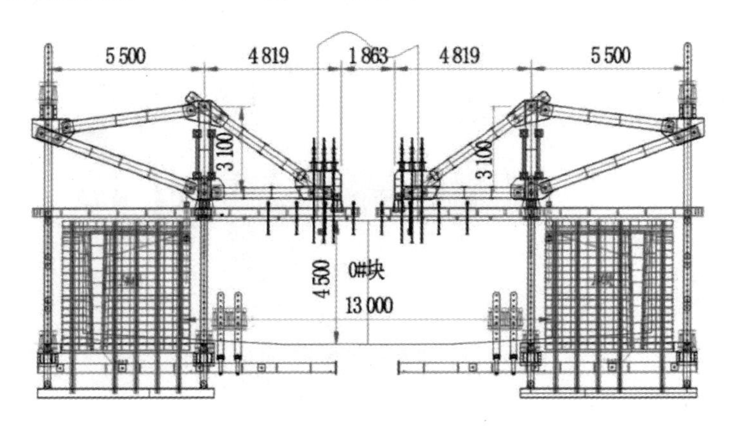

图 4.119　挂篮侧面(单位:cm)

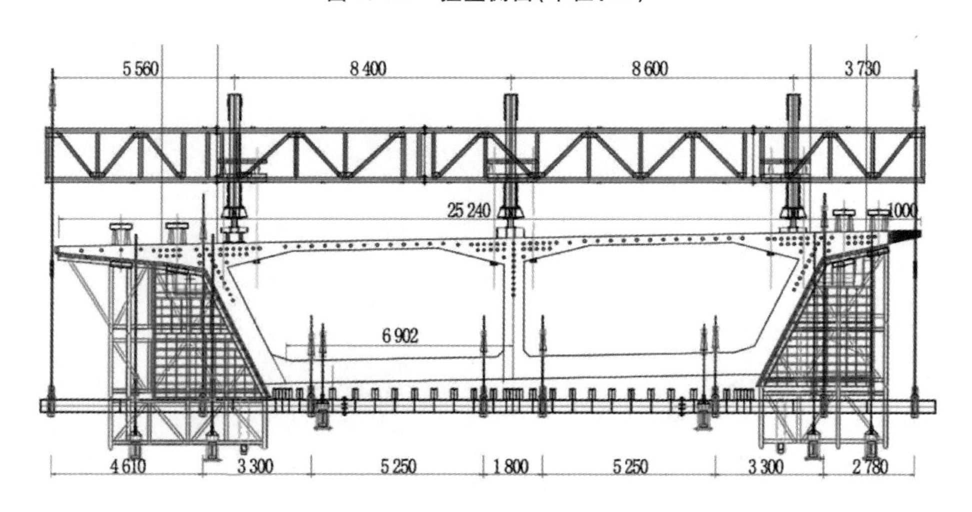

图 4.120　挂篮前断面(单位:cm)

(1)主桁系统。

主桁系统是挂篮的主要受力构件,主要由菱形桁架、销轴、横向平联桁架、前上横梁等部件组成。菱形桁架由受力杆件和箱体组成,采用销轴销结的方式便于拆装和运输。前上横梁架设在菱形桁架的前端节点上,上设吊点,用来悬吊底

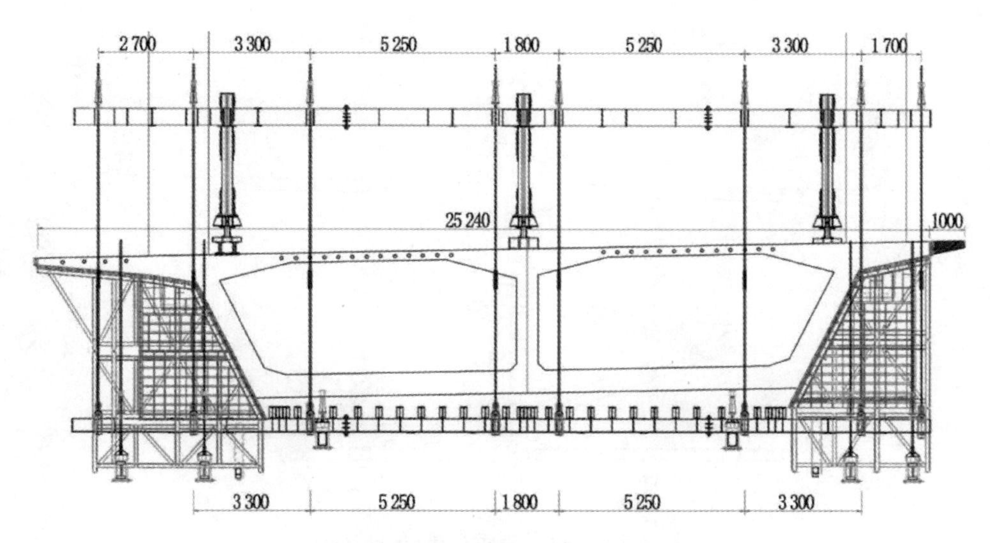

图 4.121　挂篮后断面(单位:cm)

篮系统和作为内外模滑梁。前上横梁同时有将主桁架连成整体的作用。

本项目的 3 榀菱形桁架中心间距为 8.4 m/8.6 m,中心高 3.5 m,每榀桁架前后节点间距均为 4.2 m,总长 12.2 m。桁架主杆件为采用[]40a 槽钢焊接的格构式结构,节点通过箱体采用销轴联结。横向联结系采用[]14 槽钢焊接,设于两榀主桁架的竖杆上,用于保证主桁架的横向稳定,并在行走状态下悬吊底模平台后横梁。挂篮主桁架采用钢垫块调整至水平。

(2)行走系统。

行走系统主要由行走轨道、滑座、吊挂滚轮、轨道压梁、轨道垫梁等部分组成。行走轨道主要供挂篮空载前移使用。挂篮前移时,主千斤顶顶起前支座,滑座与轨道脱开,整体轨道向前拖动后再锚固,然后吊挂滚轮反扣在轨道上,主桁架前支座放置在轨道上,最后采用两个 32 t 液压千斤顶作动力。行走时用一根较长的 ϕ32 精轧螺纹钢一头锚固在轨道前端,另一头锚固在挂篮前支点 32 t 千斤顶上,通过千斤顶推动前支点滑动带动整个挂篮前移,经一个行程后液压泵回油,反复循环此操作,直到行走到锚固位置。挂篮行走系统如图 4.122 所示。

(3)锚固系统。

锚固系统为主桁系统的自锚平衡装置,主要由扁担梁、精轧螺纹钢、连接器螺帽、垫块等部分组成。当挂篮在灌注混凝土时,后端利用 ϕ32 精轧螺纹钢[外套聚氯乙烯(polyvinyl chloride,PVC)保护管]穿过预埋孔对拉在已浇筑的梁段顶板上。后锚梁采用双拼槽钢,单片菱形桁架设置 3 根后锚梁、6 根后锚吊杆,

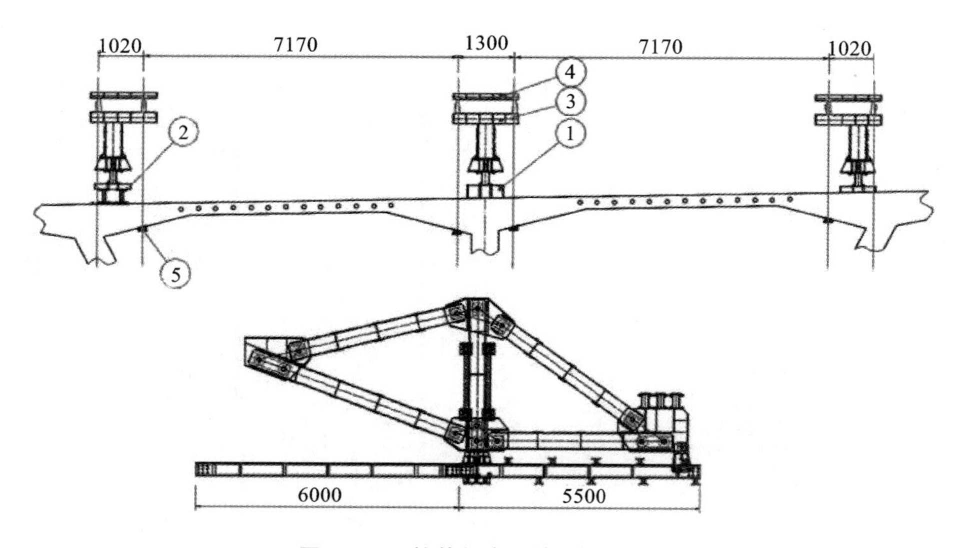

图 4.122　挂篮行走系统(单位:cm)

1—垫梁 1;2—垫梁 2;3—后锚扁担梁;4—后锚调整梁;5—高强度螺栓。

后锚吊杆通过梁体在边腹板预埋精轧螺纹钢和顶板上预留孔锚固。锚固时需加设斜垫块,以保证后锚吊杆垂直受力。

(4)底篮系统。

底篮系统直接承受梁段混凝土重量,并为立模、钢筋绑扎、混凝土浇筑等工序提供操作场地,由底模板、纵梁、前横梁、后横梁组成。底篮系统采用大块钢模板,其中纵梁采用 H350×175 型钢,前、后下横梁采用 2HN400×200 型钢组焊。前、后横梁中心距为 5.5 m,纵梁与横梁采用螺栓连接。底篮系统如图 4.123 所示。

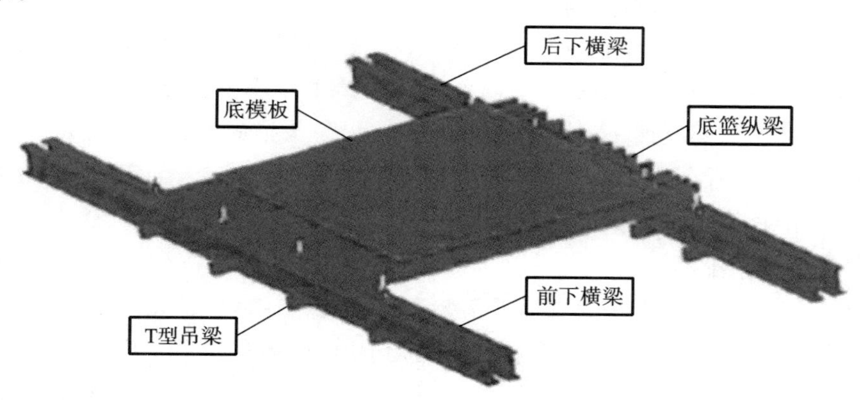

图 4.123　底篮系统

(5)悬吊系统。

悬吊系统用于悬吊底模平台和外模,并将底模平台、侧模的自重、梁段混凝土重量及其他施工荷载传递到主构架和已建成梁段上。悬吊系统包括前上横梁、底模平台吊杆、侧模导梁吊杆、滑道梁吊杆、垫梁、扁担梁及螺旋千斤顶。

①底模平台吊杆。

底模前、后横梁均各设 8 个吊点,底篮前、后吊杆采用钢板吊带。底模平台前端悬吊在挂篮前上横梁,前上横梁设有由垫梁、扁担梁和螺旋千斤顶组成的调节装置,可任意调整底模标高。底模平台后端悬吊在已建成梁段的底板上和翼缘板上。挂篮后吊带系统和挂篮前吊带系统分别如图 124 和图 125 所示。

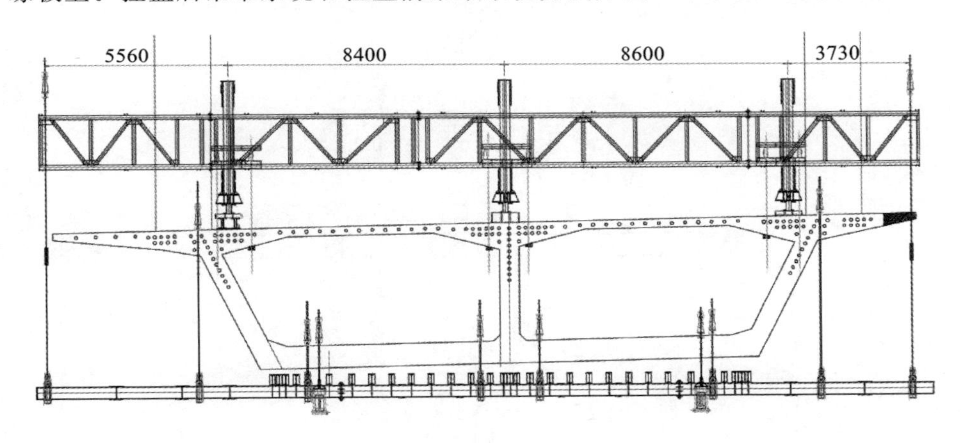

图 4.124　挂篮后吊带系统(单位:cm)

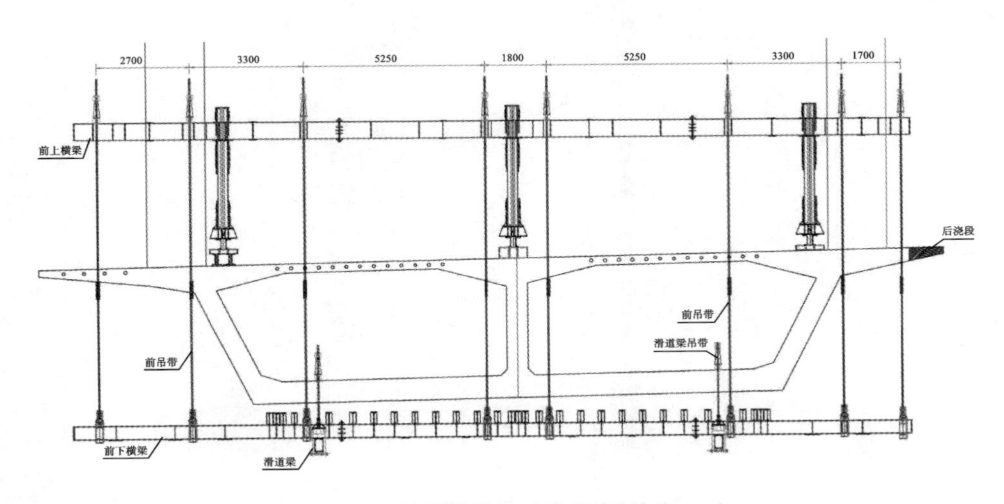

图 4.125　挂篮前吊带系统示意(单位:cm)

②侧模导梁吊杆。

侧模导梁前、后均各设 2 个吊点，前、后吊杆采用钢板吊带。侧模导梁前端悬吊在挂篮前上横梁，前上横梁设有由垫梁、扁担梁和螺旋千斤顶组成的调节装置，可任意调整外模标高。外模导梁后端悬吊在已建成梁段的翼缘板上。外侧模提升采用 10 t 电动葫芦。导梁吊带断面图和侧面图分别如图 4.126 和图 4.127所示。

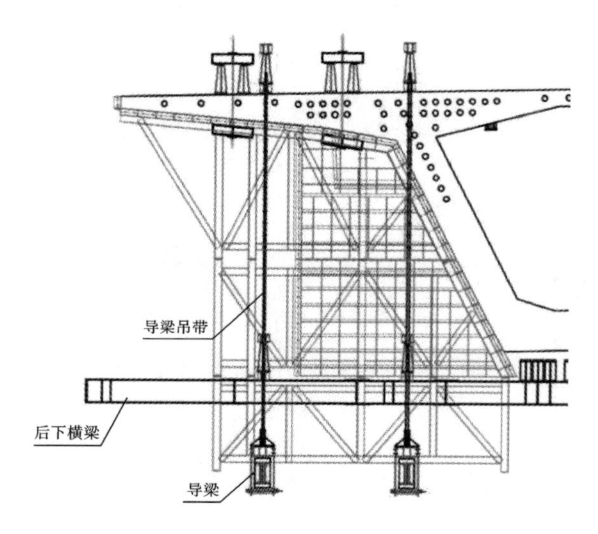

图 4.126　导梁吊带断面图

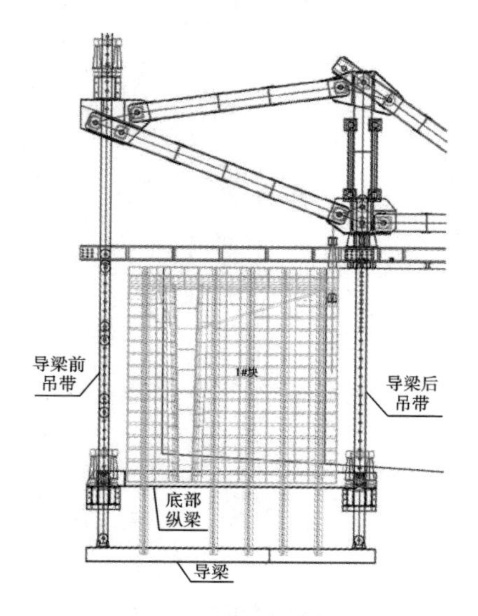

图 4.127　导梁吊带侧面图

(6)模板系统。

模板系统主要由外侧模、内模、底模和端模四部分组成。外侧模为钢模板，由面板、横肋、竖肋和骨架组成，根据箱梁结构分块加工，采用螺栓连接。骨架和面板一般分开运输，到现场进行组装拼接。底模由面板和横肋组成，根据箱梁结构分块加工，采用螺栓连接。

挂篮端模采用钢模板，内模采用木模板，模板分段制作，以适应结构尺寸变化。内模在底板、腹板钢筋绑扎完成后安装，端模在顶板钢筋绑扎完成后安装。

挂篮外侧模采用大块钢模板，模板采用外侧模包底模的形式，外侧模采用面板为 6 mm 厚的钢板，背肋采用[10 槽钢和截面为 10 mm×100 mm 的扁铁。

挂篮底模采用 6 mm 厚的钢模板，横肋采用[10 槽钢，边框及竖肋采用 10 mm 厚带钢，桁架采用[12 槽钢，内外腹板均采用对拉螺杆相连，对拉螺杆外侧套 PVC 管与混凝土分离。外模均固定在外导梁上，外导梁前端采用吊杆悬吊于前上横梁，后端采用吊杆悬吊于已浇筑梁段翼缘板上。挂篮前移时，外模沿着外导梁前移至下一节段。

内模为木模板，采用 1.5 cm 竹胶板作为面板，截面 10 cm×10 cm 方木为背楞，主背楞采用 I10 工字钢，在箱梁箱室内搭设钢管支架形成支撑体系。

端模采用钢模，面板厚 6 mm。

(7)操作平台。

操作平台分为底施工平台、侧模工作平台和底模前工作平台。底施工平台主要用于底锚的拆装及箱梁底面的混凝土表面处理，位于底模后部。侧模工作平台主要用于处理侧面混凝土和滑梁吊轮的拆卸，位于底模两端。底模前工作平台主要用于箱梁前端的封端、张拉，位于底模前部。

2)挂篮改制

石滩大桥使用已完工项目的挂篮杆件改造而成的挂篮。对比已完工项目和本项目箱梁尺寸，发现已完工项目箱梁挂篮的大部分杆件适用于石滩大桥主桥挂篮。已完工项目挂篮与石滩大桥挂篮主要技术参数对比见表 4.26。

表 4.26　已完工项目挂篮与石滩大桥挂篮主要技术参数对比

序号	挂篮	最大梁段质量/t	最大梁段长度/m	梁段变化范围/m	梁面最大宽度/m	底板横坡坡度/(%)	有无横隔墙
1	已完工项目挂篮	233.2	4	3～7	20	0	无
2	石滩大桥挂篮	343	4	2.5～4.5	25.24	2	有

(1)原有可利用杆件。

石滩大桥主桥挂篮主桁系统、走行锚固系统、底篮系统纵梁、吊挂系统、导向系统、辅助构件均利用已完工项目挂篮的杆件,这些杆件经计算、现场原杆件检验、翻新、涂刷及最终验收合格后,方能使用。

(2)旧杆件改制利用。

考虑石滩大桥箱梁有横隔墙,挂篮外侧模需下放,已完工项目挂篮前后下横梁进行改制后方可当作石滩大桥主桥的挂篮。已完工项目挂篮前后下横梁双拼H400×200型钢,中间不留空隙;石滩大桥主桥挂篮前后下横梁双拼H400×200型钢,中间留320 mm空隙,满足钢吊带穿过要求。已完工项目挂篮下横梁断面图和石滩大桥挂篮下横梁断面图分别如图4.128和图4.129所示。

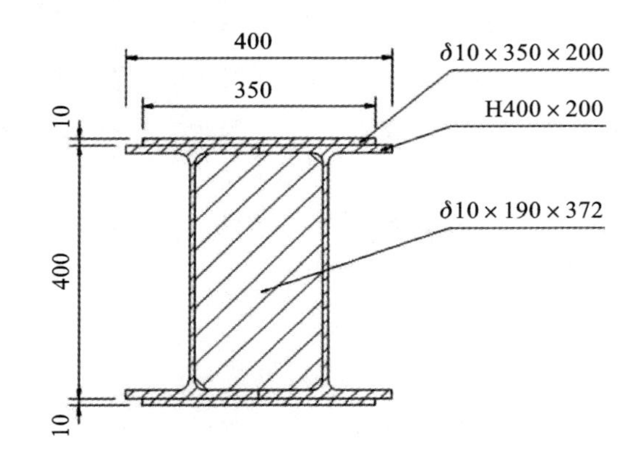

图 4.128　已完工项目挂篮下横梁断面图(单位:mm)

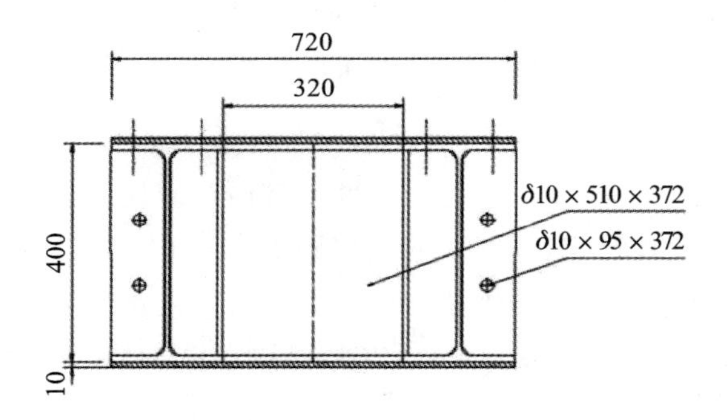

图 4.129　石滩大桥挂篮下横梁断面图(单位:mm)

(3)杆件新制说明。

因石滩大桥主桥挂篮前后下横梁已经改制,已完工项目挂篮的吊架及销轴已不适用,需根据改制后的前后下横梁重新设计吊架和销轴。已完工项目挂篮

前上横梁为双拼 H400 型钢，经计算，发现其受力不满足石滩大桥设计要求，故采用双拼 H500 型钢新制。因石滩大桥主桥挂篮模板下放支点位于底篮前后横梁，并加设了滑道梁，已完工项目挂篮导梁型号已不满足计算要求，需重新设计滑架和吊架。

3)挂篮设计验算

全桥采用有限元计算软件 midas Civil 2021 来建立结构有限元分析模型，根据拉杆、后连杆、立柱、前大梁、吊带、上下横梁、导梁等构件的设计参数对结构进行整体建模。

结合施工方案及挂篮构造特征进行结构离散，挂篮共划分为 423 个单元和 344 个节点。通过验算各构件受力，发现各构件受力符合规范要求，挂篮在行走和使用时均安全可靠。

4)挂篮施工监控

挂篮施工监控不仅是桥梁施工技术的重要组成部分，也是确保桥梁施工宏观质量控制的关键及桥梁建设的安全保障，它在施工中起着安全预警、施工指导及优化施工方案的作用。

在挂篮施工(安装)过程中，结构体系将随施工阶段的不同而变化，现场施工荷载状况、外界环境条件也是不断变化的，结构内力也随之变化。结构的实际内力值与设计的理论内力值之间及结构的实际变位值与设计变位值之间也存在差异，使得挂篮在施工过程中的每一种状态都不可能与设计状态完全一致，所以挂篮施工监控对挂篮施工过程的控制起到指导的作用。

悬臂挂篮法施工监测的主要内容：监测施工过程中各节段箱梁的挠度变化情况；对每一节段箱梁的平面位置和高程进行有效的预测和控制，确保桥梁施工的质量与安全。

(1)悬臂浇筑施工平面控制。

下塔柱施工完成后，搭设 0＃块支架并铺设 0＃块底模，待调整至设计标高后，在底模上放样施工点位(箱梁底板边线和中线)，支设侧模及翼板底模，并放样翼板边线。

0＃块施工完成后，分别在两侧梁顶上放样挂篮点位、行走方向点，然后安装挂篮。1＃块及以后梁段施工时，在已拼装好的挂篮下纵梁上铺设下梁段底模，并根据已浇筑混凝土断面里程大致调整底板标高，放样施工点位。

①底模放样点位。

a. 横桥向：每个梁段放样点为箱梁中心线及两侧底板边线，共3个点。

b. 纵桥向：根据施工梁段不同，每间距3 m或3.5 m放样一个断面。

②翼板放样点位。

a. 横桥向：箱梁部分钢筋绑扎完成后，待翼板模板安装完成并调整好标高后，放样翼板边线。

b. 纵桥向：与底板所放样点位里程保持一致。

(2)悬臂浇筑高程控制。

①0＃块标高主要利用支架顶部的卸落砂筒来进行调整。

②1＃块及以后梁段的标高主要利用挂篮的吊杆来进行调整。

③每一梁段施工完成后，将挂篮前移一个施工节段。挂篮就位锚固后，后长吊杆和后短吊杆将下纵梁的后侧临时锚固在上一节段的混凝土端部，使底模紧贴于上一节段混凝土。下纵梁的前侧利用挂篮前长吊杆进行标高调整，调整时用千斤顶将吊杆的顶部顶起，然后根据调节量将螺纹钢顶部的螺母调松或调紧，直至达到设计标准为止。

④翼缘板和内模的标高利用挂篮的前短吊杆调整挂篮内导梁和外导梁标高，使标高符合设计要求。

⑤梁段预应力波纹管和钢筋的定位由箱梁底模向上量取。

⑥混凝土浇筑前，在箱梁顶板钢筋网上焊接竖向钢筋头，使钢筋顶部标高与考虑预拱后的桥面标高相同，钢筋网布置成5 m×5 m方格，并在横桥向用ϕ12钢筋连接。浇筑混凝土时，用铝合金长杆沿连接钢筋刮平整，确保混凝土顶面高程符合设计要求。

⑦合龙段是箱梁施工线形控制的重点和难点。施工前先对已完成梁段进行联测，以确定合龙段的立模标高。在梁段两侧采用压重法调整合龙段标高，使标高符合设计要求后，再安装劲性骨架形成临时约束。浇筑混凝土时随时卸去同重的压重，以此消除变形影响。

(3)箱梁应力监测。

主梁应力监测直接关系到结构的安全，是结构安全的预警系统。桥梁混凝土材料的非均匀性和不稳定性，以及受设计参数的选取(如材料特性、密度、截面特性等参数)、施工状况的确定(施工荷载、混凝土收缩徐变、预应力损失、温度、湿度、时间等参数)和结构分析模型的选取等诸多因素的影响，结构的实际应力与设计应力很难完全吻合。因此，在实际测试中，通过模拟计算能得到施工全过

程的应力包络图,从而掌握箱梁结构的实际应力状态。应力理论值与实测值的对比和分析,成为参数估计、状态预测和结构调整的重要依据。

(4)箱梁温度监测。

箱梁温度监测主要针对箱梁在较长悬臂状态和各孔合龙前后阶段。由于气温变化对悬臂箱梁的变形影响显著,因此要结合箱梁变形监测,对箱梁的温度进行测量。温度测量采用酒精温度计进行 24 小时的定时观测,并与相应变形观测同步进行。温度观测和相应变形观测的记录要一一对应,并整理出时间-挠度变形曲线,原始记录一律归档保存。

(5)桥墩基础沉降观测。

桥墩基础沉降观测是箱梁悬臂施工监控的组成部分。测点设在各桥墩的承台上,每个承台设 2 个测点。根据施工进度情况,应在以下工况进行监测:0＃块施工完毕;每孔最大悬臂长度梁段施工前;每孔合龙前后;主梁施工完成三个月后。

(6)测量监控的重要时段。

①箱梁每一梁段悬臂浇筑施工过程中,在以下工况应进行挠度和高程的控制测量:挂篮就位立模板时;浇筑混凝土后;纵向预应力张拉后。

同时,应进行以下 2 种工况的箱梁平面中线位置控制测量:挂篮就位及立模板后,浇筑混凝土后。

对于以上工况,除对当前施工梁段进行测量外,还应对已施工完成的梁段进行联测,以得到梁段的累计实际变形。

②合龙段的高程观测应按以下工况进行测量:临时支座约束解除后;劲性骨架安装前;浇筑混凝土前后;张拉部分预应力后;劲性骨架解除后;张拉完所有预应力后;在浇筑合龙段前,还应对已完成最大悬臂长度的梁段进行温度变化及相应挠度变化的 24 小时监测。

③测量观测应尽量安排在早晨太阳出来前完成,以减少温度的影响。

第5章　BIM技术在矮塔斜拉桥中的应用

5.1　BIM技术在桥梁工程中的应用优势

矮塔斜拉桥在设计时应引进符合建筑美学要求、符合经济技术指标、符合生态循环发展路线的新工艺、新技术。桥梁设计的主要内容是收集地形信息、选择合适的建桥位置、选择合适的桥型、分配跨径、计算工程量、保证结构稳定性等，最终完成设计方案图纸。矮塔斜拉桥属于高次超静定结构，影响桥梁桥型方案选择的设计因素有很多，这些因素并不是独立的，它们相互制约，所以设计时不可能分开考虑斜拉索、主梁和索塔，这样会导致设计方案的反复变更。在设计时，一定要从整体上进行把控，将经济、美观、安全等理念贯彻整座桥的设计。

传统桥梁设计主要依赖的二维CAD技术存在着许多的缺点，主要有以下几个方面：①二维CAD图纸很难完美地表达设计者的设计意图；②二维设计容易受到设计误差的影响；③限制了设计人员的创新性；④协同设计难度大，设计反复变化，所有的变化都需要体现在CAD图纸中，设计效率低。

BIM技术集成了构件的几何参数、材料性能等信息，所有关于模型的局部修改，模型都可以自动更新，从而保证了设计阶段模型信息的一致性，能够极大地提升设计效率。

矮塔斜拉桥主要采用钢筋混凝土材料，无论是索塔、主梁还是斜拉索都对施工技术、尺寸精度、对位准确性提出了很高的要求。建设项目具有周期性、独立性、计划性、完整性和不可逆性。传统建筑管理的不足之处主要是信息延迟、效率低下、缺乏沟通和依赖员工经验。在矮塔斜拉桥施工中引入BIM技术，不仅可以进行碰撞检测，避免施工不当造成的重复施工，提高施工的准确性和效率，还可以模拟关键施工过程，制定大型或危险施工过程的专项方案，有效化解施工过程中的潜在风险，同时可进行施工进度管理，施工有序，避免因施工组织不当

造成的延误和人员闲置。在施工阶段采用 BIM 技术，大大提高了施工的安全性和效率。

5.2　基于 Bentley 软件的桥梁参数化建模方法研究

5.2.1　研究背景

1. 工程参数

在主梁结构中，主梁采用单箱三室大悬臂截面，外腹板斜置，箱梁顶板宽度为 26 m，腹板斜率不变，箱梁底板宽度由 15.6 m 渐变到 16.864 m。主墩墩顶处梁高 4.2 m，向中、边跨方向 45 m 范围内的梁高按 2 次抛物线规律变化，其余为等高梁段，梁高 2.4 m。箱梁合龙段底板厚度为 25 cm，0＃块端部底板厚 46.2 cm，在梁高变化段内，底板厚度按 2 次抛物线规律变化。顶板厚度不变，边室横隔板厚度为 28 cm，中室横隔板厚度为 45 cm。边腹板厚度为 50 cm，中腹板厚度为 35 cm。斜拉索锚固区均设横隔板，边室横隔板厚度为 30 cm，中室横隔板厚度为 40 cm。

在主塔结构中，塔高 18 m，采用实心矩形截面，布置在中央分隔带上，塔身上设鞍座，以便斜拉索通过。斜拉索横桥向呈两排布置，鞍座亦设两排。

在斜拉索设计中，斜拉索为单索面，在横向分为 2 排，每根斜拉索由 31 根钢绞线组成。

2. 构件的分解及编码

1）构件的分解

EBS（engineering breakdown structure）编码及 WBS（work breakdown structure）编码是如今结构分析广泛采用的编码标准。EBS 编码主要从工程本身出发，根据结构的功能对结构进行分解并编码，是针对工程本身的编码标准；WBS 编码是依据项目进度来对项目过程进行分解，是基于项目过程的编码标准。在桥梁建设领域的信息化发展过程中，标准化、统一的信息交换标准是桥梁生命周期中不同软件平台、不同应用阶段进行信息交换和共享的基础，是一个必不可少的标准，是提高软件使用效率和促进桥梁技术领域信息技术集成的先决条件。

任意一座桥梁都可以大致分解为上部结构、下部结构、桥面系、附属设施的结构体系。EBS分解的一般原则如下：①根据工程项目自身框架，分解出一系列子系统；②将工程中独立的子系统分解出来；③根据工程项目的具体外观，进行空间结构分解。由于EBS编码采用的是分级编码的方式，编码为每个局部模型的每个组件提供了唯一的执行编码，确保了BIM系统中信息在每个层级正确、流畅地传递，并有助于在BIM模型的建立过程中提取和使用组件信息。本章将采用EBS编码来对桥梁进行分解，如图5.1所示。

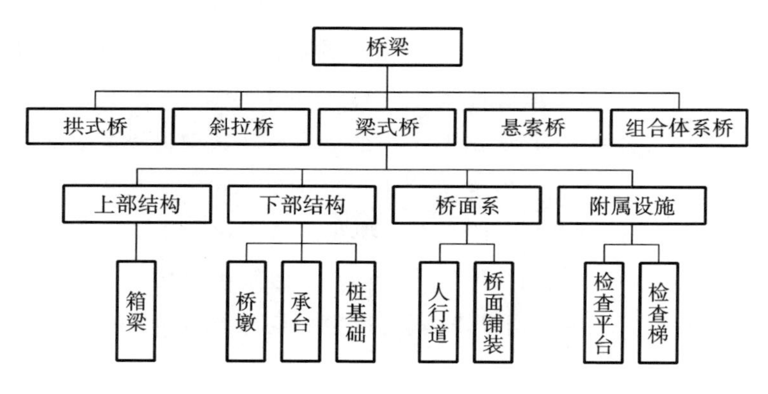

图5.1 桥梁分解示意

2)构件的编码

BIM技术应用于桥梁工程的基础是将参数化信息模型进行分类编码。中国铁路BIM联盟于2014年发布了《铁路工程信息模型分类和编码标准》(T/CRBIM 002—2014)，该标准在引用了一部分《建筑信息模型分类和编码标准》(GB/T 51269—2017)的基础上新增了铁路工程相关内容。本章将同时参照《建筑信息模型分类和编码标准》(GB/T 51269—2017)与《铁路工程信息模型分类和编码标准》(T/CRBIM 002—2014)对矮塔斜拉桥进行编码，这样可以确保编码与国家标准一致和兼容。

鉴于在《铁路工程信息模型分类和编码标准》(T/CRBIM 002—2014)的"表52-按形式分铁路单项工程"中，桥梁组合结构分类编码并没有矮塔斜拉桥这一类斜拉连续梁桥的组合形式，因此，本章在此之上扩充了该类型，如表5.1所示。

表 5.1　桥梁组合结构的扩充

编码	第一级	第二级	第三级	备注
52-030000	桥梁			
52-036000		组合结构		
52-036010			梁拱组合结构	
52-036020			刚构连续梁桥	
52-036030			斜拉拱组合结构	
52-036040			梁桁组合结构	
52-036050			桁拱组合结构	
52-036060			斜拉悬索结构	
52-036070			斜拉连续梁桥	扩充项

在完成了上述扩充后，矮塔斜拉桥的构件编码如表 5.2 所示。

表 5.2　构件编码

编码	类目	编码	类目
52-036070	斜拉连续梁桥	53-12202020	桩基础
53-121000	上部结构	53-1220202010	承台
53-121008	梁	53-1220202020	桩基
53-121015	板	53-122030	锚碇
53-121023	柱	53-123000	支座
53-121030	杆	53-123010	普通支座
53-121038	索	53-124000	附属
53-121053	索塔	53-124010	桥面铺装
53-121060	锚固构造	53-124015	防水和排水设施
53-121068	加劲构造	53-124020	桥面伸缩装置
53-121083	节点	53-124025	栏杆
53-121090	桥面系	53-124030	人行道
53-122000	下部结构	53-124050	检查设施
53-122010	墩台	53-124055	预埋件
53-12201010	垫石	53-124035	电缆槽
53-12201030	托盘	53-12203010	索鞍
53-12201050	墩台身	53-12203020	锚固系统

续表

编码	类目	编码	类目
53-122020	基础	53-12203030	锚固块
58-012010	钢筋	58-016020	钢绞线
58-01201010	带肋钢筋	58-01602020	预应力钢绞线
58-01201020	光圆钢筋	58-023020	钢筋混凝土梁
58-01201030	螺纹钢筋	54-202050	照明

3. 建模技术流程

矮塔斜拉桥 BIM 模型建立的具体思路如下：先对桥梁结构进行划分，大致划分为桥梁上部结构、下部结构、附属设施；再分别进行桥梁的参数化建模。上部结构包括各类钢筋、索塔、斜拉索、有横隔板梁和无横隔板梁等；下部结构包括桥墩、基础等；附属设施包括排水设施、行车护栏等。桥梁构件参数化建模的主体思想是通过几何位置和尺寸参数来控制构件的尺寸。添加相应参数后，构件模型可以整理成一个族库，方便以后调整参数后在同类型桥梁中重复使用。

在完成桥梁各个基本构件的参数化建模后，就可以在相同的坐标系下，依据每个构件的空间位置进行拼装，最终形成整座矮塔斜拉桥的 BIM 模型。矮塔斜拉桥建模技术流程如图 5.2 所示。

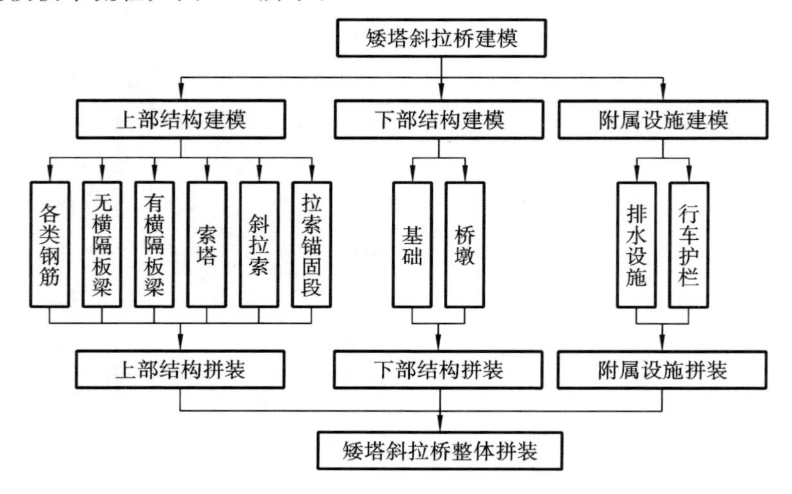

图 5.2　矮塔斜拉桥建模技术流程

5.2.2　桥梁上部结构建模

在 Bentley 所开发的 MicroStation 中，种子文件是系统保存的建模环境模板。在开始进行建模工作之前，应依照所要建立模型的种类选择合适的种子文件。在建模伊始，首先要勾选 3D 种子文件为建模环境模板，然后命名新建的 BIM 模型为“矮塔斜拉桥 BIM 模型”，在所定义完成的建模环境中，桥梁整体坐标系的原点位于模型世界空间坐标系原点。模型坐标系定义方法如下：主梁轴向中心线与竖直径向中心线的交点设为模型坐标系的坐标原点。x 轴方向为顺桥向，与主梁轴线重合；y 轴方向为竖直方向。在矮塔斜拉桥的建模过程中，所有构件都应该围绕上述总体坐标系开展建模。模型整体坐标系示意如图 5.3 所示。

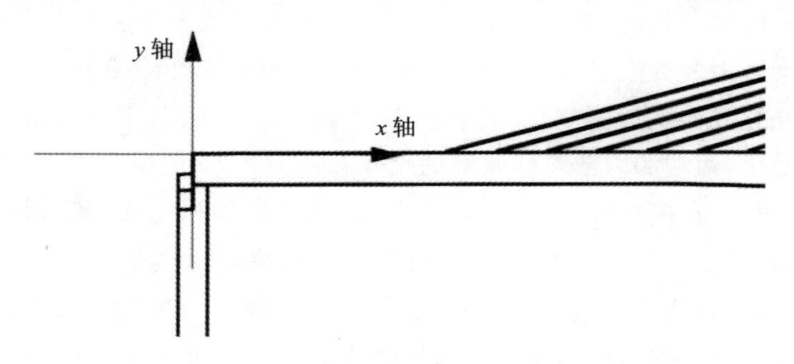

图 5.3　模型整体坐标系示意

1. 索塔的 BIM 建模

本桥的主塔塔高 18 m，采用实心矩形截面，布置在中央分隔带上，塔身上设鞍座，共有两排。因索塔结构在整桥结构中数量较少，且不同桥之间塔的结构各不相同，将索塔参数化建模并不能加快桥梁整体建模的速度，所以将索塔作为特殊构件单独建模，如图 5.4 所示。索塔模型的建立难点主要在于斜拉索斜度不同而使各个索的锚固截面不同。

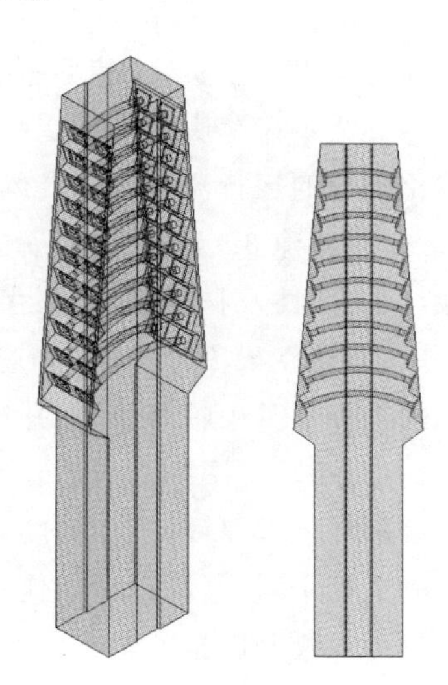

图 5.4　索塔模型

2. 各梁段的建模

本桥主梁采用单箱三室大悬臂截面。桥面

板设3%坡度，外腹板斜置且斜率不变，梁底为2次抛物线形式，底板厚度与腹板厚度随着梁段而改变，斜拉索锚固区设置横隔板，边室横隔板与中室横隔板的厚度不同。综合上述因素，不同梁段虽结构形式相似，但因梁段大量具体尺寸不同，致使梁段建模过程中重复步骤过多，建模效率变低。而使用参数化建模可将类似结构中的不同尺寸统一加以约束，仅更改尺寸参数便可得到结构形状类似但尺寸不同的各个梁段，从而大大提高了建模效率。综合考虑此桥中主梁各梁段的形式，本章将主梁分为四类，其中端梁和0#梁因结构特殊且数量较少，进行单独建模，其他梁段分为有横隔板梁段与无横隔板梁段，分别进行参数化建模。

下面将以有横隔板梁段为例，具体说明参数化建模要考虑的问题。

分析梁段间参数的不同，考虑梁段参数化的形式及其中需要施加的约束条件。因本梁段为变截面梁段，梁段的I端与J端外部轮廓除梁高及因梁高与外腹板斜率变化导致的底板宽度不同外，其他参数基本相同，但因顶板、腹板及底板的厚度变化，两端的内部箱体轮廓的尺寸存在大量不同。

传统参数化建模过程一般为建立一个平面轮廓加以约束，然后拉伸得到一个梁体，但此方法仅适用于等截面梁段的参数化，并不能解决两端截面不同而带来的问题；也可以先建立完整的三维梁段实体，再将所有的边界及点加以约束，但这种方法因边界点的增多使需要施加的约束成倍增加。

考虑到以上情况，采用如下的参数化建模方法，分别以梁段外轮廓与梁段内轮廓为边界建立实体，然后根据外轮廓实体与内轮廓实体差集得到梁段实体。这种方法不仅解决了梁段变截面的问题，而且减少了施加的约束数量，提高了参数化模型的运行流畅度。具体参数化建模过程如下。

(1)新建3D种子文件，命名为“有横隔板梁段”，新建主梁图层，设置图层属性，包括线性及材质等，并保存激活。

(2)建立梁段外轮廓。①设立外轮廓的边界辅助线，将辅助线定在轮廓上中部的边界点及中轴线位置，并绘制外轮廓形成外轮廓截面，给轮廓上的点与边施加约束条件，如图5.5所示。②约束顶板宽度、顶板斜率、翼缘板宽度，以及翼缘板端部和根部厚度，截面高度设置为整个主梁中的最大截面高度，腹板的两侧分别放置两个对称的三角形，使腹板与三角形的斜边平行，改变三角形直角边的尺寸就可以控制腹板的斜率。③拉伸截面，参数设置为梁段长度。④设置一个顺桥向且与底板垂直的梯形，如图5.6所示，利用实体模型中的剪切功能，将拉伸出的实体剪切为所需的外截面轮廓，如图5.7所示。这样便能利用参数化中的约束根据设定好的 I 端与 J 端的梁高及斜率参数，自动调整两端截面的底板位置及宽度。

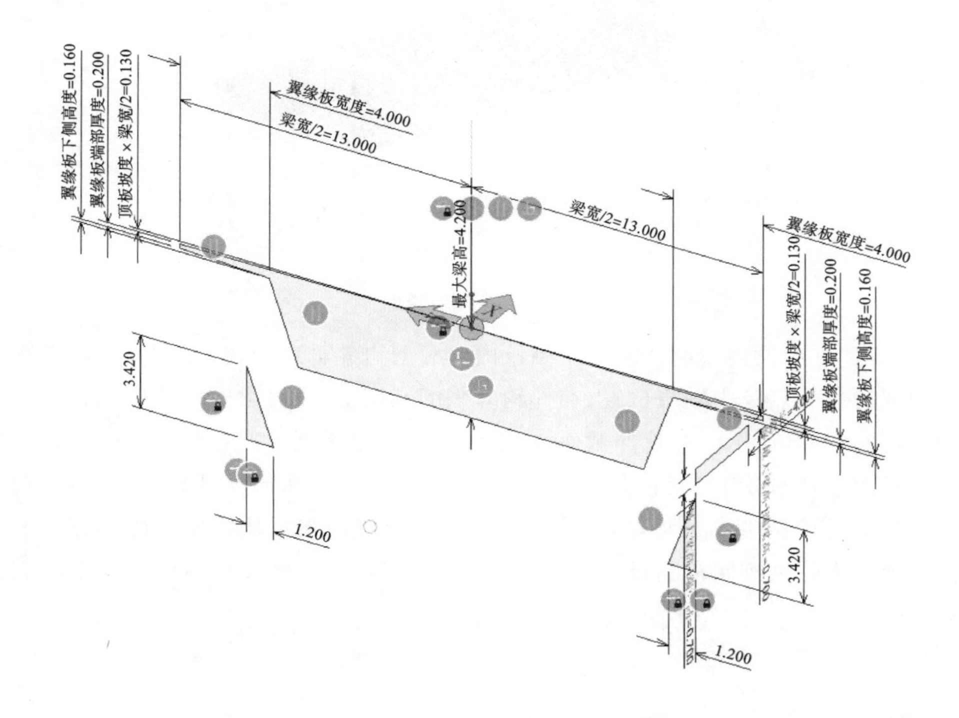

图 5.5　外轮廓参数化截面(单位:m)

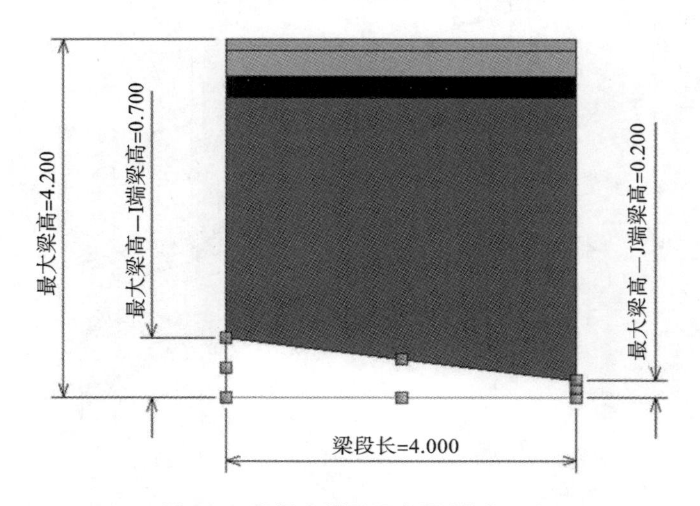

图 5.6　顺桥向梯形示意图(单位:m)

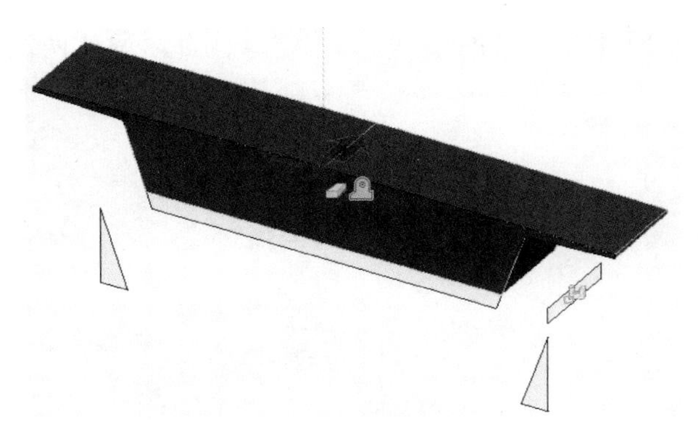

图 5.7　梁段外轮廓

(3)建立梁段内轮廓。①设立梁段内轮廓的边界辅助线,将辅助线定在轮廓上中部的边界点及中轴线位置,在外轮廓线的基础上,设置梁段内轮廓线所需的约束,如图 5.8 所示。②拉伸截面,参数设置为梁段长度。③在顺桥向分别设置与顶板垂直的梯形、与腹板垂直的梯形、与底板垂直的梯形等,同样使用剪切功能来控制梁段两端的顶板厚度、腹板厚度、底板厚度;然后用控制横隔板厚度的图形剪切实体来控制横隔板的位置和宽度;最后利用参数来控制内轮廓中的倒角,如图 5.9 所示。

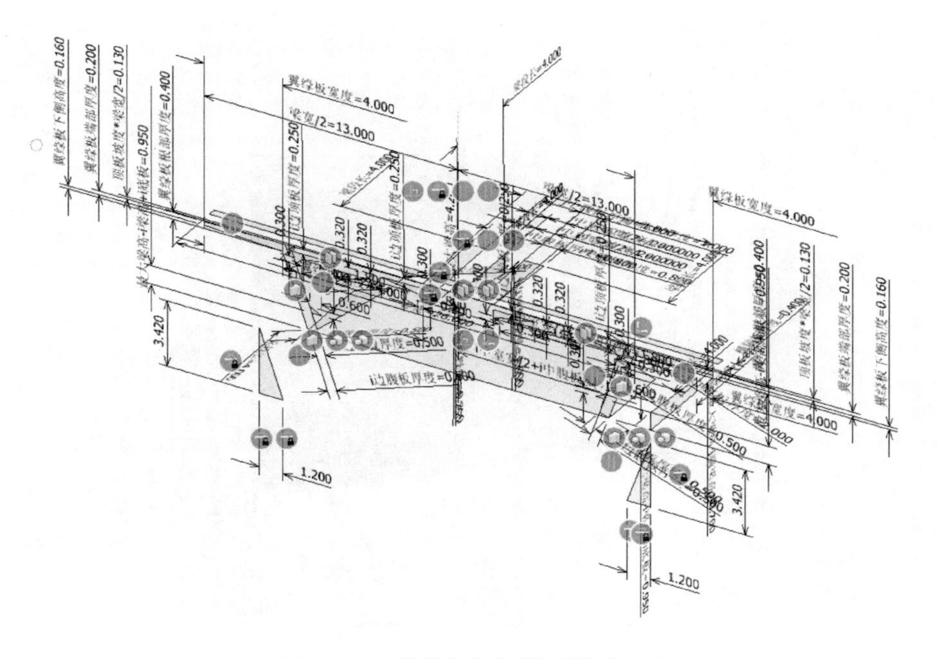

图 5.8　内轮廓参数化截面(单位:m)

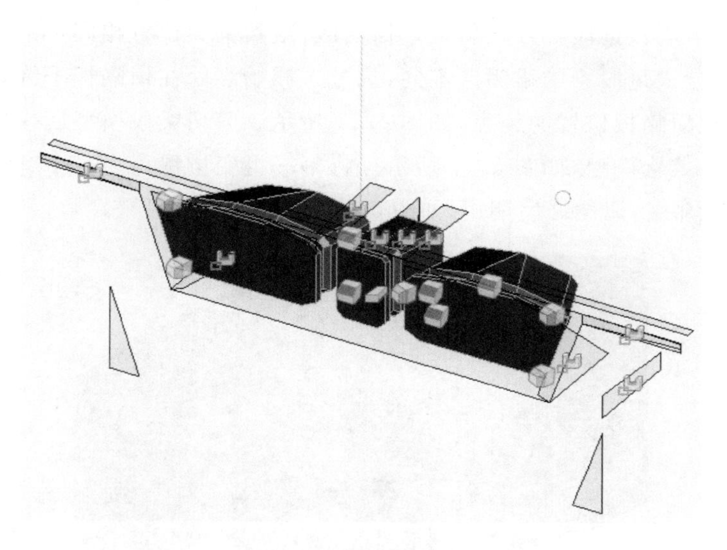

图 5.9　梁段内轮廓

(4)用外轮廓实体与内轮廓实体的差集得到所需要的梁段参数化模型,如图 5.10 所示。

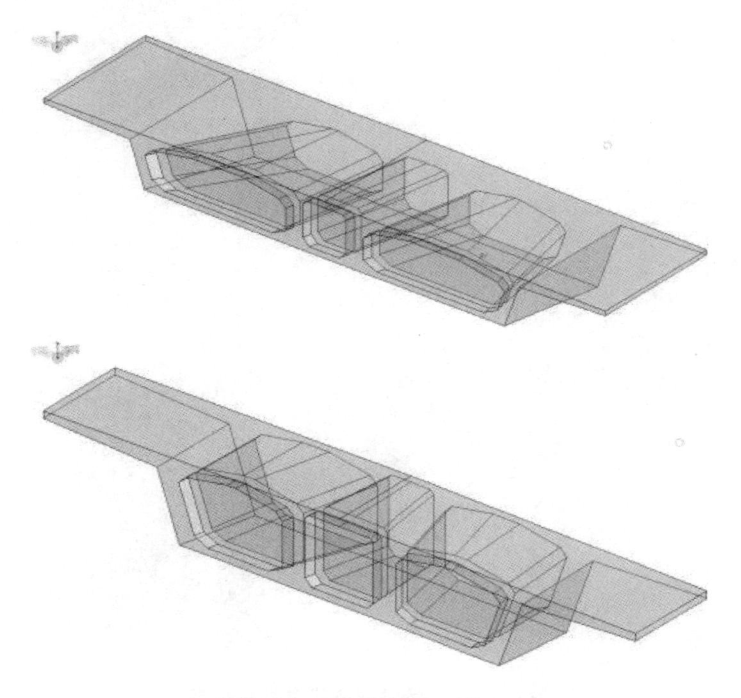

图 5.10　梁段参数化模型

(5)有横隔板梁段都存在斜拉索锚固区,虽然锚固位置相同,但因斜拉索的斜率不同,导致每段梁的锚固区不同,且过人洞始终处在横隔板下缘处,添加控制锚固区和横隔板位置的约束,如图 5.11 所示。剪切梁段模型后,得到有横隔板梁段的参数化模型,如图 5.12 所示。将每一组变量保存为一个“变化”,以各自梁段编号命名,以便之后调用,如图 5.13 所示。

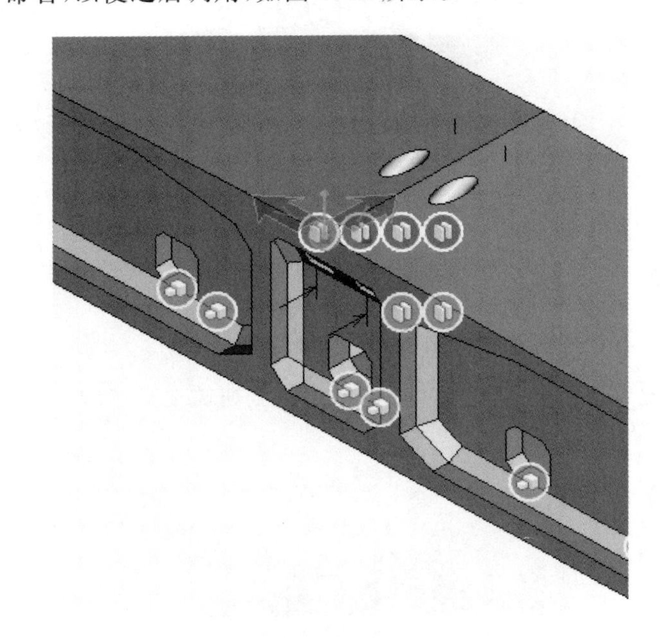

图 5.11　控制锚固区和横隔板位置的约束

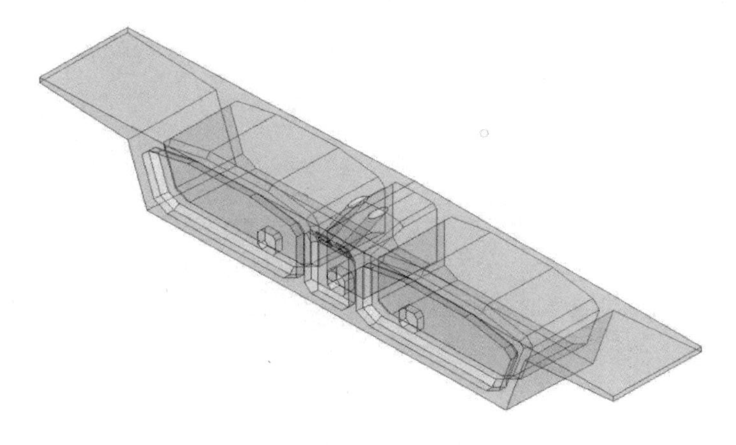

图 5.12　有横隔板梁段参数化模型

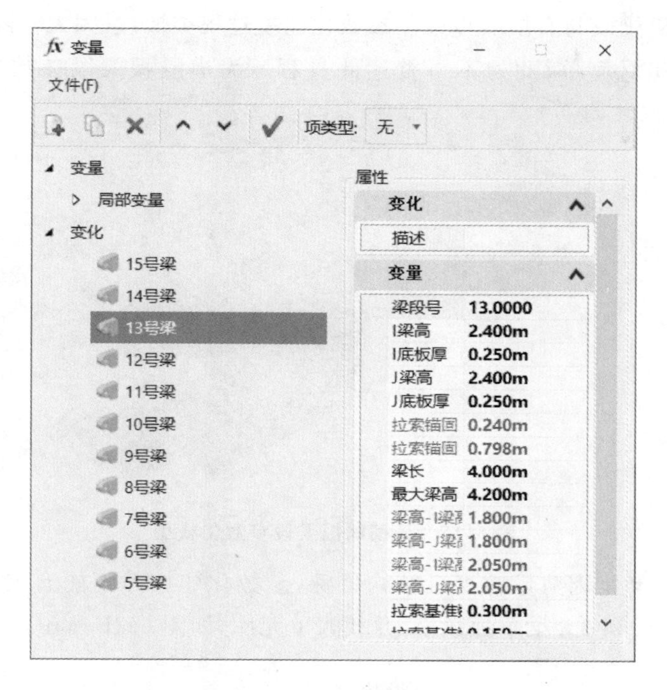

图 5.13　梁段编号

(6)将参数化建模过程中用以约束实体形状的点、线及平面图形设置为构造属性，在视图选项下勾选取消构造显示后，将不显示构造属性的元素，有利于模型的查看。在内容栏中，将单元原点定义为梁初始截面的中上部，并新建单元库保存模型单元，逐步形成完整的单元库，如图 5.14 所示。

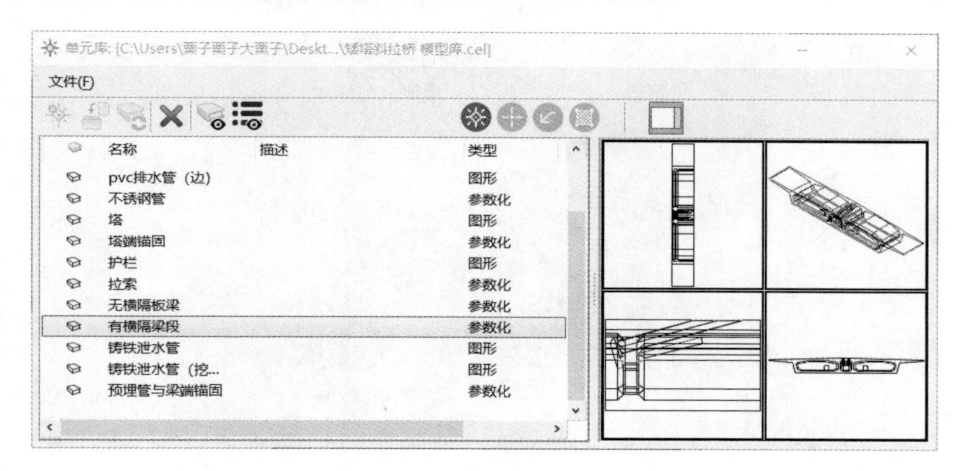

图 5.14　模型单元库

无横隔板梁段与有横隔板梁段参数化建模过程类似，且因无横隔板的影响，其建模过程相对简单，此处不再赘述此过程。无横隔板梁段参数化模型如图5.15所示。

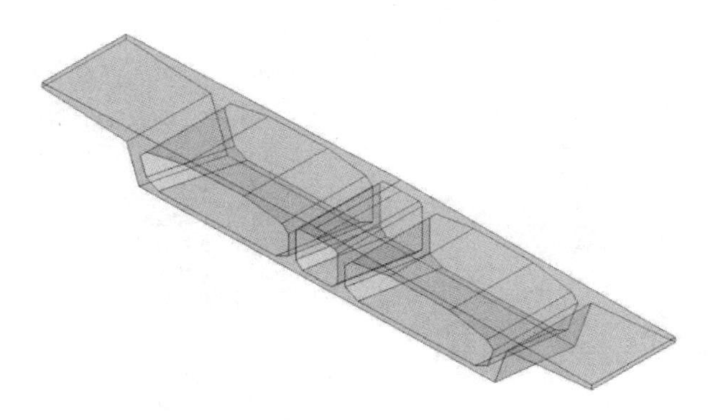

图 5.15　无横隔板梁段参数化模型

端梁与0#梁因数量较少且结构特殊，参数化建模并不能有效提高建模速度，所以将端梁和0#梁单独建模，并载入单元库，如图5.16所示。

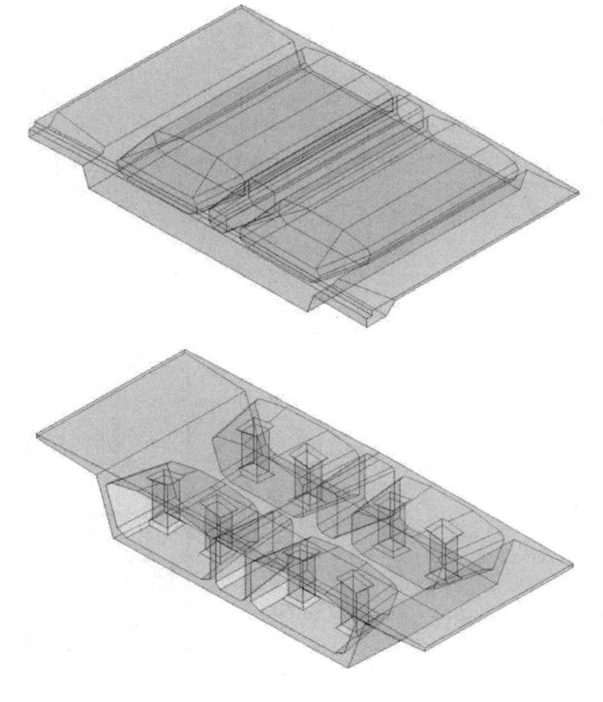

图 5.16　端梁与0#梁模型

3. 斜拉索及锚固件的参数化建模

斜拉索为横向两排平行布置的单索面，锚固位置不同使斜拉索及锚固件虽结构类似但角度及长度尺寸有所变化，且数量较多，建立参数化模型的思路为：输入锚固位置便可调节斜拉索及锚固件的角度与尺寸，方便模型的建立及拼装。

(1)斜拉索参数化模型的建立。①新建 3D 种子文件，命名为“斜拉索”，新建主梁图层，设置图层属性，包括线性及材质等，并保存激活。②设立边界辅助线，将辅助线定在梁段锚固中心点位置，绘制斜拉索中轴线并施加约束条件，如图 5.17 所示。输入锚固坐标及塔鞍处轴线半径可自动调节斜拉索轴线形状，本桥斜拉索梁段锚固间距 4 m，塔端锚固间距 0.75 m，利用公式控制变量中的数值，通过输入索号便可计算锚固坐标，使锚固坐标输入得更加便捷。③设置直径 20 cm的圆，沿轴线平行放样，便可得到斜拉索模型，且在斜拉索斜率改变后也可使锚固端斜拉索截面与锚固截面保持平行。④将单元原点设置为梁段锚固中心点处，链接至单元库，创建保存。斜拉索参数化模型如图 5.18 所示。

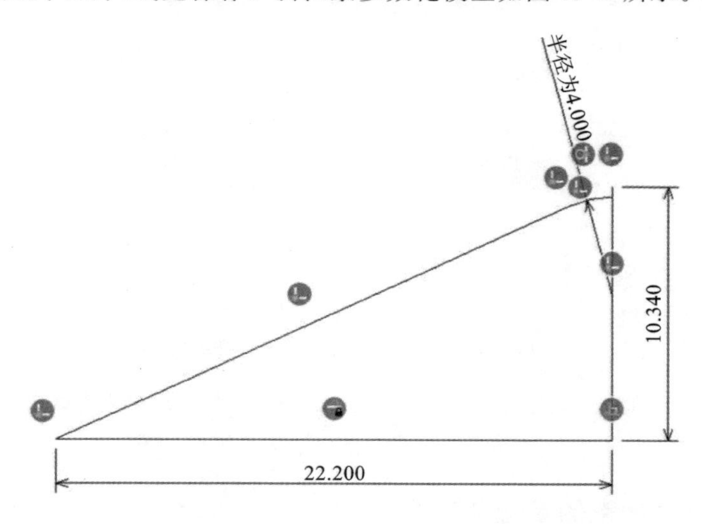

图 5.17　斜拉索中轴线约束条件(单位:m)

(2)锚固件参数化模型的建立。①新建 3D 种子文件，命名为“锚固件”，新建主梁图层，设置图层属性，包括线性及材质等，并保存激活。②预埋管及不锈钢护套斜率随相应斜拉索的斜率而改变，但构件两端的垂直高度固定，对轴线施加相应约束后，添加拉伸、旋转等实体特征后，将每组变量保存为一个变化，并以相应的斜拉索编号命名，得到相应的参数化模型，如图 5.19 所示。③分别将三

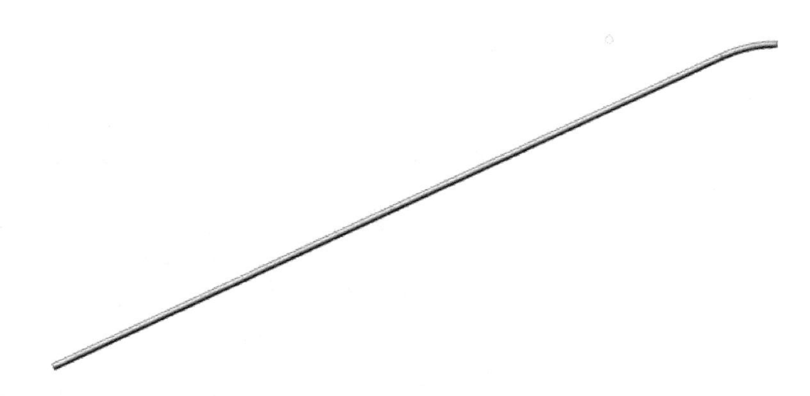

图 5.18 斜拉索参数化模型

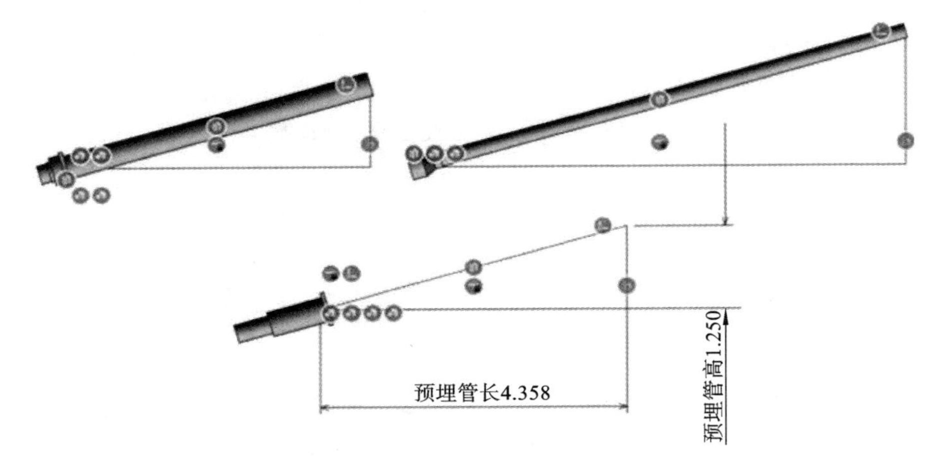

图 5.19 锚固件约束及参数化模型(单位:m)

个部件前端截面的中心点设置为单元原点,链接至模型库,创建保存,如图 5.20 所示。

4. 预应力钢束的参数化建模

本桥主梁采用三向预应力结构。本文在 MicroStation 平台上,使用 ProStructures 软件进行预应力筋的建模,以一段梁内的横向预应力钢束及竖向预应力钢束为例进行说明,具体方法如下。

(1)打开一段主梁的三维 BIM 模型,选取相应的钢筋及混凝土规范,对预应力筋进行分类,定义显示类以使不同的钢束分组显示。赋予梁段相应的混凝土

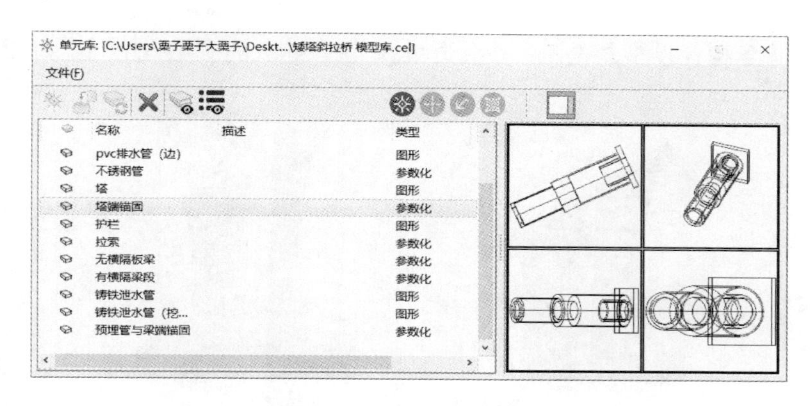

图 5.20　塔端锚固件单元

材质，设置坐标系，软件将自动统计该段梁的长、高、宽及体积等基本信息。

(2)在单根钢筋的属性面板中，定义所需钢筋的直径与类型等信息。

(3)因梁段中的预应力筋为对称布置，输入坐标确定预应力筋的中心点，然后在绘图坐标系中，绘制出确定预应力筋位置的直线及弧线，最后按对象插入梁段中，如图 5.21 所示。

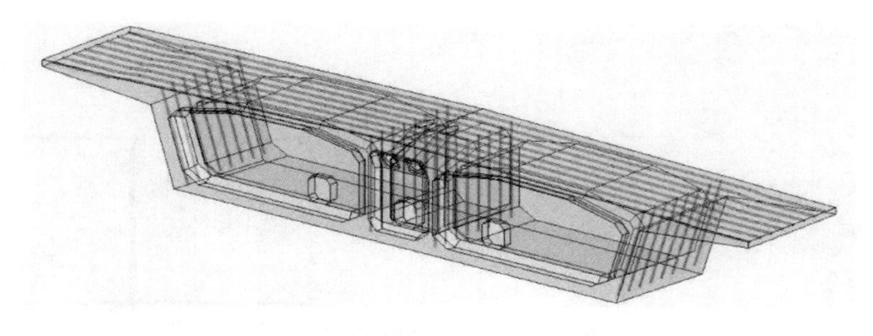

图 5.21　主梁横、纵向预应力钢束布置

5.2.3　桥梁下部结构建模

桥墩分为边墩与塔下桥墩，因墩顶构造及墩身高度不同，对它们分别进行建模。建模过程如下。

(1)新建 3D 种子文件，命名为“桥墩”，新建主梁图层，设置图层属性，包括线性及材质等，并保存激活。

(2)分析桥墩结构，设立边界辅助线，将辅助线定在墩顶中心点位置，旋转坐标系至顶平面，施加桥墩各构件尺寸约束，分别建立支座垫石、墩顶、墩身及基础的参数化模型。

(3)将各构件模型拼装后,建成边墩及塔下桥墩的参数化模型,如图 5.22 所示。

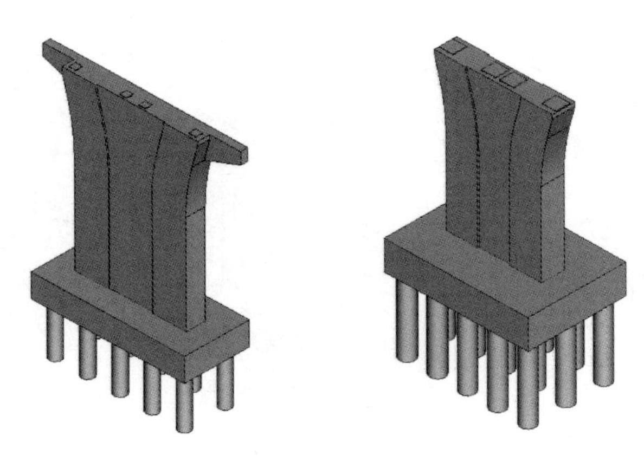

图 5.22　桥墩参数化模型

(4)将单元原点设在墩顶中心处,链接至单元库,创建并保存,如图 5.23 所示。

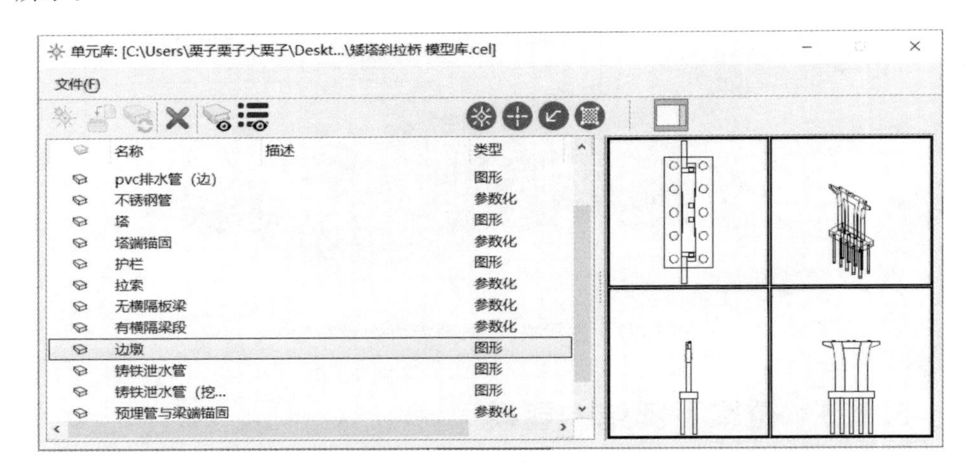

图 5.23　边墩单元

5.2.4　附属设施建模

桥梁附属设施多由重复构件沿纵桥向叠加布置,因此桥梁附属设施建模可先建一个单独结构的模型,例如单个护栏或排水管,然后重复载入叠加组成完整

的设施。通过使用顺桥向阵列载入的方式，可在修改原始模型时，使载入的相同单元同时调整。附属设施的建模过程与桥梁主体部分建模过程大致相同，都在 MicroStation 平台上进行，利用其丰富的功能来快捷地建立附属设施各构件模型。同时，其他的 BIM 软件也提供了种类多样的模型库，在附属设施设计没有精确要求的前提下，可调用其他模型库中的模型，减少建模任务。PVC 排水管单元如图 5.24 所示，铸铁泄水管单元如图 5.25 所示，防护栏单元如图 5.26 所示。

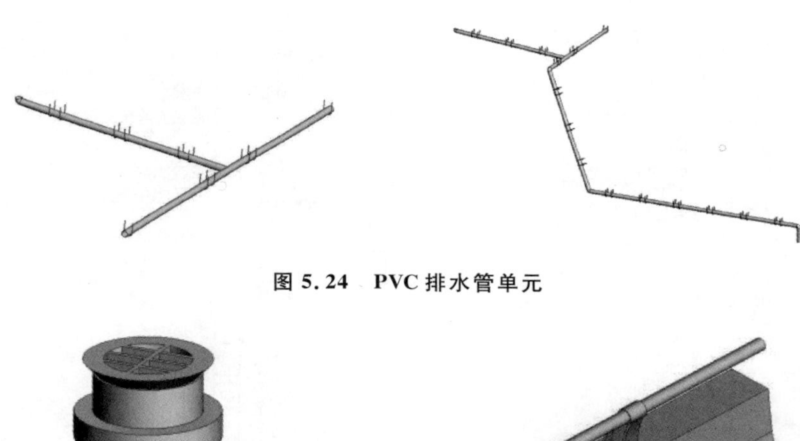

图 5.24　PVC 排水管单元

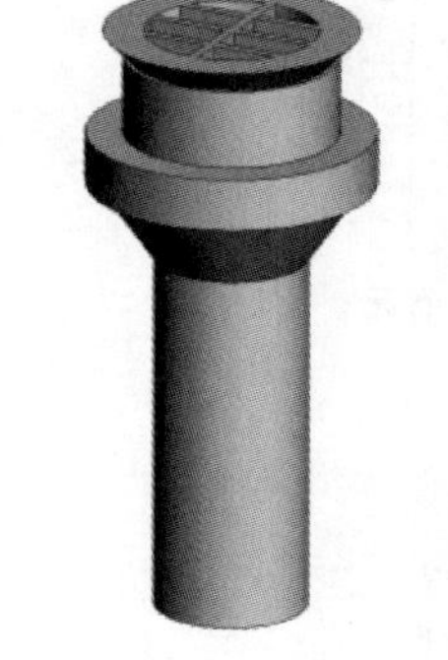

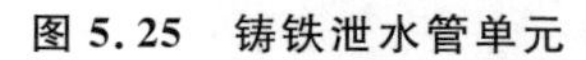

图 5.25　铸铁泄水管单元

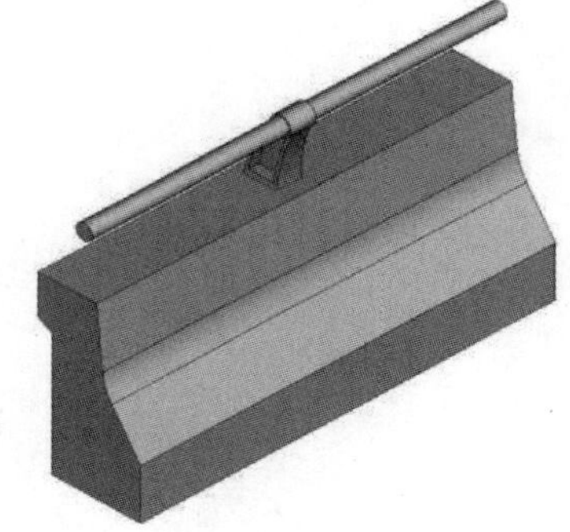

图 5.26　防护栏单元

5.2.5　桥梁整体模型的拼装

完成矮塔斜拉桥的上部结构、下部结构及附属设施等的建模后，可在新建文件中，从单元库中调取相应的单元，并根据各构件的空间位置，完成桥梁整体模型的组装，并在此基础上，进行工程量统计、各构件间的碰撞检测、生成二维图纸及整桥的动态漫游展示等工作。具体的组装操作如下。

(1)建立新文件，命名为矮塔斜拉桥整体模型。

(2)链接至已建立的矮塔斜拉桥单元库，并有序地激活所需要的参数化单元及图形单元，如图 5.27 所示，激活时可调用保存的变化或根据需要输入新的参数变量，也可调整载入单元的角度。将各个构件按照空间顺序逐一拼装，对称构件可镜像生成。主梁段与斜拉索及锚固段的拼装如图 5.28 所示。

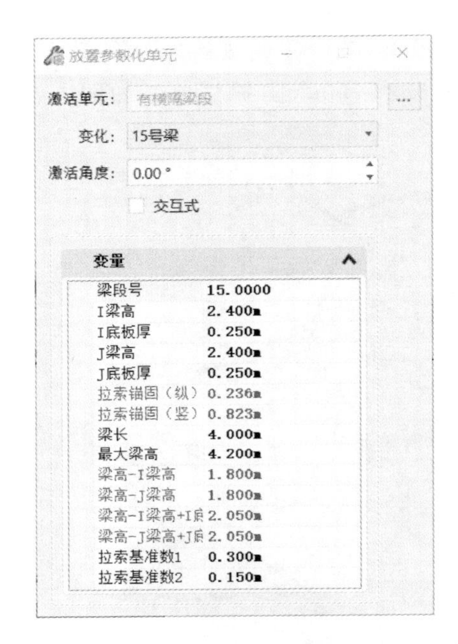

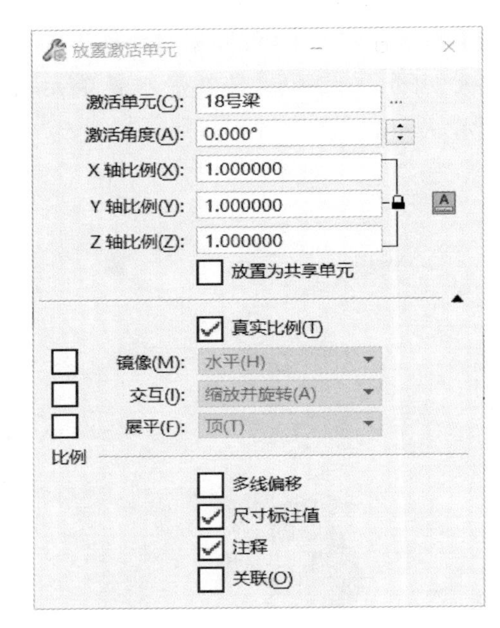

图 5-27　激活参数化单元及图形单元

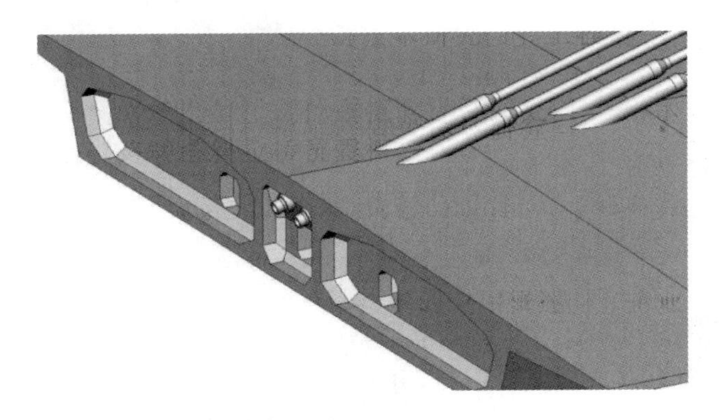

图 5.28　主梁段与斜拉索及锚固件的拼装

(3)在已经载入的单元中，仍可打开单元属性对话框，修改单元材质及变量等属性。全部构件拼装完成后得到整桥模型，如图 5.29 所示。

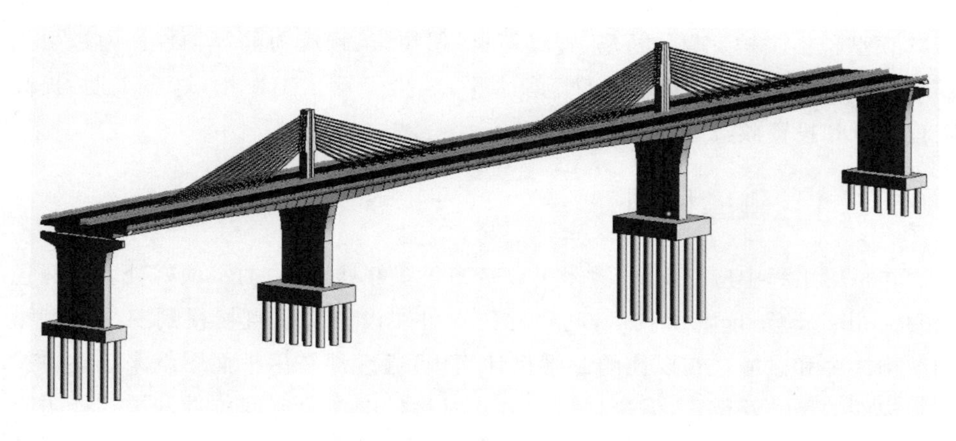

图 5.29　矮塔斜拉桥整体三维模型

5.2.6　小结

综上所述，针对桥梁结构，在使用 Bentley 系列软件进行建模时应注意以下几点。

(1)在建模初期分析整桥结构，将整桥的各构件有序分类，合理确定构件建模中需要参数化建模和单独建模的部分，提高构件建模的系统性。

(2)为提高大量相似但细部尺寸有所变化构件的建模效率，可考虑对类似的一组构件进行参数化，参数化时需要有逻辑地添加约束，在保证约束足以控制构件各个尺寸变化的同时，尽量减少约束的数量，精简构件中的约束条件，因为过多的约束将使模型的后期运行变得卡顿，不利于之后工作的进行。此外，巧妙地运用控制参数关系的公式也可以为约束的施加提供不小的便利。

(3)有条理地建立单元库，将各个所需的构件单元分门别类命名保存好，在后期的整桥模型组装中可以调用大量单元库中的模型。建立清晰、有条理的单元库可以提高整桥的拼装效率。

5.3　BIM 技术在矮塔斜拉桥设计阶段的应用

石滩大桥在进行 BIM 设计时，采用了 Revit、Navisworks 等软件。在设计过程中，模型精度等级符合《建筑信息模型设计交付标准》(GB/T 51301—2018)

中 LOD3.0 标准的要求,并与施工图设计各个阶段相对应。创建的全桥精细化 BIM 模型包括主桥、引桥、桥塔、连续箱梁、斜拉索、预应力筋等构件。通过引用 BIM 技术,有效提升了工程施工管理水平,减少了返工工作量,缩短工期,提高工程质量和投资效益。

5.3.1 碰撞检测

在桥梁工程中应用 BIM 技术可以带来很多好处,其中的一项好处就是碰撞检测(collision detection)技术,利用此技术可在设计阶段直接找到三维模型中的结构冲突和碰撞。在以往的二维设计当中,通常都是用平面图纸来描述桥梁各个构件的尺寸及位置,但这种描述方式对构件的实际空间位置的描述能力有限,并不能很好地发现各个构件之间在三维空间上的体积碰撞,容易形成位置冲突。桥梁的构造十分复杂并且施工难度较大,容易导致预应力管道和普通钢筋、预埋件与其他构件之间的碰撞。受平面图纸表达能力的限制,这种类型的碰撞通常只能在实际施工过程中发现,从而导致不必要的设计变更及材料浪费,延长施工时间。

Navisworks 是一款可视化与仿真软件,可对 BIM 参数化模型进行碰撞检测。因其优秀的兼容性使其可以与大多数的三维建模软件进行数据交换,极大方便了 BIM 设计软件之间的整合,虽然 Navisworks 主要专注于建筑行业,但因其包含了进度管理、仿真和碰撞检查等模块,所以在桥梁工程中也可以得到很好的应用。

下面将说明进行碰撞检测的具体应用过程。首先将在 MicroStation 里建立的 BIM 参数化模型导入到 Navisworks 中,选择"Clash Detective"选项卡(如图 5.30 所示),然后再指定碰撞的规则,选择进行碰撞检测的目标构件(如图 5.31 所示),就可以开始运行碰撞检测。

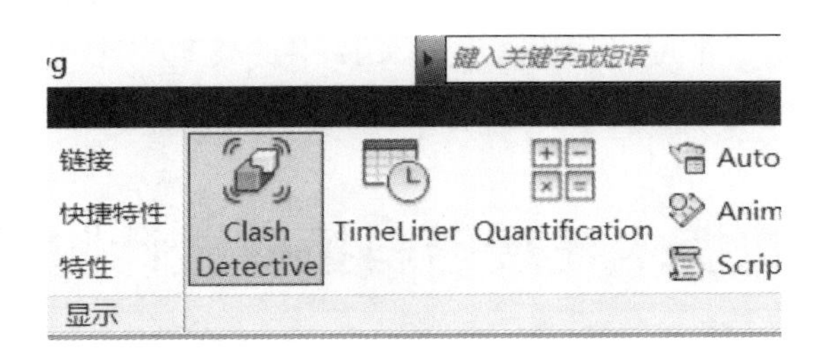

图 5.30 "Clash Detective"选项卡

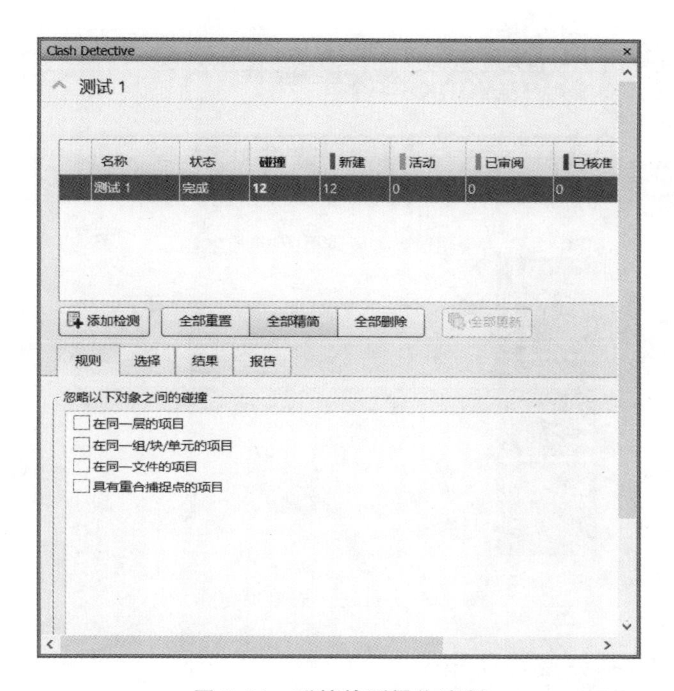

图 5.31 碰撞检测操作流程

在对该矮塔斜拉桥 BIM 参数化模型进行碰撞检测之后，软件自动检测出了斜拉索管套与横向预应力筋的碰撞，如图 5.32 所示。

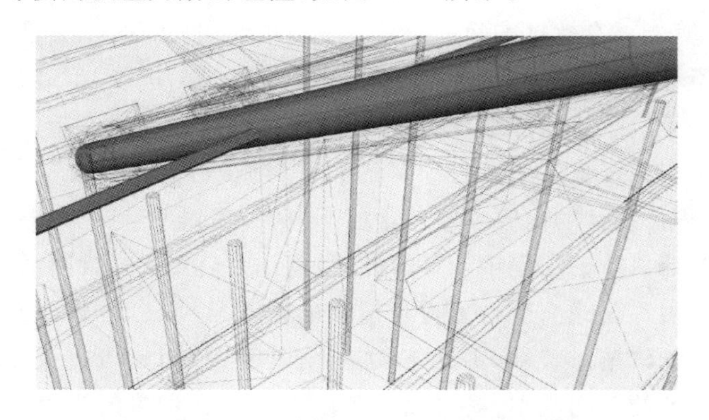

图 5.32 斜拉索管套与横向预应力筋的碰撞

碰撞检测技术还可以将 BIM 模型中存在的碰撞冲突汇总成报告，报告中信息包含：碰撞的名称、状态及图像等（如图 5.33 所示）。碰撞检测结果出来后，设计人员可以对设计进行一些修改，得到一系列比较完善的设计图纸，从而避免了设计误差带来的不必要的返工，提高了施工效率。

AUTODESK® NAVISWORKS® 碰撞报告

测试 1	公差	碰撞	新建	活动的	已审阅	已核准	已解决	类型	状态
	0.001m	12	12	0	0	0	0	硬碰撞	确定

图像	碰撞名称	状态	距离	说明	碰撞点
	碰撞2	新建	-0.030	硬碰撞	x:1.743、 y:-0.363、 z:-0.125
	碰撞3	新建	-0.030	硬碰撞	x:1.779、 y:-0.284、 z:-0.098
	碰撞4	新建	-0.029	硬碰撞	x:1.776、 y:0.279、 z:-0.083

图 5.33　自动生成碰撞报告

5.3.2　工程量统计

工程量统计是桥梁工程管理中重要的一部分，它是项目进行成本控制的第一步，是一项工程项目管理的基本工作。对一个具体项目而言，它的工作量巨大，工程量计算能否有效且准确进行是一个项目前期预算工作质量好坏的体现。在进行工程量计算时，随着时代的发展与计算机科学的进步，由最开始的人工计算发展到由计算机表格软件进行计算，信息化技术蓬勃发展又带来了 BIM 软件计算。这些进步无疑提高了工程项目的效率与质量，大大解放了生产力。在桥梁工程中，工程量统计的内容主要包含如下内容：基础算量、土石方量、混凝土和钢筋量等。按照以往的工程量计算的方式，设计人员要从二维图纸上获取数据，在表格软件上编写公式来进行工程量清单的统计与校核，最后再汇总成一个完整的工程量统计清单。若将 BIM 技术应用于工程量统计，可以大大加快统计速度，提升效率，节约时间成本，还可以避免由人工统计带来的错误。每个组件的工程量统计信息会随着模型的调整自动更新，可实现动态物料管理和成本管理。

以石滩大桥的承台钢筋量统计为例，探讨在桥梁工程工程量统计中应用 BIM 技术的方法。ProStructures 可以快速生成混凝土、钢结构和其他构件，并计算它们的工程量。在这款软件当中可以选择对应的钢筋混凝土规范，然后快速进行承台的建模。承台钢筋混凝土模型如图 5.34 所示。

图 5.34　承台钢筋混凝土模型

建立承台钢筋混凝土模型后，再对其进行编号，可以获得混凝土和普通钢筋的编号表，然后再利用软件附带的工程量统计表模板，就可以得到承台的工程量统计结果。

5.3.3　图纸输出

现阶段建筑行业使用的二维图纸仍是建筑物信息的主流表达方式，这主要得益于图纸使用简单的优点。利用三维 BIM 模型快捷生成可直接使用的二维图纸可以提高设计效率。

在桥梁工程中，构件无论从数量上还是从体量上都是巨大的，一座桥梁的跨径能达到几百甚至一千米，而单靠人脑想象出三维实体再去构想二维平面难免会出现差错，这无疑对设计人员提出了巨大的挑战。

在 BIM 模型建好后，稍做标注便可方便快捷地生成二维图纸，且二维图纸与 BIM 模型互相关联。当要进行设计变更时，可以直接在 BIM 模型上做出调整，再从中提取二维图纸，这就保证了三维模型与二维图纸的一致性，极大提升了设计效率，同时也避免了由人脑想象二维平面所产生的纰漏，保证了设计图纸的准确性。

同样，在 MicroStation 中可以根据需要来生成二维图纸。在三维模型中创建所需的视图，利用剪切体积块的功能剖切视图并保存，然后新建 2D 种子文件用于图纸的制作，设置图名并选择图框大小与注释比例。将三维模型中保存的视图通过自带的参考功能导入图纸文件中，添加表格、标注等内容后便可制作出所需的图纸。

5.3.4 可视化渲染及动态漫游

1.3D 输出

传统的二维图纸对于复杂结构的表达能力十分有限，面对这种需要极强的空间想象能力的结构，设计及施工人员需要具备一定的专业素养才能够准确地进行设计及施工。北京大兴国际机场的外部造型独特，内部结构复杂并采用了C型柱的设计，中央穹顶无柱，几乎全部为异形曲面，设计难度高，施工难度大，如果仅采用传统的二维设计方式远远不够。

近年来，计算机科学飞速发展，对工程领域而言，复杂结构的表达也有了更加先进的手段。其中，3D打印技术便为复杂结构的出图提供了很好的技术手段。利用3D立体打印技术可以按一定比例打印出桥梁的结构，并可指导桥梁施工。Bentley软件平台支持将建立的桥梁BIM模型输出成3D PDF文件，可以在移动设备上进行查看与编辑，并为现场施工提供帮助。与二维图纸相比，这种技术可以更加直观地显示出桥梁的结构，提高施工效率。图5.35是该矮塔斜

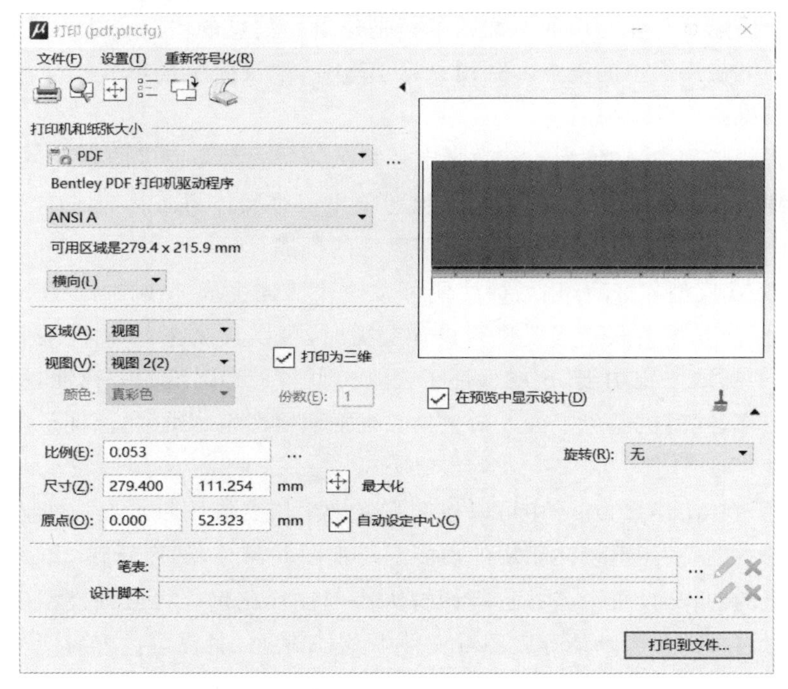

图5.35 BIM模型输出为3D PDF文件

拉桥由 BIM 模型输出为 3D PDF 文件的对话框。现场施工人员可以通过市面上的 PDF 阅读器对文件进行一系列操作并查看。

2. 渲染和漫游

利用三维渲染和漫游技术可以生成逼真的三维模型，并在交付桥梁建设成果时通过动画进行演示。市面上大多数的 BIM 建模软件都可以对模型进行渲染和漫游，Bentley 平台的 MicroStation 也可以直接对模型进行渲染和漫游，其内核集成了 Luxology 渲染器，该渲染器功能十分强大，可以调整模型的光线和对比度。同时，其内部具备丰富的材质库，可以直接检索材质和自定义材质参数。利用软件自带的放置摄像机以及定义漫游路径等功能可实现对模型的漫游。图 5.36 为 MicroStation 平台的渲染效果图。

图 5.36　MicroStation 平台的渲染效果图

同样，Bentley 旗下的 LumenRT 也是一款用于渲染和漫游三维模型的软件，其应用了 Reality Modeling 技术，可将 BIM 信息模型与周围自然环境相结合。LumenRT 可以提供丰富的景观库，其中包括天气、人物、场景、交通工具、自然景观等。与 MicroStation 相对比而言，LumenRT 对计算机的性能要求较高，硬件能力较强的计算机才能进行流畅的渲染和漫游，同时，它的材质库、场景、自然景观都要比 MicroStation 更加生动与逼真。LumenRT 的软件兼容性比较好,可以支持许多种文件格式,例如 OBJ、3DS、DAE、FBX 等。当软件安装完成之后还可与 MicroStation 相集成,在菜单栏上的选项卡上会出现“导出到 LumenRT”的选项,因此可以直接将建立好的 BIM 模型直接导入到 LumenRT 中。下面将具体说明在 LumenRT 中进行渲染漫游的操作方法。

(1)LumenRT 自带了许多可供选择的场景,选择需要的场景将模型导入后进行标高调整来适应地形。

(2)模型的空间位置调整完成后,可以参考周边的地形地貌来进行模拟,并添加河流山川、花草树木以及来往的人群汽车等,再利用自带的材质库进行渲染,便可完成矮塔斜拉桥的渲染。

(3)在完成以上操作后,接下来通过放置相机、移动视角的方式来创建关键帧,关键帧会出现在动画的时间进度条上。选择输出动画便可完成对该模型的动画漫游,最终漫游效果如图 5.37 所示。

图 5.37 最终漫游效果

5.4　BIM 技术在石滩大桥中的应用

5.4.1　石滩大桥 BIM 技术应用背景

此次 BIM 技术应用的对象主要为该建设工程的 S03 标段中的石滩大桥。石滩大桥跨越增江，桥梁全长 1167 m，桥宽 52.5 m，中心桩号 K4＋456，主桥采用分幅双塔三跨矮塔斜拉桥，具体桥跨布置为(83＋148＋83) m，主桥长 314 m，宽 2×26.25 m。采用墩塔梁固结的刚构体系，主桥采用全预应力混凝土结构。

引桥分两类，一类是跨增江大堤现浇连续梁，小桩号侧为(34＋46＋39.5＋39.5) m 现浇连续箱梁，大桩号侧为(55＋55＋39) m 现浇连续箱梁；另一类为 30 m 现浇连续梁。单幅桥采用方形墩柱，基础均采用钻孔灌注桩基础，桩径为 150 cm 和 180 cm 两种。桥台为座板式桥台。

该桥布置钻孔 62 个，钻孔编号为 QZK01～QZK62，实际完成钻孔 28 个，进尺计 1670.90 m，取土样 11 组，岩样 47 组，标贯试验 20 次。

1. 石滩大桥 BIM 技术应用优势

基于 BIM 技术，设计方可实现集成化设计、优化设计、创新设计等；施工方也可带来极大的价值。具体有如下优势。

(1)设计方案和设计图纸的复核。

在 BIM 模型的建模过程中需要详读图纸，能及时发现设计图纸上的错漏缺。建模完成后，各专业模型组装在一起后就可以进行不同专业模型之间的碰撞检查，这样可以及时发现设计问题。同时，施工方还可通过整体模型了解整个设计意图，并考虑施工的可行性，以便及时协调方案的修改，降低施工难度和成本。

(2)施工方案的可视化。

BIM 技术的应用可以将三维设计模型与施工计划、材料成本等进行关联，形成施工信息模型，该模型可以动态地模拟施工过程，施工人员可以方便地从视觉上检查施工方案的可行性、正确性，或者比较不同的施工计划，优化和选择最佳施工方案以控制施工风险、降低施工成本。另外，施工模型还是各参与方交流的重要手段，通过模型演示的施工流程，各参与方可以了解各阶段的工作。

(3)为业主提供完整的竣工模型。

在施工阶段中可对设计模型不断扩充施工信息,如施工计划、材料信息、供应商信息等。在施工完成后,还可对将竣工图纸保存到 BIM 模型中,这就形成了业主真正需要的竣工模型,便于后续的运营维护工作。

2. BIM 技术在施工单位中的应用

BIM 技术在施工单位中的应用有以下方面。

(1)投标阶段。施工单位把 BIM 应用于工程项目可快速计算工程量,模拟施工过程,形象展示总体施工方案,方便与业主沟通,评标获得加分。

(2)施工前。BIM 可对施工项目深化、优化施工方案及施工组织设计,发现图纸设计问题或缺陷,优化场地布置等。

(3)施工过程中。利用 BIM 技术能对项目进行资源组织、资金流、施工进度、安全质量、成本核算、设备材料等可视化管理。

(4)项目竣工阶段。施工单位可依据 BIM 模型的数据对业主、分包方、劳务队等做出结算,杜绝少算漏算现象发生。BIM 技术还可高效管理竣工档案,模型交于业主便于对项目的运营维护管理。

5.4.2 石滩大桥施工阶段 BIM 技术应用目标

通过 BIM 技术增强自身技术的品牌效应,进而开拓市场。根据项目自身定位和特点切实提高管理效率和增加效益。整个项目的设计到施工管理过程均使用了 BIM 技术进行设计协调和优化施工现场活动,利用 4D 工期模拟减少工期延误。将桥梁的各类项目信息集成于模型中,实现项目管理过程中 BIM 技术的全面应用,统筹、协调、管理各专业施工,完成制定的安全、质量、工期等各项管理目标,提升工程总承包管理水平。将准确的竣工 BIM 模型及模型操作、维护手册交接给建设单位,实现项目的 BIM 全周期完整闭合圈。

石滩大桥施工阶段 BIM 技术应用目标如表 5.3 所示。

表 5.3 石滩大桥施工阶段 BIM 技术应用目标

需求分析	BIM 技术应用目标
减少工程变更,提升效率;使设计和施工完全满足业主方的需要	①利用现状建模、设计建模、三维协调减少冲突和变更,在可视化环境中,真正实现业主需求; ②对设计图纸进行快速建模,并在可视化环境中进行图纸审核,减少设计中的错、漏、缺问题,并对必要的地方进行碰撞检查

续表

需求分析	BIM 技术应用目标
提高项目管理及控制水平，有效控制成本	利用 BIM 模型精确地进行工程量动态计算，并对工程量进行复核，有效控制成本
提高项目进度、质量、成本、安全等方面的管理水平，建立更完善的管理制度	利用施工协同管理平台，有效地把进度计划、工程材料等数据与 BIM 模型关联起来，有效提高项目进度、质量、成本、安全的管理水平
模型可视化，提高工作协同效率，提高企业形象，打造样板示范工程	①建模过程中对模型进行整理归类，形成本工程项目标准族库；②利用 BIM 技术对模型进行场景漫游分析，三维可视化环境可以提高沟通交流效率，并制作 BIM 技术项目宣传动画，有效提高企业形象、打造样板示范工程

5.4.3　项目执行计划设计

1. 项目 BIM 组织架构

根据本项目应用 BIM 技术的实际需要，组建一支人数满足施工阶段 BIM 模型构建及应用需求的 BIM 团队，团队主要负责在项目实施过程中完成有关 BIM 应用工作、协同管理工作、模型整合应用工作。本项目采用如图 5.38 所示 BIM 组织架构体系。

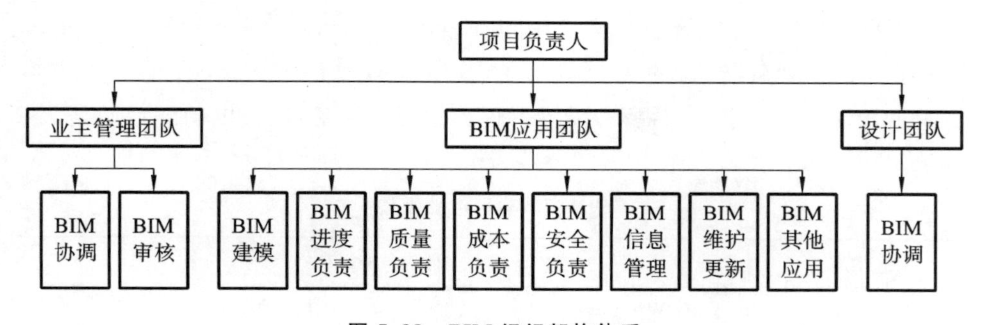

图 5.38　BIM 组织架构体系

2. 项目软硬件管理

项目的 BIM 模型和 BIM 应用原则上不限于单一软件。软件的选择和使用根据项目特点及要求制定，并应充分考虑软件之间的格式交换和数据接口问题。

根据本工程项目特点，结合 BIM 应用需求，采用如表 5.4 所示的软件来实现本项目的 BIM 技术应用。

表 5.4 软件统计表

软件名称	主要用途
Revit	主要用于项目各专业的精细建模，其中包括桥梁下部结构、桥梁上部结构、预应力钢筋等
Dynamo	主要用于结合 Revit 建立复杂异形空间模型，提高建模效率
OpenROAD	①主要用于道路中心线的设计及建立，提供参数化建模数据 ②主要用于项目设计图纸的查阅及交流
Navisworks	主要用于模型综合碰撞检查，对项目进行三维协调及场景漫游分析
Luban	主要用于项目的进度、质量、成本、安全管理，协同工作，提高效率
Lumion	主要用于后期场景及模型的渲染制作
3ds Max、Photoshop、Premiere、After Effects 等后期渲染软件	主要用于后期专业的效果图制作及高质量的动画视频渲染、剪辑

根据 BIM 工作需求，本项目中以 Revit、Dynamo、OpenROAD、Lumion、Luban 及一系列后期动画视频软件为主，其他 BIM 软件为辅。项目硬件配置本着满足日常所有需求的前提下，配置了较高的硬件设备，项目电脑配置如表 5.5 所示。

表 5.5 项目电脑配置

系统方案	配　　置
操作系统	Microsoft Windows 8 以上，64 位，企业版或专业版
CPU	Intel i7 以上，主频 2.60GHz 以上
主板	X99-PRO/USB 3.1
内存	32GB 以上

续表

系统方案	配　　置
硬盘	250GB SSD＋1TB SATA 硬盘
显卡	GTX1060，显存 4G 以上
上网宽带	50M 以上（Internet 或局域网）

3. 项目总体实施流程

为规范本项目 BIM 实施流程，保证项目 BIM 技术应用实施的质量，建立了石滩大桥 BIM 总体实施流程，如图 5.39 所示。

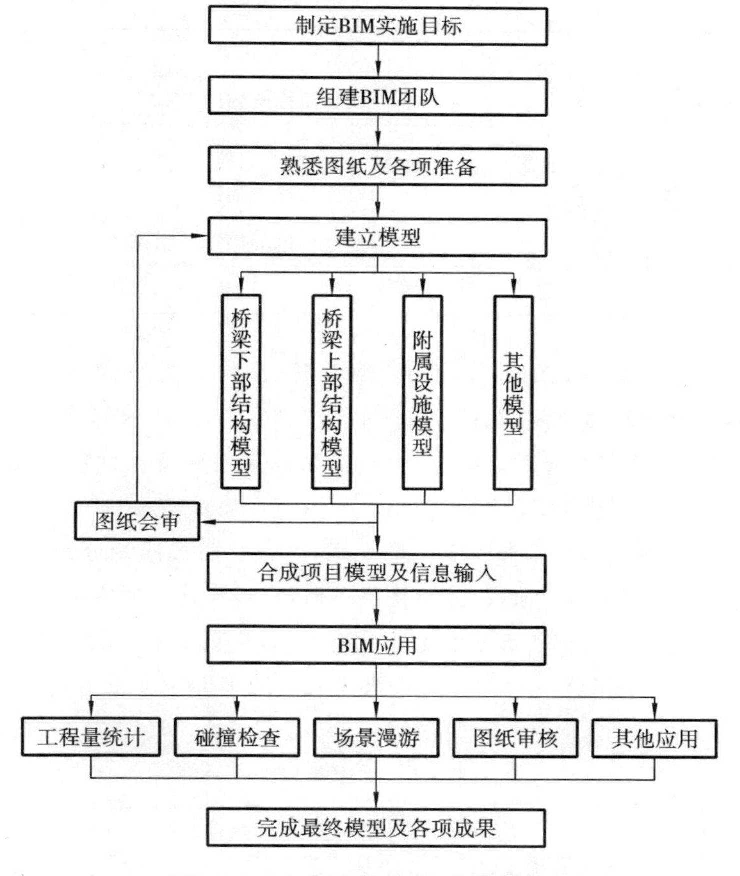

图 5.39　石滩大桥 BIM 总体实施流程

5.4.4 BIM建模准则

1. BIM建模命名

各专业信息模型及其交付物的命名应简明且易于辨识。

1)电子文件夹命名标准

电子文件夹结构及命名宜符合下列规定。

(1)项目电子文件夹的建立应采用目录树的结构,电子文件夹结构与命名宜符合表5.6的规定。

表5.6 电子文件夹结构与命名

文件夹层级	命名方式
第一级	项目简称+描述
第二级	文件夹类型+描述
第三级	设计阶段+描述
第四级	一级专业代码+(标段名称)+描述
第五级	二级专业代码+(标段名称)+描述

(2)项目电子文件夹的名称宜由项目简称、文件夹类型、设计阶段、专业代码、标段名称和描述依次组成,以半角下画线“_”隔开,字段内部的词组宜以半角连字符“-”隔开,并宜符合下列规定:①项目简称宜采用可识别项目或单位工程的简要称号,可采用中文、英文或拼音首字母,宜在项目需求书约定,项目简称不宜空缺;②文件夹类型宜符合表5.7的要求;③设计阶段应划分为方案设计(可行性研究)阶段、初步设计阶段、施工图设计阶段;④专业代码宜符合表5.8的规定,涉及多专业时可并列所涉及的专业;⑤标段名称宜采用可识别项目标段信息的英文字符与数字组合,也可忽略;⑥描述信息用于进一步说明文件夹特征,可自定义。

表5.7 文件夹类型

文件夹类型	内含文件主要适用范围
审核中	已经设计完成并通过设计单位内部审核的文件,拟提交开展交付审核或正处于审核过程中

续表

文件夹类型	内含文件主要适用范围
存档	完成设计交付的文件
外部参考	来源于工程参与方,与设计相关的外部参考性文件

表 5.8　市政工程专业代码

一级专业代码	一级专业代码拼音缩写	二级专业代码	二级专业代码拼音缩写
道路工程	DL	路线	LX
		路基	LJ
		路面	LM
		排水设施	PS
		防护设施	FH
		交通安全设施	JA
		路灯照明	ZM
		景观绿化	JG
桥梁工程	QL	梁部结构	LB
		墩台结构	DT
		基础工程	JC
		附属工程	FS
涵洞工程	HD	洞身工程	DS
		洞口工程	DK
		基础工程	JC
		附属工程	FS
管廊主体结构	ZT	标准段	BZD
		节点段	JDD
管廊附属设施	FS	消防	XF
		通风	TF
		供电	GD
		照明	ZM

续表

一级专业代码	一级专业代码拼音缩写	二级专业代码	二级专业代码拼音缩写
管廊附属设施	FS	监控与报警	JK
		排水	PS
		标识	BS
管线工程	GX	给水、再生水管线	GS
		排水管渠(雨水)	PSY
		排水管渠(污水)	PSW
		通信缆线	TX
		天然气管线	TRQ
		热力管线	RL
		电力电缆	DL

2)电子文件命名标准

电子文件的名称宜由顺序码、项目简称、设计阶段、专业代码、标段名称、描述、版本号依次组成,以半角下画线“_”隔开,字段内部的词组宜以半角连字符“-”隔开,并宜符合下列规定。

(1)顺序码宜采用文件管理的编码,可自定义。

(2)项目简称同文件夹命名标准。

(3)设计阶段同文件夹命名标准。

(4)专业代码同文件夹命名标准。

(5)标段名称同文件夹命名标准。

(6)描述信息同文件夹命名标准。

3)模型元素命名标准

模型元素应根据项目、工程对象特征命名,并宜符合下列规定。

(1)项目各级模型元素命名宜根据管理需求,在模型执行计划中选取项目名称、设计阶段、专业代码、标段/位置、模型单元名称、编号、描述信息等字段组合而成。

(2)命名组成应至少由 2 个字段组成,不宜超过 4 个字段。字段内部组合宜使用半角连字符“-”,字段之间宜使用半角下画线“_”分隔。各字符之间、符号之

间、字符与符号之间均不宜留空格。

(3)模型元素命名字段除符合文件夹命名标准中的相关规定外,还应符合如下规定:①标段/位置用于说明工程对象的所在位置或标段情况,应依据项目实际情况进行描述;②模型单元名称应采用工程对象的名称,并反映各级模型单元的专业分类或构件名称;③同一类型模型元素宜采用编号区分,根据设计需要依照正整数依次编排。

4)模型视图命名标准

模型视图的命名宜由专业代码、标段/位置、视图名称、描述依次组成,以半角下画线"_"隔开,字段内部的词组宜以半角连字符"-"隔开,并宜符合下列规定。

(1)专业代码应符合表 5.8 规定。

(2)标段/位置名称用于说明视图所对应的工程对象所在位置或标段情况,应依据项目管理的要求进行描述。

(3)视图名称应采用工程对象名称与具体视图类型组合的方式进行命名。

(4)用于进一步说明视图特征的描述信息可自定义。

项目具体命名示例如图 5.40 所示。

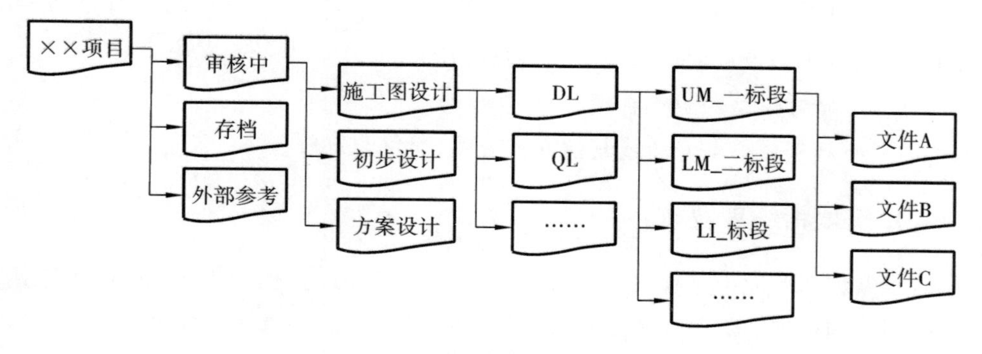

图 5.40　项目具体命名示例

2. 版本管理

设计交付过程中的交付物应按照不同设计阶段进行版本管理,并应在文件命名中予以标识。版本管理应满足在设计交付过程中交付双方文件管理的需要,并具有可追溯性。发生版本变更时,应形成版本管理说明文件,并记录如下内容:版本变更的原因;版本变更的内容;变更依据的参考文件及其对应版本。

在同一交付阶段对同一交付物进行多次交付时，文件夹与文件版本应在满足文件命名规则的基础上，在文件命名字段中添加版本号，版本号宜采用罗马数字V与数字的组合形式来进行标识。

3. 协同管理

项目宜建立协同管理制度，项目设计与交付团队应有明确人员结构和职责划分，用于确定各参与人员的工作范围和权限以及基于信息模型的沟通协调规则。

同一项目各设计阶段的专业间、专业内模型，在建立过程中应做好协同沟通，并应符合下列规定。

(1)应采用统一的工程坐标系和坐标原点，提供原点与绝对坐标的转换关系，并应注明所采用的平面坐标系统和高程基准，本项目坐标系为西安80坐标系，高程为1985国家高程基准。

(2)各专业模型建立前应根据项目特点，确定相对参考坐标原点，本项目相对参考坐标原点为 $X=2565034.94$，$Y=479773.55$。

(3)相同类型的模型单元，定位基点的相对位置应相同。

(4)项目中所有模型均应使用统一的单位与度量制。默认的度量单位为mm(精确到小数点后两位)，用于显示临时尺寸。

(5)应做好模型的版本管理。

(6)不宜采用移动介质或其他方式分发、交付与审核。

4. 模型精细度要求

模型创建时应根据项目的实际情况和设计需要进行模型拆分，并考虑模型的续用性和扩展性。各专业信息模型应包含下列内容：模型元素的关联关系，模型的几何信息及属性信息，属性值的数据来源。

设计模型的精细度等级代号及要求应符合表5.9的规定。

表5.9　设计模型精细度等级代号及要求

名称	代号	形成阶段
方案设计(可行性研究)模型	LOD100	方案设计(可行性研究)阶段
初步设计模型	LOD200	初步设计阶段
施工图设计模型	LOD300	施工图设计阶段

模型信息的交付深度应满足现行有关工程设计文件编制深度规定。

各级模型精细度对应的几何表达要求应符合表 5.10 的规定。

表 5.10　各级模型精细度对应的几何表达要求

代号	几何表达要求
LOD100	应体现工程对象基本的几何体量、位置和方向等信息
LOD200	应体现工程对象的整体与重要局部的尺寸、形状、颜色、位置和方向等主要外观的几何特性信息
LOD300	应满足建造、施工安装、采购等精细识别需求，体现工程对象的整体与主要局部的尺寸、形状、位置、方向和细节刻画等主要外观的几何特性信息

宜通过信息或者属性对无法在模型元素中体现的构件详细尺寸信息与位置信息进行辅助表达。

5. 模型信息交付要求

模型元素的属性信息应根据设计阶段的发展而逐步完善；属性应包括中文字段名称、编码、数据类型、数据格式、计量单位、值域、约束条件等。交付表达时，至少包括中文字段名称、计量单位。

各级模型精细度对应的信息交付要求应符合表 5.11 的规定。

表 5.11　各级模型精细度对应的信息交付要求

代号	信息交付要求
LOD100	应包括模型元素的身份描述、位置、方案设计中需体现的技术参数和其他用于成本估算的技术经济指标
LOD200	应包括和补充 LOD100 代号的属性信息，增加初步设计阶段中需体现的技术参数和其他用于项目概算编制的技术经济指标
LOD300	应包括和补充 LOD200 代号的属性信息，增加施工图设计阶段中需体现的材质、性能、简要的工艺工法等要求及其他技术参数和其他用于项目预算编制的技术经济指标

模型元素属性值宜标记数据来源。模型元素属性值数据来源分类宜符合表 5.12 的要求。

表 5.12　模型元素属性值数据来源分类

数据来源	英文	简称	拼音简称
业主方	owners	业主	YZ
规划方	planners	规划	GH
设计方	designers	设计	SJ
勘察方	investigation surveyors	勘察	KC
审批方	commissionings	审批	SP
项目管理方	project managers	项管	XM
资产管理方	asset managers	资管	ZC
软件	softwares	软件	RJ

模型信息应记录数据所有权的状态、数据的建立者与编辑者、建立和编辑的时间以及所使用的软件工具及版本。工程项目的各设计阶段信息应共享，设计阶段信息宜在模型属性中体现，也可通过文档等形式辅助表达。模型元素信息应具有唯一性，采用不同方式表达的数据应具有一致性，不宜包含冗余、无关数据。

各专业信息模型主要构件的信息属性内容和交付深度要求应参考深圳市地方标准《市政桥涵工程信息模型设计交付标准》(SJG 91—2021)的相关条文。

5.4.5　施工阶段 BIM 应用

1. 统一标准

(1)建模小组内统一好模型的命名标准、模型的拆分标准、模型的建模深度等后方可进行项目建模。

(2)坐标系统与设计图纸保持一致(西安 80 坐标系)，本项目以道路设计线中的缓和曲线起点 $X=2565034.94$，$Y=479773.55$ 为项目基点建模。

(3)项目模型统一使用 mm 作为项目单位，有效位数为三位。

(4)标高系统采用绝对标高，与设计图纸保持一致(1985 国家高程基准)。

2. 精细化建模

基于施工图纸及相关资料，并参考《建筑信息模型设计交付标准》(GB/T

51301—2018)建立石滩大桥施工图设计阶段BIM模型(LOD3.0标准执行),建模范围以石滩大桥及其相关附属设施为主。根据设计图纸分类建立主要构件的参数化模型库,根据原始基础资料及线路设计资料,自动化、批量化完成施工阶段建模。本案例项目建模速度是传统建模方式的2～3倍。0#块精细化建模如图5.41所示。

图5.41　0#块精细化建模

3. 设计图纸校对

目前国内很多设计单位依然以传统二维设计为主,二维图纸量大,校审起来耗时耗力且容易有错漏。BIM技术的应用能有效提高图纸校审的效率,它主要从两方面进行校审:一方面在建模时通读图纸,这时候一些明显的错误或者图纸前后有矛盾的地方就能快速地被发现;另一方面在模型搭建完成后,通过三维可视化可直观看到各专业模型的每个部位,便于发现错误。BIM技术的应用能及时发现设计的错漏,及时进行设计变更,有效地减少施工阶段的返工、工期延后等情况。

4. 碰撞检查

本项目中碰撞检查主要应用于桥梁主要构造物之间的碰撞、预应力钢束与排水管之间的碰撞等。本桥主桥为预应力箱梁斜拉桥,具有施工难度大、施工成本投入大、施工工艺复杂、斜拉索与预应力钢束繁多且安装精度要求高等特点,设计过程中可能会遗漏很多斜拉索、钢束、管道之间的冲突。本项目借助BIM技术的可视化、可协调、可模拟性、可优化等特点,利用Navisworks软件设置不同的容差值、不同专业模型之间设置不同的颜色,对已建模型自动进行碰撞检查并生成碰撞检查报告，把问题汇总更新至 BIM 模型及时优化施工方案，例如本项目碰撞检查发现主墩支点横梁处预应力管道与主体结构发生碰撞，如图 5.42 所示。最终，本项目提前发现 300 多处碰撞，减少返工，缩短工期，节约成本。

图 5.42 主墩支点横梁处预应力管道与主体结构发生碰撞

5. 场景漫游分析

本项目把石滩大桥各部分模型(主墩、主塔、桥梁下部结构、桥梁上部结构、斜拉索、桥梁附属设施模型等)整合到 Revit 及 Navisworks 中，通过三维可视化漫游检查桥梁各主要构造物的空间是否满足设计规范，专业设计人员或施工人员可在漫游过程中针对问题提出优化建议，及时进行优化，完成施工图设计优化模型，如图 5.43 所示。

6. 基于 BIM 模型的工程量统计

根据施工阶段设计图完成最终 BIM 模型后，把桥梁各分部分项模型整合在 Revit 中，利用明细表功能，自动统计出各构件上的混凝土工程量及钢筋用量等数据，为现场施工提供参考，减少施工过程中材料的浪费，降低施工成本。对各分部分项工程，按照工程的实施进度来统计工程量的完成情况，以便各参建方能够掌握总工程量、已完工程量、未完工程量，这些工程量在施工过程中的变化情况在本项目的 BIM 技术应用中得到了显现，在此基础上可推算投资进展及变化情况，实现从进度方面反映工程量，从造价估价方面得到概预算的动态值。

图 5.43　石滩大桥场景漫游分析

7. 模型审核

从 BIM 正向设计技术的运用角度，分析 BIM 模型在不同设计阶段的设计方案，保证模型信息搭载符合要求，并有健全的 BIM 设计模型审核机制。BIM 模型作为主要的设计成果，其不同阶段的设计模型都应涵盖正确的设计信息及客观要求。明确各阶段的交付模型审核点，规范模型审核工作的工作流，对于推广 BIM 技术应用及完善 BIM 设计模型成果文件具有重要意义。

本项目依据深圳市地方标准《市政桥涵工程信息模型设计交付标准》(SJG 91—2021)、《建筑信息模型施工应用标准》(GB/T 51235—2017)、《建筑信息模型应用统一标准》(GB/T 51212—2016)、《建筑信息模型设计交付标准》(GB/T 51301—2018)进行审核，形成相应模型审核报告，并根据审核意见进行信息模型的更新修改，形成最终的施工图设计阶段 BIM 模型。

8. 项目效果图及动画的制作

根据项目资料完成石滩大桥各分部分项建模(包括主墩、主塔、斜拉索、桥梁下部结构、桥梁上部结构、预应力钢筋等），通过三维效果处理软件的环境美化、纹理贴图及光影渲染，提升整体环境的表现效果，并按需求制作专业精美的项目效果图。通过视频剪辑软件，按需求制作包含项目总体介绍、项目施工工艺关键工序、项目 BIM 技术应用内容介绍等动画视频。

充分利用 BIM 技术的可视化、模拟化等特点，使决策人员能够更直观地了解工程信息和状态，快速、准确地做出决策，有效提高工作效率。通过制作 BIM 可视化交底视频动画，可以有效宣传企业文化，打造样板示范工程，如图 5.44 所示。

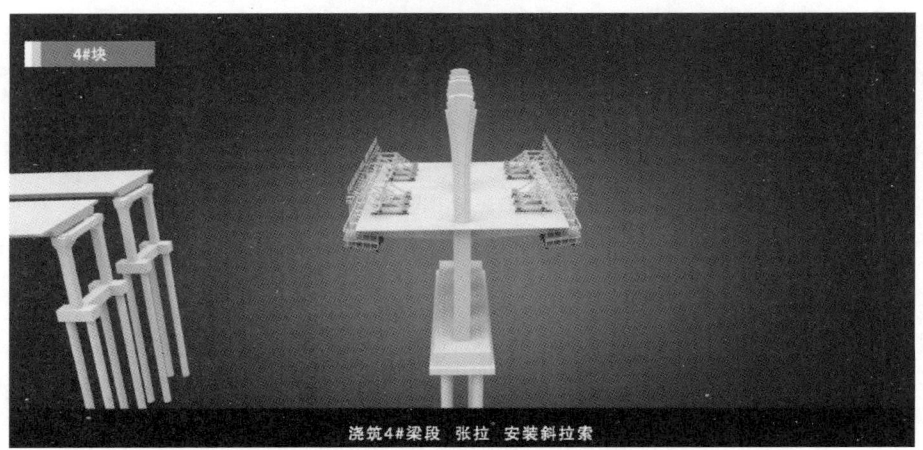

图 5.44 项目介绍及关键施工工艺动画

5.4.6　基于 BIM 的施工协同管理

1. 鲁班基建平台的搭建

鲁班基建 BIM 系统以用户权限与客户端的形式实现基建 BIM 模型数据的创建、修改、应用与分享，满足企业内各岗位人员需求，最大程度提高管理效率。

石滩大桥项目部引入鲁班工场·基建版(Luban iWorks—Civil)、鲁班工场 App(Luban iWorks App)，B/S 端结合移动端，以 BIM 三维模型及数据为载体，关联施工建造过程中的资料、图纸、进度、质量、安全、技术、成本等信息，形成基建工程的多样化项目解决方案，为项目提供数据支撑，实现有效决策和精细管理。App 端的应用充分适应了工程行业移动办公特性强的特点，通过现场拍照取证，可让项目管理者掌控现场质量安全。鲁班基建平台架构如图 5-45 所示。

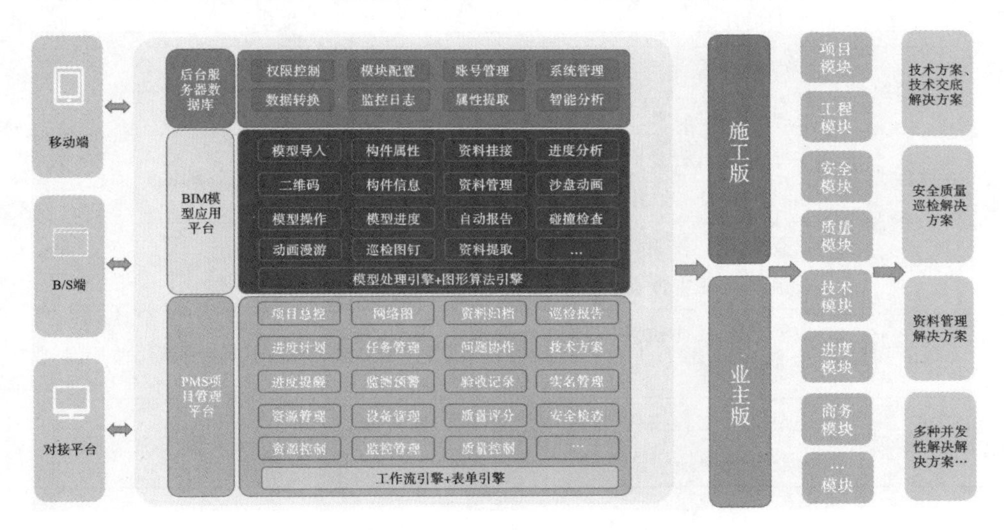

图 5.45　鲁班基建平台架构

2. 平台管理办法

广东水电二局股份有限公司搭建统一的鲁班基建平台，供项目部使用；平台账号的创建、增删查改，由总公司结合当前实际工作需要确认账户名单，并创建开通。

施工总包单位平台的用户角色分为施工方用户、支付申请员、变更申请员、乙方档案员、项目负责人、技术负责人、质量管理员和安全管理员8类，如表5.13所示。

表5.13 管理平台角色说明表

角色	说明	权责
施工方用户	施工方所有平台用户	使用施工方相关的通用业务模块
支付申请员	主要是对预付款、进度款、变更款、结算款和尾款的报批申请，一般由项目主要负责人担任	负责预付款、进度款、变更款、结算款和尾款的报批申请
变更申请员	主要是对估价清单、变更工程量清单和工程变更审批表的审批申请，一般由项目主要负责人担任	负责估价清单、变更工程量清单和工程变更审批表的审批申请
乙方档案员	主要是对乙方档案进行有序管理，一般由资料员担任	负责档案添加及审核
项目负责人	主要是对工程项目进行全方位管理，一般由项目主要负责人担任	负责施工管理的全面使用
技术负责人	主要是对工程项目进行技术支持和管理，一般由项目主要负责人担任	负责施工管理的全面使用
质量管理员	主要是对工程质量问题进行管理，一般由施工员担任	负责质量管理模块使用
安全管理员	主要是对工程安全相关内容进行管理，一般由安全员担任	负责安全管理模块使用

3. 施工进度管理

工程项目开工实施阶段，运用施工进度模拟模型，结合施工现场实际情况，进一步附加建造过程、施工工法、构件参数等信息，应用BIM技术实现施工进度计划的动态调整和施工进度控制管理。

主要应用内容包括进度计划编制中WBS完善、资源配置、实际进度与计划进度对比分析、进度的调整、进度计划审批等工作，实现施工进度的动态管理。

操作流程如下：①数据准备，收集施工准备阶段的施工进度模拟模型和进度

计划资料，确保数据的准确性；②在选用的进度管理软件系统中输入实际进度信息，比较虚拟计划与实际进度，按照施工的关键线路与非关键线路发出不同的预警，若发现偏差，及时分析原因；③对进度偏差进行变更优化，更新进度计划，优化后的计划作为正式施工进度计划；④变更施工计划经建设方和工程监理审批，生成进度控制报告，用于项目实施。

4. 施工质量管理

基于 BIM 技术的施工质量管理，主要是依据施工流程、工序验收、工序流转、质量缺陷、证明文档等质量管理要求，结合现场施工情况与施工图深化模型比对，提前发现施工质量的问题或隐患，避免现场质量缺陷和返工，提高质量检查的效率与准确性，实现施工项目质量管理目标。

操作流程如下：①收集数据，并确保数据的准确性。②在施工图深化设计模型的基础上，根据施工质量方案、质量验收标准、工艺标准，生成施工质量管理信息模型。③利用施工质量管理信息模型的可视化功能准确、清晰地向施工人员展示及传递建筑设计意图。同时，通过可视化设备在交流屏幕上讲解 BIM 三维模型，帮助施工人员理解、熟悉施工工艺和流程，避免由于理解偏差造成施工质量问题。④根据现场施工质量管理情况的变化，实时更新施工质量管理信息模型。通过现场图像、视频、音频等方式，把出现的质量问题关联到建筑信息模型相应的构件与设备上，记录问题出现的部位或工序，分析原因，进而制定并采取解决措施。对于统计模型中的质量问题经汇总收集后，总结对类似问题的预判和处理经验，形成施工安全分析报告及解决方案，为工程项目的事前、事中、事后控制提供依据。

5. 施工安全管理

基于 BIM 技术，通过现场施工信息与模型信息比对，采用自动化、信息化、远程视频监测等技术，可以生成危险源清单，显著减少危及安全的现象，提高安全检查的效率与准确性，有效控制危险源，进而实现项目安全可控的目标。施工安全管理主要包括施工安全设施配置模型、危险源识别、安全交底、安全监测、施工安全分析报告及解决方案。

操作流程如下：①收集数据，并确保数据的准确性。②建立危险源防护设施模型和典型危险源信息数据库。③在施工图深化设计模型的基础上，在施工前对施工面的危险源进行判断，快速地在危险源附近进行防护设施模型布置，生成施工安全设施配置模型，直观地排查和处理安全死角，确保安全管理的目标。④利用施工图深化设计模型的可视化功能准确、清晰地向施工人员展示及传递建筑设计意图，帮助施工人员理解、熟悉施工工艺和流程，实现可视化交底，提高施工项目安全管理效率。⑤根据现场施工安全管理情况的变化，实时更新施工安全设施配置模型。通过现场图像、视频、音频等方式，把出现的安全问题关联到建筑信息模型相应的构件与设备上，记录问题出现的部位或工序，分析原因，进而制定并采取解决措施。对于统计模型中的安全问题，经汇总收集后，总结对类似问题的预判和处理经验，形成施工安全分析报告及解决方案，为工程项目的事前、事中、事后控制提供依据。

6. 设备与材料管理

设备与材料管理 BIM 技术应用主要是设备、材料工程量的统计与复核，现场定位与信息输出，达到按施工作业面匹配设备与材料的目的，实现施工过程中设备、材料的有效控制，提高工作效率，减少不必要的材料浪费和设备闲置。

操作流程如下：①数据准备。施工图深化设计模型和设备与材料信息。②在施工图深化设计模型中添加构件信息、进度表等设备与材料信息。建立可以实现设备与材料管理和施工进度协同的建筑信息模型。③按作业面划分，从模型输出相应设备、材料信息，通过内部审核后，提交给施工部门审核。④根据工程进度实时输入变更信息，包括工程设计变更、施工进度变更等。输出所需设备与材料信息表，并按需要获取已完工程消耗的设备与材料信息和后续阶段工程施工所需设备与材料信息。⑤利用适用软件进行构件的分析统计，根据优化的动态模型实时获取成本信息，动态合理地配置施工过程中所需构件、设备和材料。

7. 成本管理

基于 BIM 的施工过程成本管理是将施工图设计深化模型与工程成本信息相结合，运用专业适用软件，实现模型变化与工程量同步变化，充分利用模型进行施工成本管理。成本管理主要工作是工程量的管理。施工过程中，依据与施工成本有关的信息资料拆分模型或及时调整模型，实现原施工图工程量和变更工程量快速计算；计算与统计招采管理的材料与设备数量，提供制定资源计划的精准数量；结合时间和成本信息，实现成本数据可视化分析、无纸化数据存储等，提高施工实施阶段工程量计算效率和准确性，实现施工过程动态成本管理与应用。

操作流程如下:①收集数据。收集施工工程量计算需要的模型和资料数据,并确保数据的准确性。②形成施工成本管理模型。在施工图设计深化模型基础上,根据施工实施过程中的计划与实际情况,结合工程量的输出格式和内容要求,将模型和构件分解到相应的明细程度,同时在构件上附加“成本”和“进度”等相关属性信息,生成施工成本管理模型。③变更设计模型。根据经确认的设计变更、签证、技术核定单、工作联系函、洽商纪要等过程资料,对施工成本管理应用的模型进行定期的调整与维护,确保施工成本管理模型符合应用要求。对于在施工过程中产生的新类型的分部分项工程按前述步骤完成工程量清单编码映射、完善构件属性参数信息、构件深化等相关工作,生成符合工程量计算要求的构件。④施工成本管理工程量计算。利用施工成本管理模型,按“时间进度”“形象进度”“空间区域”实时获取工程量信息数据,并进行“工程量报表”的编制,完成工程量的计算、分析、汇总,导出符合施工过程管理要求的工程量报表和编制说明。⑤施工过程成本动态管理。利用施工成本管理模型,进行资源计划的制定与执行,动态合理地配置项目所需资源;同时,在招采管理中高效获取精准的材料设备等数量,与供应商洽谈并安排采购,实现所需材料的精准调配与管理。

8. 资料管理

在鲁班基建平台中建立资料分类标准,对现场及竣工验收资料分类上传,便于资料管理。将项目过程资料与模型相关联,便于资料检索,提高利用效率。提前设置好竣工文档目录,用于存储项目管理相关的各种资料,如工作周报、CAD图纸、BIM模型、各种技术规范等,实现人员流动资料不丢失。资料支持附件下载,根据不同权限对资料的查看、下载、编辑进行控制。

9. 平台手机App端应用

项目人员可以利用鲁班平台移动端,完成现场的质量、安全管理。技术部和安全部人员,在现场巡查过程中及时上传质量、安全问题,生产工区人员在接到相关问题提醒后,及时进行整改,通过数据共享和集中分析,实现现场施工安全问题跟踪管理,隐患排查实时具体,落实整改更迅速及时。此外,基于二维码的现场管理可通过扫描二维码了解对应的构件信息。

手机随手拍功能可以随时随地发起协作,通过图文结合沟通,快速解决问题。使用此方法后,项目每周的生产例会,各工区质量安全负责人均通过电脑端口的数据导出,进行数据整理和分析,大大节约了素材准备的时间。平台手机

App端应用支持移动端数据交互及BIM模型浏览，方便用户随时随地访问平台中的数据库，查看工作资料，办理流程审批，发起现场问题协作等，实现移动办公与管理。

10. 施工BIM竣工验收

基于BIM的施工竣工验收管理，注重在施工过程中将工程信息实时录入鲁班施工协同管理平台，并关联BIM模型相关部位，根据项目实际情况进行修正，最终形成与实际工程一致、包含工程信息的竣工模型。采用全数字化表达方式进行竣工模型的信息录入、集成及提交，对工程进行详细的分类梳理，建立可视化、结构化、智能化、集成化的工程竣工信息资料，并按市政工程建设产权移交的规定办理工程信息模型交验相关手续，保证信息安全。

5.4.7 石滩大桥BIM应用效果总结

(1)提高组织决策效率。通过构建BIM模型，利用模型三维可视化的特点，为不同层级、不同管理人员提供直观的工程管理工具，提高项目各方对设计意图的理解，工程难易程度的认知，施工方案的交流和审核，促进项目各方共识的顺利达成。

(2)提高深化设计效率。通过BIM技术，利用Revit、Navisworks等软件进行深化设计，构建三维模型，提高了项目施工方与设计方沟通和意见反馈效率，达到准确建模，精确指导构件加工和安装施工。

(3)提高施工安全管理效率。通过BIM模型三维可视化应用和BIM仿真模拟应用，直观认知施工安全风险源和风险高低程度，加强了项目管理人员对施工风险的判识能力，提高了项目管理人员对现场作业人员安全交底的效率和准确性。

(4)提高项目施工技术管理能力。项目管理人员通过BIM模型三维可视化技术交底和二维码扫描技术的应用，提高了项目技术人员与作业人员之间的沟通效率和现场技术管理能力。

(5)提高项目成本控制管控能力。通过BIM技术精细建模，项目在材料方面直接带来的效益比传统方式节约2%左右，另外通过工艺模拟交底，可以减少返工率，确保施工顺利和质量可靠。

(6)提高经济效益。基于BIM的图纸审核功能，发现设计图纸较大错误19处，减少了变更及后期返工，节约大概30万元。基于BIM模型的碰撞检查，对

预应力管道、排水管道进行了碰撞检查，提前发现 300 多处碰撞，减少返工，节约大概 150 万元。基于 BIM 模型的工程量统计，与实际工程量对比，节约大概 30 万元。可视化技术进行技术交底及汇报，节约大概 20 万元。运用施工协同管理平台进行项目进度、安全、质量、物资、资料的管理，结合手机 App 端进行管理，提高各方协同效率，缩短工期，节约大概 250 万元。

第6章　矮塔斜拉桥的经济性及前景分析

6.1　矮塔斜拉桥的经济性分析

随着我国经济的稳定发展，国内基础建设项目得到了进一步的推动，为加强各个区域的联系，出现了越来越多的跨江或跨河的大跨度桥梁。单孔跨径在200～300 m范围的桥梁较为普遍，在这个跨度范围内，矮塔斜拉桥和连续刚构桥是比较有竞争力的两种桥型。

桥型的选择涉及多方面的因素，常见的影响因素有桥梁结构的力学性能、安全性能、使用性能、耐久性能、经济性能、施工的可行性能、可维修性能、景观性能等。桥梁能否达到项目初期的目标和投资期望是建设单位十分关心的内容，故桥型比选的重要性不言而喻。

在进行桥型比选的时候，很多因素都会被考虑在内。一座桥梁的设计方案的合理性，与该方案的技术经济指标息息相关。本节以矮塔斜拉桥和连续刚构桥为例，对两座桥梁的技术经济指标进行分析，并比较两者的差别。

6.1.1　工程概况

1.矮塔斜拉桥工程概况

本案例矮塔斜拉桥是一座双塔三跨预应力混凝土单索面矮塔斜拉桥，采用墩塔梁固接的形式，跨径组合为125 m+230 m+125 m。斜拉索为单索面，扇形布置，双排布置在中央分隔带上，每个塔上设置有14对共28根斜拉索，全桥共56根斜拉索。案例矮塔斜拉桥总体布置如图6.1所示。

矮塔斜拉桥设计技术标准汇总如下。

①道路等级：一级公路，双向六车道；兼顾城市道路功能。

②设计荷载等级：公路-Ⅰ级。

③人群荷载：2.5 kN/m^2。

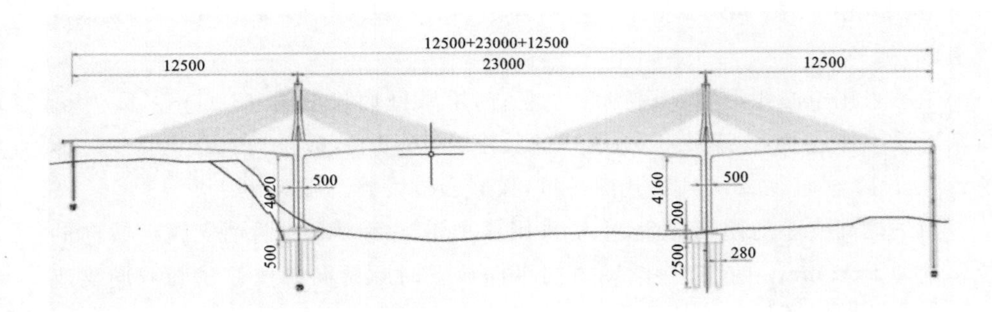

图 6.1　案例矮塔斜拉桥总体布置图(单位:cm)

④地震动峰值加速度:0.05g。

⑤设计行车速度:60 km/h。

⑥设计洪水频率:1/300 年,对应水位 276.35 m。

⑦横断面组成:2×[2.5 m(人行道)+11.75 m(机动车道)+0.5 m(护栏)+2 m(锚索区)/2]=31.5 m,按整体式断面设计。

⑧通航标准:航道等级为Ⅲ级,设计最高通航水位为 269.85 m(10 年一遇);通航净空为 110 m(净宽)×10 m(净高),单孔双向通行,主桥一跨跨过。

⑨桥面纵坡:−0.7%。

主梁采用单箱三室大悬臂变截面预应力混凝土连续箱梁,采用 C60 混凝土。支点梁高 8.0 m,跨中梁高 3.8 m,从中支点横梁起 106.5 m 范围内梁高按照 2 次抛物线变化,顶板宽 31.5 m,悬臂板长 4.75 m,底板宽 16.6～19.8 m。底板厚度按照 2 次抛物线变化,厚度由根部的 100 cm 变化成 32 cm,变化区段范围长度为 106.5 m。

主梁采用三向预应力结构,纵向预应力钢束设置顶板束、底板束;横向预应力布置在顶板和横隔板内;竖向预应力布置在腹板及 0#块横隔板内。主梁 0#梁段长度为 12.0 m,1～2#梁段长度为 3.5 m,3～7#梁段长度为 4.0 m,8～25#梁段长度为 4.5 m,边、中跨合龙段长度为 2 m,边跨现浇段长度为 9.0 m。

主塔主体高度为 31.8 m,采用 C60 混凝土,钢筋混凝土独柱实心矩形截面,顺桥向长度为 5.0 m,横桥向宽度为 2.4 m,布置在中央分隔带上,并与主梁固接。塔身上设置可换索式鞍座,以便斜拉索穿过,斜拉索横桥向呈两排布置。

斜拉索为单索面,扇形布置,双排布置在中央分隔带上,每个塔上设置有 14 对共 28 根斜拉索,全桥共 56 根。斜拉索在主梁上纵向间距 4.5 m,双排横向布置间距 1.0 m。斜拉索按体外索要求设计。斜拉索采用环氧涂层预应力钢绞线，L1～L8 由 55 根 ϕ15.2 单根钢绞线组成，L9～L14 由 61 根 ϕ15.2 单根钢绞线组成。

主墩采用空心矩形墩，墩高 40 m 左右，桥墩截面尺寸为 16.6 m×5.0 m。桥墩下设整体式承台，厚度 5 m，顺桥向长度为 16.6 m，横桥向长度为 26.6 m，桥台下设 12 根直径 2.8 m 钻孔灌注桩，按嵌岩桩设计。

为了提高支座的使用寿命，主桥采用球型钢支座。双向活动支座横桥向的位移量为±50 mm，单向支座活动方向纵向放置时顺桥向的位移量和双向支座活动纵向放置时顺桥向的位移量为±200 mm。

2. 连续刚构桥工程概况

案例连续刚构桥为大跨径连续刚构桥，主桥部分为 125 m＋230 m＋125 m 预应力混凝土连续刚构桥，主梁采用单箱单室箱型截面，主墩采用双薄壁墩，主桥立面构造如图 6.2 所示。

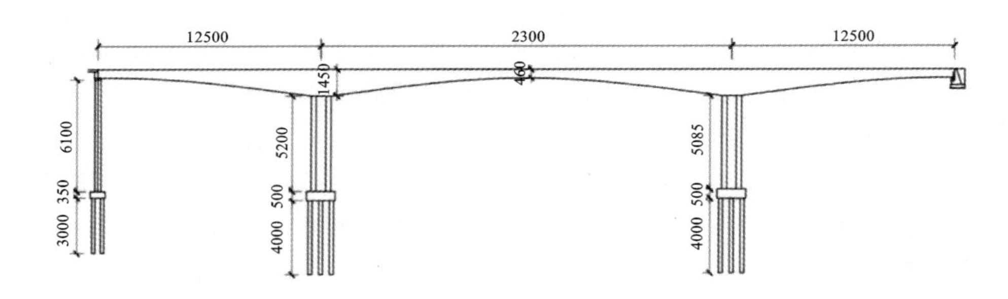

图 6.2　案例连续刚构桥主桥立面(单位:cm)

连续刚构桥的技术标准除了桥面宽度和矮塔斜拉桥不同之外，其他技术标准与矮塔斜拉桥一致，连续刚构桥采用左右分幅的形式，不设置中央分隔带，故桥面宽度设置如下：2×[1.5 m(人行道)＋11.75 m(机动车道)＋0.6 m(护栏)]＝27.7 m。

主梁根部高 14.5 m，跨中高 4.6 m，顶板宽度 13.85 m，底板宽度 7.85 m，从中跨跨中至箱梁根部，箱梁高以 1.6 次抛物线变化。箱梁腹板在墩顶 0＃块范围内厚 120 cm，从箱梁根部至跨中梁段腹板厚 75～65 cm。箱梁底板厚从箱梁根部截面的 160 cm 厚以 1.5 次抛物线变至跨中截面 35 cm 厚。根据各段梁有效分布宽度的计算，箱梁底板与腹板相交处设有较大的倒角。箱梁 0＃块长度为 16 m，每个 T 构纵桥向划分为 34 个梁段，梁段数及梁段长度从根部至跨中分

别为 18×3.0 m 和 13×4.0 m。全桥共有 3 个合龙段，分别是两个边跨合龙段和一个中跨合龙段，合龙段长度为 2.0 m，边跨现浇段长度为 8.85 m。

主墩为 280 cm(纵向)×885 cm(横向)的双薄壁墩，在墩身上、下游设置圆形分水尖，主墩承台厚度 5 m，因上部为双幅主梁，下部采用整幅式承台，建立模型时只考虑单主梁，故对下部做出调整，承台截面尺寸为 16 m(纵向)×14.4 m(横向)，在四角处设置半径为 2 m 的圆弧倒角，以提高景观效果和减少阻水；主墩桩基为 9 根直径 2.2 m 的钻孔灌注桩，桩基采用嵌岩钻孔灌注桩，通过承台与主墩相连。

主梁采用 C60 混凝土，主桥墩采用 C50 混凝土、主桥承台、桥台台帽及搭板采用 C30 混凝土，全桥桩基础分别采用 C30 混凝土和 C30 水下混凝土。

6.1.2　矮塔斜拉桥和连续刚构桥经济特性对比

1. 工程量和造价

根据长期以来的桥梁建设经验，材料的费用占据桥梁造价的大部分，一座桥梁的材料使用最多的是混凝土、普通钢筋、预应力钢筋以及钢绞线(如有)。通过统计两座桥梁的材料用量，得出每平方米桥面的造价，进而衡量各自上部结构的经济性能指标。

1)上部结构工程量对比

表 6.1、表 6.2 分别是矮塔斜拉桥和连续刚构桥的主梁工程量的简单统计。矮塔斜拉桥的桥面宽度为 31.5 m，连续刚构桥的桥面宽度为 27.7 m。通过表格数据，可以看出，矮塔斜拉桥每平方米桥面的混凝土用量为 1.347 m^3，连续刚构桥为 1.98 m^3，矮塔斜拉桥为连续刚构桥的 68.1%；矮塔斜拉桥每平方米桥面的预应力钢绞线用量为 110.538 kg，连续刚构桥为 140.23 kg，矮塔斜拉桥为连续刚构桥的 78.8%；矮塔斜拉桥每平方米桥面的普通钢筋用量为 317.392 kg，连续刚构桥为 286.218 kg，矮塔斜拉桥为连续刚构桥的 110.9%。

矮塔斜拉桥在混凝土用量和预应力钢绞线用量方面占优势，而连续刚构桥在普通钢筋用量方面占优势，但从整体上看，矮塔斜拉桥要比连续刚构桥更加节省材料。本节仅仅统计了上部结构的材料用量，未统计下部结构的材料用量，因为矮塔斜拉桥上部结构自重比较轻，理论上下部结构的材料用量也要比连续刚构桥少，因此综合材料用量仍然为矮塔斜拉桥更占优势。

表 6.1 矮塔斜拉桥主梁工程量的简单统计

材料	主桥箱梁	主塔	斜拉索	合计	每平方米桥面用量
混凝土/m^3	19762.615	606	—	20368.615	1.347
预应力钢绞线/kg	1170629.95		500701.746	1671331.696	110.538
普通钢筋/kg	4590667.5	208310	—	4798977.5	317.392

表 6.2 连续刚构桥主梁工程量的简单统计

材料	主桥箱梁	每平方米桥面用量
混凝土/m^3	26297.7842	1.98
预应力钢绞线/kg	1864491.432	140.23
普通钢筋/kg	3805555.976	286.218

2)上部结构造价对比

因为每种材料的综合单价均不相同,所以要比较两座桥梁的上部结构综合造价,需要建立一个关于材料综合单价的参照模型。通过查阅尼尔斯 J·吉姆辛的《缆索承重桥梁:构思与设计》,陈从春、肖汝诚的《混凝土斜拉桥技术经济指标研究》以及陈从春的《混凝土矮塔斜拉桥经济特性研究》,本小节关于造价的研究分析将基于以下的假设展开。

关于两座桥梁造价的研究仅基于混凝土、预应力钢绞线、普通钢筋三种材料用量,得出来的数据仅做参考,因为实际工程造价会涉及桥梁选址、施工工艺、气候条件等因素的多重影响。

关于混凝土、预应力钢绞线、普通钢筋三种材料之间的造价关系如下:在考虑施工安装费之后,假设 1 m^3 混凝土的费用为 1 个单位造价,则 1 t 普通钢筋为 4 个单位造价,1 t 主梁预应力钢绞线为 12 个单位造价,考虑到斜拉索预应力钢束和主梁预应力钢束综合单价不同,1 t 斜拉索预应力钢绞线为 30 个单位造价,结合表 6.1 和表 6.2 的工程量统计数据,得出两座桥梁的造价对比关系,如表 6.3 所示。

表 6.3 矮塔斜拉桥和连续刚构桥主梁每平方米造价对比

桥型	混凝土	斜拉桥钢绞线	主梁钢绞线	普通钢筋	合计
矮塔斜拉桥	1.35	0.99	0.93	1.27	4.54
连续刚构桥	1.98	—	1.68	1.14	4.81

续表

桥型	混凝土	斜拉桥钢绞线	主梁钢绞线	普通钢筋	合计
矮塔斜拉桥/连续刚构桥	68.18%	—	55.36%	111.40%	94.44%

表 6.3 为矮塔斜拉桥和连续刚构桥主梁造价对比表，从表格中数据可以看出，矮塔斜拉桥的混凝土部分每平方米桥面造价比连续刚构桥少很多，是连续刚构桥的 68.18%；矮塔斜拉桥的预应力钢绞线（包括斜拉索）的每平方米桥面用量虽然比连续刚构桥少，但是因为斜拉索施工的复杂性，考虑施工安装费用后，矮塔斜拉桥的预应力钢绞线每平方米桥面造价反而要比连续刚构桥高，比连续刚构桥高 14.3%。矮塔斜拉桥的普通钢筋的每平方米桥面造价高，比连续刚构桥高 11.40%。在主梁的综合造价方面，矮塔斜拉桥相比于连续刚构桥更占优势，是连续刚构桥的 94.44%。由于矮塔斜拉桥主梁自重比连续刚构桥要小，理论上下部结构费用要更低，故综合来看，在这个跨度的桥型比选中，矮塔斜拉桥造价方面占据优势。

2. 施工工期比较

在进行桥梁项目方案比选时，建设单位不仅关心造价，还关心工期，因为竣工时间越快，意味着能早日给当地人民带来方便和效益，更好促进当地经济的发展。本文中的两座桥梁跨度一样，但是桥型不相同，虽然都是用挂篮悬臂浇筑法施工，但是指导性工期仍然有区别，所以有必要对比两座桥梁的指导性工期。

矮塔斜拉桥每个 T 构纵桥向分为 0～25＃共计 26 个梁段，其中 0＃梁段长度 12.0 m，其余梁段从 3.5 m 到 4.5 m 逐渐增加，0＃梁段采用托架法施工，其余梁段采用挂篮悬臂浇筑法施工，一个桥塔上布置了 14 对共 28 根斜拉索。为了保证施工质量，必须在混凝土强度达到 90%以上且龄期大于 5 天后才能进行梁体的预应力钢束张拉。为了更好地控制整桥线形，要求预应力张拉结束并移动挂篮后，方可张拉斜拉索，且下一节段的模板安装和钢筋绑扎需在斜拉索张拉完成后进行。一个梁段施工工期（除 0＃块）细分如下：安装模板、绑扎钢筋 3 天；浇筑混凝土 1 天，新浇筑梁段养护维护 6 天；张拉主梁预应力钢束 2 天；移动挂篮和张拉斜拉索共计 3 天。没有布置斜拉索的梁段为 12 天一个周期，有布置斜拉索的梁段为 15 天一个周期。0＃块施工完毕为 30 天，挂篮预拼安装和预压共计 15 天，边跨合龙段施工和边跨预应力钢束张拉共计 25 天，中跨合龙段施工和中跨预应力钢束张拉共计 30 天,成桥二次调索共计 15 天,桥面系施工共计 60 天,边跨现浇段可以独立施工,只要在 T 构完成前施工完毕就不会影响到整体的进度。

连续刚构桥每个 T 构纵桥向分为 0～32＃共计 33 个梁段,其中 0＃梁段长度 16.0 m,其余梁段从 3.0 m 到 4.0 m 逐渐增加。0＃梁段采用托架法施工,其余梁段采用挂篮悬臂浇筑法施工。为了保证施工质量,必须在混凝土强度达到 90％以上且龄期大于 5 天后才能进行梁体的预应力钢束张拉。一个梁段施工工期(除 0＃块)细分如下:安装模板、绑扎钢筋 3 天;浇筑混凝土 1 天;新浇筑梁段养护维护 6 天,张拉主梁预应力钢束和移动挂篮合计 3 天。一个梁段的施工为 13 天一个周期。0＃块段施工完毕为 30 天,挂篮预拼安装和预压共计 15 天,边跨合龙段施工 15 天,边跨预应力钢束张拉 5 天,中跨合龙段施工 15 天,中跨预应力钢束张拉共计 10 天,桥面系施工共计 60 天,边跨现浇段和主塔的施工可以在主梁施工时同时进行,一般不会影响到整体的进度。

从表 6.4 和表 6.5 可以看出,矮塔斜拉桥主梁指导性工期为 517 天,连续刚构桥的指导性工期为 553 天,矮塔斜拉桥比连续刚构桥总的工期少 36 天。矮塔斜拉桥在个别梁段需要布置斜拉索、成桥后需要二次调索、底板束配置得更多,这些因素会导致个别工序多占用一些工期。但是因为同跨度下连续刚构桥的截面高度更高,连续刚构桥单位长度梁段自重更大,导致连续刚构桥需要划分成更多梁段施工,总的施工工期也更长。

表 6.4 矮塔斜拉桥主梁指导性工期

序号	施工步骤	持续天数	累计天数
1	0＃梁段施工	30	30
2	挂篮拼装预压	15	45
3	1～7＃梁段施工	84	129
4	8～21＃梁段施工	210	339
5	22～25＃梁段施工	48	387
6	边跨合龙	15	402
7	边跨预应力钢束张拉	10	412
8	中跨合龙	15	427
9	中跨预应力钢束张拉	15	442
10	成桥二次调索	15	457
11	桥面系施工	60	517

表 6.5　连续刚构桥主梁指导性工期

序号	施工步骤	持续天数	累计天数
1	0#梁段施工	30	30
2	挂篮拼装预压	15	45
3	1～32#梁段施工	403	448
4	边跨合龙	15	463
5	边跨预应力钢束张拉	5	468
6	中跨合龙	15	483
7	中跨预应力钢束张拉	10	493
8	桥面系施工	60	553

6.1.3　结论

上述分析比较了矮塔斜拉桥和连续刚构桥的经济性能，得出了以下的结论。

(1)在材料用量方面，矮塔斜拉桥占据明显的优势，每平方米桥面混凝土用量是连续刚构桥的 68.18%；预应力钢绞线用量比连续刚构桥高 14.3%；普通钢筋用量是连续刚构桥的 111.40%。

(2)在综合造价方面，矮塔斜拉桥略占优势。基于文中假设的材料用量和造价的对应关系，矮塔斜拉桥上部结构每平方米桥面综合造价是连续刚构桥的 94.44%。在工期方面，矮塔斜拉桥略占优势，矮塔斜拉桥上部结构的施工工期是连续刚构桥的 93.5%。

综上所述，矮塔斜拉桥的经济指标相比连续刚构桥占优势。

6.2　矮塔斜拉桥的前景分析

1. 跨径不断增大

矮塔斜拉桥刚出现时，受到技术水平的制约，其跨度都比较小。早期的矮塔斜拉桥小田原港桥主跨跨径仅为 122 m，现在国内跨径最大的预应力混凝土主梁的矮塔斜拉桥是大连的长山大桥，其全长达到了 3.45 km，主跨跨径达到了 260 m。对于预应力混凝土结构的矮塔斜拉桥，日本最大跨径的是冲原桥和蟹泽大桥，主跨跨径均为 180 m，菲律宾第二曼达维-麦克坦大桥主跨跨径为 185 m，国内的兰州小西湖黄河大桥主跨跨径为 136 m；而对于预应力混凝土与钢的混合结构，最大主跨跨径是日本的木曾川桥（为 275 m）。国内目前正在将这一跨径向前推进，山东惠青黄河大桥为预应力混凝土结构，主跨跨径为 220 m，荷麻溪特大桥主跨跨径为 230 m。另外，矮塔斜拉桥的跨径与主梁的材料也息息相关。

2. 主梁结构多元化

早期的主梁主要是预应力混凝土材料的箱梁，现今常用的主梁结构包括混凝土与钢的组合材料结构、各种样式的组合梁结构以及钢桁架梁结构等。

波形钢腹板的缺点是不能承受纵桥向的轴向压力，因此顶底板上的受压会比较大。但是波形钢腹板抗剪能力比较强，能够承受由弯矩与扭矩产生的剪切应力。波形钢腹板的预应力箱梁一般可以做到同等条件下减少自重的 25%～30%，因而波形钢腹板样式的预应力混凝土结构箱型得到了越来越多的研究与应用。

钢-混凝土组合主梁矮塔斜拉桥能大幅度地提高全桥的刚度，且跨径也比较大，具有提高整座桥的刚度、减小主梁和斜拉索的疲劳影响、抗风性能和建筑外观得到改善以及主塔和边跨预应力混凝土梁可同时施工等一系列优点。

最早采用钢-混凝土组合主梁的矮塔斜拉桥是位于日本的木曾川桥与揖斐川桥，两座桥的跨径布置分别为（160 m＋3×275 m＋160 m）和（154 m＋4×271.5 m＋127 m）。以木曾川桥为例来说明，其主跨跨径为 275 m，其塔旁两侧的一段为混凝土材料箱梁，区段长度为 87.5 m，而中跨跨中 110 m 的区段内为钢材料的箱梁，不同材料的箱梁之间通过上翼板连接。采用波形钢腹板箱梁的矮塔斜拉桥也最早见于日本。目前为止，日本日见梦桥已经采用了波形钢腹板，主梁的顶板与底板都采用混凝土材料，腹板是钢材料的，形成波浪形，混凝土顶板内没有预应力钢筋，也几乎没有预应力钢板而是采用体外预应力钢筋。采用钢材料的主梁的波形钢腹板箱梁最大的优点是可以减小自重。

3. 主梁结构轻薄化

矮塔斜拉桥主梁的截面高度主要是通过主梁所受弯矩的大小来确定。矮塔斜拉桥是主塔、主梁、桥墩以及斜拉索共同协作的体系，其主梁的受力与变形也是由很多因素决定，不同于连续刚构桥单一取决于跨径，矮塔斜拉桥主梁截面高

度比较灵活。主梁高度太大的话，视觉上会不太协调，对桥与自然景观的协调会有一定的影响，所以目前矮塔斜拉桥的修建有主梁轻薄化的趋势。主梁截面高度的降低主要有两种方式：一种是采用抗弯比较强的材料比如钢材；另一种方式是降低主梁承担竖向荷载的比例，同时斜拉索的分担荷载比例会相应增大，也即是所谓的"柔性梁矮塔斜拉桥"。因为主梁比较轻柔，柔性梁矮塔斜拉桥能与周边自然环境协调一致，也比较符合人们的审美，所以以后会得到越来越多的推广。

4. 高塔型矮塔斜拉桥

目前的矮塔斜拉桥的主梁刚度都比较大，从外观上看更接近于连续梁桥，而高塔型矮塔斜拉桥则是通过把矮塔斜拉桥的塔高提高，来增大斜拉索竖向荷载的分担比例，从而使矮塔斜拉桥更接近于常规斜拉桥。这种形式的矮塔斜拉桥可以通过提高斜拉索竖向荷载的承担比例来减少斜拉索材料的使用，还可以使主梁截面高度减小，从而使主梁自重减小，进而使主梁轻盈化，增强桥梁的抗震能力。

5. 结构多塔多跨化

近年来，矮塔斜拉桥也向着多塔多跨结构的方向发展，从而使其跨越能力大大增强。京承高速公路潮白河大桥是我国第一座三塔钢筋混凝土矮塔斜拉桥，全长 918 m；台缙高速公路灵江特大桥为四塔五跨单索面预应力混凝土矮塔斜拉桥，全长 1420.96 m；京开高速公路河南段境开封黄河大桥的主桥结构为七塔八跨双塔面预应力混凝土矮塔斜拉桥，全长 7.8 km，主桥长 1.01 km。

6. 索、塔锚固构造多样化

普通的斜拉桥的斜拉索通常直接锚固在主梁与主塔上，而矮塔斜拉桥的斜拉索则通过主塔上的鞍座来穿过主塔而锚固在主塔另一侧的主梁上。目前为止，也有部分矮塔斜拉桥使用了普通斜拉桥一样的锚固方法，不设置索鞍。此两者有各自的优缺点。

7. 桥面形式趋宽化

随着城市建设的进一步升温，矮塔斜拉桥正在以较好的经济性能和景观效果获得城市建设者的青睐。矮塔斜拉桥在采用斜拉桥不太经济、梁式桥跨度太大以及桥梁的主塔高度受到限制时具有独特的优势。在连续的高架桥修建过程中，遇到比标准跨度更大的跨度时，如果继续修建梁桥，梁高将会很大，从景观和方便施工方面考虑，希望具有统一的梁高，此时，矮塔斜拉桥是首选方案。然而，随着城市建设的发展，交通量日益的增加，城市桥梁桥面宽度越来越宽，可达 30～50 m。沈阳南阳湖大桥为三塔四跨双索面预应力混凝土矮塔斜拉桥，全长 377.7 m，双向八车道，大桥主桥宽度为 43 m；银川市丽兴路一号矮塔斜拉桥全长 200 m，桥面宽 60 m，施工中采用了双鱼腹箱梁承载的超薄整体梁体技术，主梁高 2.18 m，两箱之间用横梁连接，主梁施加纵向及横向预应力，施工技术结构复杂、难度大，技术含量高。对于超宽桥面桥梁结构来说，空间应力的不均匀现象十分严重，如果仅用初等梁理论来分析，在不清楚空间应力的分布情况下盲目配筋，会导致工程事故，必要时应作三维仿真分析或研究其应力分布规律以指导平面设计。

参 考 文 献

[1] Saleh M B A. 突发事件下斜拉桥拉索破坏的结构动力分析[D]. 长春:吉林大学,2021.

[2] 陈从春,肖汝诚. 混凝土斜拉桥技术经济指标研究[J]. 公路,2007,(11):61-63.

[3] 陈从春. 混凝土矮塔斜拉桥经济特性研究[J]. 公路工程,2014,39(02):132-134,153.

[4] 陈光杨. 矮塔斜拉桥的多参数优化研究[D]. 昆明:昆明理工大学,2021.

[5] 陈尚. 矮塔斜拉桥索力优化设计及合理成桥状态研究[D]. 西安:长安大学,2013.

[6] 陈新培. 矮塔斜拉桥施工控制技术研究[D]. 哈尔滨:东北林业大学,2015.

[7] 邓同生. 铁路塔梁墩固结矮塔斜拉桥局部应力分析[D]. 重庆:重庆交通大学,2020.

[8] 段世华,抄玉民. 矮塔斜拉桥拉索施工技术探讨[J]. 河南科技,2014,(20):18-19.

[9] 郭瑞琦. 矮塔斜拉桥施工控制关键技术问题研究及动力特性分析[D]. 南京:东南大学,2018.

[10] 郭钟群,谢志华,赵奎,等. 基于可行域法的斜拉桥索力优化[J]. 江西理工大学学报,2012,33(3):10-13.

[11] 韩飞飞. 部分斜拉桥结构体系研究及参数分析[D]. 合肥:合肥工业大学,2019.

[12] 韩岳. 矮塔斜拉桥施工控制及关键技术研究[D]. 成都:西南交通大学,2018.

[13] 侯新宇. 矮塔斜拉桥设计参数对其地震灾变性能的影响研究[D]. 长沙:长沙理工大学,2017.

[14] 黄德春. 矮塔斜拉桥设计参数的优化[D]. 重庆:重庆交通大学,2015.

[15] 简斌. 斜拉桥索塔施工中的风致抖振影响及减振措施[J]. 山西建筑,2008,34(02):323-324.

[16] 江方牙. 矮塔斜拉桥抗震性能的研究[D]. 合肥：安徽建筑大学，2017.
[17] 姜政搏. 铁路矮塔斜拉桥二次张拉索力分析研究[D]. 兰州：兰州交通大学，2020.
[18] 靳江海. 支架现浇梁安全控制要点[J]. 山西建筑，2011，37(8)：97-98.
[19] 康小方. 大跨度斜拉桥地震反应分析及减隔震研究[D]. 合肥：合肥工业大学，2012.
[20] 寇淑贞. 论斜拉桥施工质量控制[J]. 科学之友，2011，(14)：73-74.
[21] 匡泓霖. BIM 技术在矮塔斜拉桥设计中的应用研究[D]. 兰州：兰州交通大学，2021.
[22] 黎天馗. 连续刚构桥与矮塔斜拉桥的静力特性及经济性分析研究[D]. 成都：西南交通大学，2019.
[23] 李慧敏. 钢箱梁顶推施工安全性分析[D]. 北京：北京交通大学，2014.
[24] 李伟伟. 大跨度矮塔斜拉桥的车桥耦合与地震响应分析[D]. 兰州：兰州交通大学，2019.
[25] 李雁. 矮塔斜拉桥的结构优化[D]. 长春：吉林建筑工程学院，2009.
[26] 刘坤. 斜拉桥的力学原理[J]. 新高考(高一物理)，2012，(9)：63.
[27] 刘思勤. 上跨京广线斜拉桥转体稳定性分析及施工监控技术研究[D]. 北京：北方工业大学，2020.
[28] 刘秀珍. 矮塔斜拉桥设计技术研究[D]. 西安：长安大学，2014.
[29] 马腾飞. 现浇箱梁支架法施工关键技术研究[J]. 工程建设与设计，2021，(24)：162-164.
[30] 马渊. 营口民生路矮塔斜拉桥抗震概念设计研究[D]. 哈尔滨：哈尔滨工业大学，2017.
[31] 尼尔斯 J · 吉姆辛. 缆索承重桥梁：构思与设计[M]. 姚玲森，林长川，译. 北京：人民交通出版社，1992.
[32] 农校东. 桥梁施工中支架现浇箱梁技术的应用概述[J]. 企业科技与发展，2021，(1)：69-70，73.
[33] 彭彬. 无索区长度对矮塔斜拉桥结构行为的影响分析[D]. 武汉：武汉理工大学，2018.
[34] 强方. 大跨度混凝土独塔斜拉桥施工与质量控制[D]. 成都：西南交通大学，2009.
[35] 田野. 矮塔斜拉桥设计参数研究[D]. 昆明：昆明理工大学，2020.

[36] 王保群,于业栓.桥梁施工技术[M].北京:人民交通出版社,2021.
[37] 王成,宁宏翔.矮塔斜拉桥施工技术[M].成都:西南交通大学出版社,2018.
[38] 王明宏.高墩大跨矮塔斜拉桥施工及运营阶段稳定性研究[D].兰州:兰州交通大学,2020.
[39] 王亚朋.考虑列车-矮塔斜拉桥耦合振动的桥梁动力学行为研究[D].兰州:兰州交通大学,2020.
[40] 温雅军.外倾式矮塔斜拉桥临时体外索施工阶段力学分析[D].西安:长安大学,2021.
[41] 吴清伟.矮塔斜拉桥构造设计与关键力学特性研究[D].北京:北京建筑工程学院,2012.
[42] 吴祖根.矮塔斜拉桥设计综述[J].市政技术,2010,28(1):66-69.
[43] 萧畅.斜拉桥索塔施工质量病害及防治措施[J].科技信息(科学教研),2007,(13):90-91.
[44] 杨海鹏,徐松,朱利明,等.我国转体斜拉桥发展综述[J].现代交通技术,2017,14(6):34-39.
[45] 杨昊.大跨度斜拉桥的风致响应及静风失稳研究[D].北京:北京交通大学,2021.
[46] 杨阳.铁路矮塔斜拉桥弹塑性地震响应分析[D].兰州:兰州交通大学,2021.
[47] 张钧才.矮塔斜拉桥施工关键技术研究[D].广州:华南理工大学,2012.
[48] 张俊杰.大跨斜拉桥静动力、稳定分析及性能监测评估[D].秦皇岛:燕山大学,2020.
[49] 张清旭.矮塔斜拉桥的索力研究[D].昆明:昆明理工大学,2020.
[50] 张伟康.矮塔斜拉桥转体施工控制分析[D].兰州:兰州交通大学,2018.
[51] 赵珊珊.斜拉桥拉索布置对结构力学性能影响研究[D].郑州:华北水利水电大学,2021.
[52] 钟文健.大跨度宽幅曲线梁矮塔斜拉桥的结构体系与关键设计方法研究[D].广州:广州大学,2020.
[53] 周枫.BIM 技术在矮塔斜拉桥中的参数化设计方法及应用研究[D].桂林:桂林理工大学,2021.

后　记

随着桥梁事业的快速发展，各种新型结构形式不断出现，其中矮塔斜拉桥就是介于斜拉桥与连续梁桥之间的典型组合体系桥梁，在大中型跨径桥梁中有着广阔的发展前景。在工程建设中，矮塔斜拉桥的设计和施工基本上参照已有的连续梁桥和斜拉桥的理论及实践经验，其专项研究理论也相对较少。基于此，对矮塔斜拉桥的应用研究具有较强的实际意义。

目前，随着我国矮塔斜拉桥进入一个新的发展高潮，我国矮塔斜拉桥建设在数量、跨度、桥型等方面都有了很大的进展，对矮塔斜拉桥的应用技术水平提出了更高的要求，桥梁行业工作人员也需要不断学习相关知识，提高自己的专业水平和工作能力。